U0574169

· 教育家成长丛书 ·

李元昌
与乡土教育

LIYUANCHANG YU XIANGTU JIAOYU

中国教育报刊社·人民教育家研究院 组编
李元昌 著

北京师范大学出版集团
BEIJING NORMAL UNIVERSITY PUBLISHING GROUP
北京师范大学出版社

图书在版编目（CIP）数据

李元昌与乡土教育/李元昌著；中国教育报刊社人民教育家
研究院组编. —北京：北京师范大学出版社，2015.10
　（教育家成长丛书）
　ISBN 978-7-303-19137-6

　Ⅰ.①李…　Ⅱ.①李…②中…　Ⅲ.①乡土教育—研究—中国
Ⅳ.①G773

中国版本图书馆 CIP 数据核字（2015）第 134890 号

营 销 中 心 电 话　010-58802181 58802123
北师大出版社高等教育教材网　http://gaojiao.bnup.com
电 子 信 箱　gaojiao@bnupg.com

出版发行：北京师范大学出版社　www.bnup.com
　　　　　北京市海淀区新街口外大街 19 号
　　　　　邮政编码：100875
印　　刷：北京市中印联印务有限公司
经　　销：全国新华书店
开　　本：787 mm×1092 mm　1/16
印　　张：26.75
字　　数：360 千字
版　　次：2015 年 10 月第 1 版
印　　次：2015 年 10 月第 1 次印刷
定　　价：56.00 元

策划编辑：倪　花　　　责任编辑：鲍红玉
美术编辑：焦　丽　　　装帧设计：焦　丽
责任校对：陈　民　　　责任印制：陈　涛

教育家成长丛书

编 委 会

总　序

　　教育是国家发展的基石，教师是基石的奠基者。古人云："国将兴，必贵师重傅。"兴国必先强教，强教必先重师。党中央、国务院高度重视教师队伍建设。2013 年教师节，习近平总书记在给全国广大教师的慰问信中指出："百年大计，教育为本。教师是立教之本、兴教之源，承担着让每个孩子健康成长、办好人民满意教育的重任。"2014 年，在第 30 个教师节前夕，习总书记到北京师范大学视察并发表重要讲话，指出："一个人遇到好老师是人生的幸运，一个学校拥有好老师是学校的光荣，一个民族源源不断涌现出一批又一批好老师则是民族的希望。"《国家中长期教育改革和发展规划纲要（2010—2020 年）》也明确提出，"有好的教师，才有好的教育"，要"努力造就一支师德高尚、业务精湛、结构合理、充满活力的高素质专业化教师队伍"。"倡导教育家办学"，要创造有利条件，鼓励教师和校长在实践中大胆探索，创新教育思想、教育模式和教育方法，形成教学特色和办学风格，造就一批教育家。"两个一百年"奋斗目标的实现、中华民族伟大复兴中国梦的实现，归根到底靠人才、靠教育，而支撑起教育光荣梦想的，是千百万的教师。

　　时代呼唤好老师。有一流的教师，才有一流的教育；有一流的教育，才有一流的国家。出名师、育英才、成伟业，是时代赋予我们教育战线的神圣使命。"大学者，非有大楼之谓也，有大师之谓也。"好学校、好教育的最重要标准，就是要有好老师。一所学校、一个地区乃至一个国家，如果教师有理想、有爱心、有学识、有高超的教育艺术，那么硬件设施即使有些简陋，家长、学生也会心向往之。教师是中国梦的奠基者。教师的重要使命，就是为每个孩子播种梦想、点燃梦想，并帮助他们实现梦想。每一间平凡的教室，每一节朴实的课堂，都不仅是知识的传递，更是人类文明精神的接续、人生梦想的起航。正是有亿万个孩子梦想的放飞、绽放，中国梦才更加光彩夺目。如果说中国梦最坚实的土壤是在学校，那么教师就是最伟大的"筑梦师"，他们用默默无闻、孜孜不倦的智慧劳动，让每一颗年轻的心灵都与中国梦激情相拥。

倡导教育家办学，造就一批好老师，首先要尊重、珍惜我们的本土智慧、本土创造。教育家不是凭空产生的，而是扎根于自己的民族文化土壤，同时吸收一切人类文明成果，从而创造出独特而生动的教育实践、教育智慧和教育文明。五千年源远流长的中华文明，不但形成了有我们民族特色的教育理论话语体系，而且涌现出了千千万万优秀的教育家，有被推崇为"大成至圣先师""万世师表"的孔子，有"匹夫而为百世师，一言而为天下法"的韩愈，有"捧着一颗心来，不带半根草去"的人民教育家陶行知，等等。改革开放 30 多年来，随着教育改革的不断深入，教育战线涌现出了一大批杰出教师。他们痴情教育事业，坚守理想信念和教育良知，在三尺讲台上默默耕耘、刻苦钻研，同时以敢为天下先的精神大胆创新，不断进取、不断超越，形成了各具特色的教育思想和教学风格。正是他们的成功探索和实践，创造了具有中国风格的教育经验，丰富了具有中国特色的教育理论宝库。原由教育部师范教育司组织编写，现由中国教育报刊社人民教育家研究院具体组织编写的《教育家成长丛书》，就是要向这些可贵的本土创造性的教育经验致敬。

当前，教育领域综合改革正在深入推进，考试招生制度改革的大幕已经拉开，立德树人、培育和践行社会主义核心价值观成为大中小学教育的头等任务。可以预见，中国教育将发生深刻的变革，将从"中国制造"向"中国创造"转变。"没有革命的理论，就没有革命的运动。"没有适合中国土壤、具有中国智慧的教育理论，就不可能为未来的中国教育改革提供有效的指导。我们的教育要向"中国创造"飞跃，必然要首先创造属于我们自己的教育理论，而不是"言必称希腊"或者老是贩卖欧美的教育理论。170多年前，美国思想家、诗人爱默生发表了著名演说《美国学者》，号召美国知识界："我们依赖旁人的日子，我们师从他国的长期学徒期时代即将结束。在我们周围，有成百上千万的青年正在走向生活，他们不能老是依赖外国学识的残余来获得营养。"由此，美国迈入精神立国阶段。

如今，我们也面临与爱默生同样的情形。随着我国GDP已从世界第二向第一迈进，我们的经济崛起已成为事实，但在道德文明、文化精神等方面，我们还需急起直追。没有文明的崛起，经济崛起就难以持续。当务之急，是我们需要化解内心深处的文化自卑情结、摆脱对他国文明的精神依附，自觉养成强烈的"中国意识"、独立的中国文化品格，并由此去俯视世界，去改造本土实践，去创造属于我们自己的精神养料——这在教育界显得尤为紧迫。《教育家成长丛书》，就旨在把我们本土教育实践中蕴含的中国智慧提炼出来，从而形成具有时代意义的中国特色的教育话语体系，再以此去关照、引领、改造中国的教育实践，为伟大的教育改革提供经验、理论支持，也为未来的教育家提供丰富、可资借鉴的精神养料。

让我们为中国教育的伟大未来一起努力吧！

2015年3月9日

前　言

　　见证着中国基础教育半个世纪的春华秋实，代表着中国基础教育教学成果最高成就的"首届基础教育国家级教学成果奖"中，闪耀着李吉林、窦桂梅、吴正宪、张思明、洪宗礼、唐江澎、邱学华、于永正、孙双金、薄俊生、龚春燕等一大批优秀教师的名字，而上述这些中小学教师的杰出代表恰恰都是《人民教育》"名师人生"栏目中最受读者喜爱的名师，都是《教育家成长丛书》的作者。

　　《教育家成长丛书》（以下简称《丛书》），是在第 20 个教师节前夕，"为了研究、总结、宣传和推广我国众多优秀中小学教师的先进教育思想和鲜活的宝贵的教育教学经验，培养造就一大批德才兼备的优秀教师和杰出的教育家，促进教师队伍整体素质的提高，根据教育部党组安排，由师范教育司组织编写"的一套凝聚着一大批教育家成长智慧的大型教育丛书。

　　《丛书》自 2006 年问世以来，不但得到国务院和教育部领导同志的高度重视，而且先后印刷多次尚不能满足广大读者的需求。这其中的奥秘何在？

　　当你翻开《丛书》，每一部著作都讲述着一位教育家成长的故事。这些著作主要从"成长历程""思想概述""课堂实录"和"社会反响"等方面全景式反映其教育思想、教育智慧、专业精神和专业人格的形成过程和教学实践过程，这是教育家成长的基本素质所在。

　　当你沿着教育家成长的足迹走近他们的时候，你会融进这些带有"草根色彩",扎根中华教育实践大地,充满田野芳香的真实感人的教育故事中。

当你从《丛书》中,这些当年和自己一样的普通教师,成长为今天受人尊敬的教育家的成长过程中受到启迪,当你触摸着自己的爱心,把学生的成长和祖国的未来紧紧连在一起的时候,你会真切地感受到教育家离我们并不遥远。

当你用整个身心蘸着自己的生活积累去品味《丛书》中的每一部著作的"成长历程"时,在其浓缩着一位位名师在不断学习、不断超越自我、不断超越学科教学的求索足迹中,你会读懂"教育是事业,其意义在于奉献"的丰富内涵。

当你研读《丛书》中的每一部著作的"思想概述",和每一位名师展开心灵对话的时候,都会深深地感受到,一个教师对教育独立的理解与执著的追求有多么重要。从思想成就一位普通的教师成长为受人尊敬的教育家的过程中,你会读懂"教育是科学,其价值在于求真"的深刻含义。透过《丛书》,你会看到一代代教师用爱与智慧塑造民族未来的教育理想。

随着我们从"知识核心时代"走向"核心素养时代",教师教育教学活动的视野已拓展到人的生存与发展的方方面面。作为一名教师,要结合自己的教学实践去感悟"教育理念是指导教育行为的思想观念和精神追求",应该把爱化为自己的教育行为,让爱充盈课堂、触摸到一个个灵动的生命,让爱产生智慧,让爱与智慧在学生心中留下岁月抹不去的美好回忆,让教育者和受教育者都感受到教育的幸福,这是《丛书》给我们的启示,也应是每位教师应有的胸怀和视野。

时代呼唤教育家。为了进一步把我们本土教育实践中蕴含的中国智慧提炼出来,从而形成具有时代意义的中国特色的教育话语体系,以此去关照、引领、创新中国的教育实践并在更大范围加以推广,《教育家成长丛书》将由中国教育报刊社人民教育家研究院继续组织编写,希望能够在更广大教师的心田中播种教育家成长的智慧,从而出更多的名师、育更多的英才、成就中华民族复兴的伟业,这是时代赋予广大教育工作者的神圣使命。如果广大教师能在每位教育家成长、探索教育智慧的过程中受到启迪,形成自己的教育智慧,则是我们编辑这套丛书的初衷。

《教育家成长丛书》
编 委 会
2015 年 3 月

目 录
CONTENTS
李元昌与乡土教育

我的教育观

农村中学语文教改实践篇

农村教研探索篇

走进课堂

社会反响

附　录

我的成长之路

——乐在乡间小路行

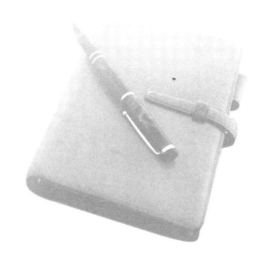

一、毕业的选择

——回本县本公社本大队工作

我是 1965 年的初中毕业生，还是个没有考上高中的"差生"，也许是家庭政治因素吧。当时，哥哥在哈尔滨医科大学读书被打成右派，我自然就是右派的弟弟了。大家都用阶级斗争的眼光来看我：在学校写作文，分析来分析去是反动文章；写诗歌，分析来分析去是反诗。因此，经常在学校里受到批判。落榜回乡后，在生产队劳动一年，第二年，也就是 1966 年 8 月，在当地小学当了民办教师。1977 年"文化大革命"结束恢复高考后，考入了长春师范学院中文系。入学那年，我 28 岁，已经是两个孩子的父亲了。1978 年 4 月入学，1979 年 8 月毕业，虽然是专科学历，实际学习只是一年半的时间。据说，当时缺教师，组织要把我们这些有一点教学经历的人尽快地充实到教学一线。毕业的前夕，面对着眼前那张毕业分配志愿书，我提笔毫不犹豫地写下了"回本县本公社本大队工作"几个字。

当时在全校 700 多名应届毕业生中，只有我一个人填写这样的分配志愿书。我为什么做出这样的选择呢？当时家庭经济困难是个不可排除的因素，然而我这个喝松花江水长大的人，深爱自己的家乡，想为家乡的教育事业干点事，尽一个家乡人的责任。我时常这样想：家乡是贫穷、落后，然而人一旦有了点知识，有了点能力，就一个个离开自己的家乡，那么，家乡的面貌靠谁去改变呢？这话现在听起来好像是大官话，可当时我确实是这么想的。记得在我接到入学通知书的时候，乡亲们又喜又忧，喜的是我这个二十七八的人有了上学深造的机会，忧的是怕我成了过河的卒子——一去不还乡了。有位乡亲对我说："元昌，你将来能不能回来啊，让咱庄稼院的孩子也享受享受大学生教的福气。"我说："我一定会回来的！"然而，他却半信半疑地摇了摇头。

根据我的学业成绩和在校的思想表现，组织把我分配到榆树师范学校工作。这对别人来说，也许是求之不得的，然而对于我来说，并不算是个好消息。我要求领导重新考虑我的要求，把我分配回农村。亲友们纷纷来信劝我取消回乡的念头，要我不要做出傻事来。有几个和我很要好的同学劝我说："你落脚城里，让你的父母、

十年后，回母校留照

妻子、儿女都借点光，农村的那个苦日子你还没过够吗？"我心里想："农村怎么就像十八层地狱那么怕人？"又一个同学劝我说："你在城里，踏踏实实干几年，很快就会成个名教师。到农村，条件差不说，谁能发现你呢？"我说："古人说：'生于忧患，死于安乐'，一方水土一方人，也许农村这块土地更适合我成长。"我对待客观环境的态度是：一是了解，二是熟悉，三是适应，四是改造，五是利用。我是当地人，对当地的情况了解、熟悉，也适应，剩下的就是改造环境、利用环境了，这在事业追求的路上，无疑是一条捷径。20 年后，有位记者访问我，问我为什么回乡。我对她说，我的理论就是"一个坑里种几棵玉米"的问题：打个比方，"文化大革命"时追求高产，一个坑里种 4 棵玉米，结果棵棵都长不好。人才都在城市扎堆，就像 4 棵玉米挤在一个坑里。我选择了农村，这一个坑里就我一棵玉米，我的事业发展自然会得天独厚。再者，农村教育落后，然而，越是落后的地方越需要人，越是落后的地方待开垦的"处女地"就越多。从干事业的角度来看，我应该选择农村。我几次申请上级领导，最后和一位同学调换了工作，这样，我就踏上了家乡的乡间小路。

二、我的骄傲

——为家乡人民保留了一所学校

我的家乡吉林省榆树市（县）秀水镇腰围村就在松花江边上，美丽的松花江把腰围村和治江村紧紧地抱住。当时，秀水公社（后改为乡、镇）就一所初中，在公社所在地秀水村。每当夏季松花江涨水，腰围村和治江村就成了水上孤岛。回到秀水，我本想回本村工作，因为本村没有中学，我只能在秀水一中上班。每天要跑四十多里的乡路。第一学期开始，和我同路上学的学生有40多人，还没到期末，有30多名学生因不堪其苦掉队了，还有几个住宿生，因交不起费用，也辍学了。这时我想，如果当地有所中学该多好啊，大多数孩子都能读完初中，这对家乡的建设会有多大的帮助！1982年，秀水乡决定在我家乡的邻村治江村建秀水二中。我听到这个消息去找领导，要求到二中工作。领导让我做出选择：一是留在一中准备提我为教导主任；一是去二中做普普通通的教员。我毫不犹豫地选择了后者。

用当地老百姓的话来说，秀水二中成立得快，撤得也快。1982年9月成立，1983年5月，因遇到校舍、资金、师资等困难，乡政府又决定撤掉秀水二中，学校唯一的一名领导也被调走了，只有我们七八个老师和200多名学生还在坚守着。如果撤掉秀水二中，腰围、治江二村每年100多名小学毕业生，将有80%以上不能读初中，这对家乡人才培养又是一个多么大的损失啊！有几个学生听到这个消息，当着我的面哭了。作为一个教师，面对学生的眼泪心里真不是个滋味。乡亲们不同意撤，纷纷找我想办法；学校的老师也不同意撤，公推我为代表和乡政府、县教育局说明情况，要求保留二中。那时没有公交车，我只好骑着自行车来往于秀水、榆树。当时我右手骨折，便一个胳膊挎着绷带，一只手扶着自行车。去秀水一个来回四十里，往返榆树县城一次一百四十里。松花江涨水，路和桥被水淹没。过江时，我求人把自行车推过去，自己便蹚着齐脖的水从桥上走过，如稍一不慎，就有葬身水底的危险。第一次，我找到了负责教育的副乡长，要求保留二中。他说，这是乡党委讨论决定的事情，并上报了县教育局和宣传部，不能更改。于是我便到县教育局找局领导。局领导不同意撤二中，但三级办学中规定，乡办初中，实质性的问题还必须回秀水乡解决。于是，我又返回乡里，又找到了那位副乡长，他说："李老师，二中撤了你也有教学的地方，也不能失业，你何苦操这份心呢？"我说："办学就是为了让孩子读书，现在孩子没有读书的地方，找我这个老师，我这个孩子的老师只好来找你。"他说："撤就是撤，你找我也不顶用。"我说："那就请乡长帮我想个办法吧。"他见我的态度十分诚恳，语气也缓和了，说："你找'一把'吧，也许会有条活路。""一把"指的是乡党委书记祈永志同志。我一连三次才找到祈书记，我向他陈述了不撤二中的原因后说："二中成立时，我对孩子们说，大家都能读初中了，这里有祈书记的一份功劳。现在是不是应该向孩子们这么说，你们又不能读初中了，祈书记也起了一定的作用？"祈书记听后笑了，说："以前，我不了解情况，现在我支持你们办二中。"

二中保留了，但成了"三无"学校。无校舍，无领导，无资金。没校舍，我们继续借治江村小的教室办学；没领导，我征得领导同意后，便自封为校长，又委任了教导主任，学年组长，有人笑我是占山为寇的"山大王"；缺资金，我们就靠收的六百来块钱的学费维持办公。学校最大的一笔开支就是取暖。冬季没有钱买煤，我到各村去要；没办公费了，就靠个人的情面到各单位去"化缘"。后来，能"化缘"的地方都"化"过了，已是"十度投斋九度空"了，学校买粉笔的钱也没了，我把自家卖猪的钱也花进去了。这时，社会上又有一些人用怀疑的眼光看我们学校能否存在。学生们纷纷要求转学，老师们也惶惶不安，情绪一落千丈。实在没办法了，我提笔给副县长李会泉同志写了一封告急信，结尾我仿照鲁迅先生的《狂人日记》，要求李县长"救救秀水二中的孩子"。李县长接信后，立即会同县教育局邓局长，秀水乡的王乡长到我校现场办公。李县长听了我的汇报后，感慨地说："李老师，我看见了武训，不是在电影里，而就活生生地在我面前。"当时三方拍板定案，由教育局拨给我校1500块钱办公费和50套桌椅，1984年春由县、乡、村负责建校舍。我把这个情况作为一条消息发出，刊在1983年12月18日的《长春日报》上。1984年，政府把治江村的一个拖拉机机库改造成了校舍，建筑面积不到400平方米，校园面积不足5000平方米，300多名学生和教师就在这样的环境中学习。现在，这所学校已经发展成校园面积65000平方米的农村大校了。

为家乡人民保存了一所学校，这是我的骄傲。

三、冲冠一怒

——教改开始

学校从山重水复的困境中走出来了，为家乡保留一所中学的目的基本达到了，这时，我辞去了校长的职务，继续当我的语文教师。一个偶然的机会，使我走上了农村中学语文教改之路。

1985 年 8 月，我去吉林市参加东北三省中学语文教学法学术讨论会。会余，我和一位外省重点学校的老师谈起了农村教育问题。在那位老师的眼里，农村的孩子多半是不可雕琢的朽木，农村的教师也多是误人子弟的庸才。我听了这些话，感到受了奇耻大辱，勃然大怒，便和他吵了起来。我们争吵得很激烈，有几位老师急忙赶来打圆场，那位老师也赔了不是，但我余怒未息，对他说："我一定用事实让你来认识我们农村老师、农村学生！"事后，找到张翼健老师，那时他是吉林省教育学院中学教研部副主任，兼中语室主任。他原先是东北师范大学附属中学语文教研组组长，"文化大革命"刚结束，他率先在国内举起语文教学改革旗帜，在国内引起强烈反响，是国内语文教学界颇有影响的一位大人物。我去找他，当时心里真有点忐忑不安。2000 年，我在《语文教学通讯》3～4 期封二上，以《老师》为题，写了一篇短文，追述了这段往事：

与他相识是在 1985 年。那年，我参加了在吉林市召开的一个教研会。在会议期间，我寻找支持我搞教改的人。有的怀疑我这个"土八路"能不能胜任；有的不相信"小得不能再小，穷得不能再穷"的秀水二中会写出什么文章。会间游松花湖，时值张先生中途来参加会。在游船上，我挤在围着张先生的人缝里，好容易才插上话。当他知道我是农村教师，又听了我对语文教学的一些看法时，他的眼睛突然亮了起来。晚上，他闭门谢客，单独约我谈到深夜，我被他的博学和在语文教学上的卓识折服了，那颗失落的心也被他火一样的热情重新燃起了希望。从那时起，我就以他为师。也就在那天夜里，农村初中语文教改的小舟悄悄地在松花湖上起锚了。

那天夜里，我们谈得很多。自然离不开农村教育，农村的语文教学。我提出农村中学语文教学应该调整方向，为农村的经济发展服务，为农村培养高素质劳动者服务。他听了之后，很是赞赏。他还建议我多读一些陶行知先生的著作，并向我介绍了一些现当代教育家的理论著作。我对他说："多少年来，农村中学的语文教学就跟在城市后面跑，学着城里人穿高跟鞋在马路上走的样子在乡村土路上走，从来没有形成自己的特色，农村中学语文教学应该有自己的路子。农村的孩子不比城市的差，只是教的人不得法。"我又说，我们秀水二中是榆树县最"贫瘠"的土地，如果在这所学校里取得一些成绩，等于在瘠薄的土地上获得了高产，它的意义将更普遍。我请求他给我点任务，让我搞一次实验。张翼健知道我和那位城里老师吵架的事情，怕我是匹夫之勇、一时之怒，故意激我说："搞实验就像站在鬼门关上一样，成功了，对个人没有什么好处；失败了，自己要受损失，你好好想一想再做决定吧。"

那一夜我辗转反侧，久久未能入睡。在我来吉林市开会之前，县教育局决定调我去县中专工作。中专给我三间房，给爱人安排工作。同时，我还有去县实验中学的选择。实验中学给我住房、给爱人工作，我的孩子还可以到县里那所最好的学校去读高中。县进修学校建议我去做教研员。从生活考虑，我应去中专；从子女着眼，我应去实验中学；从工作兴趣出发，我可去进修学校。如果实验搞起来，万一失败了……想到这，我那一股热情顿时冷了下来。也就在这时，我突然想起一件事情来。

我毕业回到秀水一中，教的是初三毕业班，我针对当时的语文教学情况做了一点"小手术"，调动了学生学习语文的积极性。高考前夕，高中毕业班模拟考试，我为了验证"小手术"的效果，在我教的班级里选出 10 名学生参加这次高考语文模拟测试，结果，高中毕业班的语文最高成绩只高出我选出的初三学生最高成绩 1 分。我以此为理由，向学校领导提出申请，要求到初一去搞语文教学改革实验。几次申请，不但没成，反而把我由初中调到高中，原因是怕影响升学率。到秀水二中后，我也要求到初一去搞教学改革，也以同样的理由被拒绝。想到这，我感到如果这次搞教改的机会错过了，可能一辈子就不会再来，就成了自己的终身遗憾。事业和个人的利益难得两全，关键时刻得豁出一头来。自己平时经常说为家乡做贡献，真要干起来的时候，怎么就成了好龙的叶公呢？于是，我下定决心回秀水二中搞教改实验。

第二天一早，我心情轻松地找到了张翼健老师，对他说："我想好了，你支持我干吧！"他说："那你可失掉一次得实惠的机会呀。"我说："干事业就得投资，就把这些能得到而没得到的东西，作为这次教改实验的投资吧！"他立刻紧紧地握住了我的手说："元昌，我坚决支持你！无论你遇到多大的困难，我都支持你！"在我以后的教改路程中，始终得到张先生的指导和帮助，我们之间形成了亦师亦友的关系，在上面提到的短文中，我曾提到一件感人的事。

1988 年，第一轮教改验收后，众说纷纭，褒贬不一。时值深秋，凄风冷雨，我的心情也和这天气一样。快下班了，突然，教研室的门开了。万没想到，进来的竟然是张先生和省教育学院中语室的诸位老师。我疾步上前，拉住了他的手，一句"张老师……"便再也说不出话来。为了这个教改，他乘了一辆透风漏雨的吉普车，一天颠簸了四百多里路啊！也就是在

张翼健（右二）来校指导教改

那个夜里，他和我又谈到深夜，我这颗冷落的心重又涌起了激情，教改的小舟继续向前行驶了。（在编写这本书时，我邀张先生为我的教改写评，他欣然答应，不幸在 2008 年 9 月 18 日，张先生病逝，评论只开了一个头，当他儿子将那几页稿纸送给我时，我的泪水止不住流了下来）

回到秀水二中，我提出到初一搞教改的要求，学校领导仍然不同意，我不得不拿出"撒手锏"来，我对校长说，如果同意我搞教改，我就留在秀水二中；如果不同意，我立即就调往榆树。校长权衡利弊，不得不同意了我的要求。于是，我便开始在语文教学改革这块土地上耕耘、播种了。

在教改中，有一种挥之不去的想法，那就是为农村教师、为农村孩子争口气。

四、听李元昌的课

——有酒

农村中学语文教学为当地经济发展服务，是我主动承担的教改课题。这个课题的指向很明确，通过语文教学的过程，为当地培养高素质的劳动者，以此促进当地经济发展。当时，没有可借鉴的经验，只能是摸着石头过河。邓小平同志指出："一

个学校能不能为社会主义建设培养合格的人才，培养德智体全面发展、有社会主义觉悟的有文化的劳动者，关键在教师。"以前，自我感觉还算不错，承担起教改任务后，我才真正感觉到自己的"三拳两脚"派不上大用场了，为此，我决心练好两手功夫：课上功夫和课下功夫。

为了练好课堂上的功夫，我主动邀请校内老师听我的课。对听课的老师我提出一条要求：至少要指出一点教学不足的地方。时间长了，有些老师请也不去，我就提出，如果哪位老师听我的课，并能指出一点教学不足，晚间放学就请他喝酒。因而，我们秀水二中就出现了一句歇后语：听李元昌的课——有酒。再后来，"有酒"也请不来了，我就借来一台录音机，将课堂教学过程录下来，课后，自己听自己的讲课录音。以后，外地来听我课的人有时给我录像，我就要求他们给我翻制一盘录像带，有时间我就找一个有放像机、电视机的人家看自己的讲课录像，研究自己的教学。

那时，自己的工资虽然才 50 多块钱，平时生活上省吃俭用，但自己在学习方面却舍得花钱。有一回我花 20 多块钱买了几本书，我爱人一气抛到地上，随后她揭开了米缸，缸底是历历可数的几粒米了。学校没钱，我自己订了四五种教学刊物，发

学习

现一篇好文章，我早上上班就不骑自行车，走着上学校，边走边读，边读边思考。那时，可供学习的书刊比较少，只要听说谁有一本有关教育、教学的书，就是跑几十里路也去借来。为此，感动了一位老师，把他保存的一本凯洛夫的《教育学》送给我。我一边读书一边想着学生，有了想法就实验，失败了再来。就这样，自创了一些"土偏方"，有些"土偏方"至今还被老师应用，还有的传到了国外。

我读教育学方面的书，也读点哲学。辩证法教会我怎样看待农村教育这个世界。农村条件差，为此有些人唉声叹气，认为无所事事。而我则把当地的社会作为大学校、大课堂来看待，来利用。这样，学生就拥有两

个学校、两个课堂。学校课堂学知识，社会大课堂出本领。课堂上学了新闻写作知识，学生们到社会上搜集素材，向报社、电台投稿。学生掌握了应用文写法，就动员他们用语文知识为群众服务，帮助群众拟合同，写诉状。学了调查报告，学生们走街串巷，调查当地建设中存在的问题。学生的能力就在这样的过程中形成了。上作文课，有时我把学生领到松花江边的大堤上，学生们站在高处面对家乡的贫穷面貌，想着家乡的未来，思考家乡儿女的责任。有个学生对我说："李老师，我知道了什么是'天下兴亡，匹夫有责了'。"这是多么可喜的收获啊！用一方水土育出了一方人。

陶行知先生对农村教师的要求是"农夫的身手，科学的头脑，改造社会的精神"，我努力向这个标准靠拢。扶犁点种，春种秋收，这些农家活我都会干，也没少干，自己在灯下还读了好几本农业大学的教材。这些书从表面上看与语文教学没有多大的关系，但在教改中却发挥了作用。因为我掌握了一点农业科学、生产技术，所以我的语文教学"突出重围"，把学生的语文学习引领到当地的生产领域，指导学生把初中的一些学科知识同当地的生产劳动结合起来，培养了他们学以致用的能力，培养了他们综合各学科知识解决问题的能力，激活了他们的创造力。我感到，一个有作为的农村教师，不但要有深厚的专业学识、高超的教学本领，也要懂得农村的生产，这方面知识和能力的重要性并不次于教学的专业知识和能力。

我这个人知识底子薄，能力低，但我有一个特点，我把自己的工作同生活结合在一起了。这样，我随时随地都会受到启发，产生新的想法。农业生产利用杂交优势，培养出杂交种，实现了高产。由此我想，如果学生把文科、理科综合起来学习，会不会把人文素养、科学素养集中于一身呢？于是，我提出了以语文为龙头，与其他学科综合的设想，并进行了实验。那时，我教的是语文，然而每当备课时，数学、物理、政治、历史、化学、生物课本都要看，尽量将语文教学同这些学科综合起来。虽然有人指责我的教学是"四不像"，但事实却对学生的终身发展产生了有益的影响。有一次，在函授学习的课堂上，文艺理论老师给我们讲作家的创作过程，我听着老师的讲课，突然想到了学生的作文。我把学生的作文过程同作家的创作过程进行了比较，产生了灵感，在哲学"否定之否定"的规律启发下，"放—收—放"作文训练法就诞生了。

每当教学中遇到困难，就像有一个塞子堵在心口里，十分憋闷。常常是吃不好饭，睡不好觉。我爱人笑我是"着魔"了。当这个问题解决了，这个"塞子"才能拔掉，喘气也感到顺畅了。第一轮实验班学生入学初，用小学升初中的原题复考，平均48分，及格率23%。转变差生，是教改的成败关键。如果从追求升学率方面考虑，这些学生尽可以不管，但这些差生中的多数，将来都是社会主义新农村的建设者，虽然升学无望，但成才大有希望。放弃了他们，还谈什么教改？还谈什么语文教学为当地两个文明建设服务？

教师的一个主要作用是开智化愚。让笨者变为聪明者，聪明者变为更聪明者，这才是个好老师。怎样促使这些差生转化，那些日子，我苦苦思索着解决的办法。在书上查找解决问题的办法，找来找去，只找到一些零零碎碎的经验，很难解决自己眼前的实际问题。有一次，我找医生看病，这位医生说，医生治病最重要的一点，就是查找病人的病因。病因找到了，病就好治了。我听到后，很受启发。差生，是在学习上的"患者"，"治疗"他们，首先要掌握他们的差因。我用一个多月的时间进行调查，在调查中我发现，多数差生学习成绩低是表象，问题的根子发生在思想上。解决差生学习差的问题，应从思想工作入手，帮助差生树立信心，克服不良习惯，端正人生态度，调动他们主动学习。在此基础上，我吸收现代教学论的一些观点，提出了"医治"差生的设想，并进行了实验，使多数差生发生了变化。（见本书《让明天的太阳更灿烂》）。1987年实验班学生在初二参加榆树市中学生作文竞赛，全市18名学生获奖，实验班学生就占9人。1988年，实验班学生接受省验收检测，成绩和省重点中学不相上下，村民们乐了，说，没想到咱们的土孩子和城里的学生打了个平手。过去，群众称当地的初中毕业生为"初中扔"，意思是学的知识白扔了，干啥啥不会；而对我教的学生却刮目相看，称为"小先生""小记者""小参谋""小律师"。这话虽然是夸奖学生，但我感到，这是群众对我工作的认可。

在农村教学，光凭着一手课上教学的功夫不行，还要有课下的一手功夫来配合。

这课下的一手，就是对学生的爱，对事业的负责和追求。课内的一手功夫，多半体现在课堂上，8小时以内；课下的一手，是在教学任务完成之外，所用的时间多半是自己的休息时间。我有很多的假期都没有完整地休息过。农村学生的流失高峰期是在寒假后，因为寒假正值春节，这期间形形色色的思想开始抬头，学生的思想极易在这段时间里受到侵蚀，从而导致厌学，进而发展到失学。所以，每个寒假，我大多数都是和学生们在一起生活，组织他们开展假期活动，指导他们的假期生活，和家长制订转变差生的方案。有一个流失生，我一连访问了六次。有一次夜间去，被狗包围险些咬伤。最后一次我是带病去的，学生和家长都感动得流下了眼泪，他终于上学了。为了抵制黄色书刊、影视对学生的侵蚀，每到假期，我都在学生中开展读好书活动。我给学生借书、送书，组织他们读书，指导他们写读书笔记，假期从来没有完整地休息过。我顾这方面的多了，对家庭、子女考虑得就少了。子女有时对我也不理解。1989年，我儿子生病在县医院住了两个多月，我工作忙，抽不出时间去看他。有一回我爱人去看孩子，孩子问妈妈："我想爸爸，爸爸为啥不来呢？我知道了，爸爸又顾他那班学生了，把我忘了。"我听了这话，心里一阵酸楚，一个周日我去看他，他趴在我怀里哭了。我对孩子说："爸无时无刻不在想你，梦里都梦见你，但也不能因为你一个，扔掉那么多的孩子啊。"每当我想起这些事，我自然地就想起了我的母亲。我的母亲是一位普通的农家妇女，但知书达理，《三字经》《百家姓》是母亲一句一句教我背诵的。我母亲很崇拜岳母，给我们讲岳母刺字的故事，讲岳母教岳飞做人的故事。平时经常用古人的故事鼓励我们学习立志，要我们为国尽忠。1989年年初，在她老人家病逝的前几天，学校领导要我在家照顾她老人家，我也想利用这几天尽一尽做儿子的义务。她老人家每当从昏迷中醒来时，就撵我上班，说："你上班教学是为国尽忠，下班后照顾我才是尽孝，不能为尽孝影响尽忠。"在她老人家去世的那天晚上，我白天还在给学生讲课，现在想起来，感到无比的内疚，但我只能用自己的工作来报答母亲的深恩了。

直到现在，母亲那慈祥的面容、斑白的头发还经常出现在我的眼前，那叮嘱的话语时时在我耳边响起。

五、人间真情

——李老师，我们都是你的女儿

有一回，一位多年没见面的朋友问我女儿在哪儿工作？我流泪了。

1995年的7月16日，我的女儿病逝了。她来到人间还不满25年。大学毕业刚两年，正是如金似玉的好年华的时候。我心中之苦，难以言表。她死后的56天，正是中秋节。我面对女儿遗像，半夜披衣而起，草成56句诗，现摘录几句，可见我当时心中是何等凄苦："去年中秋夜，天朗月团圆。父女相嬉笑，遥手指广寒。今又中秋日，人鬼两世间。心中凄然苦，忍见月儿圆。日日望女归，日日不见还。常恨梦无情，天天复天天。"我准备在她百日的祭日，写成百句。哪知道，就在女儿告别我91天的时候，我唯一的哥哥又不幸离开了人间。不久，我的岳父又去世了。灾难接二连三地袭击我们的家庭，真应了"福无双至，祸不单行"的那句古话。对于我来说，心上的旧伤还没愈合，还在滴着血，把这个本来不完整的心又撕裂开一道伤口。

我心里悲痛，有时就想哭，但又不敢在爱人面前落泪。我有时就偷偷地到空旷的田野里大哭一场。说起我的爱人来，她也够惨的，每当看见邻居的女儿领着丈夫回来，哭得尤甚。有时，她跑到孩子的坟前去哭，有时，她跑到十多里路的集市上，傻呵呵地站在街道上，看来往的行人，有没有长得像我女儿那样的孩子。有时，到周六的时候，她就到路边去，等着客车回来，因为我女儿生前，每到周六，都坐着这辆客车回家。

我病倒了，病中朋友来看我，他偶然说了这么一句话："长春市教研室马世一主任说：'我快退休了，退休之前我的最大愿望，就是在长春地区亲自主持李元昌教改经验推广会。然而李元昌这种情况，我又怎么能勉强他呢？'"这位朋友走后，我立即给马主任写信，在信中说："战士把战死疆场、马革裹尸看作最高的归宿；对于教师，对于我来说，把最后一息奉送给教坛，是我的追求。不能因为个人私事而影响全局，建议推广会如期举行。"就在这种情况下，我抱病参加了这个会议，在会上做了长达6小时的发言。领导要我休息一个阶段，同志们劝我疗养，我怕我一下子倒下后起不来，就咬着牙，坚持去上班，坚持去给学生们上课。第四轮语文教改就是在这种情况下承担起来的。我进入课堂，学生立刻用热烈的鼓掌声欢迎我，他们对我就像久别的亲人一样。我见到他们，也是无比的高兴，仿佛我的女儿也坐在他们中间。在课堂上，我的眼里是学生，想的是知识和能力之间的桥梁，看的是那一张张可爱的脸和那追求知识的目光，我在这里又重新找到了欢乐，又像青年时期那样充满活力。课堂是治疗我心病身痛的好地方，我平时尽量让自己去多想工作，多干工作。用工作、用追求战胜心灵上的痛苦，这是我当时能选择的唯一的一条路。

有一天，我趴在办公桌上睡着了。我醒来时，发现窗外几个学生笑着走了。同事告诉我，这几个学生以为我病了，他们放心不下，一直在看着我。我的教案里经常看到学生夹的纸条：李老师，您不要过于痛苦，我们就是您的女儿。有一位远在宁夏的女教师，来信安慰我说："李老师，请允许我叫您一声爸爸吧，您就是我的父亲。"我到榆树市内，在街道上走，经常有出租摩托车停在我身边，陌生的面孔邀我上车："李老师，请你坐我的车，你到哪，我送你到哪。你是个好人，我不收你钱。"有一次我到长春，在一个小饭店里吃饭，老板送给我两盘菜，对我说："李老师，我在电视上认识了你，难找你这样的好老师，你可要挺住啊！"

这是人间的真情啊，世上还有什么比这些更好的安慰呢？

六、扛着锄头进长春

——在"小片荒"上种"实验田"

1999 年 3 月，我患了非何杰金氏淋巴瘤。手术后，又连续做了 6 个疗程的化疗。那时，我的身体确实垮了，组织根据我当时的身体情况，把我调到省教育学院做语文教研员。亲友也为我高兴，有的劝我说，在农村干了大半辈子，现在，你也应该在城市享受享受了。也有的说，你该得的荣誉都得到了，你再干还能干到联合国？那些日子，我虽然很清闲，但心里却是郁闷的。虽然是在养病，但思考的是身体恢复之后怎么工作。我想，我同别人不一样，是扛着锄头进长春的，人虽然进城了，侍弄农村那一亩三分地，是自己的本行，也是自己的职责。

2000 年年初，身体一好转，我就开始下乡，按着养病期间想好的计划在省内建立教研教改基地校。这些基地校中有城市中学、县城中学、农村中学，也有城郊中学；有地方学校、企业学校，也有民办学校；有的是山区学校，有的是平原地区学校；有经济较发达地区的学校，也有经济较落后地区的学校。这些学校，从不同角度反映了我省教育的矛盾，有一定的典型性，基本涵盖了我省中学教育的全貌。教研工作需要了解我省的教育情况，教研工作要放到我省整个教育的大背景中考虑。了解了情况，才能心中有本，口中有法，脚下有路。全省几千所中学，我不可能全都走到，有了这些基地校，了解我省的教育情况就便捷了，根据情况的变化可随时调整我的教研工作。

教研教改基地校，也是我的"实验田"，我称之为"小片荒"。我省自进入课程改革以来，教师素质的矛盾就凸显出来了。一些教师感到茫然、疑惑，无所适从，以为以前的做法都不适应了。有的学校虽然进入了课程改革，但对一些老师来说，基本是新教材，老教法；新理念，旧路子。农安县青山乡中学是我建立的首批教研教改基地校，我和那里的老师一起探索农村中学语文教学如何利用当地的教育资源，开展语文社会实践活动。2003 年，我在青山中学召开了农村中学课程改革研讨会。青山中学以青山大地为学生语文实践能力的课堂，利用当地的教育资源，用一方水土育一方人，他们的经验，为广大教师提供了新的思路。与会的老师听取了青山中学师生现场汇报，大家既感到震惊，同时也受到启发和鼓舞。有的教师说，农村中学的语文课改怎么搞，青山中学给我们提供了非常有益的经验，我们的一些疑惑被青山中学解开了。还有的教师说，城市有城市的资源，农村有农村特有的资源，如果我们充分利用好当地的教育资源，农村学生也不会比城市的学生差。一位农村教师深有感触地说："以前，我认为我们的做法都不符合课程改革，现在，我们又发现，我们以前的做法有的也符合课程改革的要求。青山中学能搞课程改革，我们的学校同样也能搞课程改革。"2004 年，在我的倡议下，全国中语会在青山中学召开了全国农村中学语文教改研讨会，来自全国的农村教师会师黄龙府（农安县古称），"小片荒"的经验走向了全国。

　　起初，在这些"实验田"上做的是语文教学的文章，后来，我发现在我省教育中有些急于解决的问题在研究上是空白的，针对这个问题，我便调整了一些基地校的研究课题。城郊学校教师队伍不稳定，骨干教师不断外流，这是一个普遍的现象，也是令人头痛的一个问题，我就选择了白山市九中研究解决这个问题。这所学校被白山市定为薄弱校，全校 76 名教师，没有一名是获得过县以上荣誉称号的。他们想外聘名师，聘不来；指望上级派优秀教师，希望落空。在这种情况下，我们开始在这所学校进行校本培训实验。在王殿富校长的带领下，他们不等不靠，自己评选校内名师，拉动了全校教师素质提高。喊出了"东请西聘，不如自己培训"的口号，通过几年的努力，建立起自己的名师队伍。2004 年，白山市评选十佳教师，这所学校有 4 名教师入选。在这块"小片荒"上，开出了校本培训之花。

　　基层学校的教育科研，本来是要解决学校自身发展的问题，但有些学校在不具备条件的情况下，却盲目地攀比一些所谓大课题，使学校的教育科研走向形式主义，针对这个问题，我和露水河林业局一中的广大教师在一起研究，提出了"积小题为大题，以小改换大改；化大题为小题，破小题通大题"的校本科研思想，以解决学校教育实践的问题为主导，要求教师带着问号进课堂，把教学中的疑难作为研究的课题，把教学的过程视为研究的过程，把学生的成长作为研究的成果。学校无论是领导还是教师，人人有科研的课题，领导研究学校如何发展，教师研究自身素质如何提高。科研促进了教研，教研提高了教师的能力。后来这种思想又发展为主题教研（见本书《构建校本主题研修系统，引领教师主动发展》）。在这块"小片荒"上，又结出校本科研的果子。

七、"小片荒"联片成"大田"

——县域三级研培网络

我在调研时，有位校长对我说："李老师，学校的教研活动快到无法进行的地步了。原先我们学校有几个好老师，这几年都接二连三地调走了，现在老师在教学中遇到的难题，想问个明白人都找不到。外出培训，没有经费，有的老师一个人教两三科，教学都顾不过来，怎么去教研？怎么去搞课改？"教学活动没有教研做支撑，教育观念怎么更新？教学方法怎么改进？教学质量又怎么提高？这一系列的问题提出，使我把眼光由校本投向校际的广阔空间，同时使我想起在秀水二中时，联合周边的几所农村中学，共同开展教研、科研活动的事情。以一所教研教改基地校为中心，联合附近的学校成立研培基地的想法在我的头脑中出现了。我深知道，农村学校，蕴藏着积极向上的力量，蕴藏着在困境中变革图强的精神，这是改变目前状况十分宝贵的积极因素，但缺少人把它们组织起来形成向困难冲击的力量。我，何不就充当这个组织人呢？

有了这种设想之后，我就立刻着手实验。2000 年在长白山下的露水河镇建立起了第一个研培基地。这个基地处于长白山腹地，以露水河林业局一中（现为抚松八中）为中心，沿铁路和公路线联合 11 所学校组成。西起松江河，东到安图县的三道。有延边州安图县的学校 4 所，白山市抚松县的学校 7 所。其中，有企业办学 3 所，地方办学 8 所。共有 739 名教师，最小的学校只有十几名教师，同科教师只有一两名。林业局所属的企业学校，缺少业务部门指导，地方学校由于地处山区，业务指导部门也是鞭长莫及。这些学校面临着同样的难题、同样的困难，他们联合起来形成校际联合体，组成研培基地，凝结成人气，在长白山下"同心干"。行政区域的界限打破了，企业和地方学校沟通了，学校之间形成资源共享，优势互补。他们在基地内进行科研教研课题立项，评优秀教师、优秀课、优秀论文、优秀教研成果，他们联合在一起组织集体备课，评选学科带头人，为薄弱校送课、培训教师。他们还集资请专家讲学，请名师上课。在基地内部，形成了二级教研、科研、培训网络，使之成为教师教研的课堂，科研的实验园圃，成长的摇篮。缓解了当前农村教育经费投入不足和优秀教师资源缺乏的矛盾，使一些失掉教研环境的弱小学校有了依托，受到农村学校的欢迎。正像一位成员校校长所说："分散的农村学校就像一粒粒散落在长白山上的沙子，基地就像水泥，它把这些沙子聚合在一起，变成了与石头一样坚硬的混凝土。""小校加入基地成为大校，弱校变为强校。"有位老师深有感触地说："以前，各个学校就像一个个死水泡，联合起来就成了一条流动的河。"

在露水河教研教改基地取得经验后，我迅速地将这方面的经验向各县推广，在我省的一些县区建立了三级研培网络。每个县区根据地理情况，划分成几个研培基地，在研培基地中选出一所条件较好的学校为活动中心，这样就形成了县区教研部门——研培基地——学校三级研培网络，实现了教研重心下移，受到农村学校和教师的欢迎。

以前，我把研培基地当成"小片荒"来侍弄，现在，一块块"小片荒"已经联片成为"大田"，正在农村教育改革中发挥着重要作用。

八、在城市开荒

——建农村教师培训校

城乡教育发展的严重不平衡，不仅体现在办学经费上，更主要体现在教师队伍素质上。如何在短时间内使广大农村教师得到提高，是我苦苦思索、努力解决的事情。现实促使我把解决这个问题的目光转向城市的学校。优秀教师多半集中在城市中学，他们不仅是教学的重要力量，也应该看成是培训的重要力量，我设想利用这些资源培训农村教师。

2002 年夏天，我到吉林大学附属中学，把在城市中学创办培训农村教师基地校的想法对该校校长崔贞姬说了，这位热忱爽快、有胆有识、胸怀开阔的女校长欣然应诺。我和崔校长联系并主持了首批教师培训。舒兰 19 中派出了受训教师 11 名，在吉大附中研训一周。这是别开生面、独具特色的研培改革，其优点是其他培训形式所不能替代的。吉大附中选派出最好的教师作为带培教师，结成师徒对子。上午听课，下午座谈或研讨，受培教师有什么疑难，直接就能解决。培训结束，受培的教师要上一节课，由听课的吉大附中的教师做出鉴定，指出今后发展的方向。受培教师回校后，要向学校提交培训报告，并上汇报课。这种培训形式，农村中学教师感到非常实际，非常解渴。一位农村中学校长说，如果我们学校的老师都能这样轮训一遍，我们这里的学生就不会往城里跑了。

在吉林大学附属中学取得经验后，吉林市松花江中学、长春市 52 中学、吉林市 30 中学主动热情地支持这项实验，以后吉林省第二实验中学、长春市树勋小学也加入到这个队伍中，这几所学校也就成为农村中学教师的义务培训校。有人和我开玩笑，说我是在城市楼群中开荒种庄稼。

在城市设立的农村教师培训校，经济条件都比较好。所以，我要求培训学校尽其所能，解决农村中学教师培训的费用问题。吉林大学附属中学不仅不收费，还主动免费承担受训教师的食宿。崔校长还安排人花了几千元，为来校培训的教师新购了被褥、床单、脸盆、牙具和食具。受培训教师面对此景此情，非常感动。长春市 52 中学没有宿舍食堂，每日给每位受培教师拿出 40 元钱解决食宿。松花江中学有宿舍、食堂，受培训的教师就在学校免费吃住。有人说我这种做法是"劫富济贫"，我给改了一个字，叫"劝富济贫"。所选的学校，有一定的代表性，吉林省第二实验中学是厅属学校，吉林大学附属中学是大学所属中学，长春市 52 中学和吉林市 30 中学是区属中学，吉林市松花江中学、树勋小学是改制的民办学校。我想，这些学校能办到，其他学校也完全可以办到。

2002 年，我在送交省教育学院、教育厅和省政府的报告中有这样的设想："我省具有培训能力的中学不少于 40 所，如开足马力，每校每年可培训农村教师 200～300 人，全省一年可形成万人的培训规模，如果把小学也考虑在内，人数还可以增多，规模还可以扩大。不但解决了农村中学教师培训的问题，又可为国家节省一笔不小的开支。""如果这样的教研、科研、培训的形式运转起来，形成规模，那么一种新的教育现象就会在我们吉林省出现了，城乡互动的教研、科研和培训的模式将诞生在我们吉林大地上，城乡的教育将进入实质性的交流与融合阶段，在这样的过程中，城乡教育发展不平衡的现象将逐步缩小，农村教育将出现一条充满希望的路。"从这一点我又进一步去想，我省具备培训能力的优秀教师不下千人，如果把他们发动起来，每人每年为农村学校培训 10 名教师，就等于建立了一所年培训能力万人的"研究生院"，从规模上、数量上、质量上都是十分可观的。在目前的情况下，这是多么宝贵的可利用的培训资源啊！

我说出我这些想法，有人认为我是个理想主义者。我不同意这个观点。因为这些做法的可行性我已经验证了。

我真的是个理想主义者吗？我自己也不能回答。

九、我的准则

——弯下腰为农村教育办实事

尽我自己的能力，为农村学校和农村老师解决困难，是我的人生准则。我也清楚，这些事情不是我的工作范畴，但说不上是怎么的，一到关键时刻就又为这些事情操起心来了，也许这是本性难移吧。梅河口市李炉第二中学，是一个规模比较小的教研教改基地校。2001 年，这所学校遇到特殊情况，快到冬季了，还没有买煤的资金，校长愁眉不展。在召开基地校工作会议期间，我知道了这件事情，在会上，我动员来自全国各地的基地校为李炉二中捐款，大家为这所学校集资 5000 多元，基本上解决了冬季取暖的问题。舒兰市第五中学没有微机，教师们迫切想学习现代教学技术，学校又没钱购置，校长为这件事很着急。我就注意长春市哪个学校更新微机室的消息。听说吉大附中的微机要换代，换下来的微机还是 586 型号的，我急忙找到崔贞姬校长，崔校长二话没说，就把这 80 多台微机全部送给了舒兰市五中，其中包括新购置的 16 台微机。农村学校办学经济困难，很少有钱添置设备，城市学校淘汰的，对乡村学校就是宝贝。有一回，我到基地成员校舒兰 31 中去，发现这所学校有的是三个学生挤在一张课桌上学习，以后我就留心哪个学校有闲置的学生桌椅。我同一汽一中校长崔国涛说了这件事，崔校长非常同情，也非常慷慨，送给了这所学校两辆加长汽车的学生桌椅和办公设备。舒兰 31 中谭校长激动地说："从今天起，我们的学生就不会三个人一张书桌了……"有一回，帮助一位在出版社工作的朋友解决了亲属孩子入重点校学习的问题，这位朋友要感谢我，我对他说，如果你一定要回报，你就帮助我搜集些图书，支援我的教研教改基地校吧。这位朋友为露水河林业局一中募集了近万元的图书。有些学校听说了这些事情，他们来找我，有的要我帮助他们解决桌椅，有的要我帮助他们解决教学设备，我能尽力的就尽量尽力，但有时也爱莫能助，这样就产生了误解，常常弄得我哭笑不得。我爱人也常说我，以前，你办秀水二中，像和尚一样四处化缘，现在你又为这些学校张罗，你有瘾咋的？我不能回答她，但我的心却想，尽力为农村教育办点事吧。

有一回，一位老师把他写的一篇论文拿给我看，我看完后说，这篇文章应该投出去发表。他苦笑着对我说："投了几次，多半是石沉大海，盼着有一家刊物要给发表，但得交版面费，我挣这么几个工资，生活都……"他说不下去了。农村学校中，有许多优秀教师，他们不但有一定的实践经验，也有自己的真知灼见，他们的经验需要发表出去，那是宝贵的财富。农村教师需要提高自己的理论水平，需要更新教育理念，需要掌握一定的信息资源。然而，许多农村学校经费困难，教师收入微薄，公家、个人都订不起刊物。面对这种情况，我就想为农村学校、农村教师创办一个刊物，经过几个月的努力，在白山市教师研修院的支持下，《农村中学语文教育》的试刊号在 2001 年的 12 月诞生了。白山市教师研修院腾出一间办公室做编辑部，又指派两位老师做兼职编辑。我们把办刊的宗旨"义务撰稿、免费赠阅、社会赞助"这 12 个字印在封面上。这个刊物可能是全国唯一免费赠送的学术刊物，被农村中学语文教师称为"我们自己的刊物"。每一期印刷、邮寄的费用 5000 多元，当时为了筹备刊物的费用，疲于奔命，绞尽脑汁。后来，包天仁先生的天仁教育集团承担了大部分费用，减轻了我这方面的压力。

农村学校困难，搞活动我首先考虑的是不能给他们增加负担。就说下乡送课吧，不能要农村学校出车，也不能让农村学校出钱，我手里也没有这样的经费。因此，我不但求人，还得求车，我组织城市学校送课，他们都是连人带车一起出。有时还得求钱，比如，吉林大学附中去白山和大安送课，火车票钱也得自己学校出。因此，我一想起这些事情，就非常感谢这些深明大义的校长，很多工作都是在他们的支持下干起来的。我是来自农村的教师，搞教研活动，自然就想到农村教师，这也就是

主持中国教育学会中学语文教学专业委员
会暨吉林省农村中学语文教育研讨会（2004）

说以心比心。以前，我因为学校和个人经济困难，该参加的活动不能参加，该出席
的会议不能出席，失掉了很多学习机会。因而，凡是我筹备的会议、举办的活动，
能不收费的就尽量不收，需要收费的尽量少收，或者是通过其他渠道解决。2004 年
7 月，我筹备了中国教育学会中学语文教学专业委员会暨吉林省农村中学语文教育
研讨会，在学院领导的支持下，我和张翼健老师在社会上募集 9 万多元的资金和物
资，解决了贫困学校和外省教师的会务费、食宿费等，并且还向来参加会议的每一
位农村教师赠送了价值近百元的书刊。建立起的教研教改基地，多半是无经费运转，
为了开展工作，不得不想办法开拓筹措资金的渠道，支援他们开展活动。有一回，
一位领导答应给基地拨一笔款，但要求我喝一杯酒，我不会喝酒，硬着头皮把这杯
酒喝下去，酒喝下去了，心脏病却发作了。亲友说我操这样的心无用，对个人来说，
确实是无用，但对事业来说，这份心就不能不操啊。

十、傻子的哲学

——钱是脚下的铺路石

我经常被家里人或亲友指责为傻子。

亲友说我傻，是说我不会把握机会，死守农村。1988 年，吉林省对我的第一轮教改实验进行了验收，并定为我省重点推广项目。也就在这时，城里的一些学校动员我到他们的学校去工作，我又面临着是去城市还是留在农村的选择。我感到，这轮实验中还有许多不尽如人意的地方，需要进一步地探讨。张翼健老师给我写了一封长信，他在信中说，有很多很有前途的实验项目，只因为实验者工作调动而终止了，他希望我能在个人和事业之间做出正确的选择，将实验继续下去。长春市教委教研室主任马世一希望我能在农村这块土地上写出一篇大文章来。我决心服从事业的需要，于是着手筹备第二轮实验。这时有人劝我说："水满则溢，月盈则亏，现在趁着有点小名气的时候，赶快急流勇退，到城里找个好单位。一轮下来就是三年，三年之后你还能得到什么？"亲友也劝我赶快走，我没有听，又开始了第二轮实验。第二轮实验结束时，外地的学校以楼房、爱人和子女工作为条件调我，还有的学校用高薪聘我。亲友们劝我说，这样的条件够高了，一般的人连想都不敢想，别错过机会，走过这个村，就不会有另一个店了。这个穷地方有什么值得留恋的？我说，我在这还有很多事要干呢！又毫不犹豫地开始了第三轮实验。亲友们恨我，说我是不撞南墙不回头的主。我想，撞南墙就要撞到底，如果我头破血流地倒在南墙下，醒过来之后，非再撞它一头不可。我很推崇哥尔斯密的那句话："人生最大的光荣不在于永不失败，而在于屡仆屡起。"

第四轮语文教改实验结束后，我又有了新的追求目标，准备将单科的语文教改发展为全校性的农村教育整体改革，实现"办好一所学校，拉动一方经济，造福一方百姓"的理想。当时，我的家庭连遭不幸，身体状况也不如以前，这时，城里的大学、中学又连连向我发出邀请，我的心没有动，全力准备向这个目标冲刺。气得我姐姐指着我脑门说我傻。她们说她们的，我心里自有主张：也许世界上只有傻子才能做出聪明人能做而不愿做或做不到底的事来，也许只有傻子才能走出聪明人能走而不愿走或走不到底的路。

我爱人说我傻，说我不顾自己的家。

1985年，我那时的全部工资只有50多块钱，当时有病弱的父母，两个读书的孩子，一家六口只靠自己的工资维持生活，还负有1600多块钱的外债。1988年有人送我一副对联"三间东倒西歪茅草房，一个风烛残年老母亲"，那就是我当时生活的写照。我的孩子在我面前抱怨生活苦，我就拿不如我们生活的人家比，从1985年至1988年，我为了实验，给学生订书报，组织他们外出活动，请老师讲课，花去工资款就 500 多。这样做影响了家庭的正常生活，我爱人问我钱哪去了，我说："存起来了，以备急需。"急需时她不见我把钱拿出来，我说："存银行了，定期三年。"我需要钱，也离不开钱，时常因钱而东奔西走，陷于困顿，但我认为：人不是钱的等价物，更不是钱的奴隶。在人的身上应该有钱买不到的东西。钱应成为奋斗者脚下的铺路石而不应成为绊脚石。"给多少钱干多少活"这话我向来不敢苟同。我也讲索取，但索取的目的是为了奉献。就像蚕吃桑叶一样，目的是为了吐出更多的丝来。我也想改变自己的生活，有时这种想法还很强烈。但我把这种愿望建立在对事业的追求上。学生的作文集出版了，第一版的稿费，我支援了这本书小作者中读书经济困难的学生。第二版 4 万多的发行费，给学校购置了设备。1997 年，我从获得香港"孺子牛金球奖"10 万的奖金中拿出 6 万元，作为奖励农村中学教师的奖励基金。1998 年，拿出奖金 3000 元，奖励两位农村中学教师。做教研员后，我又拿出自己的积蓄几万元支援农村学校，帮助农村学校老师解决困难。这样做没有什么特殊的，这就像一个人走路一样，他要去实现远大的目标，但在路中遇到一条河，这条河不宽，只要用一块木板搭桥就可以过去，买木板的钱并不多，他也有钱，但他认为木板不应该他花钱去买，或者他舍不得用自己的钱去买，因而他就隔在了河的对岸，一辈子也就只能望河而兴叹。我也就是一个舍得用自己的钱买木板搭桥过河的人。

1992 年《人民教育》邀我写一篇稿子，我就写了一篇"傻呵呵的我"，发在该刊的第 9 期上。

十一、感恩

——说不尽的话

1992 年，长春市委拨款在农村给我建了一所新房，建成之日，我拟了一副对联："鬓微霜，又何妨，踏平小路成大道；不思量，自难忘，谁言寸草报春晖。"这副对联写出了我当时的心情；现在，我也仍然是这种心情。自己虽然做了一些工作，但离开组织和群众的帮助将一事无成，这不是客气话、谦虚话，而是发自内心的心里话。

工作多年后回校向老师汇报

　　自从我举起教改旗帜后，筹措经费是我最头痛的一个难题。现在想起那个岁月来，确实感慨万千，第一轮实验验收后，来听课和学习的就闻风而来，学校处于乡下，没有饭店。让人家饿着肚子走，也不是一回事儿；招待一顿，少说也得百八十块。有时，让来的客人到我家里去吃饭，或者自己掏腰包，这虽然不是解决问题的方法，我只好这样去做。在困难的时候得到人的帮助和支持，是终生不会忘记的。1987年，张翼健来信通知我，省学院给我拨二百元钱实验费，这无疑是雪中送炭，读那封信时，我的手都在抖。有一回，我外出开会七八十块钱差旅费报销不了，周希武副乡长在乡里跑了好几个屋，想办法给我报了，那时，我激动得说不出话来。记得有一天，我和肖锐副局长谈到了困难，肖局长在屋里转了几个圈，叹了一口气说："元昌，我拼着违犯规定，从职教经费中给你拨两千元教改经费吧。"他虽然作古了，但我还在怀念他。最难忘的是1991年，我的母校长春师范学院为了支持我搞教研，院长楼警予发动全院师生捐款近3千元。我打开那个钱包，有100元的，有50元的，还有1毛2毛的，这哪里是钱，这分明是比钱还要贵几百倍的深情哪，我趴在那个钱包上大声痛哭起来。给女儿治病，欠了3万多元的医疗费，时任我省教育厅副厅长张茵等同志为我捐款还债，这样的情谊怎能用语言表达？

　　党和各级组织对我的关怀更是我永远也报答不完的。不说远的，就从我生病手术的时候说起吧，全家把钱凑在一起，还不到3000元，张茵副厅长听到这个消息，给我筹集了1万元的手术费。手术后化疗没有钱，我们榆树市教育局局长王义，在榆树市内的学校给我集资4万元，使我完成了6个疗程的化疗。省教育基金会主任孙骥同志，还为我在社会上筹集药品。当我在办理调转手续的时候，长春市教委李玉亭主任告诉我说："教委研究决定，把你的病彻底治好后再送到省教育学院。北京、上海的医院任选一处，带一名随员，费用由教委全部负责。如果学院没有房子，教委决定给你带一套去。"我到学院不久，常院长就把他住的房子让给了我。为了我的身体，为了我便于工作，张笑庸院长尽可能地给我创造条件。可以说，我的第二次生命是党给的，人民给的，在这方面我有说不尽的话。

2007 年 8 月 31 日，受胡锦涛总书记接见后，在怀仁堂留影

党和政府关心我的生活，关爱我的生命，也关心我的事业。教育厅和省教育学院领导从一开始就肯定我研究农村教育的方向，给予积极的支持，多次举行专门会议，推广我的教改、教研经验。2005 年国务委员陈至立批示："请教育部会同吉林省教育厅总结李老师的教育思想和有效做法，并在全国城乡推广。"2006 年教师节，正是我从教 40 整年，党和人民又把最高的荣誉授予我。9 月 7 日，吉林省委省政府召开表彰大会，命名我为"竭诚为农村教育服务的好教师"。在 9 月 10 日教师节那天晚上，我同时出现在中央电视台《实话实说》节目、《奠基中国》节目，在 19 日新闻节目的《劳动者之歌》中，又介绍了我的事迹。2007 年 8 月 31 日，在中南海怀仁堂我又受到胡总书记的亲切接见……一想到这些，我的内心就充满了愧疚，感到自己做得还很不够。有位记者问我，为什么热衷于农村的教育事业，我知道他想要我说出几句闪光的话来。我说："要我说，我也说不清楚，也许，我只是学着干。"在我的头脑中，经常出现陶行知、晏阳初等先贤的形象，他们为了民族，为了国家，在中国乡村广袤而又贫穷的大地上苦苦地上下求索。现在，我虽然人进城了，但我的心还牵挂着农村，牵挂着农村的教育，从乡间小路走进城市，但还可以

从城市走下去，在通往社会主义新农村的路上多留下我的几个脚印。

"路漫漫其修远兮，吾将上下而求索。"

附文：

《新华字典》与梦

说起我与《新华字典》的故事来，话也就多了、也就长了。

我在小学一年级的时候，高中毕业的哥哥暑假回家给我带回一本《新华字典》，那是一本旧的，是哥哥的同学送给他的，哥哥在高中读书时，就一直用着这本字典。尽管是一本已经翻得变厚的旧字典，但那时在我们腰围子村也是唯一的一本字典了。在哥哥和小学六年级毕业的二姐帮助下，暑假里我学会了查字典。自从我有了这本字典，我家来的人也就多了起来，有的人不认识了哪个字，或者是哪个字不会写，就到我家来，这些人总是用请求的口吻要我给他查查字典。我记得有两个人为一个字争论得面红耳赤，就一起来找我，让我用《新华字典》给她们断"官司"。也因为这个，我识的字就比同年级的学生多，我在村里人的心目中就成了"小秀才"。

开学了，我上了二年级。上学那天，我从书包里把这本字典一拿出来，立刻被同学们包围起来，同学们对我羡慕极了，瞅着我手中的字典也眼馋极了，我也少不了在他们面前炫耀一番。我把新发下来的《语文》课本随手翻开一页，指着课文中的一个字，问大家读啥，大家都读不出来，就在这时，我在字典中查到了那个字，告诉了大家这个字的读音，同学们立即惊呆了。我还清楚地记得，有个同学瞪大了眼睛，摸着脑袋自言自语地说，神了，神了。这时，老师来了，看见大家围着我闹哄哄的场面，以为我们又打架了，他刚要张嘴严厉地批评我们，突然发现我手中的这本字典，立刻伸出手来说："给我！"

听了老师的这句话，真如五雷轰顶一样。以前，老师经常没收我们的东西，比如我们用木头削的小手枪、大刀，或者是一个玻璃球、一个彩色的碗碴，一旦在上课的时候拿出来摆弄，老师一发现非得没收不可，还要批评你一通。我以为我的字典也难逃厄运了，把它紧紧抱在怀里，用哀求的眼光看着老师，眼泪也要流出来了。

这时，老师的口气变了，说："我看看，不没收。"听了这句话，我才把字典递过去，但心里却像揣了一个小兔子，七上八下的。

老师拿过字典，翻着，看着，我两眼盯着老师，同学们的眼睛也盯着老师。老师看了一会儿，把字典还给了我，说："有了这本字典，语文学习就不愁了，你可要用好它呀。"我这才松了一口气，就像遇到大赦一样，乐得跳了起来，同学们也欢呼起来。以后，老师也经常找我借这本字典，他很讲信用，总是按时还给我。

自从有了这本字典，我的本领也大了起来。小学二年级到六年级的语文课本，两三天的时间就读了一遍，遇到不认识的字，我就查字典。自然课本了，历史课本了，地理课本了，虽然还没有学到，我也能读了，同学们对我崇拜极了。在同学的心目中，我简直上升到了老师的地位。为了能用一用我的字典，有的同学主动把皮球借给我玩；以前，和我不怎么好的同学，常常在我的兜里放上一把连自己都舍不得吃的爆米花，当然，他也是想借我的字典用用。30多年后，我们几个小学的同学聚到一起，谈起了这段往事，有个同学无限感慨地说，那时，他做梦都梦到和我一样，有了一本《新华字典》。

有了字典，我自己能读书了，到了二年级下学期，我迷恋上那些课外的大书。那时，村里常请先生讲评书、说大鼓书。有一次，村里请了个评书先生讲《说唐演义》，我被说书先生讲的秦琼、程咬金、单雄信、罗成的故事迷上了，讲了三四天，当讲到程咬金探地穴的时候，还像往常一样，拍一下惊堂木，说一声"要知后事如何，且听下回分解"，就住下了。我本以为第二天他还接着讲，第二天晚上，我去听书的时候大人告诉我，说书先生走了。我心里真不是个滋味，无精打采，像丢了魂一样。我天天盼着村里有人再把这位先生请来，盼了一个多月，先生也没来，可我心里总还是想着他没讲完的那些故事，甚至做梦都梦到先生回来了。后来，我发现我们村里有个我叫他四大爷的人，他有一本《说唐演义》，也不知是从哪里弄来的，我就去借。他对我提出一个要求，书可以借，但要读给他听。我一翻开书，那么多字，它认识我，我却不认识它。我并没有畏惧，因为我有《新华字典》，不认识的字就查字典嘛。我对他说，我回去熟悉熟悉，明天放学来给你读。回到家，我找出《新华字典》，一边读着一边查字典，读第一回时，生字有几十个，我就用字典逐一解决了。读到第二回，生字就少了些；读到第三回、第四回就又少了些；读到第八九回，就能流利地读了。第二天放学后，我就去给他读书。到了四大爷家，见好多人在等着我呢。有男的，也有女的，老老少少一屋子。我放下书包，拿出书就给他们读。我读着，他们有滋有味地听着，一边听着还一边夸奖我，"这孩子，这么小就认识这么多字，以后也得像他哥哥一样上大学。"有的大人指着我对自己的孩子说："你看人家多有出息，你可得好好学人家。"大家的鼓励让我更来劲了，有时我就学着评书先生的语调读几句，逗得他们哈哈大笑。这本书读完了，他们说不上从哪弄来一本《征东全传》来，要我继续给他们读。没等我读完《征东全传》，他们又到外地借来一本《岳飞传》，一本接一本，《西游记》了，《水浒传》了，《三侠五义》了，《彭公案》了，《济公传》了，都是他们四处借的。以后我干脆就不给他们读了，读完了给他们讲，有时边讲边添枝加叶，他们也不知道，还说挺好的。赶上星期天不上学，他们就把我请去给他们讲书，到了中午，也像招待说书先生那样给我做点好吃的。

书读得渐渐多了起来，在书里我找到了许多崇拜的人物，我也常常学着这些人为人处世，村里的人经常夸奖我会说话，有出息，办事像大人一样，听了这些话，爸爸、妈妈自然乐得合不拢嘴。

那时，我被这些书迷住了，真是如醉如痴。晚上，捧着书本熬尽了灯碗里的最后一滴油；早上，天一放亮就拿出枕边的书来看；吃饭时嘴里嚼着饭，眼睛看着桌下的书；走路的时候也边走边看。在学校不管上什么课，我只顾在课堂里读着那些吸引我的书，有时老师在我身后都不知道，常让老师把这些书收去，收去后再想办法向老师要回来。长了，老师也经常找我借书看，我竟然与一些老师成了书友。

四年级开学，我们又换了一位班主任老师，他是个初中毕业生，在我们学校里，他是学问最高的，我们对他很尊敬。期中考试刚结束，他就把我找到教研室。他拿出一张六年级的语文期中考试卷让我答，我答完了，他让教六年级的老师批，竟然得了5分（那时实行的是5分制），我心里暗自高兴。接着，他又拿出我的算术期中答卷，往桌上一拍，我一眼就看出卷子上那个大大的红笔写的"1"字，哎呀，算术又得了个1分，我脸红了，不自主地低下了头。老师忽地站起来说："李元昌，六年级的语文卷你也能得满分，四年级的算术卷只得1分，以后上算术课再看那些书，我见到了就给你撕了！"那天，他非常生气，脸都红了，狠狠地剋了我一通，"语文好、算术不好也不行，那就像人一样，一条腿长，一条腿短……"我知道，老师是为我好，恨铁不成钢，我也在暗暗地埋怨自己，上课只顾看书，连老师讲的啥都不知道。都四年级了，乘法怎么乘，除法怎么除都不会，四则混合运算怎么算都不知道，算术作业、考试不是零分就是 1 分 2 分……我流着泪走出了教研室。

晚上，我央求妈妈把灯装满油，我在书箱子里找出三年级的算术课本，一页一页地看，课本里的内容我都能读明白，我按着例题的样子一道题一道题去做，去计算。冬天的夜很长，天亮了，灯里的油也没了，但三年级的算术我都看完了。上学时，我拿着自己做的那些练习题，求我班算术学得好的同学给批改，他说做错的题，我就再读一读课本中的例题，找到自己错在什么地方，或者是让他给我讲一讲。第二天夜里，我又像昨晚那样把四年级老师讲到的内容看完了，练习题也做完了，上学时又央求同学批改，错的地方我再研究书中的例题，明白错在哪里。这样，我落下的算术课就补上了。有了前两天的体验，我感到数学也没啥难学的，又接着往下学了几页，又找那个同学批改练习题，那个同学说："我不会了，你找老师吧。"我没敢去找老师，怕错了老师批评。但听了老师讲课后，我感到我的理解竟然和老师讲的差不多。从此以后，我养成了一个习惯，无论是哪个学科的课，在老师讲课之前我都事先学一遍，不懂的地方就在课本中画上记号，老师讲到这时就格外地注意听。上初中了，要到离家二十多里路的秀水镇上学，有时因为交不起 5 元钱一个月的伙食费，我就用这种方法在家自学。后来我当了老师，又把这种学习方法教给了我的学生。

就在班主任老师批评我的后几天，大约是过了一个星期吧，老师叫一个同学通知我去教研室。我忐忑不安，心里想，又犯了什么错误了呢？一进屋，老师手里拿着我的算术作业本对我说，这些题是你自己做的吗？我以为做错了，低声地说："是我做的。""什么？期中考试才过几天，作业就能打满分，你老实说，是不是抄的？"我听了，声音提高了一点说："老师，我没抄，确实是我自己做的呀！"老师仍然不相信，"那你说说，到底是咋回事？"我把这几天的事跟老师说了，老师还是不相信，他翻开算术课本递给我，"这是下一节要讲的内容，给你 15 分钟时间自己学，学完了我要考你。"其实，这节课的内容我已经自学过了，我对老师说："老师，我学过了，你出题吧。"老师拿出一张纸，出了几道题递给我，他搬来一个凳子，让我坐着写。教研室里的老师们都围着看我答题。我答完题提心吊胆地把卷子交给班主任老师，这才发现，老师的眼光变了，屋里的老师们也都用诧异的眼光看着我。老师没批卷，大家却纷纷议论起来了，有的说我天生聪明，有的说我是家庭遗传，有两个老师还争论起来。一位老师问我："就这么几天，你算术成绩就来了个天翻地覆，是哪个神仙教你的？"我说："老师，这几天我发现了你们讲课的秘密。"他问我是什么秘密，我说："你们讲课就是把课本中的例题一步一步写到黑板上，我能看明白例题，就等于老师给我讲一遍了。"我说完，一个年纪大的老师说："李元昌说得有道理，他有一本字典，靠字典读了许多书，书读多了，分析理解的能力就随着提高了，也就能看懂算术课本，能自学了。"这时，班主任老师拉开抽屉，拿出一本《人民文学》杂志，对我说："这本杂志借给你，但有个要求，要在课余时间读，上课要注意听讲。"

一本《人民文学》，又把我领入了另一个世界，我从此接触了一些现代的诗歌、散文、小说，也接触了一些外国的文学作品。读到高兴的时候，自己来了冲动，也模仿写点诗歌、小说之类的小文章，这也为我以后当语文老师打下了基础。

我也改变了自己的习惯，上课注意听讲了，但我没有停止读书，在课余的时间里，我又读了一些书。

这件事虽然过去50多年了，但一直影响我到现在。"文化大革命"结束后恢复高考，我是初中生，按学历，应该报考中专，可那时我已经二十七八了，是两个孩子的父亲了。上大学，那是我梦寐以求的。在小学读书的时候，哥哥上大学了，我在梦中都梦到自己像哥哥那样跨进了大学的校门。一番犹豫之后，毅然报考了大学。当时有些人嘲笑我，高中大门都没进，隔着锅台上炕，想高口味呢，做梦去吧。我来了犟劲，非要试试不可，圆上这个多年的大学梦。我报的是文科，语文、政治、历史、地理我不担心，最担心的是数学，高中数学没学过呀！那时，我的侄女在读高中，我就向他借来了高中数学课本自学，有不明白的地方就问她。开始，她给我当老师，后来，她遇到自己解不开的题却来问我了，我倒成了她的老师了。一个多月没黑天没白天地品尝着"头悬梁锥刺股"的滋味，终于在考前学完了高中的数学课程，到后来没想到我这个初中生撞大运撞进了长春师范学院。我的侄女很惊讶，问我："老叔，没有老师教，你怎么就能学完了高中数学呢？"我说，我有老师呀。她以为我在逗她玩，我拿出一本鸭蛋青色的《新华字典》，对她说，这就是我的老师。接着，我给她讲了我在小学读书时的那段经历，它像听故事一样听着。上大学的前一天，我把这本字典送给了她，她很小心地把它放在书包里。

毕业了，我当了中学语文教师。怎样让学生学好语文这门课程，是我一直思考的问题。我结合自己的学习经历，找到一个答案：学好语文，就得多读书；要读书，就得多识字；要识字，就得借助字典这个"老师"。所以，我要求学生每人手里要有一本《新华字典》，要求学生们自己读课文，自己去广泛阅读课外书籍，遇到不认识的字，就去查字典，不要懒惰，不要轻易地放过，养成查字典的习惯。这样，我就把学生领入了语文学习的大门，有许多学习差的学生通过这条途径提高了、发展了，不但语文学习能力有了，他们的自学能力也逐渐形成了，各学科的成绩也都提高了。省里考察他们的学习，成绩竟然与省里最好学校的学生不相上下，乐得村民们说，做梦都没想到咱们庄稼院的孩子能这样，一点也不比城市的孩子差呀！

　　我送给侄女的那本《新华字典》，是我使用过的第二本字典。哥哥给我的那本字典，在小学五年级的时候，就翻烂了，页也散了，有的书页用糨糊粘了好几遍了，还丢了几页，但还在将就着用。一个同学的爸爸，给他买了一本《新华字典》，鸭蛋青色的皮，还是硬壳的，这又成了我追求的梦。

　　这本字典定价才1元钱，天哪，我这个穷孩子上哪去弄这1元钱呀！那时，生产队收粪，用粪能换钱，我就起早贪黑地捡粪卖。我怕粪被别人捡去，天刚放亮，就从被窝里爬起，拉着小爬犁在村子里东走西串。早晨特别冷，帽子上挂着霜，脚后跟冻得像猫咬一样，有时还得提防被狗咬着。我坚持每天早上捡两筐粪，两筐粪就是2分钱呀！每捡一筐粪，就接近目标一步，终于，我冻烂的双手里捧上了那本鸭蛋青色的《新华字典》，我心里那个乐啊！我把那本旧字典用报纸包好，放在我的小书箱里，对着它说："你累了，好好休息休息吧。"第二年，我家的房子漏雨，书箱浇湿了，当发现时，书箱长了一层厚厚的白毛，里面的书和那本正在"休息"的字典烂得不像样子了，它就这样离我而去了，看着那本伴我多年的字典，我的眼泪差一点流出来。前几年，我问侄女，能不能找到我给她的那本字典了，她也说不清去处了。听了他的话，我心里说不出是懊悔，还是惆怅。

　　这两本小小的《新华字典》，连着我的一生。用怎样的语言能说出我与它们的感情，说出我对它们的感激呢？有时，我就像怀念亲人、怀念老师、怀念童时的小朋友一样，想念它们。

　　我有这么一段学习、生活的经历，就更知道字典对学生的重要性了。我教学时要求学生每人有一本《新华字典》，然而也经常难为了一些家庭经济困难的学生。那时，农村很穷，有些人家饭都吃不饱，哪有钱给孩子买字典呀。有个学生哭着喊着

要钱买字典，却被他爸爸打得鼻青脸肿。无奈之下，我常常自掏腰包给他们买，或者是帮助他们借。什么时候每个学生都能高高兴兴地捧着一本字典学习，这也成了我这个教师的梦。后来，我调到省里做了语文教研员，经常到农村学校去，发现三四十人的一个班级里，有字典的也只是十几个学生。字典的重要性不比课本差，为什么达不到人手一本？其实这话不用问，个中的原因我心里清清楚楚。什么时候天下的学生手里都有一本《新华字典》呢？我想，这也是天下的学生所盼的吧，是他们的梦吧。

2010 年，我到北京参加中语会的年会。会上，我认识了商务印书馆的王永康。见到了他，我格外高兴，因为我使的第一本《新华字典》是商务印书馆出的，学生时用的《汉语成语小词典》是商务印书馆出的，当老师时买的《现代汉语词典》还是商务印书馆出的，由于这方面的关系，让我们一见面就成了老熟人。谈话间，自然谈到了农村学校缺字典的问题，他告诉我，商务印书馆正在搞这方面的调查，也正在动员一些单位和社会团体向农村贫困学校捐助《新华字典》，他们还有个更大的目标，推动把《新华字典》纳入免费教科书之中。我想，这可是件大事呀，是功在千秋的大事呀！临别时，他还对我说，我以后在农村教育中遇到困难，他们一定会帮助我。我当时认为，这句话也许是随口说说而已。

没想到他说到也真的做到了，以后，我陆续地收到了商务印书馆寄来的一些《现代汉语词典》《现代汉语学习词典》，每一本定价都七八十元。我把这些词典送给了农村老师，对他们来说，不亚于雪中送炭。2011 年 7 月，全国中语会农村教育研究中心在哈尔滨成立，商务印书馆不仅赠送了 5 万元的活动经费，还向与会的每位老师赠送一本《现代汉语学习词典》。我代表全国农村中学语文教师感谢他们，他们总是说，这是应该做的。确是这样，他们做了好事，没有一点高傲的施舍者的神态，这也是让我感动的原因之一。回来不久，就接到了王永康打来的电话，他告诉我，他们募集到 7000 册《新华字典》，准备支援我们吉林省贫困地区。我以为听错了，又要他说一遍。撂下电话，我急匆匆向院领导汇报。院领导决定把这些字典捐给我省的国家级贫困县——通榆市。听说，字典运到那天，通榆市像过节日一样，敲锣打鼓，鸣鞭放炮地庆祝一番。后来，商务印书馆又联合一些社会团体，向我们吉林省农村又捐赠了 6 万册，6 万册呀！圆了多少孩子的梦！在这之前，在中央电视台新闻节目中，几次看到商务印书馆的人到边远农村学校搞调查、捐助《新华字典》的新闻。以后，报纸上、电视里，关于《新华字典》的消息逐渐多了起来，甚至成了人大代表的议题，政协委员们的提案。

终于，在发放课本那天，每个小学生抱在怀里的课本中，又多了一本《新华字典》。那天，我正在农村的一个学校里，看到孩子们那一张张乐呵呵的脸，像是绽放的一朵朵鲜花，又像是一片片红色的云霞。不，那不是鲜花，也不是云霞，是一个个彩色的梦，是我们中华民族的梦。

我沉浸在这彩色的梦境中，在这童话一般的世界里，好像我又找到了那两本久违的《新华字典》。

2013 年 6 月 1 日

我的教育观

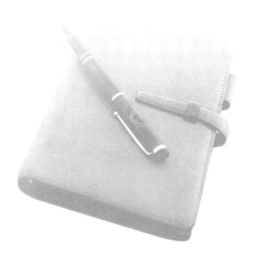

农村中学语文教改实践篇

一、对农村中学语文教改的回顾

——兼谈我的理想教育

从 1985 年开始搞农村中学语文教学改革，到现在已经有 30 年的时间了。今天回首走过的乡间小路，审视自己的脚印，自然是感慨颇多。

一提起自己的教改经历，就自然离不开我工作过的学校——吉林省榆树市秀水镇第二中学。秀水镇原先只有一所中学，秀水二中是 1982 年新成立的，坐落在距离秀水镇九千米的治江村，是治江村和腰围村合办的一所初中，招收的学生只限于这两个村。先前的校舍是把治江村装拖拉机的机库改造成的。建筑面积不足 400 平方米，300 多名师生就挤在一起办公、学习。学校的设备、条件如何呢？我说出一件事大家就知道了，1982 年学校成立，1987 年学校有一条爆炸性的新闻，就是我们的学生有了厕所。根本就没有钱订报纸刊物，其他的教学条件就可想而知了。但就在这样的环境中，我们却搞起了教学改革。一些领导和城市里的教师来到我们学校，看到我们学校的环境和条件，他们感到很惊讶，甚至有的人不相信我们的教改经验竟然出自一所这样又破又小的学校。我每逢想到这些，我就想告诉我们的农村老师：不要让条件捆绑住你的思想，不要让环境陷住你的双脚，不要让艰苦磨损你的意志，不要让贫穷压沉你的信心。要大胆地朝前走，条件差、环境差，只要我们人不差，照样会出成绩、出成果。

一个教师，他的心应与时代的脉搏一起跳动，抢占时代的制高点。1985 年，正是我国农村经济改革风起云涌之际。同年 5 月，党中央发表了《中共中央关于教育体制改革的决定》，这个纲领性的文件指出："教育必须为社会主义建设服务，社会主义建设必须依靠教育。"在这个大前提下，我在思考，农村中学语文教学该做出怎样的响应，做出怎样的行动呢？

我首先想到了陶行知先生。陶行知先生是我十分崇拜的一位教育家。在我心目中，教育家是为国家、民族办教育的专家。教育家是一个国家、一个民族的教师。他办教育不是为了个人，不是为了名利，不是为了当官发财，而是为国家富强，为民族振兴，为了人民的幸福。陶行知先生从当时中国的农村、农民、农村教育的实际出发，希望通过创办符合农民、农村实际需要的教育事业，来达到"唤醒老农民，培养新农民"的目的。运用教育的力量，改造农民，改造农村，进而改造中国社会。他曾经有过一个宏伟计划："募集一百万元基金，征集一百万个同志，创设一百万个学校，改造一百万个乡村。"虽然他的理想在当时没有能够实现，但他却为农村的教育改革指出了一条道路。

我是农民的儿子，生在当地的农村，长在当地的农村，多数的时间工作在当地的农村。农民的酸甜苦辣，我自己也在品尝；他们的生活状况，我身有所感；他们的需求，我心有理解。城市和乡村的反差，经常出现在我的脑海里。把自己的家乡变成桃花源，是我心中的梦，一个一直追求的梦。面对家乡贫穷落后的面貌，我也经常这样问自己，作为一个教师，我这个家乡人能为家乡做点什么事呢？在自己问自己的同时，内心中也有无可奈何的感慨。在农村经济改革大潮的洪流中，在"教育必须为社会主义建设服务"的方针指引下，我心有所悟。陶行知先生是教育家，他用教育改造社会；我是个语文教师，能不能通过语文教学改革，在为当地培养高素质的劳动者上面做点文章，从一个侧面来促进农村社会发展呢？在这样的思考中，我仿佛一下子站在了高山上，看见了一轮初升的红日，看见了高远的天空，看见了广阔的原野，当然，我也看到了未来脚下的路。一个新的追求就在这样的思考中出现了，并引发了我以后教育观念发生了一系列的变化，也为我以后的教学改革奠定了思想基础。也就是在这样的思想观念支配下，我认真思考了当时的农村中学语文教学。

学校、教师为社会献出的成果是人，是社会所需要的人，能为社会做贡献的人。然而目前我们培养出来的是怎样的人呢？有相当一部分初中生，落榜后回到农村，却陷入了升学无望、就业无门、致富无术的尴尬境地。他们的学识，他们的能力，适应不了当地的生活，适应不了当地的生产劳动。学的知识用不上，也不会用。我在实际调查中发现，有相当部分的初中毕业生连农药说明书也读不明白，群众让他读一段报纸，读得结结巴巴。甚至会闹出这样的笑话，有个村民求一个初中生写封信，信发出去了，不久又返回来了，原来是把邮寄地址写反了。气得村民骂他们为

"初中扔"（意思是书白念了，干啥啥不行）。这些回乡的学生思想素质也较低，多数人缺少人生的大目标，缺少奋斗精神，缺少创业思想，缺少创新意识。他们的头脑中仍然是祖辈、父辈那种落后的传统观念、思想意识，不敢破格，也不想破格，犹如鲁迅先生小说《故乡》中的闰土一般。一批批这样的学生回到乡里，补充到农村劳动力的队伍中，从长远看，他们是力量还是负担？

这一切是怎么造成的？我们能把板子全打在这些学生身上吗？我们不能不思考当前的农村教育，反思我们的教学。

我认为农村教育、农村中学语文教学存在着以下几方面的问题。

第一，观念错位。农村学校的语文教学主要是为升学服务，党的教育方针没有得到全面的落实。在片面追求升学率的思想的主导下，那些升学无望的学生，被视为"废品"抛弃了。他们在学校里、在课堂上，没有受到公平对待，没有得到应有的教育，甚至还人为地把他们推出学校，严重地影响了他们的发展，也正因此造成农村人口素质低下。

第二，脱离实际。多少年来，农村中学的语文教学跟着城里跑。邯郸学步、东施效颦，亦步亦趋地效仿城市，游离于当地的环境、社会、生活之外。农村中学的语文教学从来没有姓过"农"字，也从来没有形成自己的特点，因而造成"少、慢、差、费"的严重现象。

第三，认识模糊。语文教学是"教"和"育"的统一（其实应该称语文教育）。语文教学长时间就禁锢在识字、读书、写文章的框框之中。没有发掘、利用语文课程的育人因素，对学生进行的是片面的、不完整的语文教育，致使学生难以形成良好的人文素养和科学素养。这与对语文学科的性质缺少科学的认识不无关系。

第四，自我封闭。学科教学"各扫门前雪"，之间老死不相往来，语文学科更是如此。没有看到学科之间的相互影响、相互作用、相互联系的关系。这样的教学，不利于学生应用能力、创造力的形成，影响了学生发展。

第五，轻重倒置。语文教学缺失育人的正确目标：重智育，轻德育；重知识，轻能力；重成绩，轻素养；重结果，轻过程；重课本，轻生活；重答题，轻实践。这样的教育，致使大部分回乡的毕业生"文不成，人不就"。

这正像陶行知先生在 20 世纪 20 年代指出的那样："中国乡村教育走错了路！他教人离开乡下向城里跑，他教人吃饭不种稻，穿衣不种棉，做房子不造林；他教人

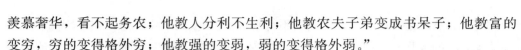

羡慕奢华，看不起务农；他教人分利不生利；他教农夫子弟变成书呆子；他教富的变穷，穷的变得格外穷；他教强的变弱，弱的变得格外弱。"

1985 年，我主动请缨，举起了"农村初中语文教学为当地经济建设服务"的改革旗帜，希望能在秀水二中这块"瘠薄"的土地上为农村基础教育改革蹚出一条路来，获得丰收，获得高产。我接受任务后，在调查研究的基础上，结合本地、本校的实际情况，遵循党的教育方针，从 1985 年 8 月起，到 1988 年 7 月止，基本上完成了第一轮教改的实验任务。在这一轮的实验中，我们以促进当地经济发展、建设社会主义新农村为大目标，把教学的重点放到转变差生上。一方面抓知识、能力的培养；另一方面抓学生的思想、情感和观念。对学生进行爱乡教育、成才教育、主人教育，培养学生的应用能力、实践能力、综合能力、辩证思维能力。对当时使用的教材进行改造，使之适用农村学生学习。在教改过程中，我们引领学生参与社会的活动，让语文教学走出课堂，走出学校，走进社会，走进生产、生活。1988 年 4 月，在吉林省教育学院的主持下，召集了专家、学者，并会同各市、县的语文教研员，进行了验收鉴定。就在这个会上，此项实验定为我省教育科研的重点推广项目。从 1988 年 8 月到 1991 年 7 月，我们又进行了第二轮教改实验。这次实验在"教育为社会主义现代化建设服务"的方针指导下，我们的目的比以前更明确了。无论是在思想上、理论上，还是在实践上，都比以前成熟了。我们提出了"农村初中语文教学为当地两个文明建设服务"的口号，并把它作为我们教改追求的目标。在理论指导上，不仅吸收了现代教育科学的一些研究成果，而且还把马列主义的政治经济学、哲学、美学等一些科学作为指导我们实验的理论基础。1991 年 5 月初，吉林省教委、吉林省教育学院在榆树市召开了"李元昌语文教改经验总结推广会"。1991年 8 月至 1997 年 7 月，我们又进行了两个轮次的探索，在这两轮实验过程中，中共中央发表了《中国教育改革和发展纲要》。结合对该《纲要》的学习，在前两轮的基础上，我们从提高全民族素质和发展农村生产力的角度出发，以为当地经济发展培养高素质劳动者为主要目的来改革语文教学，使我们的认识进入了一个新的境界，教改实验又进入了新的领域。我们着眼于现代化，着眼于世界和未来，为培养跨世纪一代新人进行了不懈的探索。1994 年 5 月，吉林省教委、吉林省教育学院、长春市教委，进一步总结了我们的教改经验，并联合召开了"李元昌教改经验总结推广会"。1997 年，第四轮实验完成后，为了迎接 21 世纪的世界挑战，我们从科教兴国、提高全民族素质出发，以发展农村生产力、培养跨世纪创造型的农民为目的，由单科的语文教改发展为全校性的农村教育综合改革。当时，我们确定学校的工作任务是：一手抓好学生的教育，为当地源源不断地输送高素质的劳动者；一手抓好对农民的教育，使"老农民"发挥新作用。白天，学生在校学习；晚上，把农民请进来听课。或者是利用假期、双休日的时间，对当地农民进行科学技术培训、文化补课，组织他们学习政策法规，以此对"老农民"进行改造，进而实现改造当地社会的目的。在这方面，我们进行了积极准备：一方面与省内的一些大专院校进行联系，争取他们加入到这个队伍中来，与我们合作，开展对农民教育的试验；另一方面多方筹款，募集资金，建设必备的基础设施。当时设想利用当地的农副产品资源，组织农民培养食用菌、开展养殖业。学校成立一个公司，负责对农民技术指导，将农民的产品销售出去，打开市场。学校利用自己的优势和条件，承担起当地村民的文化活动、体育活动，想通过几年的努力，把学校办成当地的教育中心、科技推广中心、农民培训中心、文化活动中心，实现"办好一所学校，拉动一方经济，造福一方百姓"的理想教育，用教育的力量来改造社会，建设社会主义的新农村。正在向这个目标积极迈进的时候，本人在1999年患一场大病，被迫撤离火线，实验也自然终止，这也成为自己人生的一大憾事。

李元昌教改经验推广会

从 1985 年始，到 1998 年，在长达 13 年多的农村中学语文教改实验的实践过程中，我的教育观也得到改造，得到了更新，对农村语文教学的性质、作用有了新的认识，有了以下的收获：

1. 语文教学是教育，是提高人的素质的一种特殊教育形式，解决农村初中语文教学的问题，必须通过教育的手段、教育的方式、教育的途径。用单纯的教学方式、途径来解决语文教育的问题势单力薄，难以胜任。"教"和"育"这两个方面在语文学科中是自然结合在一起的，渗透在语文学科的方方面面，存在于各个环节之中。这是不可违背的规律，轻视了哪一方面，都会偏离方向，影响到人才的培养和发展。

2. 农村中学语文教学，目标要落在提高农村整体人口素质上。转变差生，提高差生，是农村教育的重中之重，也是当前农村教育的重中之重。大多数差生都是当地未来的建设者，他们的素质高低将直接影响当地生产力的水平。13 多年的教改，我们坚持在这方面研究、探索，积累了一些经验，取得了一些成果。

3. 我们以发展生产力的眼光去改革农村中学的语文教学，因此视学生的语文能力为改造社会、改造自然的潜在工具。出于这方面的思考，把语文看成是人再获取知识的知识，再形成能力的能力。在教学过程中，主动渗透"科学技术是第一生产力"的观点，让学生将来以语文为工具去掌握科学技术，为他们的发展积蓄后劲，我们这样的观点、这样的探索，得到了社会充分肯定。

4. 由于以上的观念，我们把学生作为未来劳动者看待。把学生的在校学习看成是参加祖国建设之前的"练兵"。这样的认识，增强了我们的使命感、责任感、紧迫感。学生在校期间，我们注重培养他们学以致用的能力，培养他们综合的能力，并为他们这样的能力形成尽可能地创造条件，提供帮助，设计活动。由于我们在这方面的努力，实验班回乡的学生与往届毕业生的表现截然不同，受到当地村民的赞许。

5. 培养学生"爱乡报国"的思想情感，树立献身祖国、家乡建设的人生理想，农村中学语文教育义不容辞。我们根据语文课程的特点，根据当地的实际情况，利用当地的资源，力求在教学的过程中激活学生热爱家乡的感情，帮助学生树立起建设家乡、献身祖国的远大理想，让学生把"以天下为己任"的担子放在自己的肩上。我认为，这是我们语文教育的魂，语文教学无论怎么改，这个魂不能丢。

6. 我们在教改的过程中，注重了对学生进行成才教育，用成才教育改造升学教育，用成才的理念反对读书无用论。我们使学生明白了，读书不仅是为了升学，而是为了将自己铸造成才，成为当地建设的有用之才，祖国建设的有用之才。让每个学生，特别是升学无望的学生，能满怀信心地完成学业，满怀理想地踏上生活之路。学生有了明确的学习目的，中途辍学的现象大为减少。我们的工作也为防止农村学生流失提供了可借鉴的经验。

7. 农村中学语文教学不能忽略对学生的审美教育。要培养学生辨别真、善、美，假、恶、丑的能力；培养学生爱美、追求美的心理素质。让农村学生继承中华民族优良传统，劳动人民的美德，自觉地抵制不良思想的侵蚀。使学生在以后的生活中，能够不断进行自我教育、自我提高、自我完善，从而完成为当地两个文明建设培养有理想、有道德、有文化、有纪律的劳动者和接班人的任务。

8. 在马列哲学思想指导下，我们突破了语文教学的圈子，把语文教学放在社会的大背景下来考虑，把语文教学改革与当地的经济发展联系起来，这样，就使我们的教改进入了更广阔的领域，也使得这次教改富有生命力和鲜明的时代色彩。在宏观上，我们用马列哲学把握教改方向，在具体教学方法改革上，我们也得益于马列哲学的引领，创造出一些富有成效的方法。教学改革离不开马列主义哲学思想的指导，这是我在教改实践中总结出的深刻体会。

9. 不要羡慕城市学校的楼堂厅馆，不要迷信现代化教学设施，要正视农村现有的环境和条件，要善于利用农村的环境，化不利为有利。农村社会有取之不尽、用之不竭的丰富多彩的教学资源。充分地挖掘、利用当地的教育资源，用一方水土育一方人，是改进农村中学语文教学、提高教学质量的重要途径，这也是与城市教学的显著不同之处。

10. 教改成败的关键，是教师教育观的问题。教学方法，是教育观之法。观念更新，教学方法就会随之而来。在这个问题上，不能本末倒置，不要为法而法。本人有以下感受：

教育观是种子，教学法是苗，没有好种，怎会出好苗？教育观是舵，教学法是桨，无舵之船，怎能乘风远航？教育观是的，教学法是矢，无的放矢，谁谓之善射者？教育观是帅，教学法是兵，三军无帅，焉能百战百胜？

13年的探索为了什么，用一个字来回答，那就是"人"，为了农村的人。为了这些人能摆脱贫困，告别落后，开启新的思想，建设新的社会，进入新的生活。让农村的孩子站起来，用他们的智慧，用他们的劳动，把多少代人的梦想变为现实！有位记者对我说："站在今天课改来看你的农村教改，你的许多观点、做法都与现在的课程改革相吻合，可以说你从1985年起就开始课改了，你为什么会有这样的超前意识？"我对他说："超前意识谈不上，那时，一心想为当地的经济建设培养高素质的劳动者，进入了以人为本的境地。现在的课程改革也是以人为本，目标相同，观点、思路、做法就难免有相似之处。"

13年来，我在农村中学语文教改试验中摸爬滚打，在乡间小路上上下求索，得到一点浅陋的感悟：目前的学校教育是"小学校"，学生学后则进入了社会自我发展的"大学校"；学生在校学习的课堂是"小课堂"，当地广阔的农村社会生活是实践能力形成的"大课堂"；在校学习的课本是"小课本"，他们现在和未来的社会实践、生产实践、科学实验是终生阅读的无字"大课本"。我们的教学就是要促使学生由"三小"向"三大"平稳过渡。这是我最主要的收获。

我在搞教改之初，有人说我是一个理想主义者，以一科语文之力来改变社会，无疑是想用乒乓球推动地球转。也有人把我比成大战风车的堂吉诃德。但我的心里总是想着鲁迅先生的一句话：

"世上本没有路，走的人多了，也就成了路。"

附文：

在更新教育观的过程中，探索教学方法改革的途径
——与青年教师谈专业发展

可能是出于职业的习惯，每当我与青年老师有接触的机会，话不到三句，便开始谈道论教。一提起教学，一说到教学质量，一谈到提高学生的素质，多数老师常常是把话题集中在教学方法上。不可否认教学方法在提高学生素养上起到的重要作用，但我认为他们忽视了一个根本性的问题，那就是教育观。曾记得有位老师对我说过，他用了很长时间，想发明几种什么方法，力没少使，汗没少洒，结果呢，一法不法。还有位老师对我说，他力图摆脱升学教育，走了几步，不知不觉，又懵懵

懂懂回到了升学教育的圈子里。这两位老师的话，引起了我的深思和回忆。

一个教师的教学方法，受到各方面的左右。从根源上说，影响最大的，那就是教育观。不更新自己的教育思想观念，只想在教学方法上做文章，无异于南辕北辙、本末倒置，就算是煞费苦心，搞出几个什么法来，那也是修修补补的雕虫小技，很难修成正果。以前，我搞的也是升学教育，也想在教学法上弄出点名堂来，露露脸、出点名，但所得到的结果，同那两位老师相差无几。但我在教育观念更新之后，虽然没有专心去追求这个法、那个法，但一些教学方法却如影随形，纷至沓来，正应了那句古话："有心栽花花不开，无意插柳柳成荫"。

本人所说，并非是应景的空话，而是切身的体验。1985 年，在我国农村经济改革大潮波澜壮阔的年代，我在陶行知先生教育思想的影响下，在我家乡那所村办中学——榆树市秀水二中举起教改旗帜。从发展农村生产力的观念出发，探索农村中学语文教学为当地经济发展服务的途径。从那时起，我就和升学教育分道扬镳了。从升学教育转过身来面对素质教育，话可以说得简单，实质上这个过程，不亚于凤凰涅槃、浴火重生。这既是一个痛苦的过程，也是一个欢乐的过程；既是一个失去的过程，也是一个不断获得的过程；既是一个寻路的过程，也是一个不断攀升的过程。

教育观一变，如同换了一双眼睛，眼中的教学世界变了样，既陌生又新奇。以往的轻车熟路不能走了，要在榛莽中踏出一条新路来；过去自己熟悉的方法有些不能使用了，逼迫自己研究新的招数。打一个比喻吧，就好像在旅游途中发现了万山丛中的一处胜景：有盛开的鲜花，有苍松翠柏，有潺潺溪流，有鸟儿鸣唱，有仙鹤起舞，有天籁歌声，有琼楼玉宇，有云霞缭绕……这神奇的景色吸引着我，我下定决心，奔向那个地方。心中的目标有了，但怎样走，有几条路，自己也不清楚。路在何方？只好看着那处胜景，在荒山野岭中奋力前行；走了几步，发现方向不对，就得改弦易辙，另寻途径。有时，在阡陌纵横交错的地方，那处胜景又隐没在云雾之中，真有"拔剑四顾心茫然"的感慨。路遇悬崖绝壁，思考怎样搭建百丈天梯；途经沟壑激流，要算计是架桥还是乘船。辛苦之极，时常听到一些冷言讽语，自己也在想何必自讨苦吃，甚至有几回真想返回身去寻过去的老道旧辙，但看见那诱人的胜景，一咬牙又走下去了。现在回头看自己走过的路，无论是搭梯子还是架桥、乘船，那不都是法吗？从某种意义上来说，教学法乃是教育观之法。

语文到底是什么？我的观念变了，自己从事多年的语文教学，仿佛一下子变成了一个陌生的人，需要我重新认识，我不得不思考这个问题，虽然当时的《语文教学大纲》上写得明明白白，但一个语文教师需要的是在这个大前提下的独到认识，才能走出自己的道路，形成自己的特色。我用自己的教育观给语文定位：从发展生产力的角度来看语文教学，把语文这门课程视为潜在的生产力，把语文能力视为人生发展再形成能力的能力。有一次语文期中测验，我把学生下一节学的数学内容作为阅读题纳入试卷。学生们很不理解，我问学生：什么叫说明文？学生回答后，我要求学生根据说明文的定义，看这张试卷的阅读内容是不是说明文。学生们研究后，承认是说明文。我接着说，我们能够读懂语文课本中的说明文，为什么不会读数学、物理、化学、植物、地理这样的说明文呢？学生说他们还没学，这是下一节课数学老师讲的内容。我说我今天考的不是数学，也不是语文，考的是你们会不会学习，会不会自己学习。卷子收上来后，多数学生都做对了。我立即组织学生进行了一次讨论，让学生们认识到，语文是人生发展的工具，无论是在校期间还是离开学校之后，都要凭着自己的语文知识、语文能力不断地学习，不断地吸取，不断地完善自己、发展自己。以前，他们不相信自己能自学，通过这样的过程、这样的方法，把他们自学的潜力激发出来了，多数学生摆脱了对教师的依赖，形成了自学的能力。要知道，我们教师手里放出的不是风筝，而是在蓝天自由翱翔的鸟，翅膀硬不硬、飞得高不高、飞得远不远，这个本事要靠他们自己练就，自学能力对他们来说尤为重要。如果在教育观没有改变之前，我是不会这样来看待语文这门学科的，也不会这样做的。

教育观念变了，看学生也和以前不一样了。眼前的学生无论是学习好的、学习差的，也无论是升学的、回乡的，都是未来祖国现代化的建设者。既要思考这些孩子在校期间如何掌握知识，也要思考他们离校之后如何适应社会的需要；既要努力培养出大学生，也要努力培养未来的普通劳动者；既要考虑怎样造就未来的领导干部，也要思考未来农村对优秀管理人才的需求；既要尽心打造未来的科学家，也要尽心打造未来的乡村科技带头人；既要竭力造就未来的企业家，也要竭力造就未来的种田能手、种菜能手，如果是现在，还要加上当代的农民工。升学教育把学生分成三六九等，睁一只眼闭一只眼。睁着的那只眼盯着能升学的几个，闭着的那只眼对着不能升学的一群；素质教育要求两只眼都要睁开，上上下下都要看到，都要顾及。虽然我那时已经是有近20年教龄的教师，但所面对的大多是新的问题。

　　实验班学生入学后，用小学升初中原题复考，平均分刚到 43 分，及格率仅23％，如何转变他们，对我来说，无疑是挡在前面的一座悬崖绝壁。怎样将他们培养成有用人才，这是我教育观改变之后面临的严峻挑战。教育观的基础是爱——对学生的爱，对事业的爱，教师的动力也由此而生。为了转变一个差生，我经常到小学、到家庭、到社会去调查；研究一个学生，常常是辗转反侧，通宵无眠，想出个什么奇思妙招，第二天就在课堂上实验；为了克服差生的一个不良习惯，常常是向社会各方面人士求援；为了设计一个方法，翻了多少书，问了多少人。对一个学生失望了，想放弃，想到自己的责任，又振作起精神；一个方法失效了，看到孩子那天真的脸，不得不另辟蹊径，再寻他途；累了，想歇一歇，一想到这些孩子的未来，身上自然地又充满了干劲。犹豫彷徨有过，伤心苦恼经过，冷嘲热讽听过，但就在这样的过程中，不断地收获着快乐。比如，自己设计的"土偏方""提高率计分法"在学生身上见效了，心里是多么的高兴！"目标追赶法"调动了学生学习的主动性，全班学生进入自我提高、自我完善的状态，那种心情，怎能用语言表达！当"虚实积分法"调动了学生的情感，那些以前畏惧作文的学生写出了平时很难写出来的好作文，这样的收获又是何等的丰实！这些方法多是无法之法，是被逼出来的。

　　更新了教育观念，就等于摘掉了蒙眼布，站得高了，看得远了。以前搞升学教育，我锁定的目标是升学，一切为此而战。现在，我思考的不仅仅是学生在校的学习，考虑比较多的是这些学生离开学校之后该怎样生活，怎样发展，怎样为社会做贡献，特别是那些升学无望的学生。然而当地的多数学生和他们家长的思想意识中，读书就是为了升学，不能升学，读书还有什么用？农村学校学生流失的症结也就在于此。因而，对那些升学无望的差生，要给一个成才的观念和追求，用成才教育改造升学教育，用成才的理念反对读书无用论，这又是一场硬仗。我通过一系列的社会实践活动，如在作文教学中的"访能人"，使学生明白了这样的道理：读书不仅是为了升学，更重要的是为了将自己铸造成才，成为祖国和当地建设的有用之才。由于这方面的工作做得踏实，这些差生怀着"我能成才"的信心，迈开了前进的脚步。他们失去的理想找回来了，丧失的信心又重新获得了。虽然有些学生明知自己不能升学，但他们有了成才的信念，仍然努力学习，准备为自己将来成为有用的建设人才多打一点基础。第一轮实验班有个回乡的女生，没有升入高中，她通过自学成为当地很有名气的一位服装裁剪师。1994 年，省教育厅的领导调查实验班回乡的学生，找到了她，问她说，与你同班的学生有的已经上了大学，与这些同学相比，你有没有羞愧感。这个学生昂起头来说："建高楼大厦需要砖，修猪圈马棚也需要砖。我们的祖国既需要高楼大厦，也需要猪圈马棚。我就是一块砖，无论是把我放到高楼大厦上，还是放到猪圈马棚上，我只要发挥了砖的作用，我就是一个成才者，在这方面我有我的骄傲。"学生不一定都能升学，但却有希望把每个学生铸造成才。想想看，当那些落榜的孩子，在人生的旅途上走出了自己的路、找到了自己的幸福时，这时的我们拍拍自己的胸膛，能不为自己的工作找到成就感吗？

升学教育主要培养学生的答题能力，在教育观的支配下，我把目光放在了应用能力的培养上。学生以后怎样能把学到的知识同生活、同生产劳动结合起来，形成学以致用的能力，养成科学探索的精神，对我来说，这又是一个"沟壑激流"。在辩证法的指导下，我跳出了语文圈子，主动与其他学科综合。新生入学不到一个月，我给学生出了一道作文题："为什么今年玉米空穗多"。空穗的玉米就是瞎玉米，只结棒不结粒，或者结粒少。学生们写不出来，急得抓耳挠腮，满头大汗。一个学生说："老师，你没教给我们这方面的知识，语文课本里也没有这方面的课文，我们怎么会写？"我说："语文课本没有这样的知识，但植物课本里有；我没讲过，但植物老师讲过，我们应该想着把这方面的知识用上。"我就让学生翻开植物课本，找到植物传粉那一节，我说，你们把这一节的内容读一读，大家在一起研究研究，看能不能解决这个问题。然后我把学生领到学校附近的玉米地里，学生们一边读着课文一边观察，边观察、边研究讨论，根据植物授粉所需要的条件，找到了玉米空穗的原因：在玉米授粉那段时间里，连绵阴雨，影响了授粉，在这期间又刮了几场大风，把玉米刮倒了，结果，玉米蓼上的花粉，大部分落在地上。学生们弄清了这个问题，把作文写出来了。通过这样的过程、这样的方法，在学生的头脑中形成了科学探索的意识，把知识与应用联结起来了，语文学习的视野也开阔了。如果我还像以前那样抱着升学目的去教学，也发现不了这个问题，也不会下力气去研究这个问题，也不会获得这样的方法，因为升学考试不考这样的问题。

语文课程的人文性，不是虚无缥缈的东西，也没有固定的模式和做法，不同的环境应该呈现出不同的形式和特点来。在教育观念的支配下，我的语文教学主动承载起对学生爱乡报国的思想教育，帮助他们树立起建设社会主义新农村的人生理想追求。有一节作文课令我现在还难忘，为了写好"家乡儿女情"这篇作文，我把学生领到松花江边的大堤上。他们站在堤上看着家乡的贫穷面貌，放声歌唱："我的家乡并不美，低矮的草房苦涩的井水，一条时常干涸的小河，依恋在村子的周围……"当学生们唱到"我要用真情和汗水，把你变得地也肥呀水也美"的时候，个个热血沸腾，激情澎湃，豪情满怀。头上是蓝蓝的天空，火红的太阳，身后是滔滔的松花江水，面对家乡百废待兴的现实，学生们设想她十年的发展，二十年、三十年的变化：眼前东倒西歪的茅草房，变成了一幢幢楼房；狭窄泥泞的乡路，变成了宽广的柏油林荫大道；现在学习的破旧校舍，变成了美丽的校园；村前的荒地，建成了现代化的工厂；村中央的臭水塘变成波光粼粼的公园……这些孩子想到家乡发展的美景，想到自己的责任，坐在大堤上，以膝盖为书桌，拿起本子，挥笔疾书，一篇篇激扬文字，伴随着他们内心的激情喷涌而出。有个学生当场就对我说："李老师，我现在真正知道了什么是'天下兴亡，匹夫有责了'。""家乡，为了你美好的未来，你的儿女正在灯下苦读。"这是学生作文中的一句话，这句话也是学生学习的动力。1988 年的 7 月，这轮实验班的学生毕业了，我和学生共唱一支歌——《年轻的朋友来相会》，我给学生留了一道作文题："回首往事问心可有愧"，副题是"为祖国、为家乡流了多少汗，出了多少力"。学生们表示要用自己的人生把这篇大作文写好。

　　什么是教育，教育就是造就人，造就国家和民族需要的人，这也是教育的灵魂所在。现在的教育，在某一点上，我认为是自私教育。从家庭到学校，多半是鼓励学生为自己将来有个好工作而读书，教孩子怎样去谋私利。我不反对教育应该给孩子带来幸福的一生，但与此同时，我们不能让孩子无视我们的国家和民族。我希望我们的教师，勇敢地同自私教育决裂，找回我们的民族语文教育之魂。

　　"魂兮归来！"我大声呼喊。

　　为什么语文教学被人指责为"少慢差费"？在这之前，我百思而不得其解。当我的教育观念转变之后，把语文教学看成是教育，这时我才发现，语文这门课程，就像一个人，人走路要用双腿，我们的教学也要双腿走路。这两条腿一条是"教"，即知识和能力；一条是"育"，即情感、态度、价值观。两条腿同时迈动，在这个过程中才会产生有效的方法和途径，这也是我对当前课程改革三维目标的粗浅理解。而现在一些人的语文教学只动用了知识和能力这条腿，在跳独腿舞，一条腿跳得再快，也不如两条腿走得快。我坚持两条腿走路，三年的功课学生两年就学完了，省里验收检测，竟然和城里最好学校的学生不相上下。对于所教学科的认识，不仅需要在理论上加强学习，更需要在实践中去体会、去感悟。不能看表面，要深入到实质中去。我开始教学的时候，我就认为语文教学就是教学生识字、读书、写文章，现在看来那时的想法是多么的肤浅、多么的幼稚。那时，我认为语文很好教，备课时一节课的时间能写出两三课的教案。教了四五年之后，我想怎样把自己的"一桶水"倒满学生那个"碗"，备课的时间变得慢了，有时一节课的时间也写不出一节课的教案来，感到有些难了。教改开始之后，我感到语文这个天地就像无限的宇宙，深不可测，有了茫然的感觉，几节课甚至几天也备不出一节课，我开始怀疑自己是不是不会教课了。为什么怀疑自己，现在我才弄清楚，主要是我对语文的认识比以前深了，比以前全面了，考虑得比以前多了，从表面逐渐深入到实质了。正像郑板桥诗中所说："四十年来画竹枝，日间挥写夜间思。冗繁削尽留清瘦，画到生时是熟时。"不会教的时候正是会教的开始，冲过这一关，就进入了自由王国。我从中得到一个体会是，一个教师的成长要经过"易教—难教—不会教—会教"的境界，每经过一个过程，就上一个层次。如果我们的老师感到不会教的时候，我要为你加油，要呼喊你奋力而上；冲破这个关口，我要为你祝贺，因为你就是一个优秀教师了。同理，当一个教师只在"易教"和"难教"这两个层次中徘徊，那他就不会登上峰顶，也就没有机会去欣赏"一览众山小"的壮丽美景。

现在，有一种误解，认为当一个教师只要精通本学科的知识就足够了，以前也许是那样，现在，随着教育的发展，教育理论显得越来越重要，我们的教育观需要理论来支持，我们的教学也需要理论来指导。一个教师缺少理论引领，只能是东扎一头、西扎一头。我经常用辩证法来看自己的教学，辩证法不是教育学，但教育学必须合乎辩证法，体现辩证法的认知规律。我在教学中遇到问题，常从哲学的角度思考解决的办法，很多沟沟坎坎都是在哲学理论的指导下解决的，有很多教学方法都是根据哲学的理论创造的。把哲学的一些理论直接用在教学上，那就是一种新的方法，新的创造。"放—收—放"作文训练法，就是把"否定之否定"的理论用在作文教学上。用这种方法训练学生的作文，取得了被人称为"奇迹"的效果。1987年，我的实验班学生在初二时参加榆树市中学生作文竞赛，在全市18名获奖学生中，我班的学生就占了9名，并夺得了唯一的团体奖。在另一次作文竞赛上，以校为单位，每校选10名学生组成一队参赛，我以班为单位，派两队参加竞赛，结果这两队都名列榜首。学生们自编自选的作文集——《田野上的小花》，已经再版4次，被定为吉林省中小学学生阅读教材。

我经常用哲学这面镜子照我的教学，每照一次就有收获。我用课程（课程概念有不同解释，我采取的是"各学科的综合"一说）的观点看语文，各学科是一个综合性的"大课本"，语文学科只是其中的一个有机组成部分。站在语文学科角度看其他学科，数学、物理、化学等一些学科是说明文，历史是记叙文，政治课本基本是议论文集，音乐课从某一点来看就是诗歌欣赏课。有了这样的认识之后，学科之间就有了沟通的渠道。这样既着眼于整体的"大课本"，又从"大课本"出发去认识各门课程，反过来再从语文学科的角度看这个"大课本"，我的语文教学的世界就变得大了，各个学科都成了我的语文教学的资源。如前面提到的关于玉米空穗的作文，就是出于这样的思想设计教学的。我又把这个"大课本"放到农村社会来看，农村社会又是一个大课堂、大学校，我的讲桌就放在农村广袤的大地上，我的语文教学的天地又得到进一步扩大。我们语文教师和教学一定要大气一些，不要局限在语文的小圈子里，只打自己学科的小算盘。我们当教师的大气了，我们的教学大气了，学生才会有大的发展、大的作为。

就拿作文教学来说吧，以前，多是书上来、本上去，纸上谈兵。把社会看成学校、看成课堂，这个问题就得到了解决。学校的课堂与社会的课堂各有分工：学校的课堂掌握知识，社会的课堂锻炼能力。课堂上掌握了应用文写法，就动员他们用语文知识为群众服务，让学生帮助群众拟合同，写诉状、写广告，学生们在这样的过程中，知识转化成了能力。在作文中练习写人，就让学生真刀实枪写村里的真人，写谁，就找谁来评他的作文，真正的能力就这样形成了。学生观察力薄弱，我就开展了家乡建设小参谋、小主人活动，要求学生为家乡建设献计献策，这样的活动，把学生变成了有心人，观察力提高了，作文材料积累多了，能力提升了，社会责任感增强了。这样，学生的学习就把知识与能力结合起来了，我的教学也把理论与实践统一起来了，把"教"与"育"统一起来了。我深深地感受到，尽管是一本薄薄的哲学小册子，我们运用好了，其作用抵得上任何一部古今中外的教育名著。一个教师有了科学、正确的理论，不仅能彰显自己的教育观，而且也多了一个教学方法产生的源头。

一路走过来，我的教学生涯快到50年了。我想用自己的亲身体验告诉我们的青年教师，一个教师的发展，需要"德"（师德）、"观"（教育观）、"理"（理论）、

"行"（实践）和谐统一。这四个因素中，"德"是基础，一个少德、缺德的人绝对不会成为一个好教师的。"观"是核心，"德"需要"观"的正确引领。"观"直接影响到"行"，但需要与之相适应的"理"来支撑。"理"一方面彰显"观"，另一方面对"行"施以作用。然而，这四个因素中最容易被忽视的就是"观"。一提到教育观的问题，人人都在说"以人为本""育人为本"，好像这个问题不是问题了，而事实上不是问题的问题，正是最大的问题，很多年轻有为的教师都被卡在这个关口之内，挣脱不出来。同样说"以人为本""育人为本"，实质上却存在着高低之分、远近之差、正误之别。由于观念不同，搞素质教育的人和搞升学教育的人在理念上、追求的目标上肯定不一样，所采取的方法和途径也不一样，育出的人也不一样。怎样更新自己的教育观，怎样改革自己的教学，提高教学质量，其实这个问题说简单也简单。如果你真的有自己的教育理想和追求，真的要横下心来踏出一条自己的路，就先树立起一个育人的正确大目标，然后你就高唱着"妹妹你大胆地往前走，往前走，莫呀回头"，你的脚下，自然是"通天的大路，九千九百九"。

（刊于 2012 年第 1 期《中小学教师培训》，修改后收入本书）

二、让学生拿起语文这个人生发展的工具

——在语文教学过程中培养自学能力

"李老师！李老师！语文卷子出错题啦！"几个学生站起来责问我。

"李老师，这语文卷变成了数学卷，我们怎么答呀？"有个学生自认为有理，拿着卷子来问我。

"哈哈，这是哪国的语文卷？"有个学生竟然大声笑起来。

这是在初中二年级下学期期中考试的语文考场上。

面对教室里掀起的轩然大波，我要求学生们安静。学生们静下来后，我问一个学生，什么叫说明文。这个学生回答了，我要求学生根据说明文的定义，看这张语文试卷的阅读内容是不是属于说明文。学生们研究后，回答是说明文。我接着说，你们能够读懂语文课本中的说明文，为什么读不懂物理、化学、植物、地理这类的

说明文呢？学生说他们还没学，这是下一节课数学老师讲的内容。我说："我今天考的不是数学，也不是语文，考的是你们会不会学习，会不会自己学习。如果你们能读明白，就能会解试卷上的练习题，以后你们也有自学数学的能力了。"卷子收上来后，不少学生都做对了。考试之后，我就组织学生进行了一次讨论，要求学生谈谈这次语文考试的感想。有的学生说，语文是基础，学好语文才能学好其他学科。有的学生说，语文能力高，自学的能力就强。我对学生的回答给予了肯定。接着，我让学生思考：在校学习，语文是学好各学科的基础工具，如果我们离开学校，要想提高自己，发展自己，想想语文会起到怎样的作用。我引导学生认识到：为什么要学好语文，因为语文知识、能力是自学的基础。以后同学们离开学校之后，还要凭着所掌握的语文知识、所形成的语文能力继续学习，不断地提高自己，不断地发展自己。要把语文作为人生再获取知识的知识、再发展能力的能力来掌握，来运用。

这是我20多年前的一个教学案例。

语文是工具，到底是个什么样的工具，我一直思考着这个问题。因为它是我手中的武器。一个战士在战场上，如果对自己使用的武器的构造、性能不了解，怎么能运用好这个武器，怎么能发挥出这个武器的作用呢？

我眼中的学生，是未来建设社会、改造自然的劳动者，是未来改天换地、叱咤风云的英雄豪杰，是未来当地农村建设的顶梁柱。我不但要考虑他们在校学习，更要考虑他们未来的发展。他们离开学校，参加了当地生产劳动后，在学校学的知识远不够用，有许多问题需要解决，有许多困难需要克服。他们的知识需要不断地补充、更新，他们的能力需要不断地提高，他们的思想认识需要不断地发展。他们的提高、发展不能凭空而来，需要有个基础，需要有个工具，这个基础、这个工具就是语文。有的学生在学校学物理感到困难，学数学感到吃力，学化学感到费劲，原因在哪里？刨根问底，其原因多出在语文上。语文基础差，能力低，自己看书看不懂，审题审不清，听话听不明白。这些学生在学校有老师教、有同学帮还如此，离开学校之后他们该怎么办呢？所以，必须让他们在学校就学会自学。不然，一旦走进社会，势必是不进自退。还有一部分学生，语文基础也比较好，但他们对自学有畏难心理，缺少自学的勇气和信心。他们不相信"知识不靠老师教自己能学会"。老师鼓励他自学，他就说，如果能自学，还要学校、老师干什么呀？这类学生的心态，势必给他们的未来发展带来消极影响。正是出于此，我把语文作为人生"再获取知识的知识，再发展能力的能力"来看待，我也就是用这种思想观念来指导学生的语文学习。

对于语文这样的认识，我也有自己的感受。

我在小学二年级时，迷上了小人书，走路看，吃饭看，上课也看，老师讲什么自己也不知道。看小人书不过瘾，就借大书看，《西游记》《水浒传》《说唐》《精忠说岳》《七侠五义》《彭公案》都是在小学二三年级时读的。我语文学习成绩好，经常受到老师表扬；算术差，也经常受到老师批评。到了小学 4 年级，我连四则混合运算都不知道。一次算术考试，得了零分，受到老师严厉的批评，我不得不自谋出路。夜晚，我在煤油灯下把二年级到四年级的算术书找出来，自己一边读，一边照着例题做题，一个夜晚竟然把荒废的算术课自己学会了，第二年，数学成绩就名列前茅了，同学、老师感到很惊奇。到 6 年级，我还自己学了一册初中代数。"文革"结束后恢复高考，我这个不知天高地厚的初中毕业生报考了大学，高中数学没学过，我没有气馁，也没有放弃，我就借书自学，也相信自己能学会。参加工作后，一遇到自己难于解决的问题，我的办法就是读书、查资料。我每当想到自己的成长过程，就想到了自己在小学时的学习生活，没有那时的读书基础，就不会有自己今天的发展。

从语文教学为当地经济发展服务的角度来看，我又把学生的语文能力看成是生产力，提高学生的语文能力，就是在发展社会未来的生产力。邓小平同志提出：科学技术是第一生产力。我受其启发，我想，学生的语文能力是不是生产力呢？有的人和我开玩笑说："你把语文能力看成是生产力，假如一块地的庄稼受灾减产了，你领着学生吟几首诗，写几篇文，就能战胜灾害，让庄稼高产吗？"我说："如果让人读几本书，也许就会形成战胜灾害的能力，创造出夺取高产的方法。"人是构成生产力的决定要素，语文能力虽然不能作为合成生产力的一个直接因素作用于自然界、作用于生产劳动上、作用于物质财富创造上，但人们可以凭借语文这个工具、这个渠道，吸取各门科学知识，形成技能，提高人的素养，提高人的能力，更好地发挥人的作用。就像那次考试一样，学生没学到的数学内容，但凭借着语文能力自己学会了。因此，我把学生的语文能力当作生产力——潜在的生产力。也许我这样的观点是站不住脚的谬论，但我个人是这样认识的，我也是用这样的思想主导我的教改全过程的。

把话再说回来，那次考试，对学生的影响很大，他们明白了学习语文的重要性，明白了为什么学语文，他们对语文学习更加重视了。同时，我也给了他们一个信心，只要敢于自学，每个人都会有自学的能力。学生们也认识到：只有在学校形成自学能力的基础，才能有在社会发展的条件。从此，他们自觉地加强了自学。平时，他们自学的内容总是超过老师授课的进度。特别是在初二暑假，多数学生利用假期的时间把初三的一些学科自学了。有个以前不习惯自学的学生对我说：李老师，我发现了老师讲课的秘密。老师讲课就是把课本中的例题一步一步搬到黑板上。现在我自己能看明白课本了，就等于老师给我们讲一遍课了。我也调查了几个回乡的学生，现在他们已经是大家刮目相看的能人了。我和他们一起回忆以前的学习生活，他们总是不自觉地回忆起那次语文考试。有一位养鱼能手对我说，他在学校没学过养鱼，但回乡后养鱼了，他的养鱼技术多半是自己学来的。鱼塘出现了问题，鱼出现了问题，饲料出现了问题，他不明白，问别人也说不清楚，就自己向书请教。他又告诉我，邻村有个小青年，也是个初中毕业生，与他同一年养的鱼，遇到点问题，就来问他，有时还得把他请去给鱼治病。他送给了邻村那个小青年几本养鱼的书并告诉他，以后出现问题看看书自己就能解决了。可是一遇到问题，邻村的小青年还得来请他。他问那个小青年怎么不看看书呢，书里面写得明明白白。那个小青年哭丧着脸说，我要能看明白，就不来请你了。后来，他养鱼赔了本，不得不转行了。

语文是个什么样的工具？是人生发展的工具，这是我的认识。

三、爱乡报国

——语文教学的魂

爱乡报国是语文教育的魂，也是我在语文教学中对学生进行思想教育锁定的目标。

农村的孩子虽然出生在农村，生长在农村，但他们不一定热爱生他、养他的家乡。有相当一部分学生读书的目的就是要离开农村，越是贫困的地方表现得越强烈。1985 年，我们曾对一个自然屯的 28 名初中毕业生进行一次调查，在这 28 名学生中，有 23 名想离开农村到城里去。1991 年我们又进行一次调查，多数学生还是把读书作为逃离农村的一条途径。有的学生在日记中写道：我可得好好学习，学习不好，就得在农村爬地垄沟找豆包吃，活受罪。还有的学生说，离开这个穷地方，一辈子也不会想它。我并不反对农村的孩子向往繁华的都市，也不主张农村的孩子非得留在农村。但我始终是这样想：农村的孩子应该有这样的信念，这样的理想：家乡贫穷落后，家乡儿女有责任、有志气、有能力把家乡建设得繁荣富强。

父母养育子女，不一定非得要求子女留在自己身边，但子女应有一颗对父母感恩的心；家乡养育了儿女，不是硬要儿女死守家乡，不管家乡穷也好、富也好，但要有爱家乡的情感。试想，不爱自己父母的人，他会爱别人吗？不爱家乡的人，他能爱祖国吗？为家乡做贡献，可以通过不同的形式来表现，可以通过不同的途径来实现，但要有一个思想基础，那就是对家乡的爱。对家乡的爱，这也是提高农村学生语文素养的一条途径。只有爱，他们才感到自己是家乡的主人；是主人了，他们才会对家乡的一切关心；对家乡关心，才能认真观察、思考家乡的事情；认真观察、常思考家乡的事心中才能有话，笔下才能有文。这样也就实现了"文成人就"。

光凭老师在课堂上空口说教，很难让学生形成爱乡报国的情感和理想。这就促使语文教学从学校的"小课堂"中走出，进入社会广阔的"大课堂"。

1. 我利用指导学生作文的机会，设计了"发现家乡美，展示家乡美"的语文课外活动，以此来激活学生热爱家乡的思想感情。农村有农村的美丽，如诗如画的山水风光，古朴淡雅的田园村落，色彩缤纷的花草树木，广阔无垠的原野大地，高远的蓝天，飘动的白云，火红的太阳，鸣叫欢快的鸟儿，带着露水的花朵，江中的渔舟白帆，飞来荡去的山歌，这一切都在陶冶着学生的情操。我和学生一起投入大自然的怀抱中，指点着家乡的美景，谈着自己的感受。学生们生活在这样的环境中，对当地的景物已是司空见惯，习以为常，没有感觉到家乡的风光是这么的可爱。但通过老师的指点、启示，他们如同发现了新大陆一样惊奇，感到了家乡又是这么的美。他们激情喷发，吟诗作画，挥笔作文，心中的泉水带着对家乡的情感就自然地流淌出来了。下面的引文是从学生作文《故乡的水》中节选的：

汽车停下了，我第一个挤下了车。张开双臂跑着、跳跃着，呼喊着冲下了大坝，奔向松花江。近了，更近了。这时，说不上怎的，我的脚步放慢了。就像久离母亲的孩子在扑向母亲怀抱前的一刹那，仔细端详母亲面容那样看着松花江。我望着江水，慢慢蹲下身子，伸出双手，把手一点一点地放入水中，双手捧满水，放在脸上亲着，多么凉爽而又温柔的江水，她带着深情厚谊洗净了我脸上的灰尘。

我站起来，望着飘带般的松花江水向西流去。远处，连绵不断的群山；近处，碧波中白帆点点。前面，绿绿的野草，金色的江滩；后面，绿树环绕的村庄。这时，我才发现，松花江的水吻湿了我的鞋。

在松花江上指导学生作文

这个学生笔下的松花江，是多么的美丽，多么的可爱，又是多么的可亲。类似这样的作文，在活动之前，很少看见。活动之后，如雨后春笋。学生们争着去发现家乡的美，抢着用笔来描绘家乡的美，歌颂家乡的美。学生和家乡的感情通过这样的课外活动拉近了。

2. 在教学的过程中，注意让学生感受到家乡的发展变化，以此增强学生和家乡的情感，鼓舞他们为家乡的未来去奋斗。不了解家乡的过去，就感受不到家乡今天的进步；感受不到今天的进步，就看不到家乡美好的未来。在以"感受家乡前进的脚步"为主题作文时，我特意要学生去访问村里的老人，了解家乡的过去，再让学生站在今天看家乡，放眼家乡的未来远景。这样，学生们在作文中感受到了家乡的变化，也引起他们感情的变化，对家乡的未来充满了希望，使他们更加热爱家乡这块热土。有的学生把眼光放在村里的一条街道上，通过一条街道的变化，看到了经济改革给农村带来的气象；有的学生通过对一块地产量的计算，感受到当地经济蓬勃发展的强劲势头。请看下面所选的学生作文《船，家乡的船》。

又到春天了，我站在江堤上，望着这沉睡了一冬而醒来的"银龙"，它滚滚西去。江面上，渔船点点，又传来了声声渔歌。松花江渡口的江面上，一条机船像飞燕一样往返于两岸。望着这样的景色，我的思绪又回到了那个时代。

记得我三岁的时候，第一次和妈妈一起坐船过江。当时，坐的是一艘又小又破的小木船。船速很慢，随着木桨划水，船像乌龟一样在水里爬。在船上，我们一动也不敢动，稍微一动弹，船就向一边倾斜。妈妈紧紧地抱住我，就像一松手我就会掉到江里一样。船好不容易"爬"到了江心，天又起了风，船在江心里摇晃，就好像一片树叶在波浪里漂来荡去。妈妈把我抱得更紧了，这时船也开始漏水了。摆船的老头可忙起来了，一边用桨划船，一边往外舀水。我吓得"哇哇"地哭起来，妈妈叹口气说："别怕，一会儿就到岸了，唉，大哥，这船都破这样了，咋不换艘新的呢？""唉，肚子都填不饱，哪有钱往这上用啊。"船在江面上艰难地"爬"着，"爬"着，妈妈的嘴里不住地说道："怎么还不到岸呀……"

船终于到岸了，我搂住妈妈的脖子说："妈，我怕，往后别坐船了。"那时的惊怕啊，真叫人难以忘记。

记得我第二次坐船，是在我十二岁的时候。渡口那艘小破船不见了，代替它的是一艘笨重的大铁船。妈妈一见这大铁船，脸上露出了笑容，说："这回不用担惊受怕了。"说着，我和妈妈上了船。我在船上蹦了几个高，船在水里不歪也不晃。安全是安全了，就是速度慢点，往返一次得用一个多小时。

最使我难忘的是我第三次坐船。那天一早，就听人们议论说，渡口的铁船换成机船了。本来我不想过江，但在好奇心的驱使下，我和妈妈往江边走去。很远，就见江岸上站着很多人，我心想："人这么多，过江坐船一定得排号了。"走到江边，只看对岸有一艘比上次坐的铁船还大的船，向这边风驰电掣地驶来。"这船真大呀！"妈妈赞叹地说。江岸上的人们也议论纷纷，有的说船快，有的说船稳，有的说这回可方便了。人们正在七嘴八舌地议论时，只听"咚"的一声，船靠岸了。岸上的四五十人一下子都蜂拥地上了船。有的摸船上的机器，有的摸船上的栏杆，大家看这摸那，真是高兴极了。

"开船了——"随着这一声，船启动了。马达轰鸣，飞快地向对岸驶去，我只觉得江风在我耳边掠过，回头一瞅，船尾拖起一条白浪，一眨眼就到了对岸。

啊，船，家乡的船，小木船——铁船——机船。

啊，我的家乡啊，我已经看到了你的发展，看见了你的光辉灿烂的未来。

这个学生把眼光集中在过松花江渡口上，通过自己乘木船、铁船、机船的经历和自己的感受，看见了家乡前进的脚步，看见了家乡光辉灿烂的未来，从而增强了和家乡的感情。

3. 让学生深入到社会火热的生活中去，感受社会的变化，激起他们建设社会主义新农村的豪情。第一轮实验班学生，正处在农村经济改革大潮风起云涌的时代。农村经济改革，解放了生产力，解放了人的思想，激发了人民建设社会主义新农村的热情，给农村发展带来了新的气象，新的希望。农村大地处处涌动着火一样的激情，人们在用双手描绘着新的生活。这样的变化，学生们有目共睹。对未来的生活，学生们也充满了美好的憧憬。在指导学生作文的过程中，我有意让学生捕捉这样的生活材料，把这方面的材料挖掘出来，把它写进自己的作文中，在作文的过程中激活他们建设家乡美好未来的激情。请看学生的作文《晨曲》：

"喔——喔——喔喔"，鸡打鸣了。"呱呱，呱呱"，鸭叫了。"哐当，哐当"，猪拱圈了，沉睡一夜的村庄醒了。

"Good Morning"，那声音是从村前柳树林里传来的。"隆隆，隆隆"，那是从田野里传来的拖拉机声。"叮哨，叮叮哨哨"，那是从各家各户传来的锅碗瓢盆声。"哗哗，哗哗"，那是靠村流过的小河声。这是家乡之春的晨曲前奏，那声音是多么的和谐、多么的动听啊！这曲在人们的心中，那是一首弹不尽、唱不完的幸福之曲，希望之曲。

那刚会冒话的婴儿"哇哇"地叫着，喊着。抓起炕上的小喇叭，放在嘴里"嘟嘟，嘟——嘟嘟"地吹起来。快听，那是谁的歌声？"我们的家乡在希望的田野上……"这婉转悦耳的女高音，是从张二婶后园那株开满红花的桃树下传来的。"小梅，一早起来就扯脖子喊，喊坏嗓子看你咋办。""妈，种完地咱村就进行文艺比赛了，到时连个第一也拿不来，那有多羞人啊。妈，你听听，我和大明星比还差几？""死丫头，把你乐颠馅了。"张二婶故意把嘴一噘，装出生气的样来。"妈，你说馅，那可得给我做肉馅包子吃。"二婶"咔"地笑出声，说声"没正经的"便进了屋。

"妈，今天我去省城学习，多给我拿几个钱，好买书。"二婶的儿子大力说。"书、书，你整天就知道书，把脑袋钻书堆里去吧。""快到三十了，还不……""妈，你又来了，等我学习回来把工厂办起来后再说吧。""办厂，办厂哪有我抱孙子好啊！""妈，你不是爱看二人转吗？厂子办起来后，咱村有了钱，就修一个大俱乐部。那时你呀，抱着孙子，领着孙女，坐在俱乐部的大沙发椅上看节目，那多自在。我哪，到那时保证是个农民企业家，你说那多有派。"说完，母子俩哈哈地笑了起来。

这院的笑声像爆苞米花，那院的笑声像开了锅的水。

"桂花，听说县农场要进新种猪，吃完饭你就骑咱们的'雅马哈'去订一头。""听说是瘦肉型的，咱们要是提前两年就养瘦肉猪，这百十来头就不愁卖了。""采购站明天来收购，那些猪一装车，'大团结（面值十元的人民币）'就能装几麻袋了。咱俩结婚十多年了，这回也洋式洋式，盖所小楼给你住。""盖楼盖楼，叫你那小抠爹听见，骂不死你才怪呢。"说着，便把手一背，学着公爹的样子说："有钱得用在刀刃上，不能千日打柴一日烧，这好房子不住还想住金銮殿？""——小声点儿。"李二哥用手一指里屋，桂花吓得伸了一下舌头，这时就听里屋传出老两口的声音。

"栓子他妈，把钱给我拿几个，今天上集上把毛驴卖了，买个电磨，咱这个豆腐官儿也用用'电驴'。""你呀，穷汉得了狗头金，有两个钱穷折腾，要有个十万八万的，还悬心死了呢。""死，我呀，再活五十年也不能死，咱得把'黑白'变成带色的，把扇子变成电转的，把你这个小老太太换成个……""啪"，大妈往大爷头上轻轻地打了一巴掌，说："越老越没正经的。""夫人，我知罪了，这边有礼。快把钱拿给我吧。"大爷学着京剧道白的腔调说。大妈"咔"地笑出声来，外屋的二哥二嫂也笑得前仰后合。这笑声飞出了屋，和邻居的笑声合在了一起，和田野里的拖拉机声连在一起，和村前的小河声混在了一起，和锅碗瓢盆的奏鸣声交织在一起，合成了一首首欢快、豪迈、充满信心的交响曲。这曲里最响的，还是从桃花下飞出的女高音歌声："我们的理想，在希望的田野上……"

随着这声音，太阳升起来了。

这篇作文写于 1986 年，在作文中，通过两家两代人的早晨活动，表现了农村改革开放的大好形势和人们对未来生活的美好向往，展现了农村经济改革给农民带来的情感、观念的变化，生活的变化，勾勒出一幅生机勃勃、有声有色的充满生活情趣的乡村图画。作者是农民的子女，生活在农村，她亲身经历了农村经济改革的前后变化，有自己的体验和感受，和她们的父兄一样，对改革以后的农村未来充满了激情和憧憬。这篇作文实质是一篇小小说，我问她怎么写出来的，她说："是按照我的想象编的，我把听到的、见到的人和事写了进来，有本地的也有外地的，有别人的也有我家的，还有一些是自己设想将来应该有的。"这个学生将现实和未来结合在一起，也许她将来会带着这样的理想踏上人生之路，去开垦新的沃土，去建设新的农村，去开创新的天地。

4. 在语文教学的过程中，帮助学生树立起建设社会主义新农村的人生理想。对学生进行这方面的教育，光喊"爱祖国""爱家乡""农村好""家乡好"是不行的。教育者应该有勇气正视现实，不能给学生造成"闭着眼睛说瞎话"的印象。首先要承认农村落后，但要促使学生产生不甘落后的心理，从而鼓励学生决心将来去建设自己的家乡。我把家乡的大地作为学生语文学习的课堂，也作为学生爱乡报国思想形成的课堂。为了写好"家乡儿女情"这篇作文，我就把学生领到松花江边的大堤上，让他们站在高处面对家乡的贫穷面貌，想着家乡的未来。学生们唱着"我的家乡并不美，低矮的草房苦涩的井水，一条时常干涸的小河，依恋在村子的周围"，家乡当时的情况和这首歌里面描写得很相似。"亲不够的故乡土，恋不够的家乡水，我要用真情和汗水，把你变成地也肥呀水也美呀。"学生们唱到这时，激情滚滚，豪情满怀。在歌声中想着家乡的未来发展，想着自己的责任。爱家乡、建家乡的激情之泉喷发出来了。学生们当场挥笔吟诗作文，《我心中的家乡》《家乡未来畅想曲》《家乡儿女情》等诗文一挥而就。什么是"以天下为己任"啊，什么是"指点江山，激扬文字"啊，在这里全都表现出来了。有个学生对我说："李老师，我知道了什么是'天下兴亡，匹夫有责了'"这是多么可喜的收获啊！下面是一个学生在这次活动中的作文节选，题为《家乡，我要为你添一笔》。

家乡变了，这是家乡人民努力的结果。我也是家乡的一员，我应当为家乡做点什么呢？我常常思考着这个问题。家乡变了，但"脸朝黄土背朝天"的劳动方式还没有变。我们这一代人应该改变这种情况，这需要现代科学知识。我认为，我有责任把知识送给家乡人。

我要为家乡添上一座图书馆。图书馆在我心中占着神圣地位。每次到县城去，我都先去图书馆，贪婪地翻看那里的书，吸收着知识的养料。当我从图书馆里出来的时候，我就自然地想起听起来似笑话，实是可悲的几件事。我们村，有个人无知识，错把农药当化肥用了。还有个人，把吃西瓜时留下的籽种在地里，结果造成了损失（那种西瓜籽只能用一代，不能用二代）。如果他们有知识，能出现这类的事情吗？我们农村人，一年都有几个月农闲时间，要是家乡有了图书馆，人们利用空闲时间去看看书，学习学习，那对他们的生产会有多大帮助啊。学生们在课余时间和放假时间到这里开阔一下视野，增长一些见识；老年人在闲暇时增加一些兴趣和爱好，那该多好啊！

图书馆对家乡的人们是多么的重要，我将来要在家乡开办一个图书馆，让家乡的人们用知识和科学去建设家乡。现在，我连图书馆的位置都已经选好了，就在我们村子的中间。那有一块空地，满可以修一个图书馆，四周还有栽树种花的地方。到那时，我要购置各种各类的书，如农业生产科技书、文学书、小孩子喜欢看的连环画、老年人喜欢的报纸杂志，让村里的每个人都能看到自己喜欢的书，自己需要的书。让村里的人在科学的大海里去寻求、去探索。而我呢？一面管好这个图书馆，一面进行自学，如果家乡人需要的书买不到，我就自己动手编出来。

浓雾渐渐地散了，太阳把它那金色的光辉投在村中央的一幢三层楼上。楼门上挂着一个用金色写的大牌子，上写着："腰围村图书馆"。图书馆的四周，树木葱绿，鲜花竞开，院内有花坛、长椅、喷泉。人们有的坐在长椅上读书、看报，有的在花坛树下踱步深思，一切显得是那么幽雅而又宁静。

楼内的阅览室里，几十张大桌子。大桌子周围坐满了人，有的在翻阅杂志，有的在摘抄资料，有的在潜心攻读，有的在挥笔疾书。屋里静极了，连针掉在地上都能听到。在二层楼的图书室内，十几个书架装满了书。有几个人正在书架前选书，还有几个青年人各捧着厚厚的几本书，在和图书管理员办理借书手续。隔壁，是一个大教室，一位老师在组织学生开读书心得交流会。三层楼上，在一间房子的门口，挂着"馆长室"的牌子，推开门，就见我正伏在写字台上写字。那时，我已经函大毕业。我和村里的几个人选择了一项科研课题，现在在进行总结，忙着写论文。突然，电话铃响了，编辑部来了电话，商谈我编的那本书出版的事。

雾又渐渐地浓了，把那三层楼房罩住了。我又回到了现实中来。面对着现实，

面对着未来，我在心里暗暗地说："家乡，我一定为你添一笔——一定在将来办成一个图书馆！"

从这篇作文中我们可以看到，家乡并不富裕，生产技术还很落后，家乡人的思想观念并不先进，而正是这些现实，激发了这个学生将来为家乡建设一座图书馆的愿望，以此来改变家乡贫穷落后的面貌。"这里面把对人民、对故乡的自然景色，对乡村和城市的热爱与为现实社会主义、共产主义这一伟大理想而贡献自己力量的强烈愿望，有机地结合在一起了"（苏霍姆林斯基）。这样的学习过程直接影响了学生的情感、态度和观念，使他们树立起了建设社会主义新农村的宏伟理想，激起他们改造家乡落后面貌的壮志豪情。

这次活动后，我看到了学生在日记中写的一段话："俗话说：'子不嫌母丑，狗不嫌家贫'，如果就因为家乡贫穷落后，我们就抛弃她，那么我们不就是连狗都不如了吗？在我们这一代人的手里，应该创造出一个富饶美丽的新家乡来，这才能说明我们有志气。"我们当代的农村，不就是需要这样大批有志的青年吗？

5. 增选乡土教材，用自然渗透的方式去影响学生产生爱家乡、建家乡的美好的思想。语文教材中的课文，是形式和思想内容的统一体。学生在阅读课文时必然会接触到作者在文章里所表达的思想感情，久之会受到潜移默化的熏陶。教材中有一些利于这方面教育的课文，但量不足，很难引起质的变化。为此，我们一方面为学生增选了课外阅读的书籍，如丁玲、赵树理、马峰、周立波、刘绍棠等表现农村题材的文学作品；一方面选乡土教材让学生课外阅读或在课内学习。如《吉林日报》刊登的表现榆树市经济改革的散文《故乡行》，歌颂家乡巨大变化的《江之歌》，报刊上登载的当地新人新事的通讯报道等。我们还将榆树市委组织部编写的榆树市优秀共产党员的故事集《闪光的足迹》作为阅读教材，学生人手一册。由于这些作品和学生的生活接近，有些人他们都熟悉，有些事情他们都知道，既加强了范文的作用，又影响了学生们的思想感情。这些阅读教材一到学生手里，学生们不但模仿着写，而且一些学生还把教材中的人物作为自己未来生活中的美好的榜样去学习，去追求。在第三轮、第四轮的实验中，前两轮学生的作文集出版了，我们把它作为学生的阅读教材。学生们在阅读大哥哥大姐姐们写的一篇篇作文时，前两轮实验班学生们那种热爱家乡、献身家乡建设的思想也就感染了他们，他们也就作为一种思想传统自然地接受过来了。有个学生在日记中写道："我在语文学习上要赶上前两轮的哥哥姐姐，在建设社会主义新农村上，我立志不被他们落下。"

对学生这样的教育，我们搞的不是一阵风，一阵热，而是由始到终贯穿在学生初中语文学习的整个过程。第一轮实验班学生毕业的时候，我和学生共同唱了一首歌——《年轻的朋友来相会》。我和学生相约，20 年后再相会。当时我还给他们布置了一道作文题，内容是"为祖国、为家乡流了多少汗，出了多少力"，题目是"回首往事问心可有愧"，让他们把这个文题作为人生的大作文来写。

这样的生活，这样的语文学习，给学生们留下了许多美好的回忆，也必然会激励着他们在人生路上的奋斗脚步，为家乡的繁荣、为祖国的富强去拼搏。

四、育"后天下之乐而乐"之人
——在语文教学的过程中培养学生的社会责任感

在语文教学的过程中为当地造就主人，是我改革农村中学语文教学的一个主攻目标。让学生"家事、国事、天下事，事事关心"，把"以天下为己任""以家乡新建设为己任"这副沉甸甸的担子让他们自己放在自己的身上，培养他们为大众谋福、为人民奋斗的思想，培养他们为国家、为民族献身的精神，培养他们敢想、敢说、敢干、敢闯、敢担当的性格，这是我在语文教学过程中追求的一个主要目标。

教材中所选的课文，有许多都利于这方面的教育。政治家忧国忧民的情怀，革命先烈惊天动地的壮举，仁人志士的慷慨悲歌，人民群众的英雄事迹，对学生的思想起到潜移默化的熏陶。但这只是课本对学生的影响作用，力度不够，需要社会实践活动配合。

1. 开展"用语文知识为家乡人民服务"活动，培养学生的公仆意识

用语文知识为家乡人民服务，开展这样的语文课外实践活动，目的是要学生懂得"我们的孩子从老百姓中来，他们还是要到老百姓中去，以他们所学得的东西贡献给老百姓，为老百姓造福利；他们都是受着国家民族的教养，要以他们所学得的东西贡献给整个国家民族；他们是在世界中呼吸，要以他们学得的东西，帮助世界改造，为整个人类谋利益"。（陶行知）为了配合这样的活动，我特意给学生讲了农

村常用应用文的写法，学生掌握了这方面的知识后，就要求学生用自己的所学为当地群众解决困难，主动为人民服务。春节时，他们走家串户，主动为群众写对联；平时他们为群众写信、读报，帮助专业户写广告、拟合同条文，为群众拟电报稿，写感谢信、表扬信。群众买了农药不知道怎样使用，学生就主动给他们讲解农药说明书，告诉他们使用方法。买了家用电器，不会使，学生就教他们怎样用。他们的活动受到群众欢迎，群众也由开始怀疑转为信任，由信任到赞佩。老百姓遇到一点难事，就想到这些学生。他们有事需要调解，不会写调解书、协议书，就去找学生帮忙。有个村民涉及一起诉讼案件，有个学生就主动去给写诉状，为了给这个村民写好诉状，她知道光凭在语文课堂上学到的那点写诉状的知识远远不够，就借了几本有关写诉状的书自己研究，还借了一些相关法律书，几经努力，终于写成。那个村民靠着学生写的一纸诉状投诉后胜诉，对她很是感激，群众称赞她为"小律师"。

在这样的语文活动中，从语文学习角度看，学生们为自己所学到的知识找到了用场，将学和用结合在一起，形成了实践能力。从社会效果来看，为群众解决了困难，得到了大家的赞扬和社会的认可。从学生的发展来看，对他们公仆意识、为人民服务思想的形成产生了有益的影响。

2. 开展"家乡建设小参谋活动"，培养学生的参与意识

在学生的语文学习过程中，我尽量创造机会，促使他们接触社会、了解社会，为他们参与社会创造条件，增强了他们的社会责任感。为此，我们开展了"家乡小参谋"的语文学习活动，号召学生为建设家乡献计献策。学生们进入这个活动之中，他们的情感、态度、观念逐渐发生了变化。以前，他们是当地生活的旁观者，现在，他们就成了当地生活的参与者；以前，他们对当地存在的一些问题认为与自己无关，现在他们感到这一切自己都有责任；以前，他们对当地发生的一些事情不留心，不注意，有了"参谋"这个职责后，他们就事事关心了。

赋予学生"家乡建设小参谋"的称号，学生感到自己肩上的任务重大，他们带着怎样为家乡的建设当好"参谋"这个问题，认真地在社会上进行调查。有一个学生，见到有些村民把熟地开成了沙石场，痛心疾首，他前后用半个多月的课后时间到现场调查，搜集材料，写出了一篇题为《田、沙、钱、灾》的作文，指出前辈为钱卖沙毁地，后代无田受灾，呼吁停止这种破坏性开采。我把这篇作文拿给村长看，村长立即把开沙石场的村民找来了，什么话也没说，给他们读了学生这篇作文。读完之后，问这些开沙石场的村民有什么感想，这些村民说，你的意思我明白了，是说一个十三四岁孩子懂得的道理我们还在蛮干呢。你是用孩子来教育我们，我们不再干了。因此，滥开沙石场这股风就制止了。

当地缺医少药，群众治病困难。有个学生捕捉了这个民生的实际问题，对怎样加强当地卫生所工作进行了分析，在作文中提出自己的见解。

"看病难，可真难。"这是流行在我村群众口头上的一句话。事实也确实如此，这不，我得了肺炎，妈妈找了两三次大夫也没找来。

当我七八岁时，村里有个卫生所。大概有三四个大夫。那时群众看病治病还算是挺及时的，可后来不知道啥原因，卫生所的牌子摘下去了，那几个大夫也都在自家"悬壶问世"，开办私人诊所了。既然开私人诊所，为啥看病还这么难呢？究其原因有以下几方面：

人口多、大夫少。先前的大夫有几个改行了，全村四千多口人只剩下两个大夫。这两个大夫一会儿被东家找去，一会儿又被西家找去，一天天马不停蹄，大汗淋漓地忙个不停。即使到大夫家去看病，也是十有九空。

药价过高，也是群众看病难的原因之一。大夫办药需现钱，因此轻易不赊，即使赊了，也要加利。农村人平常手头很少有钱，大多数只有到秋天才能用粮食换回一笔钱来。但有病却不能选择时令，不分春夏秋冬，这样就形成了矛盾。所以一般人有病只好挺着，结果是小病变大病。有的人即使赊出药来，到秋一加利，药价就更贵了。因而使一些病人望而生畏。

大夫技术水平低，医疗设备差。我们村的两个大夫都是"赤脚郎中"，既没拜师于名门之下，又没进修于高校。要是得个头痛脑热的小病，打个针吃个药还可以，可一遇上疑难病症就没招了，甚至一个小小的难产还得上乡、上县去解决。我村有个病人患脑溢血，大夫却给误用了脑路通，结果把这个人给通成"地下工作者"了。至于医疗设备更不用提了，就靠着那个千年不换的听诊器，连血压计都没有，更不用说 X 光了。

要想改变看病难的问题，我建议应该成立卫生所。把两个私人诊所合并在一起，统一归村领导。这样既可避免药滥涨价，遇到疑难病症还能共同研究。本村还可以多培养一些大夫，把一些"落榜举子"送到医学院校去进修，也应该拨出一部分款，

给卫生所增添医疗设备，我想，这样就会解决治病难的问题！

我是个乳臭未干、涉世不深的小毛孩子，这点建议不知村领导能否采纳。唉，何时"看病难"这句口头语会被人们遗忘在角落里呢？

这个学生由自己看病难，说到全村人看病难；由看病难的现象，分析问题产生的症结所在；如何解决这个问题，提出了自己的合理建议。治病难的现象在过去和现在的农村很普遍，但很少有人寻求解决的方法。虽然作者是一个"乳臭未干、涉世不深的小毛孩子"（当时作者是初中二年级的学生），但他对问题分析的深度，却是一些成年人所未考虑到的；所提出的方法，不无合理性。可以说尽了"参谋"的职责。

开始，他们把自己的看法、想法、建议写在日记中，作文中。我发现了他们有价值的建议，就转交给村干部。学生们的建议有时就被采纳，群众对他们也是赞不绝口，说这些孩子真懂事。他们看的事，有时比大人看得还明白；他们想的事，有时大人也没想到；他们说的话，比大人还在理。学生从中得到激励和鼓舞。以后，他们发现了问题，或者是有了好的建议，就直接反映给村干部，认为这是自己的权利和义务。下面就是一个学生给村党支部书记的一封信，在信中反映了他所看到见到的一些村民的错误行为，并提出了自己的建议。

✕书记：

作为一名中学生，我爱自己的家乡。我想，你更爱咱的家乡吧。

尽管我是个黄嘴丫未蜕的孩子，然而我觉得我有权利和义务对家乡的事提出点建议。

家乡的土地很肥沃，然而，树却不多。去年，村里给各家送了树苗，让乡亲们栽上。小树栽上不几天，干部检查完后，他们就把小树连根拔掉了。我还听他们气愤地说："树长大了，就不用种园子了！"我认为你们村干部的思想工作没做好，检查也不够认真，有点马马虎虎。现在乱砍滥伐的现象也很严重，去年冬天的一个晚上，我去邻居家串门，刚进屋，就觉得有一股温暖的气息扑面而来，原来邻居家的大叔正在生炉子，炉子里的火烧得很旺。我问大叔："你家还挺暖和，这煤还不错呢？"大叔的脸被火照得通红，他笑嘻嘻地说："买啥煤，谁能烧起那玩意儿，我在东边砍了一棵小树，你看，这木头火多好，比煤都强。"我想大叔的作为应引起重视。今天你砍一棵小树无人管，明天就会有人砍一棵大树，应制止这类人，教育这类人，使他们爱护树木。

再谈谈计划生育这事吧，一天早晨，我刚起床，邻居家的婶婶脸色铁青地跑到我家，怀里抱着一个孩子。她们家有三个丫头，为了要个儿子，负责计划生育的领导一来，她就东躲西藏的。看到她们的样子，我又生气又好笑。笑的是为了要个儿子不值得；气的是他们怎么这么愚昧、封建呢？其实男孩、女孩还不都是一样？我想对这个问题，应多做些思想教育工作，使他们从心里醒悟过来。

这些只是对家乡的一些小事的看法，我想，你们不会责怪我吧。

类似于上面的一些例子，还可以举出很多来。通过这样的语文活动，将学生置身于事事关心的境地。

3. 通过关心家乡事的课外活动，培养学生的忧患意识

学生们有了主人公的社会责任感，也必然会在内心产生心忧天下的忧患意识，他们忧国家，忧民族，忧家乡。反过来，学生们的忧患意识也必然会增强他们的社会责任感，促使他们对国家和民族前途命运的忧患和关注，形成激励人生奋斗不息的强大精神动力。因而，我在语文教学的过程中，开展了"关心家乡事"的课外活动。学生们睁大了眼睛，寻找他们所关心的事情。有的在作文中担忧当地农田沙漠化的问题，有的忧虑松花江污染，有的为当地缺少带领群众创业的好带头人心急如焚，有的为当地的经济发展状况忧肠百结。下面所选的作文，就是在这样的活动中出现的。

大坝沧桑警后人

每当我站在村口向南望去的时候，第一眼便看见了那条长龙似的大坝。大坝上，绿树郁郁葱葱，鲜花朵朵吐香。鸟儿在那里快乐地歌唱，牛羊在那里悠闲地吃着青草。那银闪闪的是什么东西呢？那是打鱼人在树上晒的网啊！

大坝，是家乡的保护神。站在坝上，向外一望，那是滔滔奔流的松花江水。向里看，那是万亩良田，绿荫围绕的村庄。听老人们讲，新中国成立前，这里是五年三涝。每当松花江一涨大水，这里就变成了汪洋大海。房屋被水泡上，庄稼被水淹没，可怜的人们哭天喊地，离乡背井。新中国成立后，党和政府调动了几个县的人力、物力，帮助家乡人民修上了这条大坝。听老人们讲，修坝费了不少的事呢。几千人修了二三年。有人统计过，如果把这条坝上的土修成一米宽一米高的土墙，可以铺七八百里长呢。有一年，松花江又涨大水，新修的大坝经不住大水的冲击，有几处要决口了，人们就跳进水里，用身体挡着巨浪。当年，人们为了保护这条坝，把命都豁出来了。因为这条坝就是这里人们的生命，就是这里人们的幸福。

大坝修成了，洪水挡住了。坝里的人们年年都享受着丰收的喜悦，年年畅饮着幸福的美酒。忠诚的大坝，年复一年，日复一日地守在江边，眼睛盯着江边的水涨水落，心里想着坝里人民的安全幸福。人们在坝上走过，总是说："多亏这条大坝。""没有它，我们可就遭殃了。"人们为了保护这条大坝，在坝外栽上树，在坝上种上草。树长起来了，草长起来了。大坝有了绿色的屏障，披上了绿色的外衣，变成了一条绿色的长龙，更加精神抖擞地卧在江边。

有十来年没涨大水了，人们对以往的惨痛教训可能是淡忘了，对大坝的感情也没有以前那么深了，感谢大坝的话也很少听见了。

坝外的树，是大坝唯一的屏障，可这几年，只见树一棵棵地倒下，不见一棵树栽上。夜间，江浪盖住了锯拉斧砍的声响；白天看见的是一棵棵树桩。可叹，只几年，那一条宽宽的长长的林带只剩下几棵孤零零的小树，对着江风无精打采地摇晃着。

大坝，也在忍受着刀砍斧削的痛苦。忘了过去惨痛教训的人们，把开荒的镐头指向了大坝。大坝，变成了耕地，东一块，西一块，旧的伤疤还没蜕去，新的伤疤又出现了。日久天长，风吹雨淋，大坝变矮了，几乎要和地面齐平了。大坝在哭泣，向人诉说自己以往的功劳，可有谁听？它指着江水向人们请求放下镐头，可有谁管这个！大坝啊大坝，有谁理大坝！

去年汛期的一个夜晚，电闪雷鸣，大雨像瓢泼一样，江水像发了疯一样。几声霹雳，惊醒了睡熟的人们，人们发现大事不好，再去找大坝，可大坝已经无力和洪水搏斗了，它默默地等待着洪水对它的报复。这时，它还在想着自己以往的辉煌战绩，但它一想起那些鼠目寸光，只顾自己蝇头小利的人们，只能无力地叹口气。

幸亏那一夜大水没有漫过大坝，才给人们一个改正错误，加固大坝的机会。人们咒骂那些砍江防林带的人，人们在斥责那些在坝上开荒的人。咒骂和斥责又有什么用，还得从头干起。那些红着脸往坝上抬土的人，这时他们心里又是什么滋味呢？

大坝又重新矗立在江边了，大坝又恢复往日的雄伟了。坝里的人们又开始安居乐业了，人们对大坝的感情又一往情深了。

人们关心着大坝，希望这种关心不要像以前。

人们又开始珍爱大坝，希望这不是一阵热。

大坝，你也不要沉默不语，你应该说话，告诉现代的人们，告诉后世的子孙，用你的亲身经历告诉家乡的人们：防水先叠坝。

在这篇文章里，小作者大声疾呼家乡人民要"防水先叠坝"，字里行间，处处可以感受到小作者对家乡的责任感，看到这个学生沉重的心。读了此文，我们可以感受到她那居安思危、未雨绸缪的忧患意识。"有志不在年高""位卑未敢忘忧国"，这两种品质都统一在这篇文章之中，集中在一个孩子身上。孩子们有了这样的思想意识，有了这样的责任感，才会有伟大的理想和追求，才会塑造出未来的壮美人生。

4. 鼓励学生的批评精神，培养他们改造社会的理想

在学生的作文中经常揭露当地的"阴暗面"，经常对某些不合理的事情批评指责，对一些不良行为严厉抨击，对一些丑陋现象横眉怒目。学生的作文为什么会出现这样的现象？主要原因是他们有了主人公的意识，社会的一些事情牵动了他们的心灵，对当地出现的一些问题他们也就敢说、敢言、敢于批评，达到不吐不快、毫无顾忌的程度。他们对不孝敬老人的现象，愤怒地谴责，写出了《活着不孝，死了乱叫》；对干部中的腐败行为，在《谈打拦路狗》中无情批判；他们鞭挞《才十八，就当妈》的早婚早育风气；对当地的封建迷信活动发出了《信科学，不要信迷信》的大声呼喊；他们批评村干部不负责任的行为，呼吁他们遇事《不要绕着走》；他们对攀比的歪风用《吃了谁，苦了谁》进行规劝；他们活画出《赌徒——我的二舅》《酒鬼——我的伯父》以警世人，对美丑颠倒的《假大姐》冷嘲热讽。不管是干部还是百姓，只要他们认为是错的，就敢于批判；无论是亲是友，只要做得不对，他们都不留半分私情。"打是疼，骂是爱"在学生的身上得到了具体的体现，这是他们对家乡责任感的具体体现。在这些作文中，学生们叙述的是真事，抒发的是真情，道出的是真感。每看到这样的文章，我都给积极地鼓励，以此来增强他们的主人公意识。在这样的氛围中，学生的个性也得到张扬，并逐渐形成改造社会的意识。请看下面的一篇学生日记。

"好心"的干部

松花江今年涨水了，江边的一部分土地被大水淹没了。然而远离江边的大部分土地仍然获得了丰收。大多数人家除了留够口粮以外，还有一部分余粮。可是有一

些干部，出于对群众的"关心"，背地里告诉群众把粮食藏起来，好向国家要救济粮。这些"好心"干部的心，真是"好"极了。

我们的中国虽然不像50年代那样困苦，但是，和世界先进国家相比，还差得远呢！据统计，1980年我国粮食总产量居世界首位，但按人平均分配则居世界第二十九位，十亿人口平均每人才分288公斤粮食。这个数字告诉我们，中国到八十年代还存在着挨饿现象。我们不应该伸出一只沾满熟油的手去抠国家的窝窝头。我国战国时候，有位商人叫弦高，他得知秦国要去攻打自己的祖国郑国，把自己的20头肥牛送给秦军拖延时间，以此取得向祖国报信的机会，最后使祖国转危为安。我们的一些干部，难道连一个古代商人弦高也比不上吗？如果你说这是古代的，好，咱们就举一个当代的例子。我们敬爱的朱德委员长在临终时，将自己的万元存款交了党费。如果你说朱委员长是国家的领导干部，我们比不上他，那就让我们看一看一位普通工人吧。1980年发生了这样一件事，一位女工（很遗憾，我把她的名字忘记了）把应该继承的十万元巨款献给了国家。一位工人能这样做，我们的党员干部、我们当代的农民就不应该这样做吗？当你打着饱嗝，一手拿着领取救济粮的证明，一手摸着挎兜里那一叠厚厚的人民币时，你会想到什么呢？你是想着把大包大包的救济粮拉回家，堆在自己堆满粮食的仓外，占国家的便宜，还是想退回领取救济粮的证明呢？如果拍拍心，想想国家，当代农民会选择正确的道路的。那些"好心"的干部，你们该怎么办呢？最好是把"近视镜"换成"望远镜"，那样你们将会明白怎样做是对，怎样做是错，也就会在群众中收回你们的"密令"了。

唉，但愿干部们能如此。

这篇日记，笔锋直指"好心"的干部，抨击了以私损公、坑害国家的做法。学生站在国家、民族的高度，纵论古今，喻之以理，晓之以义，显得大气凛然。如果不知情，谁能想到这篇文章出自于初中二年级未满的孩子之手呢？

孩子们在纸上说，也在实际中干。他们有时就组成小记者组，和干部对话，讨论当地的民生问题、建设问题。对村干部的错误行为，敢于当面直言。有时他们直接投书上级领导、报社电台反映情况。这样，学生在当地社会中就形成了一股舆论监督的力量。有位村干部对我说了这样一件事。有一天，他们几个村干部聚在一起喝酒，快到放学时间了，其中一位说，赶快结束吧，要放学了，如果让实验班的学生看见，一定认为是用公款大吃大喝，让他们给捅上去，咱们跳黄河也洗不清啊！

这样教学，也曾引起过一些人的非议和指责，认为我把语文课讲成了政治课。我是这样想的，孩子们虽然是处在学生时期，但我们必须从小就培养他们胸怀天下的思想，让他们能以天下为己任，将来为改变当地的面貌去奋斗，为我们的国家，为我们的民族去拼搏。我们可以断言，学生如果不和社会接触，不把当地的农村社会作为自己学语文、用语文的"大课堂"，他们还是抱着为自己个人奋斗的思想来学习，我们还把他们关在教室里学语文，他们绝不会写出这些具有强烈思想感情、观点鲜明的作文来。现在一些学校的教育，把松树栽在花盆里，把马拴在猪圈里，还希望能培养出万年松，育出千里马，这不是笑话吗？抛开这一点不说，就单纯地说作文吧，不仅要有字、词、句、章的语言文字技巧功底，还需要生活中的材料，同时更需要正确的思想观念为导向。学生关心社会，参与社会，以主人公的姿态看社会，他们自然站得高了，视野开阔了，留心的事也多了，观察也细致了，作文材料自然就丰富了，观点、立场、情感的问题也随之解决了。

如果单纯从升学角度来考虑，我这样做可能被有些人嘲笑为画蛇添足，多此一举。然而，从国家和民族的立场上来看，不正是我们所努力的吗？一个教师，就要以"先天下之忧而忧"之心，去培育"后天下之乐而乐"之人。这是我们每个教师（不仅仅是语文教师）对社会应该承担的责任。因此，我认为语文教学是教育，是用语文教学的独有形式、独特的方式去培育我们的国家，我们的民族，我们的时代所需要的主人。

五、条条大路多宽敞

——在语文教学中实施成才教育

我母亲曾经向我说过这样的话：弯弯木头要随性使。她给我解释说，树和树不一样，有的长得高、长得粗、长得直，是做柁、做檩的材料；有的长得矮、长得细、长得弯，做不了柁，也做不了檩，但它也是块料。硬把弯弯木头直过来，让它去做柁、做檩，容易把它直折了；就是不折，把它放在柁檩的地方也不适应。犁杖是弯弯木头做的，让它去做犁杖，这又是很难找的合适材料；让柁檩之才去做犁杖，也屈了这些材料。人和树一样，有的能做椽做檩，有的能做犁杖，做椽做檩的和做犁杖的都是材。不能把学生都往升学的一条路上赶。母亲的话，使我想起了农村教育的一些现象。

农村初中生流失率高，中途辍学的现象可以说是家常便饭。是什么原因造成这种现象呢？有很多"弯弯木头"是给"直"走的。有的人认为，学生流失的主要原因是家庭经济困难。1987年，我在100个流失的学生中进行调查，只有少数学生是因为家庭经济困难辍学的，多数的流失生是学习中的差生，其

与国家教委原副主任柳斌（左一）在一起进餐

中有不少家庭还比较富裕。学生成绩低导致厌学，厌学下一步就是辍学，这基本是农村初中生流失的规律。现在，政府对农村学生已经实行免费教育，有些人盲目乐观，认为学生流失的现象得到解决了。农村学生读书的经济负担没有了，确实减少了学生流失。虽然经济包袱卸下了，但压在一些学生身上的升学包袱还没卸掉。那些成绩低的学生，在升学教育的大海里失掉了信心和动力，丧失了人生的目标和理想，感觉到自己升学没有指望，做不了椽也做不了檩，又经不住"直"，便找各种借口逃之夭夭了。

造成这种现象的罪魁祸首，那就是升学教育。现在，农村一些人的心目中仍然这样认为：读书就是为了升学，将来有个铁饭碗，找个好工作，离开农村。既然读书是为了升学，不能升学读书还有啥用？不仅有些学生是这样认为，连他们的家长也是这个观念。孩子们在这样的理由下辍学，也得到了他们的支持，这又是多么令人悲哀啊。没有完成初中学业的流失生大量涌回乡里，给农村发展的前景带来的是什么，是希望还是忧虑，是光明还是灾难，这是明摆的事。

针对这种情况，我试图在语文教育的过程中，用"成才教育"来改造升学教育。让学生们明白：读书是为了成才，成为祖国和家乡建设的有用之才。升学只是人生成才旅途走的一小段路，但不是唯一的路，如果不能升学，通过其他的途径也可以把自己打造成才。

什么是才？只要是社会上需要的人，那就是才。把自己打造成社会上需要的人、

有用的人，是我们的读书目的，是我们的人生目标。学生虽然明白这个道理，但不能升学怎么办？这是那些升学无望的学生头脑中经常思考的一个问题，也是一个不可回避的现实问题。解决这个问题，我只好借助当地的"能人"，让他们帮助这些学生扫除心理的阴影，让这些人帮助学生树立起正确的读书观、成才观。

在农村经济改革中，当地涌现出许多能人。这些人是大家公认的成才者，是大家敬佩、尊敬的人。写作文，我就让学生拿起笔来写这些人，歌颂这些人。学生们要写他们，就得了解他们、熟悉他们，就得亲自同他们接触，就得通过不同渠道了解他们的成才之路。自学成才的乡村医生"万能"，种田能手"土地神"，养鱼大王"水龙董"，带领大家开水田的"大老王"，身残志不残的"犟姑娘"，艰苦创业的农民企业家……一个个能人在他们的笔下活起来、动起来，他们的形象也在学生的心中树立起来。就在写能人这个过程中，学生的思想情感、观念认识也自然地受到了这些人潜移默化的影响，在不知不觉中发生了变化。这样，他们失掉的信心，被能人给找回来了；丧失的人生理想，被能人重新树立起来了。学生们把这些作文集在一起，起名为《访能人》，并题写了激情澎湃、富有诗意的小序，节录于下：

这些"能人"都是大家公认的。他们在村里不同一般的人，他们通过各自不同的奋斗途径，为家乡的精神文明建设和物质文明建设做出了贡献，是村里人们公认的成才者，博得了大家的尊敬和爱戴。应该说，他们是这个时代我们村里最可爱的人。

这些"能人"的业绩，他们所走过的路，引起了我们的思考。我们毕业时间越来越近了，有些同学将步入社会、回到乡里，我们该怎么办？我们应该以这些"能人"为榜样，为家乡的建设献出自己的青春，献出自己的力量。使家乡变得更美，使祖国变得更美，使自己的生活更有意义。

"能人"告诉我们，今天的学生该怎样去迎接未来生活的挑战；"能人"也告诉我们，未来脚下的路应该怎么走。愿我们的同学们从"能人"中得到启迪，意气风发、斗志昂扬地踏上即将来到的新生活之路吧！

愿我们的同学都能成才，都能成为比"能人"还能的人！

从学生写的序中，可以看出访能人活动在学生中产生的影响。有个学生写了一个残疾人——"五瘸子"。这个"五瘸子"在"大帮哄"年代，对生活、前途一度丧失信心；后来在农村经济改革中，他找到了自己生活的坐标，激起他的创业精神和智慧，为当地的经济发展做出了贡献。由一个过去大家看不起的人变成大家尊重、敬佩的人。这个学生在写他的过程中，也寄托了自己的人生理想，他想，如果一旦自己不能升学，也不能放弃学习、放弃追求，一个残疾人能办到的事情，一个有文化、有知识的健康人怎会办不到呢？他相信自己一定会干出一番事业来。这些升学无望的学生，也就把成才的最低标准建立在成为当地的能人上。

在当地的人中，有些人也可从反面给学生以教育，激励他们努力学习，立志成才。有个产生辍学思想的学生，我特地让他去访问了一个文盲，回来后写出了下面的作文，从作文里可以看到这个文盲对他的启发、教育。

最近，我听到一件使人发笑而又令人深思的事。

事情是这样的，近几天，连着阴雨，稻瘟病又泛滥成灾了。天刚晴起来，人们就抓紧时间防治稻瘟病。今早听爸爸说，我村的李二叔喷洒"稻瘟净"把稻苗烧了。这个李二叔啊，小时读书的时候正赶上"文化大革命"，斗大的字没识得两麻袋，连他姓的那个李字也写得歪歪扭扭的。记得他前几年去他长春三弟家，逛百货大楼时，来了尿，楼里本来有厕所，可他却没找到。他着急忙慌地从五楼跑下，又走出半里多地找厕所还是没有找到。憋不住了，只好在离一个小房子不远的地方小便了。其实，那个小房子就是厕所，可他不认识字啊！正巧被人家发现了，据说被罚了五元钱的卫生费，这件事一时间被村里的人们传为"佳话"。

这不，当他看见稻苗起了病，便急得像火上了房一样，匆匆忙忙上秀水买了一瓶稻瘟净喷洒起来。过了两天，人家地里的稻瘟病防治住了，可他家地里的苗比以前更黄了，他以为没防治住，便又买药喷洒，越喷洒越黄，技术员来了一鉴定，认为是烧苗，是由于农药浓度大造成的。

这件事听后确实令人发笑，可笑声过后却让人想到了当前农村中存在着的一个问题。那就是有相当的一部分人没有文化。李二叔就是因为不识字、没文化，致使他在厕所旁小便而引出一段笑话的，而后又因不识字而看不懂农药说明书好心办了坏事。虽然现在到城里找不到厕所的人没有多少了。但读不懂农药说明书的却不乏其人。细想一下，知识何尝不重要呢？没有知识文化，便不懂科学，不懂科学又怎么去种地，去夺高产呢？我现在虽然升学无望，但也得抓紧时间学点知识啊，要不然的话，以后走上社会恐怕自己连碗饭也挣不上呢。

　　这个学习成绩较差的学生升入初三后，自己感到学习成绩低，升学没有指望，下定决心要退学的。访问了"李二叔"后，思想又发生了变化。"李二叔"给这个学生上了生动一课，使他认识到："我现在虽然升学无望，但也得抓紧时间学点知识啊，要不然的话，以后走上社会恐怕自己连碗饭也挣不上呢。"从此以后，学习反而更努力了，顺利地完成了初中学业。

　　2006 年教师节前夕，中央电视台《实话实说》专栏邀我和第一轮实验班毕业的三个学生（阎兆艳、董德艳、卢月飞）作客，接受主持人和晶采访，下面摘录的部分，谈论的是有关成才教育的话题。

　　和晶：我想知道李老师给你们上课的时候，或者说李老师这个人给你们什么叫成才的印象。

　　阎兆艳：成才的话，就是说给我们一个最直接的话，李老师就告诉我们，只要你是对社会上有用的人，那你就是成才了，不管你是考上大学，还是在家做一个农民，还是你怎么样，只要是对社会有益，那么你就是一个成才者。

　　和晶：作为农民，怎么是一个成才的农民呢？

　　阎兆艳：比如说卢月飞，他做一个医生，他给这些个乡村的农民带来了很多益处，帮助很多人，那么他自己的感受就是成才，这是一种自我感觉。这种感觉，也是一种思想。

　　卢月飞：不一定说在城里做一些工作就是成才了。

　　李元昌：1988 年验收的时候，省里的专家和我们省里各县区的教研员，来验收这班学生，当时我做了实验报告。一些老师就开始给这些学生提问题，说你们李老师这样给你们讲课，如果你们不能升学该怎么办呢？我记得兆艳你曾经有个回答，当时你是怎么说的呢？

　　阎兆艳：当时我是这么说的，读书是为了成才而不是为了升学。只要我们对社会做了有价值的事情，那么我就觉得我自己是成才了，我们的目标不是一定上了大学就是成才。

　　卢月飞：不为了升学而学习。

　　李元昌：她回答这一句话，引起了来验收的那些专家的掌声。说我们读书不是为了升学，而是为了成才，我就教育学生为成才而学习。为成才而学习，他能够终生地去奋斗，去学习，不断提高发展自己。如果为了读书而升学呢，不能升学，我读书还有什么作用呢？1994 年的时候，兆艳你们毕业了六年了，省教育厅的领导调查我的学生，那时候董德艳考上高中，因为家里经济困难，没有去读书，她就在家自学，成了当地非常有名的裁剪师。

和晶：还会裁剪呢？

董德艳：当时我还办了班，开了三期裁剪班。

李元昌：自己成了裁剪师，她还办班。我有一件衣服，就是她给我做的，现在我还留着呢，有时就穿上。当时我记得，教育厅的一个领导问她，和你同班的学生都已经上大学了，而你还留在农村，你和那些上大学的同学在一起，你感不感觉自己"矮"啊？当时德艳说了一句话，他们都很感动。

董德艳：我当时说，不仅是当时，我觉得我现在仍然这样认为。我说，比如一块砖，高楼大厦上的砖是砖，牛棚马圈上的砖仍然是砖，不管把它放在高楼大厦上，还是放在牛棚马圈上，它只要发挥了一块砖的作用，那么这块砖是有价值的砖，成才也无非就是这样。当时我一直是这样认为的，到现在还是这样的观点。

李元昌：我再介绍一下董德艳，初中毕业考上高中，家庭经济困难没有上学，没有去读高中。她就自己学裁剪，在书店买了几本裁剪的书，向别人借了几本裁剪的书，就照葫芦画瓢儿。

和晶：就会了。

李元昌：家庭困难，她就到学校找我要报纸，她就在报纸上画线条裁剪，裁剪之后用糨糊粘成衣服，让她弟弟妹妹这些孩子试穿。后来她就在当地收集那些废塑料布，然后在缝纫机上做成衣服，让她爸爸妈妈试穿，她这个裁剪师就是这么练成的。六年之后我和她谈话，我发现她回乡之后又读了很多书。

和晶：自己业余时间读的书？

李元昌：读了很多书，这时候我感觉到，这六年当中她的知识又增长了很多。后来我就到了我的母校长春师范学院。我说你能不能招收这样的一个学生，没读过高中，又没经过高考，但是我保证她到学院之后，学习质量不会差，后来长春师范学院破格把她录取了。她在班级里面学习还是前几名，以后回到我们秀水二中工作。

（摘自《实话实说论坛》2006 年 9 月 11 日，作者王未，略有改动）

后来，董德艳应聘到南方一所学校，工作很有成就，成了一名优秀教师。他们每当寒假暑假回来的时候都来看我，她就对我说："李老师，读书是为了成才，这是我们一生要走的路啊！"

农村的学生不可能全都升学，肯定有一部分是落榜的，但不能升学的学生并不等于不能成才。上面提到的阎兆艳同学，大学毕业有个很好的工作，但她却辞去公职，自己办了旅游公司。像卢月飞，回乡后把自己打造成一位乡村医生，他披星戴月、顶风冒雨、不辞劳苦，用自己的知识和能力为多少村民解除了病痛之苦，被当地村民称为"救星"，受到当地村民的爱戴。这样的人不都是人民所需要的才吗？不都是社会所需要的才吗？以后我在博物馆里看到根雕，也有一个感想，一个树根在普通人眼里可能就会作为柴火烧掉了，当作废物扔掉了，然而在艺术家的手里面却把它变成了艺术品，它的品位、价值升高多少倍，这也许就是"因材施教"的结果吧。我们工作在农村学校的老师，有一个重要任务，让"树根"看到自己能成为"根雕"的希望，并给他们信心，促使他们向这个方向努力、发展。不要用"柁檩"之材的标准要求所有的树木，不能为了几根柁檩而伤害了其他的树木。无论是做柁做檩还是做犁杖的，都是有用之材。那些不能升学的学生，成为科技精英的路也许走不通，但回到乡里，却有可能发展成科技带头人；他可能与总理、省长的职务无缘，但有可能发展为一个村的优秀管理者；他们有可能不会成为著名的企业家，但有可能成为种田能手、种菜能手。无论是大才还是小才，有一个共同标准，就是对国家、对民族、对人民有益，我就是用这样的思想教育学生面对学习、面对人生的。

我在语文教学的过程中，坚持用"成才教育"思想去改造升学教育，去反对读书无用论，使一些要辍学的学生重新树立起学习的信心，使一些升学无望的学生又振作起学习精神，使那些感到前途渺茫的差生看到了光明。他们怀着成才的追求、爱乡报国的人生理想努力学习，有始有终地完成了初中学业。回乡之后，他们奋力拼搏，为当地的经济发展做出了贡献，成了当地新一代的能人。

六、学以致用

——语文教学与当地生产劳动相结合，培养学生应用的能力

《三字经》中说："玉不琢，不成器。"从发展眼光来看，每个学生都是可成的

大器，但他们又是一块块需要雕琢的璞玉。璞玉需要精心雕琢，才能升高品位、提高价值。同理，学生需要认真培养，才能提高他们的素养，为社会做出更大的贡献。当地的村民常把一些回乡参加生产的初中生叫"初中扔"，意思是干啥啥不会，学的知识不会用，白扔了。有一回，我问一个回乡的毕业生，为什么在盐碱地施肥要选择酸性肥料，他答不出来。这方面的知识他不是没有，在初中化学课中就学过酸碱中和，然而他不会用，也从来没想过去应用。本来，他们在初中学到的一些知识，可以应用在农村的生活中、生产上，比如柴油机、水泵等农用机械知识，但他们只知道这些知识是答卷时用的，从没想到用这些知识来解决实际问题。学不能致用，储藏了再多的知识又有啥用呢？即使他们的学问再大，又会有怎样的作为呢？

学生在学校学习期间，学到的第一手本事，应该是学以致用。教师致力培养学生的一种精神，那就是科学探索的精神。然而目前的学校的教育，书上来，本上去，多是在纸上谈兵。只说不实践、只学不用、学用脱节，造出了一批批书呆子、"初中扔"。我知道，改变学校目前这样的状况，单靠语文学科是力不从心的，但我仍然往这个方向努力，尽语文教学的最大可能，引导他们把学和做结合起来，学和用结合起来，学和思结合起来。学生们在学校学习的时间只有三年，学的知识本来就有限，如果连这点知识也不会应用，将来他们的作用怎么发挥呢？我把学生在校学习看成是他们参加祖国建设之前的"练兵"，这样，就加强了我的责任感、紧迫感。

培养学生学以致用的能力，我把学校的"小课堂"同社会的"大课堂"结合起来。学生们在"小课堂"里学到了知识，就鼓励他们到社会的"大课堂"上去应用。学在"小课堂"，用在"大课堂"，在这样的过程中，学生逐渐学会了应用。

为了避免语文学科孤军作战，我就主动向其他学科求援。借助其他学科，培养学生学以致用的能力。在植物课当中，学生学到了细胞液渗透的现象之后，我就让学生结合自己的生产实践写作文，"化肥上多了为什么会烧苗"。农村的孩子多半都随着家长参加劳动过，都施过化肥，化肥烧苗的现象经常出现。农民们缺少这方面的知识，不能做出科学的解答；学生们有了这方面的知识，但没想到用来研究这个问题。当让他们用细胞液渗透的知识对烧苗现象进行作文时，学生们在完成这篇作文的过程中就把知识同生产实践结合起来了，学的东西得到了应用。例如下面的一篇作文：

解开化肥烧苗的秘密

今天，我用学过的《植物》知识，解开了一个谜。

昨天，爸爸要我和他去给玉米施化肥。到地时，爸爸告诉我，施化肥要离玉米根远一些，不然会烧苗。我问爸爸化肥施近了为什么会烧苗？爸爸说离根近的缘故。我又问离根近了为啥就烧苗呢？爸爸不耐烦地回答说："我不明白。"

为啥化肥靠根近了就烧苗呢？我一边追肥一边想。这时，我突然想起了初一上学期在植物课上学的有关植物根的知识。玉米吸收土壤里的水分和养料，全靠根的根毛。根毛吸收养料和水分有个条件，周围水溶液的浓度必须比根毛细胞里的水溶液小。这样，根毛才能吸收土壤的养料和水，供玉米生长用。如果周围水溶液的浓度大于细胞的浓度时，根毛不但不吸水，反而要放水，这样根毛就不能工作了，玉米生长用的水分和养料的供应也就中断了，玉米苗也就被太阳晒干了，产生了烧苗现象。

为了证明这种想法，住工时，我拔了两棵玉米苗，分别放到两个玻璃瓶里，瓶里都装满了水。一个瓶里只放了一点化肥（约 2 克），一个瓶里放得多些（大约有60 克）。今天早上发现，瓶里放化肥少的玉米苗一点没蔫巴，放化肥多的玉米苗的叶都耷拉下来了，我的想法得到证明了。

我又想，怎样利用好化肥呢？第一应该少追、勤追；第二最好雨后追，因土壤水分大，化肥施进去马上会溶解，玉米根能很快吸收。由此看来，旱天追肥最不好。天旱，化肥施进去加大了土壤溶液浓度，容易造成根毛放水现象，使玉米烧苗。

作文中，学生用所学的知识科学地解释了化肥上多了烧苗的现象，进而推论出合理施肥的方法，并用实验进行了证明。这个学生把学的知识用了一次，回答了他爸爸弄不明白的问题，使他看到知识应用的价值，这对学生应用能力的形成，起到了正确引领作用。

我把这样的学习方式称之为"借用"，借用其他学科知识引领学生学以致用。他山之石，可以攻玉，琢玉成器，须借他山之石。这样的学习过程，也容易激活学生的探索精神和创造力。

学生在初三物理课学到了阿基米德浮力定律，我就给学生出了一道作文题，《阿基米德定律在生活中的新应用》，我点明题眼在"新"，所以课本上提到的都不准往里面写，当前生活中应用的也不准写进去，要写根据这一定律的设想或创造。这道作文题有 5 个学生完成得比较好，他们都是南围子的学生，南围子距离学校 12 里路，这几个学生早晨步行上学，其中有个叫闫兆东的，对另几个同学说，今天我妈让我买几袋盐回去，我背不动的时候，大家帮我背背。一个学生说你买盐干啥啊？另一个学生说一定是选稻种，又一个学生就说为啥用盐水选稻种呢？这些学生边走路边研究，后来得出结论，盐水比重大，能使瘪谷漂浮上来。有个学生说，这不就是阿基米德浮力定律的应用吗？可不可以写到作文里面？大家说不行，多少年来就用盐水选稻种，不符合题意要求的"新"。后来另一个学生又提出来一个问题，只要水比重大就能把稻种选出来，我们不用盐水可不可以呢？这几个学生就一路走一路讨论这个问题。放学之后闫兆东也没有买盐。这几个学生一到家，拿个水桶在园子里面撮了一锹土，把土放到水桶里面，在水桶里面装满了水，然后拿一个木头棒子在水桶里面搅，把水搅成了泥浆。一个学生拿着葫芦瓢在稻种袋子里面舀了一瓢稻种，往泥浆里一倒，成熟的稻子沉在桶底，瘪谷浮在泥浆上面，学生分别捞出来。然后找个罐头瓶子，罐头瓶子里面装满水，按照选稻种的比例往里面加盐，溶化之后，把在泥浆中选出的稻种放到罐头瓶子里，稻种沉在瓶底儿，再把浮在泥浆上面的瘪谷放到罐头瓶里，瘪谷浮在盐水上面。这几个学生一拍巴掌说，我们试验成功了，一股劲就把这一袋稻种选出来了。邻居们说，没想到用泥浆还能选稻种，省钱又省事，有好几户都这么做了。世上也许有过用泥浆选稻种的方法，但学生们不知道。可以说，这是学生运用阿基米德浮力定律的创造。布鲁纳说："发现不限于寻求人类未知晓的事物，确切地说，它包括用自己的头脑亲自获得知识的一切方法。"学生们有了"用"的意识，不仅能将理论与实践结合起来，也架起了知识和创造之间的桥梁。

学生把知识同生产实践结合起来，促使学生形成应用的能力，培养了科学探索精神；反过来，应用能力和科学探索精神又开阔了他们学习的领域，把他们的生产知识应用到语文学习上，促进了语文能力的提升。下面这篇作文的小作者，经常参加生产劳动，掌握了许多农药使用知识，他就利用这些农药知识，创造了《丁草胺请战》这篇小说。

农药军营灭草剂的大帐里，众将官团团围坐。正中坐着的是主帅农思它，左右两旁有大将敌稗、偏将西草净、小将丁草胺，还有聘请来的外国顾问团的几位将官。他们有美国上校禾大壮、日本大佐杀草丹、瑞士大尉排草净。这些将官正在议论军情，就听一声："报告！"一个传令兵走了进来。主帅农思它问道："什么事情？"传令兵道："稻苗使者求见，不知是否让它进来，请大帅定夺。"农思它道："快快请进。"不一会儿，传令兵便领着稻苗使者进了帐里。

稻苗使者紧走几步，满脸惊慌地来到农思它面前，深深鞠了一躬，开言说道："大帅，不——不好了。我们家族刚移居五六天，那些野草蟊贼便结阵向我们攻击，我们支——支持不住了，我家主人特派我向大帅来请求援兵。大帅快——快点发兵吧！"

未等农思它答话，就听一声霹雳般的大喝，猛将敌稗大步跨到农思它面前，请令道："大帅，野草如此猖狂，我敌稗愿领本部人马去杀它一场，教训教训这帮小子，请大帅发令。"说罢，伸手就要令箭。

"老将军慢来，杀鸡焉用宰牛刀，小将不才，愿替老将军出马！"敌稗回头一看，原来是小将丁草胺，立时来了火，大声叫道："怎么，你瞧不起我？我敌稗南征北战，东挡西杀，大小战阵中出生入死，何时退过半步！你初出茅庐，就敢轻视我！"丁草胺满脸带笑说道："老将军，非也。末将不敢和老将军相比，然而……""别说是你，你问问这些外国名将，我敌稗何时打过败仗？"敌稗不等丁草胺将话说完，便又大声喊起。禾大壮说道："敌稗将军威名远扬，我等十分佩服。"杀草丹也道："老将军是英雄虎将，谁人不知，谁人不晓啊。"敌稗听后，脸上露出得意的神色，又道："别说现在那些草籽没成什么气候，就是它们长成二叶三叶，在我敌稗面前又敢怎样？不信咱们比试比试！"说罢，就拔腰下的佩剑。丁草胺连连后退摇手道："老将军息怒，末将万死不敢与老将军比试。我是说，稻苗家族刚移居五六天，野草刚发芽，趁它羽翼未满之际，我正好去冲杀一阵。如果我有些闪失，那时再请老将军出马不迟。"丁草胺说到这里，敌稗的火气消了许多，但仍然坚持非去不可。这时瑞士大尉排草净拿着电子计算器，走上前来说道："老将军听我一言，您老出征，每亩地需支出军费 6.68 元；丁草胺去，每亩地只需付 1.62 元。现在稻苗家族刚移新居，经济困难，望您能考虑它们的实际情况，请将军三思啊！"稻苗使者也上前打拱道："敌稗将军，如果丁草胺将军出了闪失，那时我再来请您亲自出马。"

敌稗听了，对大家说道："诸位言之有理，丁草胺去也可，但我需考考丁草胺兵书战策运用如何。"丁草胺拱手道："老将军，请您赐教。"敌稗道："好，我考一考你。我问你出征选择什么日子？"丁草胺道："温度高，天气晴，最好是无风的日子，最忌的是阴雨之天。"敌稗又道："你懂得土攻水攻之法吗？"丁草胺不假思索地回答说："土攻水攻之法，我略知一二。所谓水攻，就是每亩加 100 斤水喷洒；所谓土攻，每亩配20公斤毒土撒施。不知所答对否？"敌稗哈哈大笑，挑起大拇指道："长江后浪推前浪，英雄还是少年人啊！丁草胺将军，今天老夫就把这个先锋官让给你啦！"

这时，就听农思它高叫："丁草胺听令！""末将在！"丁草胺大声回答。农思它手执令箭道："你今天出征，须注意两条：一、战事结束后，你的人马不许从池塘回来，以免误杀鱼类；二、交战时，不许伤人皮肤。如违令，定罚不饶！"丁草胺应声："得令！"接过令箭，立即集合本部人马，炮响三声之后，三军儿郎呐喊着向杂草阵地冲去。

这篇作文是这个学生根据农药说明书创作的，不但栩栩如生地塑造了丁草胺、敌稗两个人物形象，而且在这两个人物争当先锋官的争论过程中，把这两种农药的药性、药效、药价、使用方法、注意事项交代得清清楚楚。学生如果对这方面的知识不了解、不掌握，不可能写出这样的好作文。让学生把课本的知识应用到生产上，也要让学生把自己的生产知识应用到语文学习上。二者相互联系、相互作用、相辅相成，在这样的过程中，学生学会了学习，也学会了应用。列宁说过："没有年轻的一代的教育和生产劳动相结合，未来的社会理想是不能想象的：无论是脱离生产劳动的教学和教育，或是没有同时进行教学和教育的生产劳动，都不能达到现代技术水平和科学知识现状所需要的高度。"我的教学目的就在于此，通过语文教学对学生积极引导，培养学生学以致用的能力，启迪他们的灵性，为他们以后的发明创造打下起步的基础，使他们的聪明才智在建设祖国中能得到充分发挥。

七、杂交种的启示

——文理综合，培养人文与科学素养兼备的人才

社会在不断发展进步，对人才要求的标准越来越高。20世纪五六十年代，一个小学毕业生，在农村群众的眼里就是秀才。而现在，知识经济也进入了农村社会，对农村的人才提出了新的要求、新的标准。几十年前，我读过一篇文章，作者在这篇文章里预测，未来的农村社会，需要的是一专多能的复合型人才。复合型人才的

在田间指导学生学习

一个主要特点是具有知识复合、能力复合、思维复合等多方面的能力。现代生产劳动中所遇到的一些问题，并不是仅凭单一学科知识就能解决的，问题解决往往是各学科知识综合运用的结果。这方面的信息引起了我的注意，于是我在思考语文教学如何为培养复合型人才做出努力，并在这方面进行了有限的探索。1987 年，我向省里提交的阶段试验报告中有这么一段话："我们把初中开设的学科看成是一个综合性的大课本，语文学科就是这个大课本中的一个有机部分，或是其中的一个单元。以语文学科为龙头，与其他学科综合，以此来培养未来农村需要的复合型人才。"

中学各门课程之间，虽然学科不同、内容各异，但它们是普遍联系的，在某些方面是相互沟通、相互渗透、相互制约、相互影响的。如果我们认识到各学科之间的联系，不仅又开拓出语文教学新的天地，扩展了学生发展的空间，也有助于培养学生的探索精神、创新能力，有助于学生树立科学的人生观和世界观。然而，在片面追求升学率的情况下，各学科的老师只顾教自己的学科，拼命地往分数上用劲，很少想到各学科大联合，孤立地、静止地看待各个学科，这就有悖于辩证法，走向了形而上学。学生的课本放到一个书包里面，书本挨书本，就是老死不相往来，造成知识单一、能力单一、思维单一，很难达到复合的目标。

我把各学科看成是一个综合性的大课本后，对其他学科的看法也发生了改变。从语文学科角度看其他学科，数学、物理、化学等一些学科是说明文，历史是记叙文，政治课本基本上是议论文集。各学科的老师都在教语文，政治老师给学生讲的是议论文，历史老师讲的是记叙文，数、理、化老师讲的是说明文，音乐课是诗歌欣赏课，美术课是在培养学生的审美情趣。这样，语文学科与其他学科的综合就有了沟通融合的渠道，我的语文教学也就实现了"门户开放"，引导学生进入综合性学习（那时还没有综合性学习的提法）的境地。

为了实现这方面的设想，在对学生的语文能力训练的过程中，我经常综合其他学科的知识，完成语文教学的内容，达到自己追求的教学目的。

　　有的学生能写散文，甚至能创作诗歌，但不一定能把说明文写好。写说明文，学生首先要对所说明的事物有比较透彻的了解，才能写得清楚明白，所以，说明文的内容很不好确定。如果我们用综合的眼光来看待这个问题，就有了解决的办法。其他学科给我们的说明文教学提供了很多可以利用的作文材料，如物理、化学、生物等学科。例如，在初一时，我们训练学生写说明文，就拿一杯没发芽的稻种，先让学生复习植物课本中有关种子发芽的知识，结合没发芽的稻种，让学生探求原因，最后形成作文。这样，学生作文就顺利了。到了初三，我们让学生综合物理、化学、生物等学科知识写科学小论文，"怎样改造我村的涝洼地"，学生就将这几门学科的知识综合起来破解这个问题。我们这样做，既提高了学生的语文能力，又应用了其他学科的知识，两方面都得到了益处。下面所举的例文《保温瓶的自述》，就是利用学过的物理知识写成的。

　　我叫保温瓶，俗名叫"暖瓶"。提起我来，大家再熟悉不过了。我有一种特殊本事，可以使热水长时间不凉，使凉水长时间不热。人们生活离不开我，可是，你们可知道我的本事是怎么形成的吗？如果你到了初三，在物理课中学完了热学这一章，你就不会对我的本事感到惊讶了。

　　我主要是善于防止热传递。

　　热传递有三支人马，分别是传导、对流和辐射。对付它们，我自有招法。为了防止热传导，我的身子是用玻璃制成的，瓶口的塞是软木制的。有人要问，身子为啥不用铝或者铁，那有多结实呀。原来，软木和玻璃是热的不良导体，这样就使我体内的热难于散发出去，外面的热也难于进到我的体内。如果改成铝或铁，结实是结实了，然而体内的热很快就会传导出去，外面的热也很快传导进来，因为铝和铁是热的良导体。我就凭着这一招，击败了热传导向我的进攻。

　　要问我是怎样对付热对流的，请看我的身体吧。我的玻璃身子是双层的，并且夹层间的空气大部分被抽出去，几乎接近真空。对流是靠空气或液体的流动来传热的，它没有空气凭借，这个热怎能"流"出去呢？

　　对于辐射，我也自有办法。我的双层身体都是银色的，辐射来的热，不管是外部的还是内部的，一碰到银色，立即被反射回去，弄得它们只是忙忙乱乱地循环往复，然而却没有丝毫办法。

　　我之所以保温，就是有效地防止了热传递这三种现象，现在我说出来，你们也就不会感到奇怪了吧。我希望同学们能学好科学知识，不断地改进我，使我能更好地为大家服务。

　　我的目的不在于这个学生应用物理知识写出一篇作文来，而是要学生们在这样的学习过程中，形成综合的意识，一次，我给学生出了一道作文题，"为什么今年玉米空穗多"。空穗的玉米就是瞎玉米，只结棒不结粒，或者结粒少。我领着学生到玉米地里调查完后，回来就让他们写，学生们写不出来，急得抓耳挠腮，满头大汗。我对他们说，这篇作文很好写，为什么写不出来呀？一个学生说："老师，玉米为什么空穗，我们不知道，你叫我们怎么写？"我说："你们学过这方面的知识，该用的时候为什么不用啊？"学生说，我们啥时候学玉米空穗了？我就让学生翻开植物课本，找到作物传粉那一节，我说：你们把这一节的内容读一读，大家在一起研究研究，看能不能解决这个问题。学生们一边读着一边研究讨论，根据植物授粉所需要的条件，找到了玉米空穗的原因：在玉米授粉那段时间里，连绵阴雨，温度又低，影响了玉米授粉。再加上中间又刮了几场大风，把玉米刮倒了，结果，玉米蓼上的花粉，大部分落在地上，影响了授粉。学生们弄清了这个问题，把作文写出来了。有一个学生说，开始觉得难，把作物传粉的知识用上，也就没啥难的了。我接着他的话说："今天这篇作文，如果大家不把语文知识同植物传粉知识结合起来，你就写不出来这篇作文来。以后，你们遇到难题该怎么办？"在我的引导下，学生们得出了这样的结论：把知识综合起来应用，难的问题就变得容易了，复杂的问题就变得简单了。还有的学生说，学习不能偏科，文科理科都重要，都要努力学。还有的学生说，不能只学会一种本领，要尽量多学会几种本领。学生有了这样的意识，我的目的达到了。

　　在语文教学过程中，结合学生的生活进行跨学科、跨领域的综合学习，有利于学生创造性思维的培养。有一次我给学生讲李白的《将进酒》，当讲到"黄河之水天上来"的时候，我说，贺敬之在《三门峡歌》里说："责令李白改诗句，黄河之水手中来"，把"天上来"改成"手中来"，虽然只改了两字，就展现出了劳动人民改天换地的那种豪迈的英雄气概。我说我把这句诗改一个字，同学们想办法把它变成合理的想象，以此显示我们的创造精神。我把它改成"黄河之水天上去"。有一个学生写出这么一篇作文。说若干年后，银河系游来了一颗星星，这个星星的吸引力大于地球，所以地上的一些东西就往天上去了，水就不往低处流，而往天上流，因为上面有个星球在吸引着它。有个学生接着这个学生的作文往下写，他说，那样，扫除可方便了，只要把垃圾装到撮子里面，到门外往天上一扬，都吸到天上去了，据此他设想人类可以在天上建一个垃圾站，这样，地球环境卫生的问题就解决了。学生想的看起来很荒唐，但这并不是瞎编滥造，在这个大胆想象中，他们学会了综合学习，也许就在这样的思考过程中，在他们的头脑中播下了未来创造的种子。

　　语文教学中，涉及的知识是方方面面的，这就为综合学习提供了有利条件。比如，《宇宙里有些什么》这篇说明文，涉及了一些天体知识，这些知识学生在地理课本中已经学过，然而学生在语文课堂上学习这篇课文时，不一定想到应用这些知识解决语文学习中的问题。因此，我在讲这篇课文之前，先布置学生复习地理课本中的有关章节。这样，学生学习这篇课文时，教师就免去了许多天体知识的介绍，对课文中的一些术语也就不用解释了。在学《石壕吏》这首古诗时，我让学生先复习历史课本中有关安史之乱的内容，这不但省去了背景介绍，而且学生也能把这首诗歌放到一定的历史环境中加深理解。再如，对某些课文的学习，经常借助其他课本中的一些观点、内容。在学习马克·吐温《竞选州长》这篇小说时，如果不了解一点资本主义社会的自由竞选，学生就不会感受到作者夸张讽刺手法的艺术力量和魅力。如果向学生介绍这方面的知识，三言两语说不清，道不明；如果详细介绍，又占用了大量的时间。在初二政治课本《社会发展简史》中，就有两节这方面的内容：资产阶级的民主政治、资本主义的自由竞选，政治教师还给学生讲过。所以，我在指导学生学习这篇课文的时候，让学生把政治课本中的这两节内容同这篇课文互相参照阅读。从语文学习的角度看，政治课本中的这两个章节是这篇小说的注释；从政治课的角度看，《竞选州长》是这两个章节形象化的例证。对于学生的学习方法，也有时借助其他学科的知识来指导学生。初中课本里，选取了不少古今中外的文学作品。用怎样的态度对待这些作品，学生的思想中也纷乱不清，有的认为一切都好，有的认为没用。初三政治课本中已经说得清清楚楚："古为今用，洋为中用"，"弃其糟粕，取其精华"，每当学习这些作品时，我们就指导学生用政治课本中的这个观点来对待我国古代文化遗产和外国文化。这样，不仅端正了学生的学习态度，同时也提高了他们对继承和批判的认识。这样学习，把学生语文学习的眼光引向了语文课本之外，引向了语文学科之外。如果他们在以后的生活中，遇到一个需要解决的难题，单靠一门学科知识解决不了，这时，他能在其他学科知识中寻求到解决问题的思路、方法，或者能综合各方面的知识来解决这个问题，这就是我所努力追求的。

综合性学习，淡化了学科之间的界限，不仅使学生将所学的知识融会贯通，在学习方法上也能相互借鉴。有个学生的作文，写得内容混乱、层次不清，我给她指出错误后，她就问我，用数学合并同类项的方法来修改可不可以。看，学生的思路开阔了，竟然想到了用数学方法来解决语文学习中的问题了。

一提到跨学科领域的综合教学，我就想到农业生产利用杂交优势培养良种的事情。农作物远缘杂交，利用各自优势培育出高产的优良品种。语文学科同理科综合，就可以将语文人文性的优势与理科的科学性优势综合起来，造就出人文素养与科学素养兼备的一代创造性人才，这也许是荒唐的解释吧。

再者，开发课程资源，有些人是"灯下黑"，各学科相互依托，互为资源的关系看不到，却舍近求远，如果我们教师有这样的综合意识，对改进我们的教学，提高课堂效率会有多么大的帮助啊！

以上所说，只限于本人在语文学科上的有限探索，还是一厢情愿。我想，如果我们各学科的老师都往这方面想，都往这方面去努力，都去主动综合，那么，我们学生的素质又会得到怎样的提高啊！

八、用辩证法引领学生的学习、生活

教师教学，教的是思想，也就是说要用一定的思想指导教学。学生的学习，也应该以一定的思想为指导，指导自己的学习、生活。我在农村语文教学改革当中，一方面，努力用马列主义哲学思想指导教学方法改革；另一方面，努力在教学过程中将辩证法传给学生，让学生学会用辩证的观点观察、分析、判断，从中学会学习、学会生活、学会做人，这是我努力的一个方向。

1. 用辩证法引导学生学习

我在指导学生学习初一第二册小说单元时，给学生出了一个难题，要他们在课文中选择一个人物，进行人物性格分析。有的老师也认为这道题超出了初中一年级学生的能力水平，难度太大，根本做不来。可事实呢？学生们写出来的人物形象分析令那些为之摇头的老师感到惊奇。他们为了证明我不是作假，在初二课本中选了一篇小说，再让学生选择一个人物进行形象分析，结果他们读了学生的文章后不得不相信是事实，但他们又觉得不可思议。

为什么大家认为办不到的事情学生办到了呢？请读读下面学生的日记就清楚了。

现象·本质

老师曾给我们讲过现象和本质的关系，这使我知道了：本质决定着现象，什么样的本质就可以产生什么样的现象。因此，我们要透过现象去看本质。我想：如果我们用这个观点来指导我们学习语文，那么，我们就掌握了自学的方法了。

课文中的一些写人的文章，写他们的言和行这些现象，就是为了表现这些人物的思想本质。因此，我们要通过这些现象去分析人物的性格（本质）。如《梁生宝买稻种》一文，写梁生宝"头上顶着麻袋，背上披着麻袋，一只胳膊挟着用麻袋包着的被窝卷"。写梁生宝在面铺付钱的动作，写他在火车站找铺位的细节有什么作用呢？这样就是为了表现梁生宝的勤俭节约、艰苦奋斗的思想本质的。再如《分马》中的郭全海，因为他具有大公无私、舍己为人的思想品质，所以他才"对自己的事总是随随便便，常常觉得这个好，那个也不赖"。老孙头的"'玉石眼'一溜烟似的跑了"，他不顾自己的青骒马有驹子，牵出来去追老孙头的"玉石眼"。因此，我们在读课文时要明白，现象是为本质服务的。我们要通过现象去分析人物的思想品质。

也有的课文是通过假象表现人物的思想品质的。如《我的老师》一文，为了表现蔡芸芝老师对学生的爱，作者写她打"我"的动作，用了"轻轻""敲"等词。通过这几个现象，不就表现了蔡老师对学生的理解和爱护了吗？再如《分马》中老孙头打马的动作，"跑到柴垛边，抽根棒子，棒子举到半空，却扔在地上"。这都生动表现了老孙头对马的爱，从反面写人的假象，有时比用真相表现的艺术效果更好。

把握住现象和本质的关系，不但可以使我们深入的理解课文，也可以指导我们去写作文。我们写记人的作文，要先把握住人的思想本质，然后再写由他们的本质表现出来的现象。这样，我们就不会把一个大公无私、舍己为人的人写成一个为了个人私利去谋财害命的人了；也不会把一个吝啬的人写成为别人慷慨解囊的人。

分析文章要透过现象去分析人物的思想品质，写文章要把握住人物的思想本质去写由本质产生的现象。我们要把这种方法用到读和写上，还要把这种方法用到对社会上的事物观察上，要透过现象看本质，要透过现象去认识社会。

开始，学生也不会写，不知道怎么写。就在他们感到无从下笔的时候，我教给学生一个招法，结合一篇课文讲了哲学中的"现象与本质"的关系。告诉学生，人物的性格就是人物的本质，对人物的语言行动等方面的一些描写，就是现象。本质决定现象，现象又反映本质。学生们明白了这个关系后，我让学生讨论：怎样运用现象与本质的关系在阅读中把握人物的性格？学生得出这样的结论，阅读时要透过人物的现象分析人物的思想本质。阅读是这样，那么我们在作文时该怎样去描写人物呢？学生们运用逆向推理得出结论：作文时，要把握住人物的思想本质，去写由其本质应该产生的现象。

学生们把握了现象与本质的关系，有了这方面的思维，有了这方面的视角，也就有了透过现象提取事物本质的能力，写出人物形象分析也就不是什么怪事了。

哲学是一门给人智慧、使人聪明的大学问。有人主张教给学生学习的方法，学生掌握了学习方法，就等于把打开科学宝库大门的钥匙交给了学生。把钥匙交给学生，为何不把铸造钥匙的方法也交给学生呢？铸造钥匙的方法就是哲学。学生有了这方面的能力，随处都可以"芝麻开门"。通过上面学生的日记就可以看出，学生掌握了现象与本质的关系后，获得了两把钥匙：一把阅读的钥匙，一把作文的钥匙。这还是初试锋芒，随着他们对这方面知识的积累，能力不断提升，相信他们会造出无数把各种各样的钥匙。

2. 用辩证法引导学生认识生活

用辩证法思想引导学生，不能简单地局限在语文学习的技能上、方法上，应在潜移默化中引导学生用辩证的眼光去观察生活，透视生活中的现象，发现事物的本质，做出合理的推论和判断。请看下面的一则学生日记：

在好事的背后

我们班真有那么多小雷锋吗？这个问号一直在我的脑际萦绕着。

昨天放学后，炉子坏了（被人毁坏的）。今天下午，有几位"雷锋"给班里修炉子了。这件事在老师看来，倒是件很好的事。但是，刚修炉子时又是怎样的一番情景呢？

"哎，要我一个行不行?"一个同学问。

"不要你，都这么多人了。"

"算我一个中不中?"又一个同学问。

"来吧，早就把你算上了。"又一位"雷锋"参加了。除了两个人去打水外，炉子周围已经有八九个人了。

一位"雷锋"说："××，你也参加吧。"那个同学回答道："我不参加了，都那么多人了。"那个不参加的同学是不愿做"雷锋"吗? 前面提到的同学都是以雷锋的思想参加劳动吗? 请看修完炉子以后的情景吧。

"班长，记我了吗?"

"班长，记我了吗?"一个同学刚说完，又一个同学吵着问起来。

"记了记了，你们别吵吵行不行! 我全都给你们记上了!"班长不耐烦地说。这句话满足了那些小"雷锋"的欲望，他们都满足地坐到了自己的座位上。

这能算是学雷锋吗? 他们修炉子的主要目的是为了同学们吗? 这种现象不仅发生在我们班、我们学校，也常出现在社会上。

今年，松花江发大水，我们这受了灾。干部一方面组织群众修大壕，一方面组织群众生产自救，忙得不可开交。我们社有一个人，主动帮干部的忙，可是他这个忙可不白帮啊。今天帮填个表，就能多记几个义务工;明天帮算点账，就能多背家几袋救灾土豆。这样的人啊，嘴上说是"帮忙"，可心里却有自己的小算盘。

看来，好事背后还大有文章呢!

应该说，日记中记叙的事情是学生生活中的一件寻常小事。一般的学生看到的是表面现象，不以为然;而这个学生却从中"透视"出本质的东西，进行了严肃地思考。为什么她的眼光就具有"穿透力"，其根源就在于这个学生掌握了现象与本质的关系后，由学习迁移到生活，因而就具有了超乎寻常的见解。初中学习阶段正是学生世界观逐渐形成的时期，我们及时给他们的头脑里注入马列主义哲学思想，对学生来说，将是终身受益的。

3. 用辩证法引导学生通过课文透视社会

一定的文学作品是一定的社会生活反映。学生掌握了现象与本质的关系，可以利用教材所选的文学作品为"窗口"透视当时的社会。这样做，不但使学生对作品加深了理解，锻炼了他们的思维能力，学到了分析问题的方法，而且还通过这一扇扇"窗口"看到了他们未曾经历过的社会，扩大了学生的视野，也引起他们思想感情发生变化。

学生们生活在新社会，成长在幸福的环境里，对旧社会的阶级压迫和人们的苦难生活几乎是一无所知。大多数的学生都把课文《白毛女》当作故事去听、去读、去看，从来没有想到产生"白毛女"的那个社会。当学生们认识到文学作品与社会生活的关系是现象与本质的关系后，有个学生在日记里写了这样的读后感：

不能把《白毛女》只是当作故事来读，不能把杨白劳和黄世仁之间的矛盾看成是个人的恩怨。他们之间的关系，是阶级关系。黄世仁是地主阶级的典型代表，他们打着积德行善的幌子，干着欺压劳苦大众的勾当。穆仁智说："县长和咱们的少东家是朋友，这就是衙门口。"这句话充分说明了地主阶级与官府的勾结。劳动人民生活在那样的社会里，哪里有申冤说理的地方啊！这也使我想起了课文《葫芦僧判断葫芦案》中的"护官符"。杨白劳的悲剧命运，是那个社会制度给决定了的。我如果也生活在那个社会，那么我的命运是杨白劳，还是喜儿呢？

从这则日记里可以看出来，这个学生已经突破以往单纯的语文学习，而是把《白毛女》放到社会制度这个大背景下来思索了。尽管他们的看法还比较幼稚，还比较肤浅，但他们看问题的角度，研究问题的方法还是值得肯定的。

有相当一部分学生对资本主义所说的民主制度、自由竞选缺少正确的认识，我在讲马克·吐温小说《竞选州长》的时候，利用现象和本质的关系，以这篇小说为"窗口"，让学生了解高度文明的资本主义大国美国的所谓民主政治、自由竞选。学生们从这篇小说所描写的闹剧中，看到了资产阶级竞选的实质。资本主义社会赖以遮丑的遮羞布，在学生的眼中剥落了，他们辨别真伪的能力也随之提高了。

学生们具备了"透视"能力之后，回过头来重读《捕蛇者说》《卖炭翁》《石壕吏》，他们的学习就不像以前那样简单地停留在语言文字层面，而是透过这个层面深入到作品产生的时代，把作品放到当时社会大背景上来考虑。这样，他们对作品的理解和以前比，就比较全面、深刻了，这又促进了学生的语文学习。

4. 用辩证法引导学生自我教育

用哲学思想指导学生的学习，也要指导学生以此为"武器"进行自我教育。课

本对学生的学习、成长的影响是不可估量的，从语文课本中所选的教材来看，很多篇章都闪烁着哲人的睿智、人生的道理，我们教学的过程中，应给以哲学的解读，更好地发挥课本的影响作用。比如在《俭以养德》一课中，我结合课文阐释了量变到质变的道理，引导学生用这个观点进行自我教育，课后学生写出了下面两篇作文。

这件事小吗

　　早晨，我去上学，刚走到校门口，只见一个初三的同学，将一个饭团扔到操场中间，便若无其事地向供销社走去，嘴里还嘟囔着，"这臭饭，真难吃……"

　　我的心一沉，唉！怎么这样不珍惜父母脸朝黄土背朝天的劳动成果。我曾经在一本资料上看到过：一个人一日三餐少浪费一粒粮食，全国一年就节约3240万斤粮食，可供9万人吃一年。如果我们这样节约10年，该节约多少粮食啊！我们这里受了水灾，吃的用的都很紧张，这就更需要我们要节约每一粒粮食。即使富裕了，也不能浪费啊！因为艰苦朴素、勤俭节约，是我们中华民族的优良传统。我们敬爱的周总理，虽身为亿万人民的总理，但生活仍很朴素。他的睡衣补了又补，一双皮鞋修了又修，总理给我们树立了多好的榜样啊！作为90年代的青年人。我们不但要继承和发扬老前辈艰苦朴素的精神，更要保持劳动人民的本色——勤俭节约。记得有一次，我将吃剩下的一块面包扔在地上，在一旁的父亲马上把面包捡起来，用手抠去粘在面包上的泥土，吹了吹上面的灰尘，放在柜橱里。吃晚饭时，我看见父亲拿出那块面包，有滋有味地吃着。他边吃边说："小东啊，这面包来之不易，可不能随便浪费啊！"短短的几句话，像一记记重锤敲在我心上，至今还时常在我耳边回响。

　　看着脚下的饭团，一个大大的问号闪现在眼前，他扔的仅仅是一个饭团吗？

从烟头到火灾

　　今年秋天我们家在打稻子时，走过来一个小青年。嘴里叼着烟卷，当烟抽没时，他随手把烟头扔到地上。这时一个人说："你咋不看场地，就乱扔烟头，万一失火怎么办？"听了这话，那个扔烟头的人好像很不服气，斜着眼睛瞅瞅说他的人，便若无其事地走了。望着这个人的背影，使我想起了去年我们屯由烟头引起的一场火灾。在一个漆黑的夜晚，当人们正熟睡的时候，忽然一声惊呼："失火了！"这一声叫喊把我从梦中惊醒，到外边一看，原来是吴家失火了。只见浓烟滚滚，火蛇飞舞，风借火势，火助风威，越烧越旺。有人忙给消防队打电话，消防车及时赶到，才把大火扑灭。一个小小的烟头，险些造成一场火灾。

1987年大兴安岭的火灾，就是由小火引起的。那次大火给国家和人民造成了不可估量的损失。茫茫兴安岭，莽莽原始森林，无边绿色成焦炭，不尽宝藏成灰烬，多么惨痛的教训啊！

痛定思痛，我们应该思考些什么呢？在我们的实际生活中，如果对一个小火头不注意，就可能造成大的火灾，星星之火可以燎原啊！进一步去想，如果一个人不严格要求自己，容忍自己的小错误，那早晚要酿成大错误。我在一本杂志上读过一个叫《从车铃到手铐》的故事。故事里说，一个叫张宝贝的，小时候偷了一个车铃，长大以后，又去偷钱，结果被捕了。当他戴上手铐的时候，才悔恨当初不应该偷车铃，可已经晚了。

由小引大这类事，在我们的周围还是屡见不鲜的。由此可见，要防止大火，必须慎防星星之火；一个人要健康成长，必须要防微杜渐，在小事上严格要求自己。

在延安宝塔山

　　两篇作文，一个谈传统美德继承，一个谈修身防微杜渐。两个学生都在进行自我教育。他们认识问题的思路，都遵循着"量变到质变"这一哲学规律。如何正确对待人生，正确选择人生价值取向，量变到质变这一哲学规律在他们的思想上产生了作用。

　　对于一些课文，我们要用哲学的眼光挖掘出有利于学生成长的积极因素。《冯婉贞》《林则徐》等课文展示了我国人民反抗帝国主义侵略的波澜壮阔的画卷。面对这幅幅历史画卷，引导学生们思考旧中国软弱落后的原因，激起他们的爱国主义的豪情壮志。学了《七根火柴》《老山界》，就要把学生带到长征路上，面对这条路，让学生们领略到革命前辈创业的艰难，感到今天的幸福来之不易，就会使他们意识到自己所肩负的重任。学生们有了自我教育的意识，在《挺进报》中，面对一个个忠贞不渝、视死如归的革命者，他们的内心世界怎会不得到净化，受到洗礼？他们也自然会从《藤野先生》《地质之光》的文章中去思考自己未来的人生之路；会从《岳阳楼记》中接过来"先天下之忧而忧，后天下之乐而乐"的宝贵精神财富。学生在语文学习的过程中，潜移默化地受到高尚思想的熏陶和教育，语文教学的人文性自然就找到了落脚点。

　　哲学——智慧之学，让哲学来引领我们的语文教育，引领学生的学习，引领学生的人生吧！

　　以上所说，仅限于个人的探索，请大家批评。

九、让学生的头脑灵活起来

——对学生思维训练的实践探索

请先阅读下面学生的两篇作文。

说"猪"

　　有人常用这样一句话来说猪："记吃不记打。"的确，猪有这么个特点。它偷吃了人家的东西，人家打它，它溜之大吉。等人家走了，便又想起了人家东西的香味，忘掉了挨打的痛苦，便又情不自禁地去偷吃。就这样，人家打了它一遍又一遍，可它呢？打疼了就跑，跑了再来。它从不记挨打的滋味，只记住食物的香味，所以人们常用猪来比喻那些没脸没皮、不知羞耻的人。

　　社会上也有一类人和猪相似，那就是小偷。他们整天在集市上乱逛，专干偷摸拐骗的事。人们抓住他，他又下决心，又对天发誓，哭得鼻涕一把泪一把，保证今后不再干那营生了。可是从派出所一放出来，他的决心就下在脚后跟了，看见人家的好东西便又来了瘾。就这样，他们一次次被抓，一次次下保证，一次次再犯。那才是：硬让脸受热，身受苦，不丢偷摸这营生。

　　难道他们不像猪吗？简直是一头蠢猪。

<h3 align="center">我也说"猪"</h3>

　　今天，我读了马永丰同学的作文《说"猪"》，读后很有一点感想。马永丰同学在他那篇文章中，把猪"记吃不记打"的特点作为一种恶习来批评，说得一无是处，我和他的意见略有不同。

　　猪由小到大，由瘦变肥，就是靠"记吃不记打"的性格成长起来的。不管你是打它，还是骂它；不管你拿的是大棒子，还是举起一把雪亮的钢刀，它都毫不在乎。你打你的，你骂你的，而猪呢？却是我吃我的。在它的心中，只要能吃到有利于自己成长、发展的好东西，哪怕只是一点点，它也敢冒棒打刀砍的危险；至于骂么，那更是小菜一碟了。

　　从猪的这个性格上我们能借鉴点什么呢？我们现在，迫切地需要掌握知识。我们有了知识，才能有力量、有本领，才能实现将来建设社会主义新农村的宏伟理想。知识就是我们学生的食粮，就是我们现在急需要吃的好"东西"。在"吃"知识这方面上，我们真得脸憨皮厚、不耻下问。老师不是给我们讲过"程门立雪"的故事吗？据说孔老夫子还曾把一个小孩子当作老师呢。前几天，我看了一本小人书，名叫《偷拳》。故事中的主人公杨露蝉，他为了学会陈家太极拳，甘当奴仆，装哑巴，他"吃"知识脸憨皮厚的精神，可真让人佩服。只要能获取知识，把知识"吃"进来，我们就可以把一切置之度外。不能怕打，不能怕骂，不能怕人家挖苦，也不能怕别人的讽刺和讥笑。总之，我们只要能"吃"知识，就要什么都不怕。只有这样，才能不断地充实自己、发展自己、壮大自己，才能使自己装知识的肚子大起来，成为一个有本领的人。不然的话，有知识也"吃"不进去，就会成为一个瘦得干干巴巴的可怜的人。咱们班有个同学，有了疑难从来不请教老师和同学，结果，成绩是一天不如一天。有一次我问他："你有不会的题，不懂的地方为啥不问老师，不问同学呢？"可他却是怎样回答的呢？他说："问人家那多不好意思，万一人家不愿意，说你两句，那你的脸往哪放呢？"这个同学，说得刻薄一点，他真没有猪想得开。

在我们的心中，要牢牢记住"知识"二字，为了"吃"知识，我们要敢豁得出去。我写这篇作文，并不是鼓吹大家要成为脸憨皮厚、不知羞耻的人，然而我确实认为，在猪"记吃不记打"的性格上，也有我们值得借鉴的地方。这几天，老师不是在训练我们的求异思维能力吗？因此，写了这么一篇作文，和马永丰同学唱唱"对台戏"。

这两个学生写的都是猪，写的又都是"记吃不记打"的性格。前一个学生批，后一个学生赞；一褒一贬，针锋相对，各说各的理，又都能自圆其说。这两个学生是在故意唱"对台戏"，用这种形式有意识地训练自己的思维。

在农村，常常会听到人们对一些人的评论，说某个人是"死脑瓜""脑袋少根弦""缺心眼""钻死胡同"。而这些被评论的人有一个共同特点，解决问题方法单一，如果他的招法失灵了，就束手无策，也想不出其他的办法。干啥都不敢迈大步，比如种地，有了新的技术不敢用，他要等着别人用了后自己才用。对一些问题，很少有自己的主见，常常是人说东随东，人说西随西。自己本来做对了，但有人说错了，他也以为自己真的错了。思想上保守，不敢越雷池半步，老老实实按着祖宗的规矩办事。由此我想到学生，有的学生在学校中的表现和这些人很类似，如果再发展下去，那又是多么令人担忧啊！

这种现象形成的原因很多，但有一点不可排除，思维存在着问题。为了让学生在学习中掌握思维方式方法，促使他们良好的思维品质形成，提高思维活动的水平，我在语文教学过程中加强了对学生求异、求同思维训练。

1. 求异思维训练方法

（1）诱发求异。多数学生迷信老师、迷信课本，对自己正确的东西不敢坚持，常常是轻易地否认自己。对这样的学生要进行求异思维训练，培养他们的胆识，激发他们求异思维的兴趣，增强他们的自信力。为了达到这种目的，我在教学的特定场合和相关的训练中，有时故意讲错，让学生挑出老师的毛病，然后我和他辩论，最后学生胜利，从而破除学生对老师的迷信，为学生以后创造性思维的发展"垫底"

"壮胆"。此法不可多用，仅限于诱发求异训练之始。

（2）吹毛求疵。对名家名篇让学生鸡蛋里挑骨头，目的是破除学生对名家的迷信，让学生敢于坚持自己的正确见解，敢于"鸡蛋里挑骨头"。如有的学生读了杨朔的散文后说："杨朔看日出看不见，看红叶看不见，看海市仍然看不见，三篇文章都这样写，这不是落入自己的俗套子中了吗?"学生这番话说得不无道理。这样的训练，可以培养学生大胆怀疑精神、创新精神。

（3）评头品足。对一篇文学作品，让学生改换文章的开头结尾。如有的学生读了杨朔的《荔枝蜜》后，给结尾加上了这样一句话："不，很多人都变成了小蜜蜂。"这样一改，学生们议论纷纷，有的人认为，这样改类似佛头着粪、画蛇添足。但这个学生却坚持说："杨朔的结尾只表明自己受到蜜蜂精神感染，他也要像蜜蜂那样做一个甘愿奉献的人。改了之后，由他一个人而变成多数人，表明大家都希望自己成为一个无私奉献的人。"这样的讨论，表明了学生思维的不同方向和深入情况。

（4）重新构思。学生们学了一篇文章后，让学生这样想："如果我占有这些材料，对这篇文章该怎样去组材、构思。"如学生学了鲁迅先生的《藤野先生》之后，出了这样的题让学生思考："如果以表现鲁迅先生爱国主义思想，以"我以我血荐轩辕"为题作文，哪些材料应该舍去，哪些材料应该略写，哪些材料要进一步展开写；如果主题表现鲁迅与藤野先生的友谊，哪些材料要删掉，哪些材料要略写，哪些材料要展开。"

（5）反求立意。学过某篇课文后，让学生作一篇与其立意相反的作文。如学生们学了刘基的《卖柑者言》之后，有个学生写了一篇名为《人不可貌相》的作文，与《卖柑者言》的立意正好相反，通过一个糙皮萝卜，赞扬了外表丑陋而内心美的人。

人不可貌相

初中语文第四册中有一篇古文——《卖柑者言》，讲述的是一个善于贮藏水果的人，他保存的柑子内里枯若败絮，外部却金质玉色，这就是成语"金玉其外，败絮其中"的由来。

我今天遇到一个与其相反的事。这是由一个萝卜引起的，这个萝卜给我一种外丑内美的印象。

晚上放学回家，看到一堆红红绿绿的萝卜，顺手抓起一个，见外表很难看，马上又扔下了。弟弟把它拾起来，洗净后切成片，指着那布满坑坑包包、沟沟道道的萝卜说："别看不好看，可好吃。"我不能置信，满腹狐疑地拿起一块，轻轻地咬一口，呀！真凉，凉中带着甜意，吃着舒服极了。我大口啃完一块，又抄起一大块，迫不及待地吃起来，感到全身都充满了甜意。

我喜欢吃萝卜，以前净挑样子好的吃，然而万没想到这个外表看来不起眼的萝卜却这么好吃。在满是凉甜的意识中，我想起了《卖柑者言》一文，把这个萝卜同那柑子比，却截然相反。

卖柑者以柑喻人，讽刺那些外强中干的官僚们。如果以萝卜喻人，那又是些什么人的形象呢？《三国演义》中的庞统庞士元，长相奇丑，但才华过人，号称"凤雏"，与"卧龙"诸葛亮齐名。他曾巧使连环计，使周瑜大败曹操。妇孺皆知的诸葛亮，是一个神仙般的人物。他辅佐刘备，以四川为根据地，建立了蜀汉政权，夺得三分天下。在他的伟大事业中，据说有不小一部分得力于他的妻子黄阿丑。黄阿丑长得丑陋不堪，但她的才学与诸葛亮却在伯仲之间，堪称女中俊杰。再如我们村里的李老倌，是全村有名的丑汉，但他却有一副好手艺。谁家的炉子不好烧，哪家的烟囱不冒烟，只要他到，马上手到病除。村里的人都说他好，并不感到他丑。

有位名人说过："人的美不在外表而在于心灵。"糙皮萝卜，外不美而内甘；丑陋人，貌不扬而内秀，这两者是多么的和谐呀！

内心美的人，愿他多起来吧。

希望大家不要以貌取人，"人不可貌相"这话是有一定道理的。

（6）一题多解。一个问题让学生从多角度、多方面去思考理解，允许有不同的答案同时并存。如《伤仲永（节选）》一文的主题，多数学生都认为是强调后天学习的重要性，《教参》也是这样的倾向。有的学生则认为此文的目的是批判仲永的父亲"利其然"，"不使学"，由于仲永父亲目光短浅，造成仲永"泯为众人"的悲剧。这两种理解都有自己的道理，类似这样的答案可以并存。再如，学生们学习了《渔夫的故事》后，让学生再想出几种制服魔鬼的方法。学生对同一事物从不同角度思考，就会有不同的看法，得出不同的结论，体现出不同的意义。课堂教学中，教师可以针对某一问题提出多种解答思路，然后引导学生从不同角度去思考、去理解，也可有意让学生标新立异。这样的训练，对思维单一、"抱着一条道跑到黑"的学生尤为必要。

(7) 唱对台戏。开头引用的两篇作文，就是在这种训练形式中出现的。这样的思维训练形式不仅用于学生的作文中，也可以和课文的作者、作家唱一唱"对台戏"，如前边所引的学生作文《人不可貌相》。有些学生在学习中，思维往往形成定式，思路不开阔，解决问题方法单一，这就需要加强这方面的训练。

2. 求同思维训练

(1) 推想下文。让学生根据文章的前半部分推想后半部分怎么写。如学习《松树的风格》一文时，先让学生阅读前半部分，然后指导学生概括出松树的风格，再出这样的题让学生思考：如果你以松树风格为象征体，歌颂具有共产主义风格的人，你怎样去写这篇文章的后半部分？当学生说出自己的思路时，再让学生阅读课文的后半部分。有时，学生看了电视剧前一集，让学生推想后一集。

(2) 类推事理。枚举生活中的小事，让学生依此说理。如，我们经常出这样的题：要小树成材，不但要施肥浇水，而且还要经常修枝打杈，你从中得到怎样的启发？有的学生依此类推：学生成才，不但要掌握知识，锻炼能力，而且还要经常去掉影响自己成长的枝杈——缺点和错误。有个学生运用这种思维方法，由肠胃的消化不良，类推学习中的"消化不良"，从中得到如何学习的感悟。

由胃疼想到的

"哎呀，妈——，我的胃咋这么疼啊！"我捂着刀绞一样疼的胃，问妈妈。妈妈说："该！谁让你平时吃饭忙忙叨叨的，都不细点嚼，什么滋味都没吃出来就咽下去了。"妈妈说完出去了。我听了妈妈的话心里真不是滋味，这个恨呀。恨谁呢？恨胃？不是，是恨我自己平时吃饭为什么不细点嚼，唉，胃疼的滋味真难受啊，要知现在，平时注意就好了。妈妈给了我一点苏打粉，喝下去，稍微好了一点。我趴在炕上，就听妈妈还在叨咕："要不改吃饭那个毛愣劲，小心把你的胃胀破了。"

胃的疼痛逐渐减轻了，我也渐渐要入睡了，就在这时候我突然想起我的老师，他非常关心我的另一个"胃"——学习的"胃"。有一次，他语重心长地对我说："艳华，你一会儿看历史，一会儿又学地理，一会儿摸数学，一会儿又瞅几眼英语。一节自习课，学那么多东西能记住吗？这也和吃饭一样，要细点嚼，不然，容易消化不良啊。"

我现在意识到，在我学习的"胃"里，装的粗渣太多了，如果再不细嚼，恐怕这个"胃"也要胀破。

我睡着了，做了一个可怕的梦。梦见我的胃里粗渣越积越多，胃胀得越来越大，眼看就要裂开了，我大喊一声："我的胃！"

我醒了，惊出一身冷汗。

（3）异中求同。在几个不同的事物之间找出相同点。例如：雪和人的高尚品格的相似点，蜡烛、春蚕与具有奉献精神的人的相似之处。语文课文中有些运用象征手法的课文，如《白杨礼赞》《松树的风格》《井冈翠竹》等，基本属于这种思维方法。学生有了这方面的理解，不仅提高了阅读能力，也有助于作文构思。有时，将几种不同事物罗列一起，让学生从中抽取相同的东西，这样可以提高学生对事物的概括归纳能力。如下面的作文，就是从女孩子的乳名中抽出重男轻女的社会现象。

乳 名 小 议

我发现，我们农村的女孩子常叫这样的乳名，"小差儿""换弟""错子""盼子"……你注意没有，这些女孩的名都有一个共同特点，那就是希望这些女孩的身下都是个男孩。

我们村里就有不少这方面的例子。我的邻居王大娘的二儿媳妇头胎生了个女孩，而王大娘所盼望的是孙子，于是就给这个女孩取了乳名叫"带小"，她希望这个女孩能给她带个孙子来。过了二年，王大娘没盼到孙子，又来了一个孙女，王大娘更不高兴了，于是就又给这个女孩取了乳名叫"迎弟儿"。又过了两年，"带小""迎弟"终于给王大娘领来个孙子，这下可把盼孙子盼红眼的王大娘乐坏了，终于如愿以偿了。王大娘乐得几宿闭不上眼，想了几夜才给起了个乳名——"可心"。

"小差儿""换弟""招弟""迎弟""错子""带小"……这些乳名，看上去是那么平常，听上去也不怎么逆耳，但是你把它们排在一起，仔细思索之后，你就会发现，它反映了一个社会问题——重男轻女。

岂止是重男轻女啊！

（4）无限求同。以某一事物为前提，要求学生尽量找出与其有相同点的因素来。如"金玉其外，败絮其中"这个成语所说的现象，与社会上哪些事物相似？让学生尽量去想，学生可以找出很多：外表美内心不美的人、卖假药的人、吹牛的人、只好看的塑料花、装潢美而不耐用的商品、假广告……这样的训练，学生在学习中可以获得举一反三的效果。

（5）创造求同。学生在其他学科学了某一定律、公理，让学生去想，根据这个定律、公理可以发明创造什么。这种方法需要打破学科之间的界限，运用综合的手段，促使学生思维发展。如学生们在物理课中学了阿基米德的浮力定律，让学生去想，如何把这个定律应用到生活上。有个学生根据这个定律，自己创造了用泥浆选稻种的方法，激活了他的创造力。

用泥浆代替盐水选种

今天，我说服了妈妈，为家里节约了四袋盐。

昨天上学，妈妈给我六块钱，要我买四袋盐，准备今天选稻种用。

走在路上我想，用盐水选种，主要是利用盐水比重大的特点，能不能用其他的方法代替呢？我和几个同学一路走，一路讨论这个问题。

晚上放学回来，妈妈见我没买回盐，很不高兴。我对妈妈说："我有个好办法，不花一分钱，照样能选种。"妈妈不相信，我提着桶，到园子里挖一锹土，然后倒上水，搅成泥浆，把稻种倒进去，搅拌后，瘪稻子都浮上来了，我用笊篱把瘪稻子捞出。然后找来一个罐头瓶，装上一瓶清水，按妈妈的指导按比例在水里放进盐，盐溶化后把捞出的瘪稻子放进去，瘪稻子照样浮在上面。我抓了一把沉在桶底的稻种，放进罐头瓶，照沉在瓶底，没一粒浮上来。

妈妈笑了，对我说："没白念书，还真有两下子。"

今晚回来，妈妈告诉我，她用泥浆把种子选完了，邻居刘二叔也照妈妈的样子做了。

人是要思考问题的，思考问题就要运用一定的思维方法，如果在学生学习的过程中，教会学生掌握一定的思维方法，让学生有意识地训练自己的思维，不仅有益于他们的学习，也有益于他们未来的发展。即使他们不能升学，而是回乡参加当地建设，他们思考问题也会与众不同，解决问题的方法也会灵活多样。对旧的东西，他们敢于破，对新的东西勇于创。不会因循守旧，也不会故步自封，条件限制不住他们，困难挡不住他们。他们敢于想父辈不敢想的事，也敢于做父辈不敢做或做不到的事，他们也一定会走出新的生活道路，创造出令人骄傲的业绩。农村的希望也在于此。

十、用哲学思想指导教材教法改革

我读了一点哲学，读后给我最大的启示，就是教学改革要以人为本。

教材是干什么的？是为育人服务的，是育人的工具。育什么样的人，就得用什么样的教材。按理说，农村学校应该有农村的语文教材，这样才能利于学生的语文素养形成和提高。然而直到现在还没有适合农村初中生语文学习的课本。我在教改的那几年，用当时通用的课本指导学生学习，总感到缺这少那、别别扭扭的，用起来不顺手，不得不对当时使用的教材进行一番改造。

1. 增补教材

为了适合农村语文教学改革的需要，我对教材做了如下的增补。

（1）自编教材。应用文是农村社会用得最多、最广泛的文体。农村社会的各种活动，离不开应用文。随着市场经济的发展，农村常用应用文显得越来越重要。农村中学生应该在学校中学到这方面的知识，形成这方面的能力。我从1985年到1999年，使用的都是人教社出版的教材。教材中提供的应用文类型比较少，又不是学习的重点内容。这样，教材就和农村社会的实际需要有所脱离。为了弥补这方面的缺失，适应农村社会的实际需要，我自编了农村常用文（用现在的说法，就是校本教材），加大了应用文教学的比重。为了让学生形成应用文写作的实际能力，开展了"用语文知识为家乡人民服务"的社会活动，以社会为实践的大课堂，在实际应用中形成这方面的应用能力。（详情见《育"后天下之乐而乐"之人》一文）。

（2）增加阅读教材。学生语文能力的提高，很重要的一个条件是阅读，要有一定的阅读量做支撑。农村初中生语文素质较低，与他们的课外阅读成正比。学生一年翻来覆去就读两本薄薄的语文书，应考还勉强可以，如果说提高素养，那就远远不够了。为此，我就选了一部分课外读物补充。除古今中外名著外，还有赵树理、丁玲、马峰、周立波、刘绍棠、柳青等作家描写农村生活的作品，报刊时文随时增补。学校没有书，家长又无钱购买，我就把自己的藏书拿出，学生又献出一部分书，一共500多册，在班上轮流阅读。

我把这些书看成和教材同等重要，学生也把这些书当作课本看待。在使用上，二者相互沟通，相辅相成。我指导学生学习语文课文的一个目的，是引导他们课外阅读。比如，给学生讲了《梁生宝买稻种》一课，要利用一定时间指导学生怎样读柳青的《创业史》；在讲解《鲁提辖拳打镇关西》一课时，怎样读《水浒》是必讲的内容；在课堂上学习了《我的叔叔于勒》，学生在课外就要阅读莫泊桑的短篇小说。这样处理教材，把学生的课内学习与课外阅读有机地结合起来，二者自然地连成一体。初中三年学习生活，学生阅读了大量的书籍，多的读一百多本书，少的也读四五十部小说。开阔了学生的阅读视野，培养了学生的阅读兴趣。

2. 通过调整教材改革教学方法

教材并没有固定的使用程序，按着一课、二课一步一步去教，那是死教书，教死书，把活人教成了"死人"。对于教材，应该灵活运用，要围绕人转，使其服从于育人的目标。教材和教法，二者相辅相成、相互影响、相互作用。教材的形式和内容，往往决定着教学手段的选择和教学方法的更新；而教学方法的改变，也常常是促使教材做出相适应的改变。

从 1985 年开始，我以单元教学为基础，对教材的部分单元实行"分工责任制"。单元内，我们设基础知识课文、导练课文、自练课文和扩展课文。基础知识课文大多数是单元后与本单元关系密切的知识短文，把它由单元后提到单元前，作为单元首课或把内容糅合在单元首篇教材中去讲。如讲散文单元，先把知识短文《谈谈散文》里的主要内容结合在《白杨礼赞》中讲给学生，目的是让学生牢牢掌握住这篇知识短文中介绍的阅读散文的基本知识。如果本单元缺少这类知识短文，那么就根据单元教学重点，把学习这一单元所需要的一些基本知识结合在首篇教材中讲给学生。知识短文前后位置的调换，它所起的作用也就不同了。放到单元的后面，是对本单元所学的知识的归纳总结；放在单元前，是作为学习本单元应该掌握的知识出现的，不但要掌握，而且在学习后几篇课文中还要运用，在运用的过程中促使能力形成。这样安排，学生就会注意对这些知识的学习、积累和运用了。导练课文的作用，目的是让学生把从基础知识课文中学到的知识在教师的指导下，运用于阅读实践，从而巩固知识，并加深对知识的理解，学会应用。自练课文则是放手学生运用基础知识独立地处理课文，把知识转化为能力。教师可预先给学生设计学习提纲，也可在学生自学后出题检验。扩展课文是针对本地学生阅读面窄而设的，尽量选取教材外的与单元有联系的同一体裁作品，供学生借鉴、欣赏。或是同一主题、同一手法、同一风格的作品，或从相异相反角度去选。如单元内讲了杨朔的《荔枝蜜》，可指导学生阅读《蜜蜂的赞美》；讲林嗣环的《口技》，则把蒲松龄的《口技》介绍给学生。再如，学生在教材中学到了《香山红叶》，教师则把能搜集到的有关写秋的散文多向学生提供几篇，这样，拓宽了学生的视野，把他们引入广阔的天地，促使他们像蜜蜂那样主动地去"博采"。

这样处理教材，形成了一个有机的链条：基础知识课文是学生获取知识阶段，导练课文是巩固知识、理解知识和运用知识阶段，自练课文是自我形成能力阶段，扩展课文则是在这个基础上的横向开拓和纵向延伸。如果说学生在基础知识课文中获取的知识是有限的，而到扩展课文获取知识则是无限的；在基础知识课文中学生们的学习还处在被动的状态，那么在以后几种类型课文学习中则就逐渐变成了主动；如果把学生们在基础知识课文中学到的知识看成是在掌握理论阶段，那么，学生们到了扩展课文就是实践应用了。学生在这个学习过程中，实质上就是认识，实践，再认识，再实践的过程。这样就打破了单元内教材各自封闭的形式，由知识和能力把它们一线串起。学生经由基础知识课文、导练课文、自练课文、扩展课文的体系训练，从导读走向能读，从能读走向会读，从会读走向乐读。在这样的学习过程中，学生的学习呈阶梯式上升状态，在以后不同册次的同类单元中，又呈螺旋上升结构，示意如下：

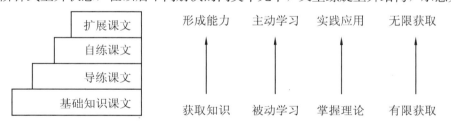

这样处理教材，也促使教学方法和教学时间分配发生了变化。一般的情况下，基础知识课文一至二课时，导练课文一课时，自练课文一课时，几篇扩展课文合为一课时，再加上作文一课时，基本是一周可完成一单元教材。在教学上，各种类型课文侧重点也有所不同：基础知识课文重点掌握知识，导练课文侧重引导应用，自练课文重点培养能力，扩展课文让学生根据自己的情况或吸取知识，或欣赏，或借鉴，或锻炼能力。

3. 通过改革教学方法调整教材

上面所说的方法不是一贯到底、一成不变的。第六册课本是学生初中阶段学习的最后一本课本。在学习这本课本过程中，需要把以前学过的知识巩固、梳理，需要对他们的能力进行检测。出于这样的目的，对六册教材没有变动，不再设基础知识等类型课文了，而是侧重教学方法改革，用教法来调节教材，发挥教材的功用。

我主要采取了以下几种方法。

（1）抓纲带目法。第六册语文课本中，除了戏剧和驳论外，大多数知识学生都学过。因此，我们把第六册教材中的课文作为"纲"，把1～5册的课文作为"目"。每向学生讲授一篇教材，首先确定复习点，系统地把学过的知识归类排队。在学生对旧知识充分把握的情况下指导他们学习新教材。比如，讲马克•吐温的小说《竞选州长》，如果确定复习点为文体知识，则把以前学过的有关小说知识进行系统复习；如果确定复习点为外国文学，那么则把学过的外国作家作品进行系统整理一遍。一篇课文的复习点可以确定为一个，也可以是多个，这样以六册教材中的一篇为纲，带动了对前五册的复习。以新带旧、以旧导新，既复习了旧知识，又学习了新知识。这样组织学生学习，省去了大量复习时间。学生认为，用这种方法复习，一二年前讲的课就像新学的一样。

（2）温故筛选法。一篇新教材的章法、技法，对学生来说，并不完全都是生疏的，一点也不可理解的。其中，有不少写作知识学生学过、用过，只不过是变换了形式出现而已。教师指导学生把学过的旧知识选出来，就是对旧知识复习巩固，并且也有利于学生对新知识的理解、掌握。如在教《有的人》这首诗歌时，我们先利用一定时间组织学生复习对比手法，然后让学生自己去阅读这首诗歌。学生用掌握的对比知识来阅读这首诗歌的过程，不仅是知识的具体应用问题，也是对自己能力的检验，这个过程就是能力提升的过程。这样组织教学，就避免了考前大量的重复训练，减轻了学生的负担。

（3）回头寻宝法。这种方法就是在学生能力有了一定提高之后，让他们回头看以前难以理解的问题，促进对所学知识深入理解，使能力向高一层次发展。如学生在初一时学了《天上的街市》这首诗歌，大多数学生对诗人追求自由、光明、幸福的感情理解不了。到初二学了《桃花源记》《牛郎织女》后，让他们回头再读《天上的街市》，对这个问题就迎刃而解了，反过来还会促进对后两篇课文的深入理解。再如作文，到初二时，我们让学生回头修改初一的作文，到初三时，回头修改初二时的作文。让学生居高临下看自己的过去，以前他们发现不了的问题，现在发现了；

以前他们认为难的问题现在变得容易了；以前他们认为复杂的问题现在变得简单了。学生在这个过程中，既找到了成功的经验，又找到了失误的教训。学生很喜欢这样的学习，称为"回头寻宝"。

用以上的方式处理教材和讲授教材，使不同册次的同类单元系统化了，缩短了教学时间，简化了教学过程中的环节，加速了学生能力的形成。比如，我们这样处理教材，取消了单元复习、期中复习和期末复习，并且还缩减了中考前的总复习的时间。减轻了教师的负担，减少了学生的压力。在已完成的几轮实验中，在不增加课节、不加重学生负担的情况下，两年内完成了《大纲》规定的三年内容。

4. 运用哲学理论规律创造教学方法

马列主义哲学思想指导着我改革教学方法，哲学中的理论规律一旦同我们的教学实践结合起来，就变成了我们的教学方法。根据毛主席在《实践论》中提出的"实践——认识——再实践——再认识"这一规律，我结合学生的学习，创造了"读写迁移法"，示意如下：

初次阅读 → 学习知识 → 第二次阅读 ┐ 阅读 ←迁移（再认识 再实践）→ 作文
（实践）　　（认识）　　（再实践） ┘ 　　　　深入提高
（感性）　　（理性）　　（能力）

在毛主席故居前留影

　　如戏剧，多数学生第一次接触，他们以前没有阅读过这样的文学体裁，缺少这方面的阅读实践。如一开始就讲戏剧知识，效果不会太好。根据毛主席在《实践论》中指出的认识和实践的关系，我们对这类教材的安排是，先给学生二课时时间阅读《白毛女》选场和《龙须沟》选场。在学生阅读的实践中对戏剧有了一点感性认识后，我们再结合这两篇课文讲戏剧知识，使学生的感性上升到理性。学生掌握了戏剧知识再指导他们阅读这两篇戏剧，在阅读的实践中初步形成了阅读戏剧的能力。在此基础上，让学生独立处理《陈毅市长》选场，把电影文学剧本《林则徐》《高山下的花环》作为扩展课文，学生阅读戏剧的能力就基本形成了。在学生掌握了戏剧知识、初步形成阅读能力的情况下，我们再让学生把学过的某篇课文的片段改写成戏剧，就由阅读能力顺理成章地迁移到写作能力。学生把课文改写成剧本，又是对戏剧阅读能力的发展和深入，这样，学生在形成了阅读戏剧能力的同时，创作戏剧的能力也出现了。

　　再如，受辩证法否定之否定的规律启发，创造了"放—收—放"作文训练法。第一步"放"，写叙评日记，放手学生写自己熟知的事物，放开眼光向生活、向社会要作文材料，积累作文材料。第二步"收"，收回到命题作文，检验学生作文材料积累和运用材料的情况，形成各种问题的写作能力。第三步"放"，放手学生到社会上去应用，去实践，以此促成学生的为文实际能力（见本书《"放—收—放"作文训练方法的提出及实践探索》一文）。用这种方法指导学生作文，取得了被人称为奇迹的效果。实验班的学生在初二的时候参加了我们榆树市中学作文竞赛，全市获奖 18 名，我的一个班就有 9 名，占榆树市获奖学生的一半。在期末的时候，各个学校以校为单位派 1 队选手参加作文竞赛，每队是 10 人，我以班为单位派两队选手参加，都名列榜首。学生自己编辑的作文集《田野上的小花》，从 1992 年出版以来，已经再版了 5 次，一直被吉林省中小学教材审定委员会定为我省中小学生的阅读教材。

　　在哲学思想的指导下，自己创造了一些"土偏方"。通过这些"土偏方"的配合，学生在两年内完成了《大纲》规定的三年内容。提高了教学效率，基本上扭转了少、慢、差、费的现象。话又说回来，这些"土偏方"只适用于我们某个教学环节或某阶段时间，绝不是什么万能法定、一成不变的东西。对第一轮学生有效的方法，在第二轮学生的身上就不一定起作用。今天你用了"三步"有效，明天也许得五步。今天你用了四环节，明天也许有个环节是多余的。千万不能将其模式化、程式化，这样将作茧自缚。也不要为法而法，这样将本末颠倒，背离教育规律，走向反面。我认为，教学要遵循科学规律。规律是不可违背的，不能改变的。从这一点来看，规律是"死"的，但教学方法是灵活的。在教学过程中就要用活的教法来调节"死"的规律，活中有"死"，"死"中求活。做教师的，自己既要敢于肯定自己，也要不断地勇于否定自己。要知道，世界上绝没有一成不变的万能的教学方法。关于这方面的认识，也是哲学思想给的。

我对哲学的掌握和理解，可以说是九牛一毛、沧海一粟，这也绝非自谦之词。然而就是这"一毛""一粟"，使我有登高望远之感，认识产生了飞跃，视野变得开阔，更新了旧观念，发现了新的路子。如果我对哲学能深入一点了解，那我的语文教学又该是进入何等美妙的境地呀！

十一、自己的方法就是最有效的方法

有一回，一位老师找到我，他对我说，他一心想把别人的好方法学来，提高自己的教学质量。在书刊上，在网上查到了一些方法；看名师教学录像，得到了一些方法；登门请教，学到了一些方法。可把这些方法在课堂上一用，效果并不理想。看见别人用的方法很有效，自己拿过来用，就没有人家那么灵了。他问我是什么原因，我说，关键就在于那些方法不是你的，或者说没有变成你的。最有效的好方法，是自己的。

一个有效的教学方法的产生，其基础是建立在学生的学习实际情况上。目的是要解决学生学习中所遇到的问题。学生的情况不同，同一方法的效果也不同。有效的教学方法一般都是自己创造的方法，因为这种方法和你的学生结合得紧密，效果也就比较好。

例如，学生作文中错别字现象，是我们语文老师比较头痛的事。语文老师可能都会有这样的感受：在批改作文时，发现了错字，在那个错字上打个"×"，并且要求学生写出正确的字。后一次你再看他的作文，又把这个字写错了，你就再给打个"×"，隔几天他这个错字又出现了。什么原因呢？我想这可能是老师给他指出的，他不注意，印象不深，学生没有参与改正错字的全过程。针对学生这方面情况，我改变了纠正错字的方法。发现学生的错字，不在错字上用红笔打"×"，而在错字的那行所对的眉批上打"×"，明确地告诉学生，这一行有个错字。至于哪个字错了，你自己去找吧。如果两个错字就写成"$×^2$"，三个错字就写成"$×^3$"，学生找到错字，打上个"×"，把正确的字写到眉批上。以前，有的学生不注意错别字的问题，心想，反正有语文老师给把关，错了老师就告诉我了。这回，让他自己去识别哪个是错字，他就不得不认真对待了。有的学生拿着字典一个字一个字地对，才把那个错字找出来。看来似笨，实质上是巧。这样的学生平时马马虎虎，对字掌握不扎实，认为多一点少一点没大关系，缺一笔多一笔也凑合。用字典一个字一个字对，这个过程是他对这些字重新学习的过程，巩固的过程。用这种方法纠正学生的错字，重复写错的现象明显地减少了。

自己创造的教学方法是最有效的方法，它能针对性地解决教学实际中存在的问题。因而，我们在教学过程中要善于发现问题。发现问题之后要研究问题，问题解决了，新法就出现了。"发现问题——研究问题——解决问题"是自己的教学方法产生的过程。

有一天晚上，我批改学生的作文，一直批到深夜两点多钟。课堂上发作文本的时候，我特意嘱咐学生认真阅读我的批语。虽然我一再强调，但是，许多学生翻开作文本漫不经心地看上几眼就放在一边了。我又说，大家有不明白的问题向我提出来，但没有一个学生向我请教。当时，我很有感触，在学生面前发了一顿牢骚。我说，今天批改的作文，说是蘸着老师的心血写成的，并不夸张，同学们咋不尊重老师的劳动啊！这时，有个学生端着作文本走到我前面，对我说，李老师，什么叫中心不突出啊？还有一个学生说，层次不清楚是什么意思，我有点不明白。面对学生的责问，我这才恍然大悟，多少年来我就是这么批作文，尽管批得很详细，下了很大功夫，实际上是付之东流的无效劳动。学生如果明白什么是层次不清楚，他就不会把这篇文章写得杂乱无章；他懂得什么叫中心不突出，这篇文章写得就一定会主题鲜明。正因为学生不明白这些批语，所以你的作文批改才不起作用。我下决心改变这样的无效批改，用了两年的时间研究解决这个问题，创造了点改法（详见本书《点改法》一文）。

这种批改方法的主要特点是：教师对学生作文暴露出的问题，不直接下结论，而是通过点拨，引导学生发现作文中存在的不足，并获得修改作文的途径和方法。比如一次作文，对开头的要求是开门见山，而有个学生开头却绕了弯，我就在总批中出了下面四道题要学生回答：

1. 这次作文对开头的要求是＿＿＿＿＿＿＿＿＿＿＿＿＿＿＿＿＿＿＿＿＿＿＿＿＿＿。

2. 在学过的课文或读过的文章中找出几篇符合这次作文开头要求的文章，在下面写出文章的文题。

＿＿＿＿＿＿＿＿＿＿＿＿＿＿＿＿＿＿＿＿＿＿＿＿＿＿＿＿＿＿＿＿＿＿＿＿＿＿＿

3. 读自己的作文，看开头存在什么问题？

＿＿＿＿＿＿＿＿＿＿＿＿＿＿＿＿＿＿＿＿＿＿＿＿＿＿＿＿＿＿＿＿＿＿＿＿＿＿＿

4. 请你修改自己的作文，使之符合此次要求。

＿＿＿＿＿＿＿＿＿＿＿＿＿＿＿＿＿＿＿＿＿＿＿＿＿＿＿＿＿＿＿＿＿＿＿＿＿＿＿

这四道题，各有目的。第一道题重申对作文开头的要求，要学生知道，不是开门见山，就不符合要求。第二道题，让学生阅读符合要求的文章，掌握这种开头方法，提高能力。在回答上两道题的过程中，学生就会发现自己作文开头的问题，并也具备了完成第四道题的能力。

以前作文批改是教师一个人的事，这样一改，就需要师生合作完成；以前，教师下的是武断性的批语，学生读了后如云山雾罩，不知所云，而点改法则把学生导入"柳暗花明又一村"的境地。以前，作文发下去学生不注意看，采取点改法后，每当作文发下去后，学生们首先认真读教师的批语，接着，或是查找资料，或是几个人在一起研究讨论。我这个老师也清闲不了，忙着解疑答难。点改法提高了学生作文的素养，在几个地区实验，都取得了比较好的成果。有专家评论说，这是作文教学的一次革命，是作文批改的一个里程碑。这话，有点老王头卖瓜之嫌了。

自己的方法是最有效的方法，是因为自己最了解自己的学生，知道他们的需求，用起来效果就好。学习上的差生最讨厌的是考试、排名次。为什么？一考试他们的成绩就低，成绩低引来了他们无限的烦恼。同学们轻视他们，老师批评他们，家长可能要责罚他们。有个学生说，考试之日，就是倒霉之时，足见这些学生对考试厌烦之强烈。其实这些差生非常希望自己进步，盼望取得好成绩，他们多么希望能有出彩露脸的机会啊！然而在残酷的事实面前，他们一次次希望落空，一次次追求破灭，学习的信心也就在一次次挫折中丧失了。

学生惧怕的是考试吗？不，是惧怕考试后的评估。我了解了学生这方面的心理，就改变了评估方式，对差生采取提高率计分法。把他们的成绩前后进行对比，看他们的进步幅度。比如一个学生第一次考试成绩是 20 分，第二次考试成绩是 30 分，这个学生面对自己的成绩情绪十分低落，我就给他计算他的提高率：后次成绩减去前次成绩做分子，以前次成绩做分母，换算成百分数，就得出 50% 的提高率。虽然成绩低点，但提高率高，说明进步快，进步大。再让他同那些分数高的同学比提高率，他的提高率总是高出那些分数高的同学。在提高率上，这个学生看见了自己值得骄傲的地方，发现了自己的"伟大"，找回了自信心，低下的头自然也就抬了起来。

有位老师问我，我搞的那些教学方法是怎么创造出来的。我说，学生告诉我怎么教他，我就研究怎么样的方法。他以为我是说笑话。我说，的确如此。"教的法子要根据学的法子，学的法子要根据做的法子。"（陶行知语）只要了解学生，研究学生，你就会创造出为自己独有的有效的教学方法。

在初一的上学期，我指导学生学习议论文。课堂上，我向全班同学读了一个学生的一篇日记，这篇日记题为《在好事的背后》（见《用辩证法引领学生的学习、生活》中的引文）。日记所写的内容是：有几个学生在放学时，把班级里的炉子踹坏了，第二天上学后，这几个学生就做好事修炉子。这篇作文写得很犀利，笔锋直指为做好事而做好事的现象。日记刚读完，班级里立刻掀起轩然大波。那几个修炉子的同学立即站起来，问是哪一个学生写的，非得要认识认识她不可。有的说，这是在打击做好事。有的说，这是对同学的侮辱。有的说这是对做好事的同学忌妒。一时间七嘴八舌，愤愤不已。同意这篇作文观点的学生终于忍不住了，站起来驳斥他们。一时间，双方形成两军对垒，唇枪舌剑相互辩论的局面。下一节课是数学课，双方的学生提议，和数学串课，接着把这件事情理论清楚。我采纳了学生们的意见。

一上课，学生们还要辩论，我就宣布，这节课用笔打官司，有理用笔说。每个同学既可以单独写文章，也可以几个人合写。喧闹的气氛立时静下来，学生们立即思考如何论战。开始，学生们都独立作文，写着写着，有些学生就聚在一起写，研究怎样把这篇作文写得有分量。下课后，学生把作文交上来，一看这些作文，我大喜过望。学生写的基本是议论文，同意那个学生观点的，写出了立论；不同意的，写出了驳论；中间派，有立有驳，但也有自己的观点，说出了道理。

第二天的语文课堂上，我走进教室，就在黑板上写上这么几个字：祝贺同学们写出了议论文。学生们一个个很惊讶，我们没学议论文，怎么会写议论文了呢？（以前教学，我没给学生讲议论文，准备集中讲）我说，议论文有三要素，第一要素是论点。我讲解了什么是论点，要学生在自己的作文中找出自己的论点，学生们都找出来了。接着我又讲了论据、论证，学生们也都在自己的作文中找出来了。然后，我就指导学生按议论文的基本结构形式给自己的作文划分层次，学生们都顺利地完成了。至此，学生们才明白，他们自己真的写出了议论文。我又利用五六节课时，指导学生阅读初中课本 1～6 册的议论文，要求学生把课本上的每一篇议论文同自己写的议论文比较，让学生领略、鉴赏这些议论文的不同风格和形式。之后又用两节课的时间，要学生们就着当地或学校中的事情写一事一议的小议论文。虽然我以后没有再给学生们讲议论文，但学生却写出了许多生动活泼的小议论文，嬉笑怒骂皆成文章，读了之后真有点爱不释手。

有位老师问我这样的方法是怎么想出来的，我对他说，议论这种表达方式，学生们本来已经具备，已经在实际生活中运用了，不过他们就是不知道这是以往需要在课堂上大讲而特讲的知识。就像一个人，他怀里揣着金子，但他不知道是金子，这块金子就不会发挥出金子的作用，显示不出应有的价值。学生实际在生活中虽然运用议论了，但他们不知道这是议论，不知道他们写出的文章是议论文，他们就不会有意识地去应用，如同金庸小说《天龙八部》中的段誉，有六脉神剑的武功干着急使不出来，能力不稳定。生活需要学生议论，他们在没有想写议论文而写出了议论文的时候，这时给他们点明，你们已经会写议论文了，他也就发现了自己的"伟大"，他心里也会有这样的认识：议论文有啥难的，我都写出来了。这样一来，能力才真正成为他们自己的能力，也就由偶然而变成自然了、恒定了。如果要他们拉出架子，四平八稳地去写议论文，他们可能就会硬性地照搬照套，感到十分难写。即使抓耳挠腮写出了议论文，那又是一篇怎样的作文呢？

最好的教学方法是自己的方法，这不是唯我独尊，也不是排外。但学习别人，不要把自己丢了。对于他人的教学方法，我是认真学习，虚心请教的。但我始终是本着鲁迅先生的拿来主义，适我者用，不适我者或改或弃。两个瘦子，都想要胖起来。面对着同样的一块肉，一个贴在脸上，另一个则吃进肚里。贴在脸上的是装胖，吃进去的身体吸收了，得了实惠，逐渐胖起来。我总是这样认为，对别人的东西，不能照葫芦画瓢、生吞活剥，吃进去要好好消化，化作自己的力量使出去。

备课

好的教学方法，不受时空限制，没有新旧之别。我们以前有很多富有成效的教学方法，应该继承它、发展它。在教学方法采用上，不能赶时髦。尽管某种方法是多年前的老方法了，只要对学生的学习有益，不能因为旧而弃之。一种方法虽然很新，如不适用于我，不能就因为新硬去套用。有效的教学方法是为学生创造的，不是为教师表演设计的。因此，教师眼中有人，心中才能有法。法为人生，也因人而异。根本是人，人变则法变，人异则法异。一个教师，首先要"读"明白学生，学生是我们教学最重要的"参考书"，为法而法，乃是教学之大忌。有一次在全国性的大赛上，我连听了10节课，在这10节课当中，每个老师都采用了研究性学习的方式，形式也基本一样，让学生面对面坐着讨论。从组织研讨到结束，少的四五分钟，多的五六分钟，这时间还包括学生搬换桌椅、调整座位、教师布置研讨题。这么短的时间学生能研究什么问题？另外，我发现有些问题是不需要研讨的。如果说他们不是为方法而方法，那就是赶时髦，就是在作秀。这种形式主义倾向一害学生，二害自己，我们必须坚决反对。

我们不断地发现教学实践中的问题，不断地研究解决这些问题的方法，我们也就会不断地创造出新的方法——为自己所独有的行之有效的方法。

千法万法，有效的还是自己的法。

十二、用一方水土育一方人

——试谈农村中学语文教学对当地教育资源的利用

有人曾经问我：在语文教学中，农村中学有优势吗？本人回答说：有！农村学校的主要优势是什么？本人回答说：农村的环境！可能有人对我的回答大笑不已，认为这是痴人说梦。他们可以列举出很多事实来批驳我的观点，也可以拿出很多事实来证明农村学校不如城市学校，还可以用"天上人间"这个词来形容城市学校和农村学校的差别，这里也包括在农村学校工作的老师。我不否认，农村环境苦、条件差，因为这是客观存在的事实。但长期以来，一些人看到的只是不利的方面，所以认为农村教育没有出路，因此，跟在城市中学的后面，怨天尤人，亦步亦趋地邯郸学步，致使农村中学的语文教学形不成自己的特点，打不出自己的特长。

我对这些不利条件从来不否认，但人不能屈服于环境，应积极主动地去改造环境、利用环境。在农村中学语文教学这个问题上，也应该体现这种精神，做出这样的探索。条件是一方面，但起决定因素的是人，是教师的正确教育观及其符合规律的教学方法。许多事实已经证明，只要观念正确、方法科学，培养出来的农村学生并不比城市的学生差。我们应就农村的实际情况，探讨符合农村实际的语文教学之路，不能抛开农村的现实，去幻想空中楼阁。如果我们能换一种思维，用辩证的眼光来看待这个问题，你就会惊喜地发现，农村中学语文教学的天地是多么广阔，可利用的教育资源是多么的丰富，它的前途是多么的光明。可以说，广阔的农村是学生吸取知识的土壤，是能力形成的课堂，是他们未来发展的奠基石。在这方面也可以说是城市无法可比的。关键就看我们在语文教学过程中能否正确地挖掘有利因素并对其利用。

1. 农村社会是学生学习的大课本

农村社会这个大课堂，不仅为学生的作文提供了丰富多彩的生活材料，也提供着丰富多彩的语言材料。学生作文中的学生腔问题，是城乡作文教学比较棘手的问题。学生在课本中学的是书面语，积累的是书面语，现在提倡积累的名言名句，也多是书面语。在作文中，学生也多是用书面语来表情达意。虽然有的作文词语比较丰富，文采也比较华丽，但读起来总给人一种拿腔作调的感觉。一些大作家很注意积累群众的语言，并应用在自己的作品里，如老舍、赵树理、马峰、刘绍棠，这也为学生作文提供了示范、借鉴。生动、形象、活泼、富有生命力的语言就在群众之中，就运用在群众的生活之中，这是极为宝贵的语言"课本"。在教学过程中应重视这个"课本"，促使学生主动搜集群众的语言，积累群众的语言，在作文中应用群众的语言。请看学生的作文。

在我们村子里，大家要提起"熊"来，口头上总离不开李玉才。这不，人们又议论上了：

"我说他张嫂，你说这个'熊'，那个'熊'，我看呀，顶数李家那个小子才'熊'呢，一杠子都压不出个屁来，我都替他难受。"

"他啊，也算黑瞎子掉井——熊到底了吧。考两三年大学，连个毛也没捞着。都二十四五了，还得让他爹妈养活啊。"李大嫂刚说完，张嫂接着说。

——《成"龙"记》

我们村的两个大夫都是"赤脚郎中"，既没拜师于名门之下，又没进修于高校。要是得个头痛脑热的小病，打个针吃个药还可以，可一遇上疑难病症就没招了，甚至一个小小的难产还得上乡上县去解决。我村有个病人患脑溢血，大夫却给误用了脑路通，结果把这个人给通成"地下工作者"了。

——《啥时看病能不难》

吃了谁？苦了谁呢？我看都是自己。现在大家都不富，还得瘦驴拉硬屎——硬充好汉。

——《吃了谁，苦了谁》

第四天中午，五瘸子竟然雇车拉回一条船来。这下子人们可明白了，各种议论也随之而来。

"哼，癞蛤蟆打不了响当当，他想摆船，不是那个虫鸟。"

"他是想把那一条半腿扔在江里当鱼食，我看他是不想好好活了。"

……

第二年，他把这条小船卖了，又买一条大船，并在船上装了柴油机。有人过江，柴油机一开，白烟一冒，便飞一般地过去了。这时有人说："五瘸子的一条半腿机械化了，速度比两条腿快多了。"

——《一条半腿的五瘸子》

在学生作文中，这样朴实、形象、生动、鲜活、幽默的语言随处可见。作文时，学生信手拈来，并用得恰到好处。连村民都喜欢读学生的作文。如果换一个学生，只用从课本中学来的书面语去写，就不可能有现在的效果。这样的语言，只能在生活中注意搜集和积累，也只能在生活中学习运用。由此可见，农村的社会，不仅是学生能力形成的课堂和作文材料的巨大仓库，也是一本无穷无尽的语言宝典。学生所生活的这个环境，有这方面得天独厚的条件，如果不注意利用，那实在是十分可惜的。

2. 农村社会是学生语文能力实践的大课堂

目前，我们的语文教学，无论是城市还是乡村，还是书上来、本上去，纸上谈兵，学生在学校中学了很多文体知识，也练习写了许多文体的作文，但到实践应用，总是目瞪口呆。怎样开通学生知识—能力之间的顺畅渠道，农村学校有它独有的优势，就看你怎么对待。

我把当地社会也看成了一个课堂，看成学生用知识、出能力的"大课堂"。这样，学生的学习就拥有两个课堂。学校的"小课堂"和社会的"大课堂"。这两个课堂各有明确的分工：学校的课堂学知识，社会的课堂出本领。学校的课堂在纸上练，社会的课堂在实践中练。这两个课堂形成优势互补，"大课堂"与"小课堂"一结合，就完成了知识到能力的转化。

就拿对学生的作文训练来说吧，尽管一个学生在作文中会写人了，写得还不错，但叫他写社会上某个真人时，他却不会写了。在课堂上能写"死人"，到社会上却不会写"活人"，究其原因，缺少真刀实枪的锻炼。而我将社会看成是一个大课堂后，学生进入这个大课堂中，这个问题就自然解决了。在农村生活的有各种各样的人，生活也比较开放，这也是我们可以利用的资源。本人在指导学生写人物时，在课堂上给学生讲了描写人物的方法，然后把当地可圈可点的人物列出表来，让学生各选一个人物去写。这样，学生笔下的人物就各有各的性格，各有各的特色，不至于像从一个模子里刻出来的。就这一点来说，也是千金难求。农村的学生有直接接触生活的便利条件，指导学生描写景物，可以把学生带到大自然中，到江畔水边，到山中林间，到田园地亩中去实际观察、实际指导。学生写出的作文，那是真山真水、真情真感，而城市在这方面，相比就略逊一筹了。

学生在"小课堂"上学到的知识，随时可以到"大课堂"上去应用。如学生们在"小课堂"上学习了农村常用应用文写法后，我就动员学生用语文知识为家乡人民服务。要求学生利用课余时间主动帮助群众写信，帮专业户写广告、拟合同条文。这就给学生的知识找到了用武之地，让他们有真刀真枪的锻炼机会。有个学生主动为一个村民写诉状，结果官司打赢了，她被村民称为"小律师"。在课本中掌握了调查报告的写法后，便利用课后或节假日的时间走家串户，调查当地经济建设中出现的问题，并把这些内容用作文的形式表现出来。当他们学到了新闻消息的写作方法，及时到社会上采集新闻材料，写出后向电台、报社投稿，在 1987 年的一个月内，就被采用了七八篇新闻稿。这样，学生就把学习与生活、知识与能力、课内与课外、学校与社会结合起来。并且在语文素养提升的同时，学生的思想情感与价值观念也随之同步发展。这方面的例子我在其他文章里已经提及，不再赘述。

3. 农村社会是学生实践活动的大学校

农村社会，为学生的语文社会实践活动提供了广阔的舞台，是他们社会实践活动的大学校。农村社会储藏着取之不尽、用之不竭的学习资源，为学生们开展综合实践活动提供了比教科书更详尽、更感性、更生动、更形象的课程资源。在这个大学校中，学生的语文学习直接进入了社会，进入了生活，进入了实践，踏上了"人文同进"的旅程。

请看下面几个学生写的一组作文。

水稻淹了谁来管

2003 年 10 月 11 日，我们小组来到南台子村采访，了解到这样一件事：在我们青山乡主要以旱田为主，去年乡里为了鼓励农民扩大种植品种，出台了对种植水稻作物农户予以支持与损失补偿的政策。向种水稻农户承诺"只要种水稻，如有经济损失，乡里予以补偿"。这大大刺激了农民种水稻的积极性，但是就在六月进入雨季后，由于稻田排水沟长年淤积没及时清理，使雨水倒灌，长势正旺的水稻被大水冲倒。面对着这种天灾，村民自然束手无策，虽然也采取了一定的补救措施，损失已无法挽回。于是村民向乡领导反映，希望乡里能帮助解决，减少损失，但乡领导推说："乡里有数，能给你们解决的。"但实际上只是口头上的推脱，并没有落实，就这样一拖再拖，水虽然抽干，但到秋后稻子只是往年的三成产量。政府对农户的损失补偿更是只字不提，村民们都很气愤。他们抱怨说："水稻淹了，让我们这一年靠什么活呀？这些当官的自己的腰包满满的，却不了解人民的疾苦，这算哪门子的父母官呀！"

通过我们小记者的采访和多方面的努力，乡里向南台子村村民们公开道歉，并郑重地承诺对农民的损失予以补偿。

艰难的采访

我是一个农民的女儿，我能深切地体会到庄稼对于一个农民的重要性，它是农民的命根子啊！看着南台子村民手中那发黄的水稻我心里真难受啦。想起农民在水田中种稻的情形；想起农民一把把汗水将水稻培育大；想起农民顶着烈日给水稻打药……他们付出的艰辛是说不完写不尽的。可那无情的水却把农民一年的希望给淹没了。排水沟堵塞，村民找村长，村长不管，几次向乡反映都没有答复，农民们一肚子的苦水无处倾吐。

　　我们几名小记者，就这事进行了调查和采访。我们首先来到南台子村村委会。我们向村长采访此事，村长支支吾吾地推辞，没有明确的说法。最后，我们决定去乡政府采访。

　　我们来到了乡政府。秘书把我们领到接待室。我们向他说明我们是学校小记者，要采访乡政府对南台子村水稻被淹一事的处理意见。他的脸立刻拉长了，然后告诉我们，乡长外出了，不知什么时候能回来。我们就在接待室一直等。大约半个小时过去了，我们发现乡政府院内多了几辆轿车，猜想是乡长回来了。于是我们冲上二楼，那个秘书极力阻拦我们，但我们还是坚持上了二楼。没找到乡长办公室，看见林业科的屋里有人，我们敲门进去了。问乡长办公室在哪，而他却哼哼哈哈不肯说，想了半天才告诉我们，乡长现在很忙，没有时间见我们，现在晌午了，回去吃午饭吧。他们的阻拦和拒绝，使我们有些心灰意冷，打算离开，但我们立刻想起了农民一脸汗水侍弄水稻的情形，想起农民那充满信任的眼神。我们再次鼓起勇气，向会议室走去。那个秘书跟着我们喊："出去，快出去。"我们不顾他的阻拦，敲了会议室的门，理直气壮地走进去。我们向会议室几个人说明了我们的身份及我们的来意。坐在会议室前面的人说他就是乡长，让我们详细说说此事。我们就向乡长叙述了此事，主要是南台子村种的水稻被淹，减产了，乡政府答应给补助费，希望乡政府给南台子村村民一个满意答复。乡长说，乡里马上就讨论此事，并且郑重对我们承诺，到秋后一定给农民补偿。

　　听乡长这么一说，我们心里很高兴，就又对他说：如果到秋后南台子村农民没有得到补偿，我们还会来采访您。

　　采访乡长后，我们又立即来到了南台子村把喜讯告诉了村民，村民们都乐了。一位老大爷拉着我的手说："姑娘，爷爷真小看你了，没想到你还能办大事呢，你真行。"此时一种无比的喜悦和自豪感涌上心头，感觉到了小记者身上那份神圣的责任——老百姓需要我们为他们办事啊！

评《水稻淹了谁来管》

听了同学的汇报，我感触颇深，在农民们怨声载道的时候，乡政府村干部在干些什么，上推下，下推上，没有一个能站出来，为老百姓说句公道话，农民们心中的疙瘩如何能解开呀？农民靠土地赚钱养活一家人，种水稻，水稻被淹，农民无处说理，这地还怎么种呀！这样的事的确不应该发生在我们人民公仆的身上。

现在党中央积极鼓励农民发展农业，例如减免农业税，发放种粮补贴，使农民尝到了些甜头，可这水稻淹了没人管的事，也让农民心寒，使农民少了热情，少了对干部的信任。如果要想让农民改变对干部的看法，我们的干部，就得为农民办实事，当官要知百姓苦，要给农民做主，要为自己的话负责，要把农民利益放在政府工作的首位，要塑造好自身公仆形象，特别要注重政府在人民心中的形象，时刻记住，你们是公仆，是为百姓服务的公仆！

如果我是干部，我就要以"为人民服务"为原则，从实事干起，做农民的知心人，为农民寻找致富路，更应把农民的利益看作自己的利益，把农民团结起来，让农民的生活芝麻开花节节高！

写这一组作文的三个学生，和其他同学一样，常感到作文无啥可写，作文时也经常搜索枯肠，无病呻吟。为此，该校的语文老师，开展了"关心家乡事，做家乡的小主人"的课外实践活动。学生们走出课堂，走出学校，用"主人公"的眼光去看家乡的事，谁知角色一变，眼光也为之一变，豁然开朗。于是，几个学生就当地群众关心的"水稻赔偿"的事情，以"农民儿女"的身份，组成采访小组，进行了"艰难的采访"。在这个活动过程中，他们要了解各方面的情况，需要同社会上不同层次的人进行接触，遇到困难要共同出谋划策，受到挫折要相互鼓励。采访结束后，分别以不同的文体，写出了消息、采访报告、评论，这又是分工合作，共享成果。更主要的是，通过"艰难的采访"，他们直接参与了社会，参与了生活，对他们情感、态度、价值观的提升，为他们以后的人生发展都有着不可估量的作用。

4. 农村社会是学生思想成长的大摇篮

农村社会为学生的思想成长提供了可利用的条件，这方面的资源更为丰富，但常常被一些人所忽视。前面提到的对学生进行成才教育、爱乡报国的理想教育，就得益于这方面的资源利用。这些属于正面的资源，但也有些消极方面的东西，如果我们辩证地对待，对提高学生的思想认识会起到很好的作用。

爱美之心人皆有之。学生也爱美，他们也在追求美，在这方面的表现甚至还很强烈。由于有些学生心里缺少一个美的正确的标准，导致他们的审美角度出现了谬误。有一些学生常常是把假、恶、丑的东西当作真、善、美去模仿，去追求。针对这种情况，鼓励学生们去大胆地追求健康的美，勇于揭露生活中的丑陋，抨击生活中的丑陋，摈弃生活中的丑陋。请看下面学生的一则日记：

"大姐……"

"谁他妈的是你大姐，瞎了你的狗眼！"一个留着长头发，穿着花布衫，鼻下一撮小黑胡的男青年，扬着拳头，向一个只有十来岁的小弟弟怒吼着。

这样的误会，这样的场面，我见到很多次了，似乎是有点不太奇怪了。

也不知是什么时候，也不知哪来的一股风，突然刮出这么多"假大姐"来。当你来到大街上，时常会看到一些身穿花衣裳，脚蹬高跟鞋，留着长发的男青年，他们嘴上叼着烟，脸上戴着墨镜，在大街上横逛，招是搬非。今天和这个人打起来，明天和那个人吵起来。而大多数的人们，都用斜眼瞅着他们，像怕传染病一样远远地躲着他们。

今天早上，我和爸爸去大坡赶集，看见一个小弟弟，只因一声"大姐"，便发生了开头所说的那种情况。小弟弟挨了两个"电炮"哭了，"假大姐"却扬长而去。我仔细看了看这位"大姐"的背影才发现，他的头发不但长，而且还烫了卷儿，手腕上还有两根银光闪闪的镯子，连走路也有几分像女人，不怪乎这位小弟弟错把大哥当大姐了。

他打完了人，走出十几步后，忽然又回过头来，冲着小弟弟，也冲着路两旁的人说："你再拿老爷取笑，我就再给你更厉害的尝尝！"

他倒有了理，是人家取笑他呢，还是他自己拿自己取笑？

这些"假大姐"的打扮到底是为了什么呢？大概是为了美吧——那简直是一定的。可这种美法真美吗？呸，狗男女！

这篇讽刺意味很强的日记，就是针对社会上美丑颠倒的现象而写出来的，学生对这种现象冷嘲热讽的同时，对什么是真正的美，也初步产生了正确的看法。班级里，有几个女学生喜欢描眉，抹红嘴唇，涂指甲；有几个男学生理怪发，穿怪装。他们认为这样才是美。通过这样的活动后，他们的审美观念改变了。男学生自觉地整理了发型，脱下怪装；女学生自动地停止了过度打扮。他们表示要追求自然美。

对当地的陈风陋俗，鼓励学生大胆评论。让学生从小就知道什么是对的，什么是错的；哪些是应该继承的，哪些是要扬弃的。对学生这方面的教育，农村的材料比比皆是，个个鲜活生动。有的学生针对早婚早育的现象写出了《才十八，就当妈》，针对虐待老人的现象写出了《活着不孝，死了乱叫》，针对搞攀比、讲排场写出了《吃了谁，苦了谁》，等等。一篇篇作文写出来了，人也随之长进了。有些村民读了他们的文章，都连连叫好，他们没想到这些孩子这样有眼光，想到了他们没想到的事，说出了他们想说没说出的话。

农村环境和城市比较，现在还很落后，有些环境因素不利于学生的成长，比如落后的传统观念，陈旧的民风乡俗，封建迷信活动等等。就拿封建迷信活动来说，有的地方还很盛行，一些学生真假难辨，因而就轻易地相信。我们做教师的，常常对这类现象采取"堵"的方法，然而学生就生活在这样的环境中，防了初一，能防了十五吗？我们要换一种眼光，变一个角度来看这些现象，那么，我们就会铲毒草造肥料，化害为利。对这类事情要积极去"导"，不要一味地消极"堵"，把它作为给学生栽种的"牛痘"，增强学生的免疫力。下面这篇作文就是"导"出来的。

当当当，当当当，当当当……
这是我们邻居家正在跳大神，我得去看看。

开始看，还真觉得挺可怕的呢。屋地上放几个装满沙土的罐头瓶子，用砖头夹住，再把几根向日葵杆子插在罐头瓶里。只见屋里的镜子都用被子或毯子蒙着，地上还放了张桌子，桌子的正前方放着一个猪头，猪的嘴里还叼着个猪尾巴。桌子的两侧拴着两只大公鸡，旁边还放着一盆五谷，桌子的四周围一圈点燃的蜡烛，还有立好的杆子。跳大神是两个人，一男一女。女的把头发一下子散开了，呵，披头散发，真像个鬼。她背对着我们。那男的手里拿着一个大圆鼓，一边敲，一边唱。女的头左晃晃右晃晃，上晃晃下晃晃，越晃越有劲，不一会，"神"就来了。男的就问你是哪路"仙儿"？边问还边敲着鼓："大仙你从哪里来呀？""我从胡仙堂来"，那女的答。一边说，一边继续晃着。还唱些谁也听不懂的鬼歌。唱着唱着，用纸包了包香灰，说这是神药，吃了就好了。

我一边看一边想，大神让把镜子蒙上是怕人看见她那张脸吧，没准她也许还在那儿偷笑呢！立那些杆子，摆的猪头只不过是讲排场罢了。结果，也没把人家的病治好，倒拿钱跑了。请大神看病这家的邻居是老师，在老师的劝说下，那家把病人送进了医院。经医生治疗，经过吃药、打针，没多久病就好了。同样是治病，一个是迷信，一个是科学，哪个对，哪个错，不是小葱拌豆腐——一清二白吗？

主动出击，化被动为主动，把跳大神的场所变成培养学生观察能力的场所，变成学生取材的场所。让学生去认清事物的本质，这样封建迷信活动的现场也成了对学生进行思想教育、科学教育的现场。鸦片在吸毒者的眼里是毒品，在医生的眼里是药品。同样的事情，不同的观念就会产生不同的做法，得到不同的结果。

城市有城市的路，农村有农村之道。农村的乡间小路有自己的走法，不能学城里人在柏油马路走的样子走。在农村的广阔天地里，有着取之不尽、用之不竭的教育资源。山水园林、文物古迹、风土民情、田园风光，群众的喜怒哀乐、悲欢离合，干部的功过是非、决策的正确谬误，邻里间的纠葛、人和人的矛盾，层出不穷的新人新事，源源不断的新闻消息……有的是大自然赐予的，有的是社会提供的，有的是历史遗留的，有的是当前出现的。这是既丰富又多彩的资源，这是既用之有效又免费的资源。这些资源，令那些教辅、参考书之类的东西相形见绌；其效果更是那些高价买来的现代化设备无法相比的。这样的资源，怎不吸引我们去开发、利用呢？

农村社会是学生学习活动的大学校、大课堂、大课本，学生同时在两个学校、两个课堂中学习，同时读两种课本，有这么好的条件，这么好的资源，又何愁教不好孩子？

荀子在《劝学》中说："登高而招，臂非加长也，而见者远；顺风而呼，声非加疾也，而闻者彰。假舆马者，非利足也，而致千里；假舟楫者，非能水也，而绝江河。君子生非异也，善假于物也。"农村中学的语文教学，就在于"善假于物"——农村特定环境这个"物"。这是农村中学语文教学最显著的特点。将来，农村教育的条件会逐渐得到改善，会变得越来越好，但无论如何改变，我们的教学都要同当地的环境相结合，用一方水土去育一方人。

原刊于《现代语文》2005年第11期，收入本书略有改动

十三、板书简论

板书是教师在课堂教学中的一个重要手段，是增强教学直观性的一种教学艺术

形式。现在，尽管教法不断改革更新，现代化的教具不断被课堂采用，但是，由于板书具有方便灵活的特点和随心而变的形式，因此，板书很难被其他教学手段和教学工具取代。我们认真搞好板书，不仅有利于开发学生的智力，培养学生的创造力，也有利于我们课堂教学的科学化。

板书是教法的重要组成部分，对它的研究，应和教法改革同步进行。目前，由于战斗在教学第一线的广大语文教师的努力和教法专家们的热切关注，对板书的研究，无论是在理论上还是在实践上，都取得了可喜的进展。这确是令人振奋的事情。但是，由于某些人在使用板书时，不得其要旨，只是机械地照搬照用，照葫芦画瓢，结果弄成邯郸学步、东施效颦，降低了板书的作用。在这种情况下，很有必要对板书的内部结构及其组合规律进行探讨。

有人认为，板书千变万化，无律可循。我认为此话不妥。板书和我们的课堂教学相类似，我们常说，教无定法，但实际上，我们还是依着一定的规律进行教学的。尽管板书的形式多变，好像是无章无法，然而，教学中都是有意无意地遵循着一定的规则来设计板书的，只不过是有些人没有意识到而已。

板书既然作为一种形式出现在课堂教学上，那么，它的构成就应该有自己的材料。我在对一些板书剖析的基础上，找出了构成板书的五种基本材料。这五种材料是：文字、图画、线条、符号（包括标点）和色彩。其中，文字用作概念表意；图画以其形象会意；线条代替文字表示各部分之间关系；符号和色彩用作特别标记，以示强调，其中，色彩还有美观作用。这五种材料是构成板书最基本、最小的材料，可称之为板书材料。具体地说，就是文字材料、图画材料、线条材料、符号材料和色彩材料。

再进一步探讨，发现在板书内部有这么一种普遍现象：几种板书材料组合在一起，共同表示一个基本意义，又相互结合成一定的形式，构成板书的基本单位，暂称为板书基本型。大多数板书，都是由几个板书基本型构成的。它们在板书里，就像细胞在生物体内一样，既是独立存在，又是紧密联系的，又各有各的功用。它们的共同特点有两个：一是有自己的独特形式；二是表示的意义比较单纯。即使是由多种材料组合的板书基本型，这些材料也共同表示一个意义。从这个角度出发来考虑，在一定的情况下，一种板书材料也可单独构成板书基本型（如图画），因而，板书基本型等于或大于板书材料。

　　现在，通过对一些板书的剖析、研究，本着就简不就繁的原则，把大体相同的归并在一起，主要根据它们的表现形态，兼考虑它们的内容和作用，基本上划分出十二个基本型，分别是简画、推理论证、剖析、结构、提纲、对比、词语摘录、串联、类别、说明评点、特提和表格。下面分别加以说明。

1. 简画

　　构成这种板书基本型主要是简单的图画，具有一定的直观性。能使学生加强记忆，加深对问题的理解，调动他们的思考兴趣。教师用来明确概念的简笔画，也都属于这种类型。如例一，就是用来明确《陈涉》一课中"次所"这个词的意义的，学生通过这个图就可以知道：次所就是军队驻地的营寨。

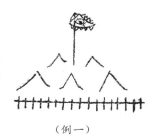

（例一）

2. 推理论证

　　凡是在形式上表明文章内部逻辑关系，反映作者推理论证方法的，均属于此类。这种形式，多适用于议论文或逻辑性较强的其他文体，利用它培养学生的正确思维，使之掌握推理论证方法。如例二，就是《实践是检验真理的唯一标准》一课的部分板书。

　　大前提：检验真理的标准，必须具有把人的思想和客观世界联系起来的特性；

　　小前提：实践具有把思想和客观世界联系起来的特性；

　　结论：所以实践是检验真理的标准。

（例二）

3. 剖析

　　主要用来分析文章的思想内容、人物性格、语句含义等。这种形式主要是通过形式分析其本质性的内容，培养学生掌握分析问题的方法，如例三是《孔乙己》一课中的板书设计。

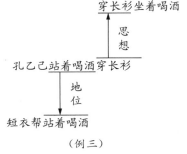

（例三）

4. 结构

　　用图解的形式显示全文或层段的结构，培养学生组织安排材料的方法。讲语法时，采用符号分析句子成分，也属此类。如例四是《故宫博物院》一课中的部分结构板书。

$$
三大殿\ ——前朝
\begin{cases}
太和殿 \\
中和殿 \\
保和殿
\end{cases}
$$

（例四）

5. 提纲

在形式上用文字概括出段或层的提纲，兼有展示结构和表现内容两种作用。提纲的字，无论多少，必须是一个句子。这种形式不但能训练学生组织材料的方法，同时还能培养学生语言概括力，并养成学生作文拟提纲的习惯。下面的例五，是《哥白尼》一课的段落提纲。

    1. 概述哥白尼生平、学历；

    2. 哥白尼创立地动学说；

    3. 地动学说的意义；

    4. 围绕地动学说展开的斗争。

（例五）

注：此则板书中，每段的提纲都是一个板书基本型，四段提纲就是四个基本型，为了便于理解，故这样举例。

6. 对比

形式上必须是两组以上并列在一起，内容上表示对比，目的在于培养学生的思考能力和鉴别能力。如例六是《一件小事》一课中的开头部分板书。

国家大事： 不少 不留痕迹 增长坏脾气

小 事： 一件 忘记不得 将我从坏脾气里拖开

（例六）

7. 词语摘录

用摘录词语的形式表现讲授要点，较长的复句可摘取关联词语。它和"提纲基本型"的区别是：提纲无论是紧缩句还是独词句，必须是完整的句子，而它却是词语。这种形式的作用是：学生能凭借这些词语将内容还原，既能训练学生的记忆力，又能使学生品味用词恰当的妙处，从而培养学生锤词炼句的能力。如例七是《井冈翠竹》一课的部分板书。

翠竹奔四方：穿、钻、啸，滑、流、挤、走

（例七）

8. 串联

用线条把内容串联起来，一般可表结构、情节、事物发展或起指示作用。这种形式的好处是能锻炼学生清晰思路，抓住文章的重点。例八、例九都属于这种基本型。

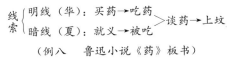

（例八　鲁迅小说《药》板书）

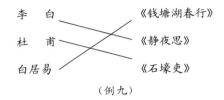

（例九）

9. 类别

把所讲述的内容分门别类地归纳在一超，使学生能有条有理地把握住所学的知识。如例十是《夜走灵官峡》的部分板书。

语言	动作
"我不是个人?"	背、挺、舔
"明天还下雪?"	爬、神、望
"我的任务是看妹妹。"	咬、摆、瞪

神态	品格
忽闪忽闪	天真可爱
恼、蹦、撅	关心建设
像拨浪鼓	坚守岗位

（例十）

10. 说明评点

这种基本型较虚，不能独立存在。它是对其他形式的板书内容或进行简要说明，或进行扼要评论。如例十一是《曹刿论战》一课的板书。

```
1. 论何以战    （详）    紧突叙详
2. 叙长勺之战  （略）    扣出议略
3. 论胜之故    （详）    论重结适
                        战点合宜
```

（例十一）

11. 特提

　　这种基本型用在其他基本型之内，对所作用的内容进行突出强调，常用"·"或"★"等一些特殊符号表示，还可用色彩突出之。下面的例十二是《背影》一课中的部分板书，对重点词语是用"·"特提的。

```
                手——攀着上面
父亲买橘子    脚——再向上缩  背影
                身子——向左微倾
```

（例十二）

12. 表格

　　用编制图表的形式，把内容分门别类地归纳在一起，学生既能系统地掌握知识，又能综合所学。此种类型须借助一定的内容才能出现。如例十三，是《长江三日》的部分板书，这种形式，就是借助于类别这一基本型表现出来的。

名　称	特　点	表现手法
瞿塘峡	"像一道闸门"	拟声绘色，援引古诗民谣，增强生动性和说服力
巫峡	"简直像江上一条迂回曲折的画廊"	多用比喻，插入神话传说，引人入胜
西陵峡	"处处是急流，处处是浅滩"	具体描写，引用传说，适当穿插议论，深化主题

（例十三）

　　在上面文章中，简单介绍了板书的十二个基本型。把板书的基本型搞清，我们语文教师就可随心所欲地进行板书设计了。在这十二个基本型里，其中的特提、表格、说明评点须依附在别的基本型里才能出现，可称为"虚型"。另外九个基本型，既可以独立运用，自成一式，又可以互相结合，构成别的形式，可称为实型。我们称此类板书为单纯式板书，前边所举的例子多数属于单纯式。把由几个结构相同或相近的此类实型合成的板书叫重叠式板书，如例五。把由两个或两个以上的基本型合成的板书叫作复合式板书。这类板书，是由简画、剖析、对比、串联、说明评点和特提六种基本型构成的。复合式的板书是大量的，基本可分为两大类，即主辅式和联合式。

主辅式：主辅式是由虚型和实型共同构成的复合式板书，如例十一、例十二、例十三。

联合式：联合式就是由几个实型构成的复合式板书，如例十四《我的叔叔于勒》一课的板书。

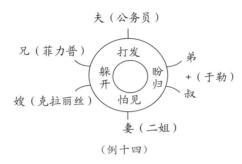

（例十四）

这则板书是由简画（金钱图）串联两个实型构成的，故称为联合式。

综上所述，我们把它归纳起来，板书的基本结构如下所示：

材料（文字、图画、线条、标点、色彩）≤基本型（实型、虚型）≤板书

- 单纯式（实型自成）
- 重叠式（同型重叠）
- 复合式
  - 主辅式（实型＋虚型）
  - 联合式（实型＋实型）

以上，简单地介绍了板书的内部结构。为了设计好板书，还必须了解板书设计的一些原则性问题。

设计板书的目的。

设计板书，其目的并不是代替学生的思考，而是要调动学生的思维，使他们掌握理解分析问题的方法，发挥他们的主观能动作用，培养他们的创造力。这就要求设计出的板书富于启发性，既要举一反三，触类旁通，又要给学生动脑思考的余地。

既不能包办代替，也不能把学生的思维限制住，硬逼学生就范。只有这样的板书，方称得上乘之作。而那些让学生照抄照录、死记硬背、答案式的、公式式的板书，则不宜提倡使用。

板书设计的依据。

板书设计要有一定的依据。既要考虑到教材、教学目的，同时还要考虑学生的实际情况，特别是心理状况。只有把教材内容、教学目的、学生实际情况三者结合起来，才能确定重点，设计出具有实效性的板书。板书的设计目的是有助于学生的学习，只有了解学生的接受能力，掌握学生的心理，才能确定重点、难点、疑点，设计出为学生所能接受的板书，使板书具有强烈的针对性。否则，板书的作用就失去了对象，失去了它的意义。

板书设计的原则。

板书设计应以简而明、精而美为原则。

"简"，就是说字要少，图要单纯，对一字一点都要反复推敲，要惜墨如金，简到不能再简的地步；"明"，就是指条理要清楚，脉络要分明，使学生一看就懂，一望就知；"精"，就是注意内容要精选，重点突出；"美"，就是要注意板面安排，要讲究艺术。要注意字的大小、线条的勾勒、色彩的搭配，要既醒目又悦目。同时要考虑到板书受黑板大小的限制，所以板书的内容要使黑板能容纳得下，还要使后排和左右排的学生看得清。目前，有些书刊介绍的板书过大，超出黑板所容许的范围，即使写上，也是字迹拥挤，学生看不清。还有的板书线路曲曲折折，有如迷宫，使学生无法辨认。这种板书，是脱离课堂教学实际的，只能写在纸上而无法用于教学。

板书使用的程序。

使用板书，有严格的程序。要特别注意用在关键时刻。不该用时千万不要去用，一旦需要用时，那就要笔笔引路，字字点睛，对先后出现的次序要精心安排。哪一个字先写，哪一个字后写，一条线在什么情况下画，一个符号在什么时候出现，都要事先设计好。往往一笔先后出现不同，收到的效果也不同。例如，为了帮助学生理解《我的叔叔于勒》情节安排对表现人物和主题的作用时，可采用例十四那则板书。这则板书使用的程序是：先引导学生把小说的情节归纳为：打发、盼归、怕见、躲开，按下面形式排列：

接着问学生：作者这样安排情节主要围绕什么？就在学生似通未通之时，教者可画出"金钱"图：

然后，再把小说中的几对人物关系找出来，形成例十四这则板书。教者可就此进行演示，用一张比"钱"稍大的纸（教案也可）遮住"钱"，"钱"不见了，他们之间的关系线也就断了，那么，他们之间就是兄不兄，弟不弟；嫂不嫂，叔不叔；夫不夫，妻不妻。把纸移开，"钱"又出现，他们的关系线就又连接上了，那就是好兄好弟，好叔好嫂，好夫好妻。这样，无须教者多讲，学生对这个问题也就不言而喻了。试想，如果把这则板书事先画好，在学生不理解的情况下让他们去猜，那效果就完全两样。除此之外，我们还要排除随意性，这是板书之大忌，必须克服。

要灵活运用板书。

板书的形式灵活多变，在教学时要充分发挥这个特点，不能生搬硬套。为了讲好一堂课，可以根据教学目的，组合几套板书，使之互为补充。手法高明的教师，常常在解决这个问题的板书上增减几笔，就变为解决另一个问题的板书了。为了调动学生的思维，发挥他们的能动性，也可留出一部分让他们思考着去做。板书应该是教师自己教学艺术的独创，因而不能轻易地套用别人的板书。使用别人成功的板书，要注意是否适合自己的具体情况，切忌照搬照用。时移事易，应随之而变。或进行改造，或重新组合，适我用者则取，不适我用者则弃，决不能搞成固定不变的模式，僵化板书，以至僵化教学。

要认识板书的局限性。

板书是课堂教学的一种重要手段，而不是唯一手段，因此它不能代替或排斥其他教学手段，只有同其他教学方法互相配合、相辅相成，才能创造出理想的教学效果。板书是在备课中产生的，因此，现成的板书样式不能顶替自己的备课。板书虽然是教学艺术的集中体现，但我们不能为艺术而去板书，那样，我们的教学就走上形式主义的邪路了。况且不一定堂堂课都用板书，所以，我们不能把板书看成是万能法宝，不适当地夸大它的作用，这样无益于教学。

（此文 1985 年题为《简谈板书结构与设计》，发在《中学语文·湖北大学学报》第 7 期，1989 年《教学研究》7、8 期全文转载）

十四、庄稼院里的教育学

常有一些青年教师问我，那些破铜烂铁马掌钉（教学方法）是怎么搞出来的。我便对他们说，我虽然是个教师，但也是半个农民，那些法多半是种地时悟出来的。每当我这么说，他们总是付之一笑，有的说我幽默。谦虚和幽默，并不是我的风格，我也只是说了句大实话而已。

本人从 1966 年开始从教，在农村学校工作三十多年，基本是同那些庄稼院的孩子混在一起。孩子们土，本人更土；乡下的孩子是土孩子，那么我就是土孩子的土老师。本人出身根底浅薄，没有读过高中，第一学历只是一个专科，没有硕士、博士之类的头衔，是个打"地雷战""地道战""麻雀战"出身的"土八路"。没在"正规部队"（我眼中的城市学校）中受过训，对"正规部队"的战略战术不甚了解，养成一身游击习气。在教学上无章无法，不按规矩来，常常是不见鬼子不拉弦，打一枪换一个地方。乡下的空气虽然掺杂些土腥味，但呼吸起来舒畅、自由；虽然也备战考试，但没有"黑云压城城欲摧"那么紧张，没到刺刀见红，肉身相搏的程度。自己想怎么做就怎么做，想干啥就干啥，干啥也不是为了给别人看。每当夜有所思，思有所得，第二天便开始操练那几个三军儿郎。无论是大胜或小胜，同行们总要庆贺一番，很似大碗酒、大块肉的水泊梁山好汉。如出师遇挫、行兵遇阻，人人又都是出谋划策的高参，三个臭皮匠一类的高参。同为文人，不相轻而相重，不相嫉而相依，绝无暗中下绊子之说。如有人偷着做手脚，那将被大家骂之为浑蛋的，必将会招致共讨之共诛之的后果。就是在这样的环境中，本着陶行知先生所说，"农夫的身手，科学的头脑，改造社会的精神"迈出几步，练出几手农家拳脚。

自己不会武术，但读的武侠小说比教育学还多，这也许是不务正业吧。但读来读去，悟出一点心得，教学与练武功颇有相似之处。不讲花拳绣腿，务求实实在在；不求速成大法，务必打好根基；不争一日之高低，只求学生未来之无限发展。自己不想立门创派，唯求于社会有益。教学之法何来，由人而来。眼中有人，心中有法；法为人而生，为人而生法；法无定法，因人而法；人变则法变，变法而为人。高效之法，乃自己所创，非抄袭他人之法；他人之法，吃进来化为力量再使出去，方能成自己之法。这也不是自己的发明，是鲁迅先生《拿来主义》中的观点，本人只是套用而已。

　　对语文教学的理论问题，本人不敢奢谈，那是高层次的。我这个乡下人心眼不灵活，思想单纯，眉眼高低看不出来，近乎傻，一条路跑到黑，不撞南墙不回头，有时撞了南墙也不回头。老是这样想，乡下的孩子凭着在初中学的三拳两脚，以后怎么能靠这点本事把自己发展成一个武术家；即使修为不到出神入化、炉火纯青的境界，也得凭借初中的功底学会点自卫防身之术。因而，有功夫往这方面上用，有劲往这方面上使，有汗往这方面上流。语文教学中的十八般兵器，用之即取，从来也没事先看看标记，事后方知是拿了"人文性"的，还是选择了"工具性"的。本人种过地，侍弄过庄稼，在种地和育人之间，也悟出点理来，表白一下自己，多半是将种地侍弄庄稼之法用在教学上。俗话说，"一花独放不是春"，农民的追求非常明确，从春到秋，他们辛辛苦苦为哪般？就是为了获得粮食的丰收，他们所求的是整片田地的丰收，不是一垄两垄，也不是一棵两棵，十棵八棵。所以他们把地里的庄稼苗儿视为儿女一般，公平对待。无所偏，也无所向；无所重，也无所轻。他们知道，都是自己的庄稼，手心手背都是肉，肝也好，肺也好，缺了哪个都不行。如果硬说出他们有所偏向，他们反而对那些弱苗多护着一些，投入的力气多一些，照顾得周到一些，"偏饭"多吃一些。因为他们知道，这些弱苗如果成了瞎糠瘪稗，要影响整片地的产量，收成要受到影响。因而自己在教学中，重视那些"三类苗"的成长，努力促使差生健康发展。再如施肥，氮肥长秆长叶，见效快，施后过不了几天，庄稼就叶绿秆粗，因而一些人认为庄稼只需施氮肥，让它一味地生长，满眼枝繁叶茂，以为这就是丰收。然而这样的庄稼遇风则倒，遇雨则烂，遇虫则害，遇病则灾；即使熬过这些劫难，到秋来多半是"假大空"，钱没少花，劲没少使，两手一摊，叹口长气。懂得种地行道的人，喜欢施农家肥，尽管化肥见效快，但不愿意施化肥，因为农家肥里各种元素具备，营养搭配合理。即使施化肥，也要氮、磷、钾、钼、镁、锌、铜、铁等元素合理匹配，避免了营养单一，畸形发展。这样的庄稼长势虽慢，但抗风抗雨，抗病抗灾，长得结结实实，秋后收的是饱满的万颗籽。种庄稼如此，育人又何不如此。学生成长需要"德、智、体、美、劳"五育俱全，现在很多学校，只给学生灌输智育，造成学生"营养单一""营养比例失调"，由学生想到庄稼，真叫人担心、痛心，真叫人出一身冷汗哪！侍弄庄稼的人懂得该怎样给庄稼施肥，"侍弄"学生的人就不知道育人之法吗？

在自己的农家院与母校来访的大学生交流

我们教学提倡"以人为本"，农民种地，也有"本"，这个本就是"谷"，也就是"以谷为本"。一粒种子播进土里，农民看到它出土了，长成了小苗，心里盼望它快快长大，恨不能立即就变成累累的硕果。农民心里不管怎样急切，但他们知道，营养要靠庄稼自己一点一点地吸收，水分要靠庄稼自己一滴一滴地吸取，成长要靠庄稼自己一步一步地积累。这是谁也不能替代的。虽然农民不断地给庄稼松土、施肥、浇水、锄草，他们心里明明白白，这些劳动只是给庄稼创造一个利于成长的外部环境，通过外部条件的改善引发庄稼内部因素发生变化，从而从内到外形成庄稼健康成长的大气候。可见，"树人"和"树谷"之间有些道理多么相似呀！然而，在现实生活的教育中，却出现了不少揠苗助长的智者，代替庄稼苗喝水吸肥的高人。这些年来，已经是习以为常、见怪不怪了。这可是农民都明白的道理呀！

　　一次一位同行来访，我向他叙述此理，他说，这不是教育学吗？我说，不，这是种田法。他又说，是教育学，是从种田法中衍生出的教育学——庄稼院里的教育学。

　　他把我这番话称之为庄稼院里的教育学，又迫使我这个慢脑筋转了几个圈。农村人有句话，叫"隔行不隔理"，想想种地，想想育人，也许会参悟出一些育人的道理来。跳出自己行业的圈子，站在别的山头上看自己的山头，也许比站在自己山头上看到的更多，看到的更全面，收获的也许更多。"不识庐山真面目，只缘身在此山中"，说的也许就是这个理吧。

十五、谈"师道公平"

　　教育不公平是一个人们议论的热门话题，提起这个话题，人们可以一口气数出多少种现象来，如城乡之间的教育差距加大，贫富地区教育发展的不平衡，教师工资待遇水平不一。一提起这方面的情况，人们一方面感到愤愤不已，另一方面又感到无可奈何。教育不公平还有一个十分重要的表现，这几年在我们的头脑中逐渐淡化了。说到这先停一停，插入一个听到的故事。在十年动乱的年代，有一个生产队，粮食减产，这个队长想出一个应付的办法，让人在几十垧地中选出十个穗大粒饱的玉米，他就拿着这十个玉米穗去向领导报喜。领导见了这样好的玉米，十分高兴，以为他们获得了丰收，不但没有批评他们，反而表扬了他们，奖励了他们。这个队长确实是很有本事，硬把减产变成增产，把灾年变成丰年。这个故事听来感到很荒唐，然而就是这样的荒唐故事却和我们教育的一些现象很类似，那就是为了追求能升入重点校的几个"玉米棒"，不惜荒芜大片田地，甩掉大帮学生。

　　同样环境中，同等条件下，学生没有得到他应该得到的教育，如果把它归类，也只能归入教育不公平之中。因为教育的本质就是培养人，使受教育者得到提高和发展。可能有人会这样说，学生先天有异，基础不同，个性有别，这怎么能和农民种地扯在一起呢？这方面的因素并不排除，因为是客观存在。然而，在实际教学中，一些老师的眼中总把学生分三类苗：一类苗，是能升入重点学校的重点生，二类苗是成绩一般的中等生，三类苗是学习中的差生。劲往哪类苗上使，肥往哪类苗上追，汗往哪类苗上流，那当然是秋后能入选的"玉米棒"了。对于那些成绩差的学生，升入重点学校无望的二类、三类苗，那就只好任其自然，听天由命了。也难怪老师们这样做，因为到头来，只能凭入选的"玉米棒"多少来评定高低，论功行赏。

有个学生对我说，他入学到毕业，老师没有提问过他一次。这样的学生不必打听，肯定是一个不具备入选资格的"玉米棒"。还有个学生说，老师一见到成绩好的学生就笑，见到他立刻就晴转多云，这样的学生，到老师那去问问，必定是所说的"瞎糠瘪稗"。以前，我只以为这样的现象在条件差的农村学校存在，但在城市学校调查，情况也如此；以前只以为一般学校是这样，但在大家认为是重点学校中调查，情况并不怎么强。从南方到北方，从城里到乡下，这种现象处处有，这种不公平中的公平已经是一个司空见惯的普遍现象了。

对于城乡间教育的差距，贫富地区之间教育不平衡，教师工资待遇不平等，有的说这是世道不公，那么把学生分为三六九等又是什么，该归类到"师道不公"了。世道不公，显而易见，有目共睹，其危害大家都知道。师道不公，潜流暗行，其危害也不能轻视。它使素质教育成了空壳子，面向全体成了幌子，全面发展成了水上漂，如果把它上纲上线，可以升级到危害国家富强上，链接到有碍民族振兴上。本人并不是在开"帽子工厂"，也不是危言耸听，只是提醒大家，引起注意，尽我们之所能，给学生一个公平的教育。

世道不公，我们无可奈何，感叹无回天之力，师道公不公，那完全在于我们教师自己。事怕颠倒理怕翻，我们的老师啊，设身处地去想一想，如果你是一个学生，遇到一个不能公平对待你的老师，你做何想？如果你的孩子在学习中遇到难题，老师不理不问，你又做何想？如果你的孩子犯了错误，老师不能给予正确的批评教育，你又该做何想？如果你的孩子在需要老师帮助的时候没有得到帮助，你又该做何想？有人说教师吃的是良心饭，干的是良心活，良心所在，就是倾尽全力为学生奉献爱，对所有的学生一碗水端平。现在，课程改革如火如荼，新的教育理念不断地提醒我们，要师生平等，尊重学生，注意学生的个性，面向全体学生，面向学生的未来。如果我们不能一视同仁地对待我们所教育的学生，这一切说得再好，喊得再响，也是空头支票。以人为本，就是心中要有学生，这学生不是几个，而是全体。那些学习差的学生，他们也有自己的未来，也有各自发展的前途，并不是不可雕琢的朽木，是未来祖国的建设人才。这些道理，大家比我知道得多，但我们要付之于行动，付之于实践。课程改革的标志，不只是简单地更换了一本教材，其宗旨是要提高整个民族的素质，我们不能像笑话中的那个队长，拿几个选出的玉米穗来标榜自己的成绩。

　　这是我们能做到的事情，老师们，还给学生师道公平！

原刊于《吉林课程改革》2005 年第 2 期

农村教研探索篇

一、办好教研教改基地，为山区教育发展铺路搭桥

——露水河教研教改基地的调查报告

露水河林业局一中教研教改基地，位于长白山下，是以露水河林业局第一中学为中心，联合周边的学校建立起来的群众学术团体。2000 年 7 月，我们以中国教育学会中学语文教学专业委员会的名义，把露水河林业局第一中学设为教研教改基地校，并以这所学校为中心，辐射、带动周边的学校开展教研教改活动。2002 年，在经常参加活动的 8 所学校建议下，成立了以露水河林业局第一中学为中心的教研教改基地。根据工作的需要，以后又被我省教育学院定为教研教改基地。

这个基地有三个特点：一是面积大，西起松江河，东到二道白河，跨铁路线、公路线之间一百多公里；二是具有企业、地方两种办学模式；三是都处于长白山腹地，经济相对落后，办学条件差。经过近四年的努力，基地成员校由刚成立时的 8 所，发展到现在的 11 所。按行政区域分，延边州的安图县有 4 所，白山市的抚松县有 7 所；按办学模式分，有企业办学 3 所，地方办学 8 所。这共 11 所学校之所以能组织在一起，形成具有一定规模的教研教改基地，主要原因是在当地有 739 名教师，7377 名学生。最大的学校有 1341 名学生，最小的只有 150 名学生。

在教育发展中，各校都遇到了自己难以解决的相同问题。教育发展不均衡，农村教育是重灾户，山区教育首当其冲。一是教育资金不足，特别是各林业局所属的企业学校，因企业经济滑坡，教育经费投入逐年递减。二是由于生员减少，学校规模萎缩，由此导致各学校同科教师减少，有的学校一名教师兼两三科教学任务，很难开展教研活动。三是各校的教师队伍难以补充、充实和提高，这也是令农村学校最感头痛的问题。多数学校四五年没有新教师充实，有的学校已经连续六年没有分配到教师，而较优秀的教师又不断地被调走或外流，如基地成员校松江乡中学，这

所仅有 28 名中学教师的学校，2003 年一下子就被调走 3 人，近期又有一名优秀教师被选中，调往县城学校。四是面对新的课程改革，缺乏业务指导，林业局的业务部门名存实亡，地方学校由于地处山区、交通闭塞，再加上各方面的条件限制，教师的素质很难得到提高，课程改革的精神难以落实到教学实践中。类似这样的现象还能说出许多，但我们认为这几条是最主要的。虽然面临诸多困难，但各学校的领导和老师们却有着办好教育的强烈愿望，有着不甘落后的追求，思索着如何摆脱困境，谋求事业发展。这样，教研教改基地便在这里应运而生了。它一诞生，就显示出它的生命力和存在的价值，得到各个学校的关爱和支持，并经历了由小到大，由单一语文学科发展到各科并进，由单纯的教研发展成教研、科研、师培三结合的历程。

基地成立后，主要抓了以下几方面的工作。

1. 选学科带头人，发挥他们带头、示范、引领作用

评选学科带头人，是基地活动的一个主要内容。评选学科带头人的主要目的，是通过这些教师的专业引领，充分发挥骨干教师的带动作用和辐射作用，拉动教师素质的提高，这也是对基地资源的充分利用。学科带头人两年评选一次，现在已经评选两期，前后共在 11 所成员校中评出 21 名优秀教师。

所评选出的学科带头人，是基地最宝贵的财富。这两届学科带头人，无论是在教学研究的探讨上，还是在科研课题的研究和教师培训上，都起到了带头作用、示范作用、引领作用。这些教师在学校工作中兢兢业业、勤勤恳恳，刻苦钻研，取得了为大家信服、认可的好成绩。在基地中，这些教师形成了一个优秀群体，对周边的教师发挥着影响力。在基地的各项活动中，他们基本上都是挑大梁的人，为基地的教研、科研、师培等活动做出了贡献。

2. 组织成员校开展教研活动

自从基地成立以来，教研活动接连不断地举行。基地多次组织各成员校之间相互听课，相互交流。组织评选优质课、优秀教学论文、优秀教学设计。各校的优秀教师是基地各校共有的财富，基地成员校如果提出要哪一位教师到他们的学校来上示范课，基地秘书处立即协调、安排。集体备课，是基地一直坚持的一项教研活动。每学年初，各学科的教师分别集中在几所学校，由评选出的学科带头人担当主讲。然后，集中几个共性的问题或疑难问题，大家共同研究讨论。这样，学科带头人的特长既得到了发挥，集体的智慧又得到了利用。特别是进入课程改革以来，多数教师没有经过培训，对课程标准教材的把握有一定的难度。2003年秋季开学之前，由基地出面，邀请抚松县教师进修学校的6位教研员来基地，担任这次集体备课的主讲，指导教师如何理解教材、把握教材、使用教材。通过教研员对不同版本教材的对比分析，结合课程改革的理念和要求，使听辅导的教师对课程改革的理念有了较正确的理解，对使用课程标准教材有了一定的把握。

3. 组织校际交流，支援薄弱校

组织成员校交流，支援薄弱校，是基地抓的一项主要工作。各成员校之间的办学条件、师资力量存在差异，力量薄弱不均。为了促使各校的发展，他们一方面组织成员校之间的交流，另一方面集中各校力量开展支援薄弱校的活动。

例如，基地成员校抚松县砬子河中学是一所规模较小的学校，学校共有两栋平房，每个年级两个教学班，一个年级一个学科只有一名教师，办学条件差，师资力量薄弱，教学研究很难开展。2002年，基地组织学科带头人到砬子河中学送课，并组织送课的教师同该校教师交流、研究教学的问题。这样，这所学校的教师不出校门，就可以学习到外校的经验，学习到优秀老师的教学方法。

安图县三道中学是一所较为偏僻的中学，师资力量薄弱，驾驭课标教材有一定的困难，请求基地支援。为了这次活动，基地特意聘请了吉林省初中语文教学新秀、白山市九中陈萍老师，又在基地中挑选了数学、英语等5名学科带头人到三道中学送课。这样的活动，受到当地学校的欢迎，不是基地成员校的周边学校也闻风而至，每科听课教师都达到一百余人。

他们把这样的活动称之为"同步走"，意思很明确，就是使基地的成员校都能共同前进，同步发展。

4. 在基地中开展校本科研活动

校本科研，是基地主抓的重要工作。基地各成员校认为：学校的教育科研必须符合学校的实际，不能把科研作为装饰门面的花瓶。学校的科研活动，要从实际出发，紧紧围绕学校的发展去做文章。教师的科研活动，主要是以提高教学质量、提高自己本身素质为目的。这样，就把科研同学校的发展、教师的素质提高结合起来了。基地根据露水河林业局一中的经验，向各成员校提出了"积小改为大改，以小题换大题；化大题为小题，破小题通大题"教育科研思想，得到了各成员校的响应，并以这种思想为指导，在基地各成员校中开展了校本科研活动。各成员校成立了学术委员会，负责本校的课题的立项、审批、验收等工作。成员校筛选出的优秀课题报到基地，由基地负责管理。这样，在基地内形成了两级科研网络。这些课题的特点是：立题小、周期短、见效快，有鲜明的针对性、较强的实效性，调动了广大教师科研的积极性，有的学校出现了人人有课题、人人搞研究、人人有提高的喜人局面，在教师的成长过程中，起到了促进作用。

5. 初步形成教师培训网络

面对当地山区学校教师培训所处的尴尬局面，他们通过几年的工作，形成了三级培训网络。

第一级，校内自培。各学校充分发挥本校优秀教师的作用，开展以老带新、以优带新活动，利用本校的资源进行培训。例如，露水河林业局一中的张焕凤老师，原系三岔子林业局技校毕业生，因工作需要受聘于露水河林业局第二小学任教，2002年调到林业局一中从事语文学科教学。非师范毕业生从事教育已属不易，由小学到中学更面临着诸多困难。语文教研组组长王凤芹老师主动承担起了对张老师的"传帮带"任务。王凤芹老师诲人不倦，张焕凤老师虚心以求，使一位年青教师茁壮成长起来。去年，张焕凤被基地评为第二批学科带头人。

第二级，基地培训。利用基地的骨干教师的资源，对薄弱学校、薄弱学科的教师进行培训。首先，成员校向基地提出需要培训的学科的教师，基地根据申请选择具有一定学科优势的学校承担培训任务，培训学校选派学科带头人或优秀骨干教师对其进行"传帮带"。以最近的一次培训为例，各学校报到基地要求接受培训的教师12人，基地分别把这12名教师分配到露水河林业局一中、泉阳林业局初中、白河林业局初中和安图县二道镇中学接受培训。培训过程主要是："听课——在培训教师指导下完成教学设计——试讲——接受指导与点评——再听课——再试讲——写出培训总结"，最后，培训教师要对受培训教师写出客观的鉴定。受培训教师回校后，要向学校提交培训报告，并上"汇报课"。

第三级，在城市中学接受培训。山区的教师需要同外地沟通，需要开阔眼界，需要学习先进的理念和方法。该基地在各方面的支援下，在城市中学设立了农村教师培训校，把选出的教师送到城市的学校免费进修学习，提高了教师培训的质量和层次。

在教师培训上，基地既抓普及，又抓提高。基地评选出的学科带头人也同样面临着一个再学习、再提高、再发展的问题，如何促使这些教师更上一层楼，基地除了选拔教师到城市学校继续学习外，还在基地内开展了研究性提高的培训活动。每学期把基地学科带头人和骨干教师集中起来，进行为期一周的集体研讨。每位教师都要现场作课，课后研讨，提出哪些方面是值得学习、借鉴和发扬的，哪些方面是应该斟酌、修正和摒弃的。通过互听、互评，达到了互相学习、互相帮助、彼此交流、共同提高的目的。

第一级、第二级培训属于普及型培训，第三级与研究性提高为提高型培训。各种培训已经进行了多次。

教研教改基地呈现出了以下优势。

1. 整合了各校的优势，形成拳头

教研教改基地所起的作用以及它在当地所存在的价值，就是把一些薄弱学校联合起来，整合了各校的优势。农村学校的经费捉襟见肘，很难派教师到外地参加教研活动。联合起来后，形成"众人拾柴火焰高"之势，使得他们有限的人力、财力、物力得以充分利用。基地组建后，多次邀请了省内外著名的教师、学者，来基地授课、讲学，这样的事情以前一所学校很难承担费用，但基地把大家的力量集中在一起，一所学校办不到的事情基地办成了。基地把分散于各个学校的优秀教师组织起来，形成了学科较齐全、数量较充足的优秀骨干教师队伍。这些优势集合在一起，缓解了农村学校"缺人（优秀教师）少钱（经费）"的矛盾，使各个成员校有了可靠的依托。正像一位成员校校长所说："分散的农村学校就像一粒粒散落的沙子，基地就像水泥，它把这些沙子聚合在一起，变成了与石头一样坚硬的混凝土。"他们有"小校成为大校，弱校变为强校"的感觉。

2. 符合当地的实际情况，受到学校、教师欢迎

教研教改基地的活动，符合当地山区学校的实际情况。这些学校都处于长白山的深山老林中，距县城远，交通不便。去县城参加一天教研活动，往返就需要三天时间。有的学校难于支付差旅费，就派一人参加，或者干脆不去。林业局所属的学校，教研部门基本瘫痪，业务上无人指导，地方教研部门又不便介入，用一个老师的话来说，是在闭着眼睛搞课改。教研教改基地出现后，这些学校的情况都得到了改观。教师就近就地就可以参加教研活动，业务学习也有了保障。因而，教研教改基地受到当地学校、教师的欢迎，每搞一次教研活动，学校、教师都积极参加。

3. 校际交流有了合理的渠道，活跃了山区教育

基地 11 所成员校分在两个地区两个县，两种体制办学，虽然有的校与校之间距离较近，但以前相互之间很少来往。组建成基地后，发挥群众学术团体的优势，突破了行政区域的界限，打破了行业间的壁垒，使这些学校摆脱了孤立、封闭式的状态。哪个学校有了好的经验和做法，大家都可以相互学习、借鉴。如露水河林业局一中的校本科研经验一出现，就在成员校中推广，并在各成员校的努力下，使这个经验趋于完善。一个成员校举办教学活动，其他学校都积极参加。教师之间也有了相互交流、学习的机会。有位老师说，以前各个学校就像一个个死水泡，联合起来就成了一条流动的河。教研教改基地，给山区的教育带来了新的景象。

4. 发挥了各学校的积极性，形成了凝聚力

教研教改基地，挖掘了基层学校的潜力，调动了各学校的积极性。教研教改基地成立的目的是要解决各学校的困难，所以大家能群策群力、共同攻关。每年基地都需要筹备一定的经费，以保证各项活动的开展，但是他们绝不强行摊派，要求各学校量力而行，有些经济条件较差的学校主动交费，他们也坚决不收。有了困难，大家有钱的出钱，有力的出力，有人的出人。比如，他们在进行联合培训教师的时候，有培训能力的学校就积极主动地为其他学校多带培训教师，为了给学校和老师减轻负担，还为受培的教师解决食宿问题，有的校长就把受培训教师请到自己的家里吃住。有许多在别的地方看来是难以解决的问题，在露水河教研教改基地各成员校中却成为轻而易举的小事了，因为大家把基地看成一个大家庭，在各学校中形成了向心力。

5. 三股劲往一处使，有利于当地教师的发展提高

由于教研教改基地将教研、科研、师培结合在一起运作，为教师的成长拓宽了道路。在基地内，优秀教师已经成了一个群体，并相互影响，有助于他们的提高和发展。基地内开展的教研、科研、师培等活动，促使广大教师的素质不断提升。教师素质的提高，也带来教学方法的更新和教学质量的提高，学校的面貌也发生了变化。基地各成员校的优秀教师虽然不断外流，但基地为教师铺设了有利于发展的大环境，优秀教师不断涌现。其中一位校长说："以前，每当暑假寒假，我最担心的就是教师外流的事情，现在心情可以松一松了，我们学校的教师已进入波浪式的发展状态，一个人调走，另一个人立即就填补上。"

这个教研教改基地，有自己的章程，有共同的奋斗目标。他们每年开学前召开一次理事会议，确定一年的主要工作。主要工作确定后，各成员校都自觉认真地执行。比如，基地要求各学校对评选出的基地学科带头人给予一定的奖励，有的学校就为学科带头人免费订阅了教学刊物，有的在年终发了奖金。在基地成员校中，虽然有大校小校之分，有强校弱校之别，但大家都互相尊重，平等民主。有事大家共同商量，有困难大家齐心解决。基地的主要任务，就是为各个学校服务，因而得到各学校的信任，得到广大老师们的拥护。他们绝不借搞活动为名收费，凡是基地主办的活动，对基地成员校都是无偿服务。这几年，基地外请五六位专家学者讲学、做报告，有人提出少收点听课费，他们没有这样做。基地内评学科带头人、评优质课、评论文，从来不收评审费，聘请来的评委也都是义务服务。各个成员校也是这样做，这方面是共同遵守的制度，也是不可逾越的红线。

基地的秘书处设在露水河林业局教师进修学校，工作人员都是身兼二职的义工，他们既有自己的本职工作，又要花费一定的时间组织基地成员校开展活动。他们在基地方面的工作没有一分一文的报酬，也没有一分一文的补助，完全是无偿的服务。在物欲横流的今天，这种精神是值的提倡的。

我们对教研教改基地进行了多次论证，几次召开专门研讨会。与会专家一致认为：以教研教改基地的形式将各个学校组织起来，形成校际联盟，适应了目前农村学校的实际需要，不但为当地学校解决了一些自身难以解决的问题，也缓解了各级政府和教育行政部门在科研、教研、师培方面的经费不足所带来的一系列矛盾。同时，这种形式又不受部门的限制，将教研、科研、师培自然而又有机地结合在一起，目标明确，力量集中，收到了"1＋1＞2"的效果。特别是在城市学校建农村教师培训校，为农村学校的发展注入了活力，带来了生机，也为如何发展农村基础教育提供了新的思路。教研教改基地这种形式的出现，拓宽了校本的空间，随之引出了校际教研、科研和师培的形式，这又是今后值得关注和研究的现象。

大家还认为：在农村教育物质条件匮乏的情况下，教研教改基地的出现，也是人的精神作用的体现。各基地成员校的领导和教师，面对困难，不甘落后，变革图强，他们不等不靠，联合起来，发挥各自潜能，以自力更生的精神，化解了一些不利因素，创造了有利于自身发展的条件。这是改变目前农村教育的一条希望之路。

现在，教研教改基地正在我省发挥着影响力，有的县已经借鉴这方面的经验，在县内划分几个基地，分基地组织教研、科研、师培活动，实现了教研重心下移，促进了农村学校教师素质的提高，加快了课程改革的进程。

2005 年 7 月 16 日

此文是在吉林省召开的教研教改基地经验推广会上的发言，另一作者刘贵修

二、从教研教改基地校到县域三级研培网络的报告

我省是一个农业大省，农村学校居多，农村教育是我省的"重中之重"。随着农村社会的发展，农村教育的形势也随之不断变化，原有的教研、师培、科研方式在某种程度上，已经难以适应农村教育发展的实际需求了。应该说，建立一种新的教研体制，促进农村教育发展，已经迫在眉睫。

农村教育，是建设社会主义新农村、构成社会主义和谐社会的重要因素，教研工作怎样促进农村教育向这个方向正确发展，是社会向教研部门提出的一个重要课题。我省教育学院从 2000 年开始，在各市、县教研部门的配合下，对这个问题进行了深入的研究。经历了教研教改基地校——教研教改基地——县域三级教研网络三个阶段，历时七年。现在已经取得了一定的经验和成果，借这个会议，向诸位进行汇报。

1. 从教研教改基地校到县域三级研培网络的发展过程

2000 年，我们在我省不同地区，不同体制的学校中设立了教研教改基地校，建立教研教改基地校的目的，就是把影响我省农村教育中的一些主要问题分解到各个学校去研究、去探索，试图找到破解的办法。经过几年的努力，通过这些学校不断地探索，取得了十分可喜的成果。例如，白山市第九中学"东请西聘，不如自己培训"的校本培训的经验；"积小题为大题，以小改换大改；化大题为小题，破小题通大题"露水河林业局一中（现为抚松八中）校本科研的经验；农安县青山中学"用一方水土育一方人"的农村语文课程改革的经验，吉林大学附属中学培训农村教师的经验，已在我省引起强烈的反响，起到了引领和示范作用，并且走向了全国。

2002 年，为了解决农村教育中出现的新的矛盾，我们在教研教改基地校的基础

上建立了教研教改基地。教研教改基地，就是以教研教改基地校为中心，联合周边的农村学校所组成的校际教研教改联合体。这样的教研形式的出现，并不是偶然的现象，是根据农村教育的实际需要应运而生的。它的出现缓解了城乡教育发展不公平的现状，减轻了农村学校经费不足、优质教师缺乏所带来的压力，为农村规模较小的学校的发展带来了生机。先后建立了四个教研教改基地，这四个基地以它们的实际行动，为农村教育的发展探索出一条新路。

以露水河林业局一中教研教改基地为例。这个基地处于长白山的深山老林中，秘书处设在露水河林业局教师进修学校。这个基地以露水河林业局一中为中心将延边州安图县、白山市的抚松县11所学校整合在一起。其中有企业办学3所，地方办学8所。共有739名教师，7377名学生。最大的学校有1341名学生，最小的只有150名。基地组建后在11所成员校中，前后评选2期学科带头人，为基地成员校的老师们树立起学习的典型。通过这些典型的作用，拉动教师素质的提高，发挥这些优秀教师在教研、科研方面的带头和引领作用。他们组织各成员校之间相互听课，相互交流。组织评选优质课、优秀教学论文、教学设计。坚持集体备课，组织成员校支援薄弱校，抽调学科带头人为薄弱校送课，给薄弱校教师开办科研讲座。组织各学校开展校本科研活动，形成由学校到基地的二级科研网络，并借助城市的教师培训校初步形成三级教师培训网络。

2005年7月，我省教育厅、教育学院在露水河林业局召开了"吉林省农村中学教研教改基地校工作研讨会"，全面地总结了教研教改基地的经验。我省教育厅、教育学院、教育学会的有关领导出席了会议，并邀请外省专家与会。教研教改基地的经验引起与会的领导和专家的高度重视，给与会者提出了很多的思考。大家认为，这样的形式，有利于充分发挥基层学校教研教改的积极性和创造力，有利于校本教研、校本科研、校本培训作用的发挥，把主动权交给了基层学校。教研教改基地将教研、科研、培训自然融为一体的形式是一种创造。并且这种形式已经突破了校本的范围，扩展到校际的广阔空间，为发展农村教育提供了一个既省钱又有实效，还可供参考的模式，是解决目前农村教育发展中所遇到困难的一个可供选择的答案。

教研教改基地是以群众学术团体组织出现的，但这个组织在运作过程中，也有其难以回避的矛盾。教研教改基地的活动，需要专业人员指导，专业人员又多集中在各级教研部门，教研教改基地因为是群众学术团体组织，教研部门对其并无固定责任。教育部提出教研重心下移后，各级教研组织都在思考如何实现教研重心下移的问题，而教研教改基地正体现了教研重心下移的思想，于是我们趁势开始筹建县域三级研培网络，于是，从 2004 年开始，县教研部门——教研教改基地——学校这样的教研形式在我省出现了。先后有舒兰市、德惠市、丰满区、大安市、通化县加入了这方面的实验（现在已经扩大到我省 15 个县区）。我们的研究也由农村初中延伸到村小。经过几年的努力，基本形成了比较健全的组织机构，形成了正常运行机制和工作方式，有了齐全的计划和制度。

2. 县域三级研培网络的组织形式

县域三级研培网络的中间层次是教研教改基地。每县按区域划分为几个片，每个片中挑选一所条件较好、处于中心位置的学校为教研教改基地校，其他学校属于成员校。一个教研教改基地少则三四所学校，多则十几所学校不等。教研教改基地的设立，根据各自的情况而定，如大安市在全市设立了 6 个教研教改基地，而丰满区则设两个教研教改基地。农村的中学跨乡镇形成基地，农村小学基本围绕中心校组成基地，地理情况特殊的乡镇，则在一个乡镇中组成两个基地。教研教改基地校主要为基地的活动提供场所和必要的条件。

教研教改基地的组织形式，以通化县为例说明。

教研教改基地成立了活动领导小组，小组的成员多是各个成员校的主要领导或业务领导。领导小组组长一般由教育局主抓基础教育的副局长担任，或由教师进修学校校长、教研部主任担任。常务副组长由教研教改基地校的校长担任，由他负责召开基地领导小组会议，确定学年或学期的活动计划，并负责组织实施。

各基地中还设学科活动领导小组。学科领导小组的负责人由所聘的兼职教研员（学科骨干教师）担任，由他负责制订学科活动计划，组织学科的活动。

县教研部门的教研员，一般的情况下，被分配到各个基地，协助基地负责人工作和自己的本学科指导。

基地在学年初或学期初召开领导小组会议，各个成员校和学科负责人参加，研究并形成基地的活动计划，报到县教研部门，县教研部门根据各基地的活动计划做出调整，并制订出教研部门为基地服务的方案。

这样，在县级教研部门的组织下，建立起教研教改基地，将所有的学校整合到各个基地当中，就出现了教研部门抓基地，基地拉动各个学校的活跃局面。原有的教研教改基地的长处不仅得到充分的发挥，而且给各县的教研、师培、科研的活动开辟了新的途径，注入了新的空气，带来了新的生机，出现了新的局面。

3. 三级研培网络在农村教育中显示出的优势

（1）整合了各校的强项，达到了优质资源共享的目的。三级研培网络建立后，通过教研教改基地这个媒介，将各校的优质资源整合在一起，使其作用得到集中发挥。农村学校优质教师短缺，多数学校某学科较强，其他几个学科较弱，教学教研受到制约。教研教改基地把各校联合在一起，发挥了各校的学科优势。例如，舒兰市西部教研基地，各基地校都根据自己的强项在教研中发挥自用。五中负责英语和音乐活动，三十一中负责语文、历史，二十一中负责物理和数学，十九中负责政治和体育，六中负责化学和地理，二十中负责生物和美术。各个学校既扬长避短，又相互取长补短。在基地的各成员校中，少则教师二三十人，多则近百人，合在一起几百人，在几百人的教师队伍中，各学科的骨干教师基本齐全，基地就充分利用这些骨干教师，在各成员校中发挥示范、引领作用。比如组织他们会诊薄弱学科，帮助薄弱校改进教学，组织他们为薄弱校送课，利用他们培训教师。这样一个优秀教师作用，就不限制在一所学校之内，其他学校就可以用其带动自己学校的教师，弥补自己学校的弱势。

（2）调动了基层的积极性，消除了教研死角。一般情况下，县教师进修学校中小学教研员只20人左右，而全县的中小学（含村小）则是200～300所。中小学任课教师少则两三千人，多则超万人，分为20多个学科。教研员少，学校、教师多。目前，有相当一部分学校因为各种原因，教研活动长年处于瘫痪状态。虽然督学不断加强检查，教研员经常下乡指导，但不能天天去督促，校校去检查，人人去指导。三级研培网络建立起来后，扭转了这样的被动局面。作为基地的成员校，必须参加基地的教研活动，基地的活动拉动了各校的校本活动。这样，三级研培网络就起到抓纲举目，牵一发而动全身的效果。

以前，教研部门举办教研活动多半在县里进行。举办一天的活动，农村偏远学校来往路程需要两三天的时间。农村学校因为经费的问题，多数学校只派一人，有的学校甚至不参加。在基地校或基地成员校中搞教研活动，承办活动的学校的教师参加活动不出校门，其他的学校距离比较近，当天可以往返，解决了工学的矛盾，教师来往的费用相对减少了，参加的人数就增多了。在基地开展的各项研培活动，是基层学校和一线教师根据他们自己的需要而举办的活动，有深厚的群众基础，所以，学校有热情，教师有积极性。我们在基地中调查，基地举行的学科活动，基地成员校的教师基本全员参加，这是以前从未出现过的情况。

三级研培网络，解决了农村一些规模比较小的学校在校本教研中难以克服的问题。目前，农村学校的规模比较小，200 名左右学生规模的学校比较多，有些学科是一人一科，有的是一个教师兼几个学科的教学任务。同学科的教研活动难以在这类学校开展。建立起三级研培网络的县区，规模比较小的学校有基地做依托，教师间的交流有了正常的渠道，类似这样的问题顺理成章地得到了解决。三级研培网络，既使教研教改基地校的龙头作用得到发挥，又使一些弱小学校受益，使一些薄弱学科的教学质量得到明显改进。

（3）三级研培网络在师培方面显示出独有的作用。三级研培网络的建立，为我省农村学校师培工作带来了新的转机。现在省、市培训教师，是这两级的骨干教师、学科带头人。农村学校这类的教师少，很难有机会得到培训。舒兰市初中教师 1411 人，2002 年以来参加省级培训的教师仅 11 人，接近 0.8%，参加市级培训的 124 人，只有 9%，省市两级培训仅占 10% 左右。有 90% 左右的教师难以得到培训，我省其他县的情况也大致如此。三级研培网络建立起的县（市），利用基地这个平台，在抓教研工作的同时，也把重拳出击在教师培训这个难题上。吉林市丰满区在城市学校——吉林 29 中建立了农村教师培训校，利用 29 中的优质教师资源培训农村教师。教研员以 16 中、27 中两个农村基地校为依托，对各学科的农村教师开展"三上三下"研讨式的培训。就是在一个学期内，在教研员的组织下，各校受培教师分三次集中到基地校进行培训，每次培训时间为一天。第一次上、下，是教师上来接受集中培训，受训后回到学校在实践中提高；第二次上、下，是教师再次上来接受集中培训，一方面检验上次培训提高情况；另一方面进行新的培训内容，再留新的作业，然后再回到学校在实践中提高；第三次上、下形式和内容与第二次上、下相同，从而完成第一个循环，然后由教研员进行期末鉴定，决定其本学期培训是否合格。每学年两学期进行两个循环，此种培训形式坚持两年，已经培训出 60 多名优秀教师。德惠市利用基地这个平台，创造了"小班提升"，使德惠市的教师进入三级跳跃式的发展环境中。即在校骨干教师基础上产生基地的骨干教师，县教研部门在各基地的骨干教师中选出县级骨干教师，县教研部门把这些教师组成小班，由教研部门精心打造、培养。学校——基地——县，成为教师发展的轨迹。其他几个参与实验的县，也都借鉴了露水河教研教改基地的经验，开展了以优带徒、联校互培的活动。通过在一些县区观察，县级三级研培网络，有充分的条件集中本地的培训力量，整合培训资源，用自己的力量培训自己的教师。这样的培训既包括了广大教师的普及性培训，也涵盖了骨干教师打造的提高性培训。

（4）三级研培网络在教育科研方面发挥的作用。县域三级研培网络，是一种运作的形式，可以把它称之为平台或载体。运用这样的形式，能构建成不同的系统。在教研教改基地这个平台上，纳入教研，就形成了教研系统；纳入师培，就出现了师培系统；纳入教育科研，也就形成了科研系统。

在已经构建成三级研培网络的县区，在教研教改基地这个平台上已经加进了科研的内容。有些县区形成了县——基地——学校三级科研网络。他们把教学中存在的一些问题在基地中组织教师跨校研究，取得了一些成果。激活了基层学校和广大教师科研的热情，形成了人人搞科研、校校抓科研、级级管科研、层层出成果的群众性科研运动。例如，德惠市和吉林市丰满区，利用学校学科教研组，基地学科活动领导小组，开展了主题教研的科研活动（见《构建校本主题研修系统，引领教师主动发展》）。

这方面的功能，有很大的潜力挖掘，参与试验的县区已经开始了这方面的探索。特别值得提出的是，在三级网络状态下的教研教改基地，具有很强的综合作用，不仅将学校整合在一起，将教师整合在一起，将教研员与教师整合在一起，而且能将教研、科研和师培工作自然地整合在一起，形成一个综合的大系统。它可以整合各方面的有利因素，集中各方面的优势，调动各方面的积极力量来化解不利的因素，改变现有的环境，促进事物向良好的态势发展。这方面的作用应须予以重视。

4. 三级研培网络出现后引发教研部门的变化

三级研培网络，是由下而上的研培网络。它的基础在基层学校，发挥这个网络的作用，也必须遵循由下而上的这个规律。因而，有利于教研员教研观念的转变，增强服务于基层的意识。教研部门的设立，就是为基层学校服务，为一线教师服务的。然而现在的教研活动，变成了为完成教研部门、教研员工作的活动。教研活动与基层的实际需要渐行渐远。三级研培网络建立后，有利于教研工作拨乱反正，这样的工作形式必须要求教研人员深入基层，了解情况，亲自参与。教研部门也由以

前的发号施令，转为热情服务，只有这样，才能适应三级研培网络这样的体制需要。因而，客观上起到促使教研部门转变教研观念、增强服务意识、改变工作作风的作用。上面提到的通化县教研部的教研计划制订，是在各基地计划的基础上形成的，是为基层服务的计划，这样自下而上，掌握了基层的需要，抓准教研的重点，做到基层需要什么，教研部门就研究什么，到基层就指导什么。这样，也就出现了教研部门围着学校转的服务形式。丰满区的教研员深入基地校，将教研和师培工作结合在一起，以提高教师素质为目的进行教研活动，提出了"教研员围着教师转"的口号。正因为教研部门和教研员本着这样的意识，才有了工作上的创造。教研工作越来越踏实，效果越来越明显。舒兰市教师进修学校为了发挥三级研培网络的作用，用一年左右的时间，初中部的教研员把所有教师的课听了一遍；小学部的教研员听了30％任课教师的课，掌握了基层的实际情况后，对全局教研工作进行调整，使之教研工作越来越符合舒兰市的实际。基地所举办的各项活动，有明确的目的性，有强烈的针对性，因而也就收到了很好的实际效果，也由此形成了广泛的群众基础。在三级网络中，教研员的工作方式也发生了变化。以前，教研员搞的是学科教研，数学教研员只负责数学学科，语文教研员只管语文学科，相互之间没有联系。而三级研培网络的教研方式，必须突破这种单纯学科的行为，实行教研员负责基地的制度。在全县范围内，学科教研员负责的仍然是本学科的教研活动，但在他所负责的基地中，既要负责本学科的教研活动，又要负责其他学科的教研活动；不但要负责教研，而且还要负责师培、科研等活动。这样，就由单一学科向多学科综合发展，由单纯的教研向培训、科研方面综合。教研体系内部的变化，引发了教研工作方式的改变。

5. 对三级研培网络的思考

县域三级研培网络的出现，并不是偶然的现象。它是在我省农村教育形势发生变化的前提下，为了顺应这种形势的发展，解决农村教育中不断出现新的矛盾而出现的。它的基础来自于农村教育的实际需要。农村教育的不断发展，不断变化，教研的形式、内容也随之变化而变化。因而经历了教研教改基地校——教研教改基地——县域三级研培网络的发展过程。

目前，农村教育正处于变革时期。教育发展不公平的矛盾，在农村学校中表现特别突出。怎样化解或缓解这方面的矛盾，促使农村教育发展，教研部门在这方面应该起到怎样的作用，履行怎样的职能，发挥怎样的作用，这是我们研究问题的出发点。农村教育是一个系统工程，不能孤立地去看待一所所学校，如果那样，每个农村学校自身都有难以摆脱的困难，都有无法解决的问题。我们用系统的观点，把整个农村一所所学校看成是相互联系的，又具有特定功能的有机整体。在一定的区域内，把一些学校整合在一起，组成新的结构，各个学校在这个整体中相互联系、相互依赖、相互影响、相互作用，这样，它们的性质和功能就发生了变化。农村规模比较小的学校融入教研教改基地这个整体中，就改变了以往的环境，有了一定的发展条件。因而，有位校长深有感触地说："分散的学校就像一粒粒沙子，教研教改基地就像水泥，它把这些沙子集合在一起，形成和石头一样坚硬的混凝土。"有位老师也说："以前我们每个人就像一个个孤立的小水泡，教研教改基地把我们串联起来，变成了一条流动的河。"从这两位的话中，我们可以看出教研教改基地校的作用。

教研教改基地改变了局部区域的教育状况，是因为它发挥了整体作用。如果一个县，一个区用这样的思路整合本地的资源，其效果必然会大于局部（教研教改基地）。原有的各县教研网络是县教研部门对学校，呈二级研培方式，在这两级之间加进教研教改基地，就出现了三级研培网络。其中，关键的因素是教研教改基地，这个至关重要的因素出现，就在全县教育系统中引起了一系列的变化和连锁反应。比如，三级研培网络出现，教研部门、师培部门、科研部门如何运用这个网络开展工作；教研教改基地怎样定位，怎样建设，如何在各校中发挥作用；基层学校怎样参与这样形式的活动中；教研部门的作用怎样发挥；教研人员职能、工作方向有了怎样改变；如何保证这样的机制正常运行，等等。一股脑出现了很多问题，又都是新的问题，对这些问题需要我们认真对待，认真研究，认真探索，认真实践。三级研培网络本身就是一个系统工程，对其中的每一个环节都要慎重处理，使其合理配套，这样，三级研培网络才能在运行中得到不断的完善，不断的创造，不断的发展；才能使这样的形式越来越成熟，发挥的作用也就会越来越大。

以前，我们把教研教改基地校这种教研形式看成应急之策，权宜之计。认为它只适用于农村教育现在的特定阶段，有一定的时间限制，过了一定时间之后，这样的形式有无存在必要引起人们的质疑。把教研教改基地加入县区教研系统，形成三级研培网络，在参与试验的县区运行中观察，这个新生事物具有一定的生命力，有长远的存在价值。即使将来城乡教育发展不公平得到改变，现在农村教育的诸多矛盾得到了解决，但教研、师培、科研的活动也不会停止，三级研培网络这样的运作形式，也会成为备选的优秀形式之一。它的独有优势将会在新的环境中，新的形势下，发挥更好的作用。

有人认为，三级研培网络是否与校本教研的理念有冲突，有矛盾。三级研培网络是以学校为基础，以教师为主体，以基地为单位的教研活动形式，基地每组织一次活动，各成员校都要有相应的活动配合。比如，在基地内评选骨干教师，首先各学校要评选出自己学校的骨干教师，然后推荐到基地去参加评选。学校自身难以解决的问题，基地调动各方面的因素协助解决。二者之间相互依托，相互促进，发挥了各自的优势。可以说，三级研培网络，是对校本理念的扩大和发展。

县域三级研培网络是个出生不久的新生事物，我们在某些方面还缺少对它的充分的认识，对它的作用还缺少足够的评估，对它的研究只是处于起步阶段，有些问题需要我们不断发现，不断改进。比如，如何确定教研教改基地的地位、职能问题，在教研教改基地中怎样发挥骨干教师作用问题，三级研培网络运行的保障机制问题，教研教改基地内部建设的问题，都需要进一步的研究探索。由于它是个新面孔，在运行的过程中可能会出现这样或那样的不足，但需要我们去扶持，去培育，使它为我们吉林省的农村教育发挥出应有的作用。

本文是 2006 年 11 月 15 日在吉林省召开的
"李元昌农村教研师培经验交流会"上的发言

三、利用城市优秀教师资源培训农村教师的思考与探索

近几年来，我省对教师培训越来越重视，力度不断加大，投入也不断增多，取得的成绩也比较显著。随着我省教育改革的深入发展，对教师的整体素质要求也就越来越高，因而，教师培训的任务也就越来越重。尽管各级在这方面的工作一再加强，但人多面广，尤其是农村学校，很难在短时间内完成对教师全员培训。无论是当前的课程改革的需要，还是农村小康社会建设的需要，提高农村中学教师队伍的整体素质，都是一个关键的因素。

与陈小娅、管培俊亲切交谈

　　2002 年 8 月—11 月，本人在舒兰、榆树、抚松三县 9 所农村学校调查，在 500 多名教师中，从 2000 年以来，参加国家培训的为 0，参加省培训的仅 1 人，参加地区培训的 4 人，参加县培训的 12 人，受培的教师仅为 3.2％，近 97％的教师没有得到培训。

　　各级培训的教师基本是各级的业务骨干、学科带头人，但这类教师在农村中学凤毛麟角。而那些不是各级骨干或学科带头人的教师是绝大多数，他们承担着农村教育的主要任务，也应是培训的重点，偏又被各级培训所忽视（实际是顾及不上），本人称其为师培"死角"。如果处于师培"死角"这部分教师动不起来，他们的素质得不到应有的提高，势必影响农村基础教育的发展和农村教育的深化改革。

　　怎样消除师培中的"死角"现象，必须对我们以前的师培工作反思。

　　我省以前对教师培训的主要渠道是依托省教育学院，以及各市教师研修院和县区的教师进修学校。除省教育学院以外，各地区教师研修院和县区的教师进修学校培训能力有限，并且受到各方面条件的左右，培训的规模和质量受到限制和影响，远远不能满足当前农村教育的实际需求。

　　依靠教师进修院校培训教师，这种培训形式比较单一，不足之处也就越来越明显：一是培训规模小，难以满足全省基层学校的需要；二是与农村中学的实际要求、实际情况有一定的距离。从基层学校反馈过来的主要情况是：

1. 农村教师工资不高，还经常有拖欠现象，市县以下培训教师经费不足，有的地方要教师本人承担一部分费用，农村教师很难在这方面支出。

2. 农村学校经费紧缺，限制了在教师培训上的投入，当地政府对此也是爱莫能助。

3. 多数农村学校教学人员紧张，除假期外，无论是长期的还是短期的脱产培训，都影响学校的教学工作。

4. 院校培训的内容与教师的教学实际需要有距离，受培教师感到不"解渴"。

从以上的调查情况来看，目前我省消除不了"死角"现象的主要症结是：一是经费紧张；二是培训能力和规模有限，不能满足实际需要；三是培训方式、方法需要改进。如何将农村教师培训与我省的情况结合起来，缩小乃至消灭"死角"呢？本人做了以下的思考和探索。

近几年，我省教育适应市场经济改革，除了原有的重点中学外，相继又涌现出一批规模较大、实力较强的学校。这些学校的教师队伍素质相对较高，基本上形成了优秀群体。优秀教师相对集中，这在教师培训上，是一个不可忽视的重要资源。如果把这些资源利用起来，完全可以解决我省教师培训的一些问题。近几年，本人以教研员的身份在吉林大学附属中学、吉林市松花江中学、长春市第 52 中学和吉林市第 30 中学建立了农村教师培训校，已培训农村中学教师 500 多人。

这几所城市学校选出本校最好的教师带培农村中学教师。接受培训的农村中学教师分为短期和长期，短期一周，长期二周至三周。受培的教师在培训期间除听带培教师的课之外，还可以根据自己的情况选听其他教师的课，并和这些教师直接交流，参与他们的业务活动。培训结束前要上一节课，由培训学校做出鉴定，并指出以后努力的方向。受培教师回到自己学校后，要向学校交书面汇报，上汇报课。受培教师和带培教师之间保持长期联系，受培教师在今后教学中遇到的疑难问题，可以通过各种形式随时请教带培教师。这样的培训表面上看来是短期行为，但实际上却给农村中学教师提供了长期学习的机会。

特别值得一提的是，这些培训学校不但不收培训费，而且还为受培教师解决食宿的问题。初步调查，我省具有培训能力的中学最少有 40 所，如开足马力，每校每年可培训教师 200～300 人，全省一年可培训万人左右。长春市第 52 中学自己学校没有宿舍、食堂，每日给每个受培的农村中学教师补助 40 元钱（住宿 20 元，伙食 20 元），以此计算，一个教师培训一周，培训学校支出的补助费 240 元，一期 10

人，学校就要投入 2400 元。以每个教师培训一周计算，每人费用 240 元，一个培训学校每年培训 200～300 人，在这方面的支出在 5 万元和 7 万元之间，全省每年如形成培训万人的规模，在这方面的投入是 250 万元左右。这些有培训能力的学校，多数都是公办的改制学校或民办学校（如吉林市松花江中学），经济条件比较好，每年在这方面投入五六万元不会给学校造成负担。如能接受此建议，我省将开辟了一条教师培训的新途径，不仅又形成了每年培训农村中学万名教师的规模，而且几百万元的培训费用分解消化在各个学校之中。如果此法不妥，政府可以采取向各学校借贷的方式以后补还。

如果不考虑经济因素，单就培训质量而言，这样的培训形式也很可取。采取这种方式来培训农村中学教师，很受农村学校欢迎。由于是以师带培的方式，受培教师可以直接向带培教师请教，同他们交流、磋商，更有利于解决他们在教学实际上遇到的疑难问题。同时，也促使他们接受新的理念，促使他们教育观念更新，方法改进。这样的培训类似于导师带研究生，受培的教师感到实在、解渴，解决问题。受培学校的校长反映：这些教师回校后，工作上都有起色，培训前和培训后大不一样。再者，由于不收培训费，还免费解决受培教师食宿的问题，这无疑是"雪中送炭"，因此，被农村中学校长称之为"天上掉馅饼的好事"。

动员城市中学培训农村中学教师，起到了"短、平、快"的效果，能在较短时间内提高农村学校教师的业务素质。然而这种培训方式、途径，确实给城市学校增加经济上和工作上的负担，造成了一些麻烦，这也是不争的事实。有人可能会提出这样的问题：这样做，短期打快拳可以，如果长期这样去做，城市学校愿意承担这样的任务吗？能做好这样的事情吗？

几所接受农村中学教师培训的学校校长也表达了自己的一些想法。

吉林大学附属中学崔贞姬校长认为："为农村中学培训教师是我们的义务，虽然学校事情多了一点，老师累了一点，只要对农村教育发展有利，我们都要尽量去做，教育不能一花独放。"

吉林市松花江中学（民办）校长徐贵生说："培训农村中学教师是对社会的回报，也是社会对我们学校的肯定和信任，是无声的赞许，是对我们学校的宣传，是双赢的事情。"

长春市第 52 中学校长刘欣、吉林市第 30 中学校长宋德龄的看法是，先发展起来的学校，不能忘记有困难的农村兄弟学校。这就像开发大西北一样，我们宁可在别的地方节约一点，也要把这件事情办好。

以上几所学校，各有代表性。吉林大学附属中学是吉林大学所属学校，吉林市松花江中学是民办学校，长春市第 52 中学、吉林市第 30 中学是区属的公办学校。这几所学校的校长对这个问题都有较正确的认识。因而，他们乐于承担培训农村中学教师的任务，并尽所能把这件事情办好。例如，吉林大学附属中学，为了解决来培训的农村中学老师食宿的问题，购置了被褥、床单、床垫、脸盆，甚至饭盒，并利用去贫困县大安市送课的机会，把大安市来培训的教师亲自接到学校。其余几所学校，都有专职领导负责，他们对来培训的教师既热心、热情，又理解、尊重，使受培的教师有如到家之感。吉林市松花江中学组成教育扶贫集团，义务做这方面工作已有三年之久。这几所学校能办这样的事情，其他学校也完全可以办到，关键就在于校长怎样对待这个问题，能否胸怀整体教育的全局，舍一校之私利，谋全省教育发展之大计。

城市中学免费培训农村中学教师并不是单方的无偿投入，他们也在培训中受益，从某种意义上来说，是该尽的义务。

1. 和带培的教师座谈，他们感到带培和不带培不一样，他们要认真备好每一节课，上好每一节课，要认真思考教学中的每一个细节问题，还要准备回答受培教师提出的各种问题，迫使自己主动提高。他们认为，受培的教师有很多地方也是值得他们学习的。从这方面来看，提高是相互的，不仅仅是农村学校一方，城市学校也从中受益。吉林大学附属中学崔贞姬校长说："我们培训了农村学校的教师，农村学校的教师也培训了我们学校的教师。"

2. 有能力培训农村教师的学校，是被各方面都认可的学校，培训农村中学教师可以提高学校的声望，增加其知名度，扩大其社会影响，正像徐贵生校长所说："这是对我们学校的宣传，是双赢的事情。"

3. 这些城市中学的成长过程中，党和政府给了他们许多优惠政策，为他们创造了良好的条件，他们正是因此发展起来的。现在要求他们为培训农村教师投入一定的人力、财力，为省分忧，为地方解难，是理所当然的。

4. 在这些城市中学的优秀教师群体中，相当一部分教师来自农村中学。这些城市中学通过各种方式把农村中学的优秀教师聘过来，农村中学教师素质相对下降，他们难辞其咎。从道义上讲，也应该对农村中学回报。

如果此建议能采纳，我们省等于在不花一分钱的条件下，创办了一个每年可培养万人规模的研究生院。中学可以这样办，小学也可以这样办，其潜力还可以挖掘。

城市中学对农村中学的教师培训，形式不限于此。从 2001 年以来，吉林大学附属中学每年至少两到三次组织全校教师为偏远农村中学送课，举办教育科研讲座。使偏远地区的农村中学教师不出家门就可以听到高质量的课，就能和名师交流，这样又解决了农村中学教师紧张，外出学习影响教学的问题。这被称之"送上门"式的培训，受到农村学校和教师的普遍欢迎。

利用城市优秀教师资源培训我省的农村教师，有利于消除教师培训上的"死角"，很有希望在较短的时间内实现对农村中学教师全员培训。特别是城市学校参与农村中学教师培训，形成了城乡教育之间的实质性交流，将相互促进，并能自然融合，由此可引来我省教育的一系列变化，其前景十分可观，其作用不可估量。

我省是农业大省，经济欠发达，农村教育要发展，农村教师要培训，然而经费又紧缺，这又是一个矛盾，因而就需要研究少花钱办大事的方法，以上所述，是无法之法，供参考。

此文写于 2002 年 12 月，刊于 2003 年《吉林省教育学院学报》第 1 期

四、构建校本主题研修系统，引领教师主动发展

教育公平的问题，矛盾集中在教师上。提高农村学校的办学水平，就要提高农村学校教师的专业素养。从 2007 年 5 月起，我们针对教师培训和基层学校校本研修存在的实际问题，提出了主题教研的设想，从当年 8 月设点实验，到现在实验范围由初中扩展到小学和高中，由农村学校发展到城市学校。我省参与实验活动的有十多个县区，近百所学校，约 3 万名教师。山东、河北、河南、内蒙古、辽宁、黑龙江、天津、北京、云南、海南等地的一些学校也相继开展起主题教研活动。在实验的过程中，我们不断地发现问题，不断地进行改进，由开始之初的学科主题教研逐渐发展到今天的校本主题研修系统。到了 2012 年，其经验基本成熟，具备了推广的价值和条件，10 月，我省教育厅、教育学院召开了吉林省主题教研五周年经验交流暨推广会，使这方面的经验由实验转化为应用。现介绍如下。

吉林省主题教研五周年经验交流暨推广会

（一）主题教研的提出

"问题——学习——探究——问题"，这是优秀教师所走过的一段共同的路。很多事实证明：如果每一个教师都能在这条路上走过几个来回，那么，一个不合格的教师就会成为一个合格的教师，一个合格的教师就会成为一个优秀的教师，一个优秀的教师就会成为一个杰出的教师。主题教研就是把这段路程突出出来，引领广大教师走向自我发展的道路。

每个教师都可能发展为一个优秀的教师，也许有人认为这过于理想化，然而我们在实践过程中更加坚定了这样的想法。也许有人说，既然每个教师都可能成为一个优秀教师，那么现实中为什么会有那么多的教师的教学，令人不满甚至失望？我们的回答是：是没有把他们引领上这条自我提高、自我发展之路。这就像种子发芽的过程一样，首先，种子具有萌发的内部因素，其次，外部还要满足它发芽所需的条件。一粒有萌发力的种子，没有外部提供的适当温度、水分、空气，它不会发芽；当它的内部萌发力受到限制，即使给它提供了充足的条件，也不会发出芽来。教师发展的过程也与其有类似之处。我们相信，每个教师都是有"萌发力"的"种子"，之所以没有发出"芽"来，其主要原因无非是两点：一是内部的萌发力受到某些因素的制约；二是外部提供的条件不充足或是无力引发内部因素的变化。从这样的思想认识出发，我们对影响教师专业化发展的内因和外因进行了调查。

1. 影响教师发展的内部因素调查

（1）甘居中游。有这样思想的教师自以为看破世情，追求的是"人生何不潇洒走一回"。他既不想当名师（因为那样要付出很大的努力，要吃不少苦），也不想排名在最后。这种"不为最先，耻于最后"的思想，是教师专业化发展的致命障碍。有这种思想的人不是少数。这样的思想意识，已经成为一些教师专业化发展难以逾越的障碍。

（2）自卑自弃。有这种思想的教师，对自己的发展底气不足，缺少信心。他们总认为自己就是照课本教学的，搞教研、科研，是专家、名师的事情，感到自己这也不行、那也不行。甚至在某些人的身上还出现了破罐子破摔的现象，这些人虽然也参加教研活动，但总是缺少主动性。

（3）应付了事。这些人缺少责任感、事业心，思想中把教学作为谋生的手段，常常是出工不出力，求量不求质。他们无论是备课、讲课、批改、复习、考试，还是听课、评课、写教案、写反思，每一项工作都想应付了事。有些教师自己明知教学方法没有效果，但还是在日复一日，年复一年地将就着用，不思考改进。有的教了多年学，不知哪对哪错。

（4）盲目自大。这类教师平时不读书、不看报，不愿意学习，眼光狭窄，思路闭塞，凭着老经验、老方法过日子。他们对别人的经验总是持怀疑的态度、否定的态度，新的知识不愿意学，旧的东西、不适用的东西又不甘心放弃。在否定别人的时候，自己又拿不出东西来。

（5）功成名就。这种思想主要表现在评上高级职称，或是已经成为省、市骨干、学科带头人的身上。在取得这些荣誉之前，他们确实刻苦努力，积极钻研，成为出类拔萃的教师。一旦目的达到，他们便感到大功告成，应该松口气了。其中有的人还以老大自居，就像龟兔赛跑中的兔子一样，认为自己明显高出别人许多，就是不研究、不学习也比别人强。放松自己、裹足不前、不求上进的状况，在一些人的身上已经表现出来了。

（6）利益至上。有些教师一心追求实惠，把主要精力投在课外收入上。有的是半工半教，有的是半商半教，有的半农半教，有的在办课外班。这些人平时很忙碌，主要心思放在创收上，很少有时间学习，很少研究、思考教学的问题。这类人的发展已呈下滑的趋势。

教师发展必须消除这些内部思想障碍，这样才能使广大教师走上发展之路。

2. 影响教师发展的外部因素调查

学校是教师成长的摇篮，教研活动是教师专业化发展的重要外部条件。然而，一些学校的教研活动却令人担忧。

（1）教研随意性。学校无教研计划、无方案，虽然也开展了教研活动，但缺少明确的主题，出研讨课的教师不知道为什么上这节课，听课的老师不知道要研究什么问题。教研的随意性、盲目性和缺少针对性，导致教研活动无实效性。

（2）教研形式化。有些学校虽然有校本教研计划，有方案，但那是写在纸上给领导检查、评估时看的。这些学校虽然也搞了一些教研活动，但目的是为了迎接年终对学校的评估，多半是套形式，摆花架子，很少考虑提高教研质量问题。这样就造成教研活动形式主义，有数量，无效果。

（3）重教轻研。有些学校的领导教研意识淡薄，造成学校教研可有可无、可多可少的现象发生。这类学校很少组织教师认真研究教学中存在的问题，导致学校团队互助工作环境缺失，教师相互研究的氛围难以出现，有利于教师专业成长的环境难以实现。特别是村小，校本研修活动已经基本停止。

（4）方式陈旧。有些学校教研方式形式陈旧、单调，落后于教师发展的需要。有的学校也开展教研活动，但方法单一，几乎都是听课评课。久而久之，教师对教研产生厌倦情绪。常常是听课的不够投入，评课的不够深入，教学与研究脱节。

（5）风气不正。出教研课的教师"逢场作戏"，听课的教师"观看演出"。教师研讨零敲碎打，火力分散，蜻蜓点水，多是七嘴八舌的浅层议论。通常优点多说，不足少说或不说，把一个研讨会开成了评功摆好会。

（6）校本研修混乱，新任教师缺少正确的指导和引领。有些刚参加工作的年轻教师（如特岗教师），他们一心想把工作做好，肯于学习，认真钻研，虚心请教，勇于创新，可塑性强，如果施以正确引领，很容易把他们塑造成好教师；但有些学校只知道使用它们，对他们的专业素养提升却任其自然；再加上学校研修环境不良，使这部分教师缺少正确的指导和成长的氛围，致使他们起步阶段就出现了偏差，这样，又人为地造成一批不合格的教师。

（7）教育科研政绩化、功利化。有些学校虽然承担了一些科研项目，但是并未真正组织教师认真研究。有些课题与学校实际情况距离大，有些题目研究的内容不是本校力所能及的。因而，教育科研在这些学校就成了形式，变成了装饰的花瓶。

（8）教学模式化。有些学校，不顾自己的实际情况，照搬外地经验，硬性推行某种教学模式，以为这种模式就是包治百病的灵丹妙药，全校的教师，都用一种方式教，全校的学生都用一种方法学。这样的做法，不但给学生的学习造成不可挽回的损失，也给教研工作带来很多负面影响，使一些教师的发展陷入迷茫之中。

这些混乱的现象，使得教师丧失了发展的氛围，破坏了教师发展的环境。

从调查的情况来看，教师专业化发展的内因受阻，外部环境不良，导致某些教师的发展陷入困境。教师发展，重在内心，首先要让他心动，只有他的心动起来，才会有提高的意识，才会迈出发展的脚步。主题教研的运作，就是想为教师创造一个利于发展的外部"气候"，激活他们的上进心，使内因和外因互动，打通发展的"任督二脉"。所以，主题教研重在两个方面：一是通过主题教研的过程激活教师发展的心；二是引领校本研修，为教师的专业素养提高提供良好的外部条件。

基于这两方面的认识，我们把教师的发展放在教研团队中来考虑，把教研团队的建设与学校校本研修的环境结合起来。这样就产生了下面的设想：抓学校校本研修环境的建设，在校本研修环境建设中抓学术性教研团队，使教研团队形成宜于教师发展的小气候，以此激活教师的主动性，使教师的思想内因与教研组、学校的外因相互作用，达到和谐统一。这样。教研团队就成为教师成长的"温床"，学校就变成了教师发展的"摇篮"。

（二）以教研主题的形式组建教研团队，建设校本研修系统

建设校本研修系统，首先要以教研主题的形式组建教研团队。这个基本过程是：学校先确立教研主题。学校的教研主题，就是学校阶段性的发展目标，如"有效教学""减轻学生课业负担"等，目标定位后，教研（年级）组根据学校的教研主题，依据本学科实际情况（学科教学中的问题、教师教学中的问题、学生学习中的问题等）提炼出有价值、有意义的教研组主题。然后再将根据教研（年级）组的主题，分解成教师研究的分题，这样教研（年级）组在一个教研主题之下，便形成了一个

有共同目标的教研群体，教研团队的作用也利于发挥。

1. 组建主题教研（年级）组的参考形式

经过多年的实验，我们从中提取出以下几种形式供大家参考。

（1）学科教研组式。

将一个学科的教研主题分解为若干个小分题。以语文学科为例，如一个学校的语文教研组设立的教研主题为"阅读教学与作文教学有效结合"，组内有 8 名教师，我们就可以将这个主题分解为以下 8 个分题，每个教师承担一个分题：

①针对学生作文改进阅读教学的实践研究。

②课外阅读增强学生提高作文能力意识的探索。

③名篇积累背诵对学生作文能力提高的问题研究。

④作文指导、讲评与阅读有机结合的途径探索。

⑤作文批改与阅读有机结合的方法探索。

⑥在阅读中加强积累，改变学生作文词语贫乏现象的研究。

⑦阅读教学如何激活学生作文冲动的问题研究。

⑧"读文—写文—再读文—修文—创造"学习方式的探索。

（2）年级组学科式。

主题：有效识字的研究（小学低年级语文教研组主题）。

分题：

①在生活中培养识字兴趣的研究。

②培养学生查字典、用字典习惯的研究。

③用汉字构字方法指导学生识字的问题研究。

④巩固学生识字效果的方法研究。

（3）年级组综合式（初三年级组）。

主题：有效复习的问题研究。

分题：

①语文：加强方法指导，提高阅读能力的探索。

②数学：突出审题能力培养，提高复习效率的途径探索。

③外语：以新代旧，温故知新复习方式的研究。

④物理：小组诊断，自我查缺补漏的复习方法研究。

　　⑤化学：分类指导，促进整体提高的途径探索。

　　⑥政治：以基础知识为核心，培养学生分析问题和解决问题能力的复习方法探索。

　　⑦历史：建立知识框架，厘清知识线索，提高复习效率的问题探索。

　　⑧音乐：利用音乐课，增强学生进取精神的问题研究。

　　⑨体育：保持学习旺盛精力的锻炼方式指导。

　　（4）自愿组合式。

　　几个有相同研究目标的教师自愿组合在一起，为破解同一问题而设立的教研主题，如"转变差生""主动学习"等。这样的教研主题，可以是同一学科的教师，也可以是不同学科、不同年级的教师。

　　（5）自由选择式。

　　有的地方学校，全校只有十几名教师，甚至不足 10 名，可以不分组，在学校的主题之下，教师根据自己的实际情况设立主题。

　　（6）综合式。

　　这种研究方式适用于学校规模比较小的学校。把几个不同学科的教师组织在一起，确定共同的方向和目标，组织大家进行研究。

　　主题：学生良好品质培养与形成的研究。

　　分题：

　　①体育学科：利用体育课培养学生耐力品性的研究。

　　②音乐学科：利用校园歌曲陶冶学生情操的研究。

　　③美术学科：通过美术创作提高学生审美能力的研究。

　　④心理健康学科：通过主动与同学、老师交流调适自己焦虑情绪的研究。

　　根据实际需要，除了以上 6 种团队形式的教研主题外，考虑到教师间的个体差异，还设计了两种个人形式的教研主题。

　　第一种为特长性主题。

　　这样的教研主题是为具有一定特长或具有一定研究专长的教师而设立的。在某学科教学领域中有一定特长并有一定深入研究的教师，可发挥他们的长处，自拟主题研究。

　　第二种为针对性主题。

教师针对自己教学中的薄弱环节或本身素质某方面的缺欠自主拟题研究。如有的教师普通话不标准，就练普通话；有的教师某个章节的教学有问题，就专门研究提高这个章节的教学质量。

从以上的教研主题形式来看，教研团队的教研（年级）组教研主题有以下的特点。

第一，将一个较大的教研主题，分解成为可以具体操作的、目标明确的分题。每个分题虽然题目不同，但都围绕教研组的主题。

第二，教师研究的主题是教师教学实践中亟须解决的问题，既各自成题，又相互关联，教师之间可以合作、研究，成果可以分享，但不能照搬照套。

第三，每个分题的切入点具体，教师容易进入课题的研究之中。

2. 组内研究分工

教研组内教师的水平和能力是不平衡的，存在着不同的差异，有着各自的特殊性，因而，教研组的研究分工不能简单地将教研组的教研主题切分成几个小题就算完事。帮助每一位教师确立适当的教研分题是教研组主题教研之初的重要任务。一个教师教研分题的设立，不仅是决定着这个教师研究的方向，也决定着这个教师的发展方向。要根据每位教师的素质、教学的实际情况为他们确立恰如其分的教研主题。一些学校的做法是：教师根据教研组的主题，结合自己的实际，提出自己研究的分题，然后拿到教研组会议上讨论，如果大家认为这个题不适合，这位老师就要重新思考，或者大家帮助他确立。一般的情况下，都要经过几个反复。有些特殊情况，也要特殊处理：对于有一定研究专长的教师，可为他设立特长性的教研主题；暂时不具备研究能力的，帮他设立针对性的主题。在探索过程中发现教研主题不适应，要立即更换，不要勉强。

为了帮助教师提炼主题，特意制定了确定教研主题的参考标准，供教师参考。

（1）要符合学生学习的规律和教师素质的实际情况。

（2）要与教学实践直接联系，是教师教学中的真实问题、实际问题，教学实践要与教研主题相符合，不能两层皮。

（3）要有潜在的价值，解决后能改进教学方法，提高教学质量。

（4）研究的问题要有解决的可能性，通过研究能得到全部解决或局部解决，难易程度适中，"跳一跳够得着"，不能超越教师目前的能力和水平。

（5）题目的切入点要小，要具体，便于实际操作，要体现出研究的方向和内容。

（6）要符合学校现有的办学条件。

3. 组内工作分工

以教研主题的形式组建教研组，在教研组内，每个人承担着一个教研主题的研究任务，同时，每个人还要承担组内的一份工作。以前，教研组长工作中经常处于尴尬地位，学校领导布置了某项工作，教研组内如果有的教师不愿意接受，教研组长就很为难。如果按着学校领导的布置去做，要引起某些人的不满；如果顺了民意，工作又没完成。实行教研组工作分工，每个人都要承担组内的一份工作，比如，谁负责活动设计，谁负责研讨交流，谁负责组织学习，谁负责活动记录填写，谁负责起草总结，谁负责保存档案、资料，等等。该谁的工作谁就去做，该谁担当的责任谁就要担当起。

这样，既减轻了教研组长的工作负担和压力，又有利于调动全组教师的积极性，大家心往一处想，劲往一处使，形成一个和谐的教研团队。

4. 制订研究计划和制度

教研主题确定后，无论是教研（年级）组，还是教师，要求对自己承担的主题通盘考虑，如课题研究的意义、研究价值、成果预测、研究的步骤、实施方法等。这些内容要由教师经过深思熟虑后填写在《教研（年级）组主题教研活动手册》和《教师主题教研过程手册》上（为了便于研究，依据教研组、教师的主题教研活动设计了这两种手册）。这样可以避免盲目性和随意性，又有利于提高教师研究的自觉性、科学性和实效性。与此同时，教研组内还要建立切实可行的规章制度，如活动制度、备课制度、学习制度、研讨制度等。

以教研主题的形式组建学校各个教研（年级）组完成后，学校的校本研修系统的框架也基本建立起来了，其结构，如下图所示。

从上面的图示中可以看出，从学校到教研组，再从教研组到教师，学校的校本研修构成了三个层次。学校、教研组、教师各有自己研究的题目。比如，学校以有效教学为主题，教研组就要根据学校主题和本学科教学实际情况，提炼出研究的问题。教师就要根据教研组主题和自己的教学实际，提出研究的问题。这三个层次各

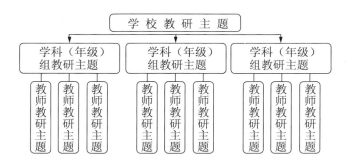

有分工：学校领导主要负责顶层设计，促使这个系统运转，营建校本研修的良好环境；教研组负责组织活动，引领教师的主题教研，解决本学科教学的问题，建设利于教师发展的"小气候"；教师要研究如何提高教学质量，促使自身专业化发展。

学校的教研主题，为全校教师设定了共同的目标，统一了全校教师的思想和行动；教研组的教研主题指出了研究方向，形成全组的凝聚力；教师的主题，抓住了具体问题，付之于实际研究。这样有目标、有组织、有计划的行动研究，使学校的校本研修形成了一个系统，在这个系统之下，又包含着教研组的小系统。这个系统运转起来，学校研修环境得到了改善，教研组有利于教师发展的"小气候"逐渐形成，教师发展的动力得到激活，学校的校本教研开始向着系统化、系列化和科学化方向发展。

（三）以问题为导向，教师主动探索

"问题——学习——探究——问题"是优秀教师成长的路程，也是教师主题教研的过程，试图通过教师挖掘问题、破解问题的过程，通过不断地学习、不断地探索实践、不断地反思总结，逐渐形成自我发展的意识，引导广大教师走上主动发展之路。

教师的研究，主要是在教学实践中进行。围绕着教研主题，在课前，教师要主动查找一些相关的资料学习，在此基础上思考课堂教学中如何改进教学，预设改进的方法，然后在课堂教学中对自己预设的方法求证；课后反思自己的教学，总结正反两方面的经验教训，从中提炼出下一次探索的问题；围绕这个问题再查找资料学习，再形成探索的预想，再用课堂教学实践去验证，再反思，再找出问题。我们把

这个过程称之为"主动探索"。

　　在教师的探索中，要特别强调问题意识。"问题"是教师主题教研活动中的导航器。这就像一个人走错了路，当他没有发现自己的路走错的时候，他只能沿着错路走下去。同理，一个教师找不到自己的问题所在，又如何去改进自己的教学？因而，要特别重视反思，重视反思中发现的问题。还要强调一点，就是学习。懒于学习，是当前教师发展的致命问题。在主题教研活动中，提倡教师针对性学习，针对自己研究的主题，有目的地搜集材料，学习相关的理论和经验，有些教师研究的问题，往往就在针对性学习的过程中获得了解决的方法。教师的主动探索，也要遵从由少到多、由易到难的规律。开始时教师有些不适应，所以次数不要过多，一学期进行3次左右就可以了，但态度必须要端正，不能应付了事。一个教师只要脚踏实地、认认真真进行一次，就会感到自己的变化，就会得到平时得不到的收获，往往会一发而不可收。

　　"积小改为大改，以局部换整体"是教师主题教研的思想策略。主题教研要求，在一个学期或一个学年，解决一个教学或自身素质中的局部小问题。一个小问题得到解决，就取得了一个阶段性的成果，随着问题的再提出，又是另一个阶段的开始，阶段成果的取得，也改善了自己教学的某个方面。这样，在主题教研的过程中，教师自身就出现了阶段性的部分质变或局部性的部分质变。长期坚持下去，阶段性质变或局部性质变积累到一定的量，就有引发教师整体素质发生质变的可能。如果大家逐渐适应了这种反复渐进循环式的研究，成为教师的常态化的教学过程，那岂不是天天在学习，日日在提高吗？教师的素质就在教学的过程中悄然地发生了改变。

　　教师研究的问题，具有针对性强、目的性明确的特点，针对的是自己在平常教学实践中的困惑或疑难，研究的是教学中遇到的新问题或者难以处理的问题，所以研究的过程，就是教师探索改进课堂教学的过程，优化课堂教学的过程。

　　主题教研的过程，也是教师探索改进教学方法的过程。教学方法的产生虽然途径多种，但有一条高产途径，那就是"发现问题——学习——研究问题——解决问题"，主题教研的过程与教学方法产生的过程基本一致，从以下的对比中就可以看出。

　　教学方法产生的过程：

发现问题——学习——研究问题——解决问题（方法出现）

主题教研的过程：

问题——学习——探究——问题（包括解决问题）

在主题教研的过程中的后一个"问题"，包含着问题破解，当一个问题解决了，就会从中提炼出自己的方法来，这已经被多数老师所印证。所以我们说，主题教研不是强迫老师接受某种模式、方法，而是引导教师自己创造有效的教学方法。以前，一提到教学方法，多数教师把眼光投向名师、专家，在主题教研的过程中有很多老师都惊讶地说，没想到自己也能创造出教学方法。

主题教研引领教师以研究者的眼光审视、分析和解决自己在教学实践中遇到的真实问题，把日常工作和教学研究融为一体，在研究解决教学的小问题中不断学习、不断探索、不断思考，不知不觉地充实了自己，提高了自己。有的老师认为，主题教研就是指导他们在教中学、学中教，实现教学相长。有位老师反映，以前，他总认为成为优秀教师要有名师指导，要到院校进修；进入主题教研后，他发现，自己就是自己的老师。有几位农村教师，平时抱怨农村学校环境差，搞了两个轮次主题教研后，他们深有感触地说："以前不是差在环境上，而是差在自己没有上进心上。"在这样的过程中，只要认真去做，就能得到提高，有位老师说，现在的我能给搞主题教研以前的我当老师了。从基层教师的反应看，主题教研对教师的发展起到了引领作用，从某种意义上来说，主题教研把教师发展的权力还给了教师自己。

（四）教研组团队互培，建设教师发展的"温床"

在学校主题教研这个系统中，教研组是这个系统中的子系统。一个个子系统，构成了学校的主题教研大系统，形成校本研修的大环境。

校本研修系统的核心是教研组。教研组不但要负责本组教师主题教研的日常管理工作，更主要的工作是要围绕教研主题，利用团队的力量互培互助，改进教学，引领群体发展。

以前的教研组，只是学校行政的一个基本单位。名为教研组，实际多半是各干各的"单干户"。以教研主题的形式组合的教研组，教研组内部的关系也随之发生了变化，见下图：

```
┌─────────────────────────────┐
│        有效识字的问题研究        │
└─────────────────────────────┘
   ↓        ↓        ↓        ↓
┌──────┐ ┌──────┐ ┌──────┐ ┌──────┐
│巩 方  │ │用 导  │ │培 用  │ │在 识  │
│固 法  │ │汉 学  │ │养 字  │ │生 字  │
│学 和  │ │字 生  │ │学 典  │ │活 兴  │
│生 策  │ │构 识  │ │生 习  │ │中 趣  │
│识 略  │ │字 字  │ │查 惯  │ │培 的  │
│字 研  │ │方 的  │ │字 的  │ │养 研  │
│的 究  │ │法 研  │ │典 研  │ │学 究  │
│       │ │指 究  │ │、究  │ │生    │
│       │ │导     │ │       │ │       │
└──────┘ └──────┘ └──────┘ └──────┘
```

从上面的图示可以看出，用教研主题的形式组合成的教研组，性质发生了改变（这个改变是在不影响原有功能的基础上出现的），成为一个研修的群体组合。一个教研主题设立了大家共同奋斗的目标，统一了大家的思想和行动，把"单干户"变成了"合作社"。由于教师研究的主题相互关联，教师之间自然地形成了一种新的人际关系，并产生了良性互动，消减了职业倦怠的影响。教研组就是要利用好这个优势，引领教师进入"问题——学习——探究——问题"的途径。

教研组主要是通过组内的活动来引领教师的主题教研，围绕教师发展这一大主题，活动要灵活多样，不拘一格。可以是研讨课，可以是共同学习，可以是成果汇报，也可以是问题探究，也可以是教学竞赛，要在解决问题上下功夫，不要在形式上做文章。

比如，在每个人确定了教研分题之后，为了让教师把握好研究的方向，在组内开展了"我的主题，我的教学改进设想"的说主题活动；为了促进教师有针对性的自我学习，开展了"我的主题，我的学习"的读书竞赛；为了激活教师的研究能力，开展了"同题异课"的研讨活动。在主题教研进行过程中，要注意组织大家开展交流活动、学习活动。哪位老师遇到了困难，就要组织大家现场诊断，帮助他策划破解的方法。某位老师取得了成果，大家共同鉴定，分享成果或推广经验。学期末要进行阶段总结，评选出优秀成果和优秀教师推荐给学校。

教研组的每次活动都要有明确的主题和一定的针对性。比如，有个实验校的教研组开展"我的主题，我的课"的研讨活动，活动之前，就向大家提出，要求所出的课是供大家研究、探讨的"靶子"，而不是标准样板，要突出问题研究的价值，而不是十全十美。出课的教师首先要向听课的教师公布自己的主题、课内要求证的问题、试图解决的问题，课后的评议和研讨，要集中在这些点上深入挖掘、剖析，不能东拉西扯、浮皮潦草、找话凑话。这样就消除了表演、作秀的现象，也杜绝了评功摆好的现象，营造出了良好的教研氛围。

在这样的活动中，教研组内教师之间的相互影响的作用也就显现出来。在教研组内，无论是各级的骨干教师，还是普普通通的教师，每个人都有研究的课题，每个人都有自己发展的目标。在这个过程中，先进的带动了落后的，主动的拉动了被动的，新老教师相互促进，同伴之间互为师生，教学思想相互渗透，遇到困难相互帮助。这样的团队不仅有助于教师对主题教研目标的认同，而且有助于教师产生集体荣誉感，逐渐消减了影响教师发展的各种思想的影响，最大限度地调动了教师主题教研的积极性，形成了教师发展的牵引力。一个宜于教师发展的"小气候"逐渐形成了，一个学术性的教研团队的雏形也就出现了。在这里，还要强调一点，就是在教研组内要注意培养引领者，发挥引领者的作用。

在主题教研的过程中，抓好教研组的建设，就会出现一批批学术性教研团队，它所释放的能量，足可以引发学校发展的内驱力，这方面我们必须有清醒的认识，脚踏实地地工作。

（五）领导班子顶层设计，营建校本研修大环境

以主题教研构建的校本研修系统，分为学校、教研组、教师三个层次。围绕这个方面，学校要搞好顶层设计，营建校本研修的大环境。

学校要通过行政手段制定规范、高效的运行机制，确保教研组工作、教师的研究顺利进行。

我们把各个实验校这方面的情况进行比较、分析，认为以下的制度、计划、方案应该建立起来。

1. 主题教研的领导负责制度。
2. 学校主题教研的计划、方案和开展活动制度。
3. 人力、物力、财力投入的制度和时间保障制度。
4. 检查、督促、奖惩制度。
5. 有效的评估机制度。
6. 档案管理制度。

这些机制，有利于主题教研的制度化、规范化。在校本研修系统的环境中，就

成了教师发展的助推力，再加上教研组内教师之间的相互影响力和团队活动形成的向前拉动力，每个教师都处于前拉后推这两种力量之间，在这两种力的作用下，不能不产生运动，有了运动，无论是大或小，都会发生变化。有了变化，就有了进步。如果一个教师被动地进入主题教研，就用这种方式送他几程，逐渐就由被动变为主动，由消极变为积极。如果一个教师主动地进入主题教研，那么，推力、拉力与教师主动发展的动力方向一致，这位教师的发展就进入了快车道。我们在调研的过程中，有些老师说出这样的感受：开始他不想搞，看见学校动起来了，教研组动起来了，多数老师动起来了，他不得不跟大帮、随大流。但进入主题教研后，他又感到像有一种无形的力量推着他走，拉着他走，他不得不往前走。

"每个教研组都是学校这部车上的一部发动机，学校领导班子的任务。就是让这些发动机运转起来，这样，教师提高的问题、教学质量的问题、学校发展的问题，就得到了解决。"这是一位实验校校长的话。正如这位校长所说，学校工作的重点，就是如何让每一部"发动机"有效运转。哪个学校着力建设科研型的教研组，哪个学校就抓住了主要矛盾，哪个学校的工作就掌握了主动。

学校在主题教研的领导负责制中，要明确领导所负责的教研组。在以主题教研的形式组建教研组之初，学校领导就要深入教研组，帮助他们确立主题，帮助他们建章建制，帮助他们工作分工，帮助他们策划活动，帮助他们解决困难，帮助他们走好开头这几步。

一方面扶着教研组走出开头几步，另一方面尽可能地采取一些措施，促使教研组这部"发动机"有效运转。有的学校为了配合教研组的工作开展，在学校开展各种竞赛活动，如在主题教研之初，在教研组和教师的教研主题确立后，学校就开展了"我的主题我的教学改进设想""我的主题我的学习""我们的主题，我们的教研组"的汇报活动；在主题教研进行中，开展了"我的主题我的研究""我的主题我的课"的竞赛活动。根据主题教研发展的情况和教研组开展工作的需要，一些学校开展了主题教研优秀方案、优秀课例、优秀活动设计、优秀成果评比，还有些学校办刊办报。学校的这些活动，促进了教师的研究，拉动了教研（年级）组的活动。

在教研组建设方面，各个学校有着不同的打法。有的学校先集中力量打造一两个优秀教研组作为标杆，以其拉动其他的教研组；有的学校一开始就全面铺开，形成各教研组争先恐后的发展态势。

通过学校的运作，调动了教研组这部发动机的"运转"，各个教研组的主题教研活动，形成了学校浓郁的教研氛围。学校的环境氛围影响了教研团队的"小气候"，教研团队的"小气候"激活了教师主动发展的动力。反过来看，教师的发展促进了教研团队水准的提升，教研团队水准的提升又促进学校的发展。这样教研组就成为优秀教师发展的"温床"，学校就变成了优秀教师成长的"摇篮"，学校内部上升的动力也就随之出现了。

出现这样大好的局面，是全校各个方面努力的结果，但起到关键作用的是校长和他所带领的领导团队。他们既是筹划者，又是实干者；既是领导者，又是引领者。他们所付出的努力要超出平时多少倍。有位校长感慨地说："领导班子沉下去了，学校升起来了。"许多实验校发生的变化，为这位校长的话提供了有力的佐证。

（六）主题教研的优势

与其他的研培形式相比较，主题教研的优势主要体现在以下几点。

1. 适应性强

主题教研是以教师自我发展为主、团体互培、共同推进的一种校本培训方式，主要在学校内进行，适应性强，教师、教研组、学校、区域都可以运作；适合不同层次的教师，不同规模、不同条件的学校和区域，不受经济条件、环境条件的限制。

农村学校可以搞，城市学校也可以进行。经济条件好的学校可以多投入些，经济条件差的学校可以少投入些，具有花小钱办大事、不花钱也培训的效能。

2. 全员提高，与各级培训互补

主题教研是全员性的研培活动，与各级的教师培训形成互补作用。各级培训的是各级的骨干教师、学科带头人，属于精英提高型培训。主题教研是群众性的普及型培训，二者相结合，优势互补。主题教研追求的是教师在原有基础上提高，不同程度、不同层次的教师在主题教研中都有自己的发展目标，因而，也解决了各级专业培训后续发展的问题。

3. 实现了教研、科研、培训有效结合

在主题教研中，并不是将教研、科研、培训简单地组合在一起，而是根据三者不同的功能和作用、相互的关系组成的一个新的系统。教研、科研、培训三者各有所长，各有所短。教研注重研究教学实际问题，但过程上简单粗放；科研细腻，但容易流于空泛；培训效果较好，但缺少后续发展的支撑。这三者之间有着相同的因素：教研中含有科研和培训的成分，科研中也经常运用教研和培训的手段，培训也经常借鉴科研、教研的方法。这三个方面，都是你中有我，我中有你。由于这些因素的存在，三者之间就有了统一的前提和可能。主题教研利用这方面的关系，将教研、科研、培训三者组合为一体，示意如下。

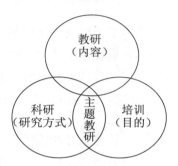

以前相互对立的三方，在主题教研这个新的系统中，关系重新组合，矛盾发生了新的变化，形成了相互融合、相互贯通、相互依赖、相互作用、相互补充的对立统一的关系。用一个教师的话来说，主题教研就是用科研的瓶子装进教研的酒，贴上教师发展的商标。在这个系统中主题教研处于统领支配地位，抓主题教研，就自然地拉动了教研，带动了科研，实现了培训。反映在教师身上，就形成了以科研带教研，以教研促科研，教研、科研共促教师发展的态势。教师在主题教研实践的过程中既能形成一定的科研能力，又增强了解决教学实际问题的能力，不仅广大教师得到了提高，也为科研型教师的出现准备了条件，教师素质的提高那自然是主题教研发展的必然结果。

以上，是我们几年来实验的经验总结。这个经验告诉我们：校本主题研修系统虽然不是最优的选项，但只要从实际出发，有正确的理念做指导，踏踏实实地干，每个学校都可以利用自己的资源，造就出一支优秀的教师队伍。

这是我们的探索所在，也是我们的目的所在。

本文根据《中小学教师培训》2009年第12期《主题教研促进教师发展的途径探索》、2012年第7期《每个教师都会成为优秀教师——对主题教研的几点思考》两篇文章改写而成。

五、着眼农村学生未来发展，开展语文社会实践活动

长期以来，农村学校的语文教育囿于"唯书本、唯课堂、唯学校"的小圈子，亦步亦趋地跟在城市中学的后面走，结果改来改去几十年，一如既往，形不成自己的特色，多数学生语文素养低下，难以适应他们本人和社会发展的需要。如何解决这个问题，吉林省农安县青山乡中学的语文课外活动实践为我们提供了有益的参考。

1995 年 5 月 1 日，同其他全国
劳动模范在天安门城楼上

他们首要的经验，就是树立起正确的语文教育观。他们把语文教学置于整个农村的大环境之中去考虑，着眼于学生未来发展来设计。他们视目前的学校教育为"小学校"，把学生未来的生活看成是自我发展的"大学校"；把现在学生语文学习的课堂看成"小课堂"，把当地广阔的农村社会看成学生能力形成的"大课堂"；把学生在校学习的课本看成"小课本"，把他们现在和未来的社会实践和生产实践看成终生阅读的无字"大课本"。所以，他们一方面致力于优化课堂教学的内容和方式；另一方面致力于开展语文社会实践活动的天地，利用当地的语文教育资源，用一方水土去育一方人。

青山中学开展语文社会实践活动，不是盲目的、随意的，而是有目的、有计划、有组织、有指导性的语文综合性学习活动，他们把这样的"课"看成和课堂教学同等重要，并构建成具有自己特色的完整的活动体系，有力地保障了课外实践活动的顺利进行，实现了全面提高学生素质的设想。

1. 成立文学社，组建记者团，构建语文社会实践活动的龙头

他们以文学社团活动为突破口，尝试语文学习由书本走向生活，实现学校的"小课堂"同当地社会"大课堂"的链接。为此，成立了"松花文学社"，组建起小记者队伍，并选聘一名专职指导教师。文学社以社会实践活动为载体，分成采访小组，利用节假日或课余时间，深入到村村户户调查采访，开展各项语文实践

活动。

2. 开辟了"四个平台"，为学生提供了"练武"阵地

（1）一报——《松花报》。由松花文学社主办，主要栏目有"家乡新闻""家乡人物""社会热点问题""观察与思考""科技常识""青山绿水副刊"等。该报既面向校园发行，更面向社会发行，每月出版1～2期。由于这张小报在社会上产生良好的影响，乡政府专门向各村下发了《关于支持青山中学〈松花报〉发行的通知》。

（2）一刊——《松花》。主要发表学生优秀作文和文学作品，该刊在学生中选聘主编、副主编，成立编委会，负责组稿、编稿；每周各班文学小组编、审、改稿一次，每月文学社编委会集中审稿件一次，出版一期。

（3）一站——"松花"校园广播站。由文学社社长、副社长轮流担任广播站站长，各班文学小组利用每天午休时间，轮流编播节目，节目内容主要分两大类：新闻稿（校园新闻、家乡新闻），精短优秀的诗歌、散文等。

（4）一台——"松花时空"电视节目，与乡电视插转台合办。创办了"松花时空"电视节目，每月播出一期，由文学社小记者编播制作"家乡掠影""科技致富讲座""电视散文"等电视短片。

3. 搭建起四个平台的同时，常抓下面三种活动

（1）社会调查。以班级为单位，每两周围绕一两个专题进行调查，根据调查材料写出各种体裁的文章，然后编辑成书。优秀稿件推荐到文学社及时发表，并向上级报刊推荐。

（2）采访报道。《松花报》小记者每周至少进行一次采访，写出1～2篇新闻报道；各班级学生也至少每周写出一篇新闻报道。

（3）送科技文化下乡。《松花报》上设科技专栏或科技专号，稿件由学生自己撰写。报纸出刊后分发到各班文学小组，再由文学小组发送到各屯，每个村屯都有专人负责送报、为群众读报。"松花文学社"组织学生以当地真人真事为素材，结合当地的形势和中心工作，编排文艺节目下乡义演。

开展社会实践活动后，出现下面的喜人变化：

1. 把当地社会作为学生语文能力实践的课堂，开阔了学生的视野，提高了学生的语文素养

开展社会实践活动以来，学生的作文有四个明显变化：一是作文内容越来越充实了，题材越来越广泛了。翻开学生的习作，有关注社会政治生活的，如《这也是民主选举吗》；有关注经济领域的，如《农业税减免情况调查》；有关注当地文化建设的，如《二人转向哪边"转"》；有关注民风的，如《麻将声声何时了》；有关注当地新人新事的，如《淘金记》；有关注祖国大事的，如《我也在"神五"飞船上》；有关注世界大事的，如《啊，战火中的伊拉克小朋友》。二是体裁的多样性。仅以《松花报》2003年第5期为例，有通讯《兴隆岭镇真兴隆》《都是假种惹的祸》，新闻特写《王国义真"牛"》，散文《妈妈，今天是你的生日》，消息《刘尧生态园》等。三是作文有个性了，文学色彩增加了。以前老三段式的作文减少了，千篇一律的现象不见了，富有特色的作文多了。四是文风转变了，语言生动、形象、活泼了，接近口语了。

为什么会出现这样的变化呢？因为每一次社会实践活动都给学生创造了一次实际作文的机会，学生们为了完成采访任务，有的学生在路上就思考怎样开头，怎样结尾；有的还集体讨论用哪一种形式表现好；还有的学生在活动之前就读了许多相关文章，从中借鉴自己需要的东西。文章写成后还要站在读者的角度审视自己的作文，为了让当地群众喜欢读自己的文章，就得大众化、通俗化，用词也要适合当地群众的口味，这样，他们手中就多了一本"词典"。又因为几个人写同一材料，在体裁上，表现手法上不能雷同，如果出现了这种现象，大家就要研究解决办法。这样，调动起学生的主动性，激发了他们的创造力，同时把阅读和作文结合起来，把生活同语文学习结合起来，完成了从知识到能力的转化。

送文化下乡的活动，给学生们提供了展示才华的大舞台。学生们根据家乡的真人真事，结合当地的大好形势，随时创作排演了一批批文艺节目，利用双休日，深入到村屯、田间地头义务演出。有相声，有小品，有二人转，有歌舞，有评书。这些文艺形式，是他们在一起研究，参照样本学习创作的。这样的活动，既丰富了当地的文化生活，又激活了学生的创作激情，深受群众赞扬。

从上面所述来看，在社会实践中学生们所获得的知识，无论是从量上来说，还是从范围上来看，都超出了课本，超出了教师的讲授。某些能力的形成是课堂所不可及的。可见社会实践这个"课本",对学生语文素养形成起到何等的重要作用!

2. 在语文社会实践活动中,学生得到了如何交际、怎样为人处世的锻炼

在语文社会实践活动中,学生们去采访,去调查,就得和人交流;如何让人家配合自己,就得思考说话的方式,就得研究方法。这是在学校中,在课堂里得不到的锻炼,是社会实践给学生们提供了这种能力形成的"大课堂"。开展这方面的活动仅一学期左右,学生最显著的变化就是口语交际能力有了普遍提高。从前不敢说话、见了生人就脸红的学生,现在变得大方开朗。从前在课堂上不愿发言的学生,现在乐于表达自己的见解了。从前说话生硬简单的学生,现在学会委婉含蓄地表达自己的看法了。以前有的学生朗读课文时吭吭哧哧,现在变得流利了。更有的学生对某个问题发表自己的看法,能滔滔不绝,侃侃而谈。

学生在社会实践活动的过程中,同时也获得了怎样同人交际,怎样处事的能力。他们的采访,并不是一帆风顺的,有些人看这些黄嘴丫子没蜕的毛孩子,就拒绝采访或不配合采访,常常是一次次被拒之门外,小记者们为了达到采访目的,第一次不行,就再研究办法,再失败,就再来,直至成功为止。比如,有人不接受他们采访,他们就找机会帮助采访对象干活;这个方法不行,他们就给他们的家人、孩子讲故事,出谜语,以此联络感情;这个方法还不行,他们就动员他家里的人或求亲友帮忙。一些拒绝他们采访的人到后来不得不认认真真地配合这些小记者的活动。侯雪梅同学的采访日记中就反映了这种情况:"2002 年 6 月 2 日,我们采访小组来到了下沟屯,采访子弟兵下光缆的事。我找到了一位排长,想采访他,但是他什么都不肯说,其他小记者采访的结果与我一样。第一次采访失败了,但是我们并没有灰心,我们聚在一起想办法。天气特别热,我们想子弟兵们在干活的时候一定很辛苦,我们就买了一些冷饮送到那。他们不要,我就硬塞给他们,并和他们搭话。在这过程中,我们互相熟悉了许多。一上午的时间,我们得到了一些材料,但是并不齐全。下午,我们又接着去帮助他们干……"

学生们不达目的不罢休的劲头,得到了当地群众的赞扬。那些以前拒绝学生采访的人说,"没想到这些孩子有这么多鬼点子。"还有的人说,"可别小看这些孩子,他们办事不比大人差。"从这些评价中,可以看出学生们的办事能力,交际能力,这样的能力对一个农村中学生的未来发展又是何等的重要啊!但这样的能力又是在校园里、课堂上难以形成的。

3. 在社会实践活动中，促使学生增强了社会责任感，增强了爱乡报国的情感

一年二班学生在"村史调查"活动中，进一步了解了家乡的过去和现在，一个同学深有感触地说："从前我只认为我们的小山村很贫穷、落后，但没想到她会有那么辉煌的历史；作为新世纪的中学生，真应该努力学习科技文化知识，学习建设家乡的本领，让我们的小山村，让我们的家乡再现往日的辉煌！"

二年一班在调查青山小街污染情况后，深感震惊，孙畅同学在她的调查中这样写道："青山小街，原是一条平坦、舒适的柏油路。可近年来，由于人们对环境的不断破坏，使小街越来越肮脏。据调查，居住在小街两旁的人家，由于没有地方倒垃圾，随随便便地把垃圾倒到排水沟或路上。日积月累，小街受到了污染，环境受到了破坏，美丽的家园面临环境危机。小街以后会怎么样？小街以后该怎么样？这是我们每个小街居民都必须严肃面对的现实问题！"

二年六班在调查辍学少女早婚状况时，发现很多女初中生辍学后就订了婚，结了婚。赵宇同学在"调查报告"中激动地写道："真的不知道她们是怎么想的，她们的父母是怎么想的，为何能做出如此荒唐之事？难道她们不知道这是在害自己，是在犯法吗？……真的不应该再发生这样的事，真的不愿意再看到这样的事！科学在发展，社会在进步，拥有8亿多农民的农村，如果文盲不断增多，早婚早育现象不断增多，必将恶性循环，致使国民素质不断下降，那么中国何以谈得上发展呢？奉劝那些辍学青少年朋友，特别是那些正准备早婚的少女们，珍惜你们的花季雨季吧，把握好自己的人生，对自己负责，也是对我们国家的未来负责！"

在社会实践活动中，学生们对家乡的建设越来越关心，思想感情发生了很大的变化，主人公的责任感也越来越强。例如，减免农业税的问题，牵连到当地的千家万户，农民对这个问题有种种担心和怀疑，学生的小记者团就集体采访乡长，把采访来的情况在自办的小报上发表。有一年派出所征收自行车费，学生们一方面在自办的小报上对这种乱收费的现象展开评论，另一方面又采访派出所，要他们说清楚情况。最后，派出所接受了他们的意见，停止了收自行车费。

4. 社会实践活动促使学生了解家乡人，影响了他们的情感，促使他们思考自己的人生和未来

学生们虽然生活在当地，平时接触的也只是当地人，但这就不等于他们了解当地人，这就像孩子不了解自己的父母一样。开展了社会实践活动以后，通过采访报道家乡的新人新事，学生们在不知不觉中净化了思想，陶冶了情操。在采访过程中，当学生了解到邹老汉含辛茹苦供子读书的事迹后，很多学生都感动得流下泪，因为他们想到了自己的父母。王晶同学深有感叹地说："是啊！加减乘除计算不出双亲的付出，千言万语诉不尽双亲的爱。采访完邹老汉的事迹以后，我愧疚万分，自己的父母不也像邹老汉一样，在我们的背后默默地干着吗？他们不辞辛苦，可在儿女面前从没有一句怨言，为的是什么，不正是为了我们能够健康的成长，将来能创造一片幸福的天地吗？我们做儿女的，就是要理解父母的苦心，关心体贴父母，趁父母还健在的光阴，献上自己的一片孝心。"

在采访一些平凡的乡村妇女过程中，学生们从他们身上发现了中华民族最优秀的品德，王苗苗采写的通讯《贤惠媳妇王秀兰》就发出了这样的感叹："朋友，当你了解贤惠媳妇王秀兰侍奉奶婆、婆婆，带养婆家侄子，照顾聋哑大伯哥这样平常的事后，你的感觉如何呢？你不觉得在平凡的乡村妇女王秀兰的身上，蕴含着中华民族最伟大的品德吗？'人做点好事并不难，难的是一辈子做好事。'王秀兰几十年如一日，默默奉献着孝心、爱心和真心，她永远值得我们学习和尊敬！"

他们采访当地的先进人物，学生们的情感也在潜移默化中受到这些人的影响，当他们完成了"侯振武致富不忘家乡，为母校捐款建院墙"的消息采访后，刘士娟同学是这样谈自己感受的："采访结束了，我体验到了人间真情，它是人间最纯朴、最真挚的感情。家乡山美，水美，人更美。侯振武富了，他没有忘记家乡和家乡的人民，他没有忘记他的母校。也许以后我会学有所成，远走他乡；也许以后我还会继续生活在这片土地上。但无论我的身份和地位发生怎样的变化，我对家乡的情怀是永远不可改变的。只要每一个人都像侯振武一样，致富不忘家乡，回报家乡，家乡的山会更青，水会更秀，家乡的明天一定会更美。"

这样的感情，也只有在这样的特定环境中才能熏陶出来。这样的感情，这样的人生理想，对一个农村中学生的未来发展是多么重要，社会实践促使学生人成文就，也为农村中学语文教学提供了新的思路。

语文社会实践活动开展以来，学生们还发生了以下明显变化：

1. 磨炼了学生战胜困难的意志

学生们在调查采访的路上经常遇到困难，但也正是这些困难，考验和锻炼了学生。一年五班采访小组在一次去采访的路上，两个同学的自行车都坏了；一年六班

采访小组突然遭到暴雨的袭击；二年二班采访小组迷了路……当时，有的学生畏惧了，有的学生哭了，有的学生主张返回，有的学生提出以后再来，但最终他们没有被困难吓倒，他们战胜了恐惧，胜利地完成了任务。这些学生一次次跨过困难的门槛，一次次穿过艰难的路程，从中得到了他们未来人生路上挑战困难的勇气、信心和方法。有的学生说，"现在遇到点困难是好事，将来遇到困难我们就有能力克服了，这也是人生的课堂。"

2. 培养起集体主义思想和团结协作的精神

学生们的每一次集体活动，都是一次团结协作的过程，他们获得的一个个成果，也都是团结协作的结晶。比如，采访王秀兰后，他们首先要把得来的材料汇集在一起，然后根据采访来的材料分工，谁写新闻，谁写散文，谁编文艺节目。在各自拿出初稿之后，大家就共同研究修改。学生们就在这样的氛围中学习、研究、讨论，通过这样的过程，学生的集体主义意识加强了，友谊建立起来了，协作精神形成了。课堂上难以实现的事情，在社会实践中得到了解决。

3. 增强了学生为群众服务的意识

开展送科技下乡活动后，各班同学首先要了解农民最需要的是什么，然后有计划、有针对性地开展活动，他们先去农业站取经，去农药商店学习，去有关部门调查了解情况，最后送到农民手中。"急家乡人之所急，想家乡人之所想"，无形中给学生种下为群众服务的思想意识的种子。

怎样开展语文社会实践活动，从农安县青山中学的探索中我们有以下几点体会：

第一，农村中学的语文社会实践活动，必须面向农村孩子的全面发展，着眼于他们未来发展来考虑，来设计各项活动。

第二，语文是实践性较强的学科，语文社会实践活动正是填补了课堂教学的先天不足，通过开发利用当地特有的资源来优化语文教学是一条重要的途径，再重复一句话，"用一方水土育一方人"，这是农村中学语文教学得天独厚的条件，也是其主要特点之所在。

第三，语文社会实践活动鲜明地体现了工具性与人文性的统一，理论知识与实践能力的自然结合。必须把知识、能力、情感态度和价值观的学习、培养有机结合。单纯追求语文能力的提高将会走入误区之中。

第四，语文社会实践活动是语文教学中的重要组成部分，必须与课堂教学有机整合，相辅相成，使二者互相促进，不能顾此失彼，不能在加强课外实践活动的同时而忽略课堂教学的重要性。

第五，语文社会实践活动本身就是一种综合学习的方式，从青山中学的经验来看，同其他学科广泛综合，如历史、地理、物理、化学、美术、音乐等，其优势将更强，效果将更明显。

刊于 2004 年《中学语文教学》第 11 期，另一作者毕业学

走进课堂

一、作文课实录（1）

马景昌

（1987 年夏季，当地遭受严重水灾，大部分田地被淹，农民损失惨重。同年 9 月，实验班将两节语文课合在一起，去松花江堤外察看灾情。出发前，教师布置了学习任务：实地观察，了解受灾的情况，记录下当时的所见、所闻、所感，回来后写出一篇作文）

（师生一路边走边看，边走边交谈。路两边是被水淹过的田地，庄稼倒伏在地里，已经变黑，散发着腥臭味）

生 1：老师，这块地是我家承包的，我还帮爸爸在地里追过肥呢。如果没有这
　　　场大水，我就可以烧玉米吃了。

生 2：老师，你看那块稻田，是我家的，今年，我们改种了新品种，爸爸说能
　　　比往年多收入一千多元，妈妈说，秋天把稻子卖了，要给我买几本我喜
　　　欢的书，哎，全让一场大水给冲跑了。

生 3：我爸说，今年丰收了，要给我买件皮夹克。

生 4：我妈妈说秋后要给我买一本词典。

生 2：我们的希望都像肥皂泡一样破灭了。

师：往年的秋天，家乡又是一番怎样的景象？你们又是怎样一种感情？同学
　　们议论议论。

（路边有几个村民在挖沟排放地里的积水）

师：同学们，大家过去同他们谈谈，了解了解他们的情况。

生 5：三叔，你家淹了多少地？

村民甲：二垧地差不多淹了一垧半。这一年算是白干了。

生 6：三婶，我家地淹了的时候，我妈都哭了，你当时怎样？

村民乙：咋能不哭呀，从春到夏，手把手侍弄着这些苗，像盼儿女一样盼着它
　　　　们长大，盼着它们丰收，可这场大水……

村民丙：今年投入 2000 多块，这钱有的是在信用社贷的，有的是在亲戚家借

的，指望到秋把这些钱还上，剩下的钱给老爹治治病，哎，白指望了。

生7：三婶，听说你家小柱子不上学了，是吗？

村民乙：房子冲倒了，窝都没了，还上啥学呀。

村民甲：松花江也帮咱们，也害咱们，啥时候松花江只帮咱们不害咱们就好了。

生7：一定会有那一天。

师边走边问学生：同学们，当地村民最盼望的是什么呀？

生4：松花江只帮咱们不害咱们就好了。

生8：将来，我要报考水利大学，毕业后我研究治理松花江水害，让家乡的人民的愿望实现。

生9：如果将来当了秀水乡的乡长，我就带领人民把松花江治理好。

生10：我爸是副村长，听我爸说，县里、乡里正在规划在西北角大口门修一个大水闸，把江水拦住，水闸修成，还能把堤外的三百多垧荒地变成稻田呢。

生2：到那时可就是一江春水一江油了。

生3：我们看到了希望，我们看到了曙光，那时，家乡的人民再没有眼泪，也没有忧伤，让那个美好的时刻早日到来吧！

（迎面开来一辆卡车，车上拉着水泥）

师：同学们，车上拉着什么？

生1：水泥。有些人家的房子冲毁了，这是上级调来支援他们建房用的。

生11：昨天，我家还分到了救灾的白面呢。

生3：我爸爸还领到了救灾款了呢。

师：旧社会，如果遇到这样的水灾，只有背井离乡，到外逃荒。这一切，反映了一个什么问题？

生8：党和政府对人民的关心。

师：你认识得很好。有党的领导，家乡人民一定会战胜水灾，恢复生产，重建家园。

生4：上几天，我们村还拉来了好几汽车被子、衣服。我家还分到一套被子。

生12：这都是社会上为我们灾区捐献的。

生 13：一方有难，八方支援。

　师：如果别的地方受灾了，我们该怎么办？

生 9：我们也要毫不犹豫地支援他们。

生 11：如果我们那时也没有东西可拿，该怎么办呢？

生 4：有钱出钱，没钱出力。

生 3：不在于东西多少，关键在于要有这种思想，这样的精神，这种感情。

生 3：老师，你认为这对不对？

　师：同学们说得很对。范仲淹怎么说的？

生 12：先天下之忧而忧，后天下之乐而乐。

（师生们走上松花江大堤，堤外是滔滔的松花江水。远处，有一群人在补堤修坝。江里，有的人在打鱼、捞河蚌）

　师：在战洪水的时候，为了保卫这个大堤，曾发生过一个英雄故事，同学们谁知道？给大家讲讲。

生 5：我知道，那天夜里，江堤被水冲开了一个口子。堵不住了，张庆春就跳进水里，大家看见他跳进水里，也跟着他往水里跳，用人组成一道墙……

　师：家乡的人民用生命来保卫家乡，这样的事迹，真可谓惊天地，泣鬼神。英雄就是我们的家乡人民，在我们的作文里，要写进去，要歌颂。

　师：大家注意观察，把见到的、想到的相互交流。

生 5：老师，你看江心岛上的高粱。别的庄稼都淹死了，只有它们还顽强地活下来，它们的生命力真强。

　师：大水过后，家乡人民并没有被大水冲倒，没有悲观丧气，而是积极地开展生产自救，红高粱与家乡人民有很多相似的地方。

生 3：我爸说，光哭不能过日子，愁顶啥事，还得干，庄稼不收年年种，他今天一大早就出去整地去了。

生 14：我们村一些人组织起来，到城里打工去了。

生 7：我妈说，人要有志气，淹了地，人不能趴在地上哭。

生 15：这就是减产不减志。

　师：家乡人民这种不屈不挠的精神真叫人感动啊！

生5：老师，茅盾用白杨树歌颂北方的抗日军民，我们可不可以用红高粱歌
　　　颂家乡人民与洪水搏斗、生产自救的精神？

师：我相信，你已经进入到作文构思之中了。

（学生们继续观察、议论）

师：今天我们一路走来，又在"大课堂"里上了一课。"大课堂"使我们获
　　得了许多作文材料，同时，也增强了我们对家乡、家乡人民的了解。
　　写什么想来大家心里已经清楚了。有一点我还要问大家，我们写这篇
　　作文的目的是什么？

生1：为家乡人民抗灾自救鼓劲。

在大自然中指导学生作文

生9：让大家看到希望，看到光明。

生10：对，应该这样写，我们用笔与家乡人民一起同灾害做斗争。

生16：也算是我们为家乡做出的一点贡献。

师：同学们越来越明白作文的道理了，在我们的作文中把家乡人民与洪水搏斗的无畏精神、英雄气概表现出来。盼望早日读到你们为家乡人民擂鼓呐喊的好文章。

原刊于《教育实践与研究》1988年3月

评论：

　　李元昌老师所上的这节作文课距今已经很多年了，现在的年轻语文老师看了这样的作文课不知会怎样想，或许惊奇——作文课居然可以这样上，不在教室里？或许羡慕——这样上课，老师和学生都多么愉快啊？或许不以为然——"这叫作文课吗？"

　　当我看到这节作文课的实录时，是由衷地钦佩的！李老师是真正懂得教育的老师！他不仅巧妙地利用现实生活情景熏陶渐染、潜移默化地对学生进行了"情感态度和价值观"的教育，而且适时适地适情适景地给予学生作文的指导：整节课上李老师前后大约说过14次话，不过600字，但是他对学生要观察什么，体验什么，思考什么等涉及作文内容的提示和指导却是十分到位和有效的（我们可以从学生的作

文中看到）。这就是教育的艺术。

语文教育的天地跟生活天地的大小是一样的。掌握语文的本领是用来为生活服务的，所以敢于并善于利用生活天地的大舞台进行语文教育的教师是智慧教师。围于课堂小天地，困在课本小语文之中的语文教育，是难于有效地提高学生运用语文的大本领的。或许现在的教师按照李老师当年的形式去上课会有许多困难，但是李老师这节课中所蕴含的道理却是能启发我们根据今天的情境，创造出利于提高学生"语文素养"的、新鲜活泼生动有效的语文教学形式来的。也正如此，所以这节实录课是属于李元昌老师的，是难以复制的。

张彬福

张彬福，首都师范大学教授，全国中语会学术委员会秘书长

附：学生作文两篇

<h3>我爱家乡的红高粱</h3>

恶魔似的大水刚退出江心岛，我便乘船来到这里。一上岛，一堆堆、一片片的枯枝败叶便扑入了我的眼帘。玉米有气无力地躺倒在烂泥里，大豆的杆子已经腐烂，谷子连点痕迹也找不到了，满目都是大水过后的惨淡狼藉。我注视着这里的一切，急切地寻找着，寻找着。突然，一片红彤彤的东西出现在我的视野之内，像一簇簇火焰在跳动，在燃烧。啊，这不是我所要寻找的吗？我急忙跑过去，又担心怕是幻觉。

我揉了揉眼睛，看清了，不是幻觉，正是那一片火红的高粱。我高兴得几乎跳起来，这时，几天前的情景立刻又出现在我的眼前。

松花江的水猛涨着。江水翻腾着、呼啸着扑上江心岛。谷子、糜子、大豆全被江水吞没了，江心岛变成了水下的世界。那时，我站在远处的高地向岛上望着，心里为岛上的庄稼命运感到痛苦。这时，我突然发现浪涛汹涌的江面上有一片火焰在燃烧，似乎要把涌进岛里的江水烧干。这是什么，不就是那片红高粱吗，那时，我也真为它担心呀。

面对眼前的红高粱，我心里充满了敬意。虽然和大水搏斗之后它们显得憔悴了一些，叶没那样绿了，秆没那样挺拔了，穗没那样火红了，但仍然显示出那傲岸不屈的神色，面对着浩浩荡荡的江水，以战斗胜利者的姿态挺立在江心岛上。

此时，我只觉得有什么东西撞击着我的胸口，终于控制不住了，面对着红高粱

不禁低吟起来："红高粱呀红高粱，你怎么这样坚韧，这样刚强。是谁给你这样大的力量，是天空，是大地，不，是你自己。谁是你的胞弟，谁是你的兄长，是玉米，不，玉米的秆没有你坚硬；是大豆，不，大豆哪有你这么昂扬；是水稻，不，水稻的生活怎有你这样惊险？"

我对着这片红彤彤的高粱出了神，内心也像那滔滔的江水一样翻腾着。这时，一阵微风吹过，高粱簇拥着发出快乐的笑声，又像是在合唱着胜利的凯歌。看到这种景象，听到这种声音，一幅动人心弦的画面从这里展开了。

江水奔腾着、咆哮着，像一群凶狮，吞没了堤外的良田，又怒吼着，猛烈地向大坝冲击过来。人们守卫在大坝上，寸步不离，与大水拼搏着，拼搏着……

漆黑的夜晚，雷电交加，大雨倾盆，狂风呼啸。"呀，决口了!!!"一声撕心裂肺的喊声。一股洪流将大坝撞开了一个大口子。那水拧着劲往里淌。"快！快！"人们呼喊着奔来，两三百斤的土袋子扔了下去，一眨眼就被冲跑了。就在这紧急关头，只听一声大喊："共产党员，上啊!"只听扑通通的跳水声，十几个人跃入激流，他们手挽着手，肩靠着肩，身贴着身，组成了一道用血肉躯体铸成的大坝。他们面对着拍来的巨浪头不摇，身不动。啊，这是一幅多么动人心魄的画面啊！

面对着眼前的红高粱，我的敬意越来越深了。你看它，大水来时，毫不惧怕，顽强战斗；大水退时，它不依不靠，顽强生长。这怎不使人敬佩呢？红高粱呀红高粱，看见你，我就自然地想起了家乡的人民。

家乡受灾了，但家乡的人民并没有趴在水坑里不起来，而是刚强地站起来，开始了生产自救。大水来时，他们不后退，不动摇；受灾之后，他们不灰心，不气馁。家乡的人们说："灾是水给带来的，但补也得找水算账!"看吧，一张张渔网撒出去了，那水里的"白银"捞出来了；一条条船驶出去了，一船船货物运进来了。请你把眼睛从浩渺的江面上移开，移到坝里，再看一看沟河塘汊吧。人们在采菱角，捞河蚌，筛沙石，修围堰，整田地。欢声笑语从这边飞到那边，又从那边飞回这边。无论是明月高悬之夜，还是细雨绵绵之天，你听吧，处处有歌声传来，处处有笑语飞起；你看吧，处处有战斗的人群，处处有像红高粱一样的笑脸。

红高粱呀红高粱，你怎么那样的坚韧，那样的顽强？家乡人呀家乡人，你怎么那样地勇敢，那样地倔强？我歌唱红高粱，歌唱英雄的家乡人。我愿做一株小小的红高粱，永远植根在家乡的土地上。

家乡的秋色

秋天，应该是稻谷飘香、果实累累、色彩斑斓的季节，而家乡的秋天，却是多么的令人惆怅而失望啊！

站在大坝向远处望去，所见到的只是一片水涝过后的黑色土地。那被水淹过的玉米，像大病不起的病人，倒在地上；大豆秧看不见了，只剩下一些残骸，零零碎碎的。往年，那些最惹人喜爱的毛茸茸的谷穗，早就该垂首大地，等待着人们收割了；而现在，谷穗埋在泥水里，发出了一股股的臭味。稻子变成了烂泥，高粱弯着腰，东倒西歪地在风中摇摆着。就连那挺拔的白杨树，叶子也提前落光了，直挺挺、光秃秃地站立着。江啊，松花江啊，你咋就这样的无情？江水依旧地流着。

丰收，我上哪里寻找那丰收的景色呀，我的心禁不住悲凉起来。家乡的秋啊，家乡的秋……

"呜——呜——"，是谁面对着被水浸泡过的土地哭了起来。哭声随着萧瑟的秋风，在空旷的田野里飘荡，又给这个秋天增添了几分凄凉，有的人面对这样的秋景，在偷偷地擦着自己眼角上的泪水。

是呀，靠土地生活的家乡人有谁不心疼呢。春天，人们满怀着对秋天的希望播种；夏天，人们又为秋天的果实洒下了多少汗水。在我家承包的那块土地上，我和妈妈一起插过秧，一起锄过草，一起追过肥。记得那次我们全家给玉米追肥时，爸爸笑吟吟地说："等到秋天丰收了，明年咱们就把草房变成瓦房；艳华，再给你做一件漂漂亮亮的衣服。"我盼望着秋，爸爸妈妈盼望着秋，全村的人都眼巴巴地盼望着秋。多少希望，多少理想，都等待着秋天实现；多少庄稼，等待着秋天收割；多少果实，等待着秋天采摘。可是一场无情的大水，把这一切都卷得无影无踪了。

松花江水啊，依旧是那样地流。面对着这一江秋水，人们满怀失望，满怀忧愁。

这时，一股春风刮进了我们村，吹散了满天的阴云，阴了多少天的西北角子屯哟，开始放晴了。

和人们一起奋战在抗洪第一线上的副乡长老周，他又回到了屯子里。他把大家组织起来，把大水泡塌的房子修起来了，把冲坏的田地修补上了，把围堰又垒起来了。

你看，一辆大卡车进村了。那车上装的是什么？正是人们最需要而又最担心的粮食。这是县委县政府给人们送来的。

那一辆大卡车拉了那么多木材干啥，哦，不用问，那是给我们修房用的。快看，又一辆开来了，车上满装着水泥。再看，那一辆车上是什么，花花绿绿的，那是各地人民支援的衣裳，还有老人戴的帽子和小孩穿的鞋呢。

屯子里沸腾了，人们又笑了。小小的西北角子屯哟，又充满了生气。

人们被组织起来了，组成了打鱼队、运输队、筛沙石队，妇女们还被组织起来去捞河蚌，生产自救的活动在群众中开展起来了。

一天，我放学回家，刚进门，妈妈就兴冲冲地对我说："艳华，今天捞河蚌，一下子卖了两三块呢，照这样干个二三十天，你的花衣裳又有指望了。"

是的，有指望了。周日，我又漫步在家乡的大坝上。见江面上，渔舟点点；河塘里舟排拥挤，笑语阵阵；大路上，汽车、拖拉机在往来奔驰，人们不分明是在这里秋收吗？！

大坝上，水利勘测队的几个人正在测量。听他们说，过几天全县的民工都要集中在这里，不但要把原有的大坝加固加高，而且在坝外还要修一道大坝，把通往我们屯的江汊子拦上。这样，就从松花江嘴里硬抢回三百多垧良田。这是一个多么令人振奋的消息呀！我面对着江水，心里想：松花江啊松花江，到那时，你就不敢猖狂了。

家乡的秋啊，家乡的秋，你曾使人失望，使人忧伤；而今天，你给人们带来了希望和力量。你就在人们的心上，你就在家乡的土地上。秋色啊，家乡的秋色啊，你永远不老，你永远闪光，你永远是五彩斑斓的锦缎，在你的身上，永远是硕果累累，稻谷飘香！

二、作文课实录（2）

写最熟悉的事物

吴志超

时　间：1992 年 11 月 5 日

地　点：秀水二中二年级（1）班教室

听课人：本校及外校 16 名教师

（上课铃响，李元昌进教室，李元昌以下简称"师"）

师：同学们，在今天的作文课上，请同学们回答一个问题：我们写作文的时候，要写哪些事物？

生1：写自己的所见、所闻、所思、所感。

师：为什么写这些东西呢？

生2：因为这是我们所熟悉的事物。

师：如果让你们去写北京的天安门、长春市的斯大林大街、吉林市的北山，你们能写好吗？

生3：写不好。

师：为什么？

生1：我们没有去过那些地方。

生2：我们想象不出来那些地方是个什么样子。

生3：我们不熟悉。

师：如果硬让你们去写怎么办？

生4（女）：不是抄别人的就得瞎编。（师生笑）

师：同学们回答得很正确。要写好作文必须得遵循一个规律，那就是写自己所熟悉的事物。（板书课题：写自己熟悉的事物）

师：同学们这几天都熟悉了哪些作文材料，请利用这节课的时间与同学交流，交流的材料必须是自己熟悉的。（学生们举手）

生5（女）：我对我上学时走过的那条路熟悉。那条路原来可并列行驶两辆大汽车，现在因为路两边承包土地的人总往中间挤地，这样，这条路变得越来越窄了，前些天还可以通过一辆马车，可现在只能通过一辆自行车了。按着这个速度发展下去，过几天恐怕自行车也要通不过了。

师：你对这件事有什么感想，有怎样的认识呢？

生5：我由这条路想到了我们的国家，想到了我们的社会主义事业。

师：这两者之间有什么关系呢？

生5：现在有些人今天占集体点便宜，明天想贪点国家的好处，如果人人都这么想，都这么干，没人管这些事，那么国家和社会主义不就和这条路差不多吗？

师：鲁迅先生在《再论雷峰塔的倒掉》一文中说："仅因目前极小的自利，也肯对于完整的大物暗暗地加一个创伤。人数既多，创伤自然极大，而倒败之后，却难于知道加害的究竟是谁。"鲁迅先生的观点在你这又找到了例证。你把这条路同我们的国家，同我们走的社会主义大路联系起来，并能认真地去思考，这一点全体同学都要学习。关心家乡，关心国家，是你们这一代人的责任。写作文不仅需要生活材料、写作技巧，而且还要有对问题认识的深度。你对这个材料基本掌握了，认识得也比较深，如果写出来，一定是一篇分量比较重的文章，对社会也会有一定的作用。谁继续交流？

生6：我奶奶病了好多天没有见好。一天，爸爸从东屯接来一个跳大神的，让他给奶奶治病。跳了四五天大神，奶奶的病也没见强，大神却从我家要去不少钱。有一天，一百多人到我家看跳神，把屋里的两口缸都挤坏了。一个邻居家的孩子站在锅盖上，掉进锅里，把脚烫伤了。（师生大笑）

师：你奶奶的病到底治没治好？

生6：不到十天就死了。（生6流泪，教室内沉寂）

师：封建迷信害死人！害死人！把它写出去，揭露这些丑恶现象，使大家不要上当受骗。（学生7举手）

生7：我还遇到了和这相同的一件事。今年夏天，屯子里飞出一股谣言：说姑姑得给侄子买七个桃子，七个红皮鸡蛋，一挂鞭。这鸡蛋还得是姓刘的人家的。意思是这样侄子才能死里逃生，留在人间。反过来，侄子得给姑姑买双红袜子。我认为这是谣言，不能相信。

师：你凭什么断定这是谣言呢？

生7：姑姑没给我买桃子、鸡蛋、鞭，我也没给姑姑买红袜子，我和姑姑还都健康地活着。（师生笑）

师：咱们班四五十名同学都谁没吃到姑姑给买的桃子、鸡蛋？（学生举手，共17人）

师：你们死没死呀？

生：（齐声答）没——死！（师生大笑）

师：实践是检验真理的唯一标准，你们没死，证明这是谣言。我们大家不能像生6的爸那样。要信科学，不要信迷信。把这样的材料写成文章，能教育大家破除迷信。

（班上交流之后，开始小组交流作文材料。教师在各小组听交流、指导）

离下课时间 15 分钟，教师布置作文：题目不限，体裁不限，内容不限，自拟题目作文，但必须写自己熟悉的事物。学生开始书面作文。离下课时间 5 分钟，完成作文的学生朗读作文。

学生进行评论。

师：这节课我们大家要明确在作文中的一个最重要的问题，是哪一个问题？

生：要写最熟悉的事物。（师在黑板的课题上加上着重号）

教师总结，布置作业：课后将作文整理好，抄在作文本上，并要和同学交流。

原刊于《吉林教育》1993 年第 8 期，收录时略有修改

评论：

许多老师为"学生生活单调贫乏"，"作文没的写"感到头疼。应该说，这的确是一个问题，一个存在了一百多年的问题（从语文独立成科后一直讨论这个问题）。但是，其间也有不少教师创造了许多解决问题的办法并且取得了效果，这当中就包括李元昌老师，而这节课就是一个明证。

"写自己熟悉的事物"要解决的就是"有的写"的问题。熟悉的东西往往"有的写"，陌生的事物就常常"没的写"。这里面的道理其实老师都是懂得的。关键是怎么做才能激活学生"有的写"的欲望。李元昌老师之所以能够"激活"他的学生写作的欲望，我以为在于他的"朴实"和"真实"。我们看看，学生们"熟悉的事物"无非是上学的路，村里的传说（谣言）等一些人以为"不登大雅之堂"的琐事，似乎没得可写。但是李老师却没有忽视这些"小素材"，他顺着学生的观察和认识引导着学生深入思考他们所"熟悉的事物"背后藏着的东西。这里"顺着学生"非常重要，因为教师是为学生服务的，教育的目标最终是要落实到学生身上的。这就是朴实和真实的含义。李老师是深谙这个道理的，所以他的课是围绕学生转的，而不是让学生围着他转，他所要实施的教育方针、所要落实的教学目标等都是在从学生认知规律出发，从教学内容实际出发中，在尊重学生智慧，倾听学生声音，爱护学生好奇心和求知欲中实现的。而要做到这一点，则需要理念的支撑和智慧的营养。朴实、

真实，这是我们最需要向李老师学习的。

张彬福

附：学生课堂作文二篇

桃子的谣言

噼里啪啦的鞭声又响起来了，不知道是哪家的"好心"姑姑又给侄子送桃子了。最近，飞出了一股流言，说要瘟八岁以下的男孩。怎样才能免除这场灾难呢？只要姑姑给侄子买七个桃子，侄子就能死里桃（逃）生。这股风一刮起来，大多数人都被卷进了这个旋涡。信的人怕侄子死，买桃子让侄子好桃（逃）生；不信的人也得买，万一侄子有个一差二错，当姑的能负起责任吗？没有姑的孩子，当妈的为了保住儿子的命，就临时认了个干姑姑，真够笑话的。

开始只是买桃子，后来又加了花点。姑姑买了桃子还得加一挂鞭，侄子必须买双红袜子回敬姑姑。不然的话，姑姑救了侄子自己就容易陷进去，非得穿侄子给买的红袜子才能逃脱劫难。

由此，我想到上几年的几件事，当姑娘的给母亲买桃罐头，做红布衫；还有一年过两个春节、两个五月节，恐怕这都是事出有因吧。

过几天就有人说了，今年市场上的桃子多，卖不出去，有人编造了这个谣言，卖出不少桃子。照这样，红袜子和挂鞭也是借流言销售货底子了。

不管造谣的人用心如何，如果我们大家信科学不信迷信，他就没有招，谣言也就不攻自灭。昨天，姑姑执意要给我买桃子，我也执意不肯要，我要试一试我能不能死。我觉得这实在是很可笑的事情。桃子就是桃子，也不是灵丹妙药，难道这些日子市场上卖的桃子都是从天上王母娘娘蟠桃园里运来的吗？

补记：现在我身体还很健康，活得挺好。但我要再一次声明，姑姑并没有给我买桃子，我也没吃过姑姑买的桃子。

路

我走在上学的小路上，久久地沉思着。

这条小路在村子的北面，我儿时常到这里玩。原来这条路很宽阔，能并排行驶两辆大卡车。再加上路两边的参天白杨，这条路就更显得幽雅美丽了。

上几年，我突然发现路两边的白杨树被砍伐了，也不知道是为什么。再从这条路上走过，我觉得少了些光泽，少了些兴趣，为此我感到惋惜。我想，树长成材了，砍了是自然的事，但砍完了应当马上栽上啊，干部们为什么不抓抓这件事呢？

树被砍了，路也就一天一天地变窄了。路两旁的种地人，开始挤这条路。今天右边的人从路上蹚出一条垄来，明天，左边的种地人也从路上挤出一条垄来。就这样，路逐渐地变窄。我常常看见人们为了一段垄头吵得不可开交，但从没听说过有人管管这条路的事。不久，这条能并行两辆大汽车的路，只能容下一辆汽车行驶了。

近几年，路两边的旱田变成了水田，推土机推出的土，堆在路上。原先那路两边的沟也填平了。平坦的路变成一个包一个坑的。晴天在这条路上走，磕磕绊绊的；雨天，就成了烂泥塘，走起来就更费劲了。每当我在这条路上走时，看到这种情形，心里就想：为啥没人管管这事呢？

路，还在变着，路两旁的人们仍然在挤这条路。路一天比一天地瘦了，又由能通行一辆汽车变成仅能通过一辆小马车的路了。

为什么没有人管呢？长此下去，恐怕连自行车也难通过了，那样，这条路也就断了。

面对这条路，我不仅是惋惜，也在沉思。现在，有很多事情不正和这条路相同吗？

毁掉的仅仅是一条路吗？想到这，我不仅出了一身冷汗。啊，我真怕……

三、作文示范课访谈实录（节选）

执教：李元昌

采访：李淑萍

李淑萍问（以下简为"问"）：李老师，今天听了您的课，很有感触，觉得视野大开。平时学生一节课写一篇作文都有些勉强，您却能在一节课上让学生写同一材料不同文体的作文四篇，而且说明文、议论文和记叙文体裁都涉及了，如果不是我亲自坐在课堂上，几乎不能相信这一奇迹。我和所有任课教师都想知道，这个奇迹是怎样创造出来的？上这样的课您有成功的把握吗？

　　李元昌答（以下简为"答"）：这怎么能算奇迹呢？奇迹应该是想象不到的不平常的事，似乎是偶然的。这一堂课写同一材料、不同文体的四篇作文是可能达到的事情，因为这是早已想到的，所以是必然的。至于把握嘛，还是有一点的。一节课写四篇作文似乎是不平常的事，但只要教者抓住作文指导的关键，适时点拨，这个不平常的事就会变成平常的事了。而这个关键，我认为是作文的材料。材料就像做饭的米一样，俗话说："巧妇难为无米之炊。"学生有了材料，就有了作文的"本钱"了，对材料熟悉、了解了，就有了写好作文的可能。而这节作文课提供给学生的材料是学生在物理课本中学过的知识。有了"米"也就有了"本钱"，我稍加指导，学生自然就变成巧妇，做出饭来。这样一只暖瓶"倒"出四篇作文，那也就顺理成章了。

　　问：李老师，这节作文课，您的启发循循善诱，点评恰如其分，充分调动了学生学习写作的积极性，发掘了他们写作的潜能，从而使学生思维活跃，热情很高，争相朗读自己的作文。请谈谈您是怎样设计这节课的？

　　答：多年来，我一直在探索提高作文教学效益的课堂教学途径。怎样在较短的时间达到预期的效果，问题的关键还是解决学生的作文材料和材料的来源问题。我设计的作文材料——暖水瓶，学生实际上对这一材料由表及里，由现象到本质都已经了解，这就为写作打下了良好的基础。下一步就是解决思维问题。思维训练是作文教学的重要步骤，这节作文课我主要是从不同角度进行思维训练的。说明文有平实说明和生动说明两类，在写过平实说明文之后，学生会觉得很平常，近乎说明书。为了调动他们写作的积极性，接下来引导他们使用生动形象的语言写科学小品——《保温瓶的自述》。在指导中启发他们运用多向思维从热水和保温材料两个角度说明，学生的热情很快高涨，生动有趣的科学小品自然就产生了。在此基础上，进一步引发思维，就保温瓶的外形和结构展开联想和想象，指导学生写议论文——《保温瓶的启示》，散文——《保温瓶的联想》。引导时，只要抓住文体的关键，启发他们的思维由表及里，由现象到本质的不断深入不断飞跃，学生很快就会进入情境，文情并茂的文章也就产生了。这样就达到了扩大学生学习语文的视野，拓宽学生提高作文能力的途径的目的。

　　问：李老师，您这种独特的教法，大胆的尝试，使我们耳目一新。您是不是经常上这样的课，您认为今天的课达到了您预期的效果了吗？

答：以前我也上过这样的课，一节课指导学生写三篇作文，这次上课写四篇作文，对我本人来说也是一次尝试。一节课写三篇作文，对于学生来说，也不一定是极限，突破三篇到四篇，这是一次飞跃，这是一次成功的试验，从学生那些精彩的作文中可以看出，学生的思维潜力是很大的。作文教改还需要我们进一步努力探索，这是一个无止境的自由王国。对于教改试验来说，无所谓成功，也无所谓失败，失败就是成功的起点。

问：李老师，您主张把初中所开的学科看成是一个综合性的课本，语文是这个综合课本中的一部分。听说您在对学生进行语文能力训练时，经常综合其他科的知识来进行，今天这节作文课，是不是体现了您这个观点？

答：我把学生的语文能力看成改造社会、改造自然的工具。学生未来需要怎样的能力，这是我经常思考的一个问题。学生未来可能会遇到各种各样的问题，而解决这些问题，又往往不能单靠一门学科的知识，需要各种知识综合运用，所以必须培养学生多方面的思维习惯，培养他们多方面的能力，特别是创造力，这也是我的大语文观。在作文训练过程中，我让学生综合各种知识作文，这既提高了学生的为文能力，又发展了学生的创造力，何乐而不为呢？

问：李老师，您把学生在校学习的课堂看成"小课堂"，把当地的农村社会看成"大课堂"，这样的认识您是怎么形成的，又是怎样处理这种关系的？

答：我把语文教学看成培养人才的一种教育形式。这种教育形式与社会的发展和进步是紧密联系的。我们的国家需要的是"先天下之忧而忧，后天下之乐而乐"的关心国家和民族命运的人。培养这样的人，光靠"小课堂"很难完成，所以，我鼓励学生积极参与社会，以主人的身份去看家乡的事、祖国的事。

我的作文教学是扎根农村的，从提高农村学生语文能力方面来说也就离不开农村这个"大课堂"。比如，记一个人的作文，以往学生写出来的作文学生腔十足，千人一面，千人一文，让学生去访问本村的能人之后就不同了。学生不但把在"小课堂"里学的作文技巧发挥出来了，而且笔下的人物各有各的性格，各有各的特色，比如《赶鬼的人》《一条半腿的王瘸子》《土地神》等，从这些文题，就可以看出学生的才气来。

问：李老师，您先后发明了几十种教学方法，这些方法多数都在省内推广，有的还在国内推广，这些方法是怎么研究出来的，您能否谈谈这方面的情况？

答：我求法时不得法，不求法时反而得法。以前我也想发明几种方法，一鸣惊人，但搞来搞去，一法不法。我的实验导师张翼健劝告我，不要在法上做文章，要在育人观上下功夫。我转变了观念后，经常思考这样的问题：怎样通过自己的语文教学来为当地农村培养合格的建设人才呢？这样反而产生了不少法。我的感受是：离开育人观只研究法，即使搞出来也是用死法套活人，这样的教学方法没有生命力。结合自己所教的学科研究如何培养人，自然就会出法，并且是行之有效的方法。这也许是"有心栽花花不开，无意插柳柳成荫"吧。有些教师也想干出一番事业来，但他们轻观念而重教法。要知道教学法是教育观之法，教学法是为教育观服务的。我曾为此打过几个比喻：教育观是舵，教学法是桨，无舵之船，桨力再大怎敢能加入百舸争流之列？教学法是矢，教育观是的，无的放矢，谁谓之善射者？教育观是帅，教法是兵，三军无帅，焉能百战百胜？同理，一个教师没有正确的教育观又怎能育好人呢？

问：李老师，您认为应把语文教学看作语文教育，看作提高未来劳动者素质的一种特殊的教育形式。我们觉得这种想法体现了语文课落实素质教育的重要意义，请你谈一谈这一认识的产生和具体做法？

答：我面对的学生是农村学校的初中生，他们中大多数人要回到当地从事生产劳动。基于这个原因，很多学生不重视学习知识，家长也认为反正回家种地，学不学都一样，这样就造成了农村中学差生多的现象。而这些学生素质的高低，将直接对当地的生产力产生影响，特别是那些学习成绩较差的学生，如果在学校学习期间，他们的知识水平、能力、素质得不到应有的提高和应有的发展，未来农村的劳动力市场将被"低能儿"所占领，势必给农村经济发展造成恶性循环，那后果可想而知。

邓小平同志曾一再指出："我们国家国力的强弱，经济发展后劲的大小，越来越取决于劳动者素质，取决于知识分子的数量和质量。一个十亿人口的大国，教育搞上去了，人才资源的巨大优势是任何国家比不了的。"我常常想，如果农村中学的教育搞上去了，有知识的农民多了，这不也是人才资源吗？所以农村初中语文教学就应该为当地的社会主义建设培养高素质的劳动者，为当地的两个文明建设服务。更新了教育观念后，我们对学生的认识也应随之发生变化。在我们眼前的就不是天真烂漫、顽皮不懂事的孩子，而是未来叱咤风云、改天换地的英雄豪杰，无论将来他们是升学还是回乡，无论他们以后成为科技人员、领导干部，还是工人、农民，他们都只不过是不同行业的劳动者而已。我们的任务就是提高这些劳动者的素质。

教育观念更新了，教学方法和教学手段也就随之发生了变化。于是我们提出了"不求人人升学，但求人人成才"的口号。

附：作文教学教案

一、教学目的

1. 扩大学生学习语文的视野，拓宽学生提高作文能力的途径。

2. 培养学生综合各学科知识解决问题的能力。

3. 对学生进行同一材料写不同文体的作文训练。

4. 探索提高作文教学效益的课堂教学途径。

二、教具

保温瓶、水杯

三、教学内容与步骤

（一）由保温瓶倒出一杯热水，引出学生在物理课中学过的有关热传递的知识，弄清保温瓶保温的原理。

板书：

热传递的途径　　　　　保温材料

对流————————→塞、双层真空玻璃胆（构造）

传导————————→软木、玻璃（热的不良导体材料）

辐射————————→镀银（反射功能）

（二）在弄清保温瓶保温原理的基础上写说明文。

文题：保温瓶保温的秘密

1. 要求：（1）300 字以上。（2）开门见山。（3）时间：5 分钟。

2. 学生自愿朗读自己写的作文，教师根据学生作文的具体情况进行点拨、评论。

（三）在说明文的基础上，要求学生将自己的作文改写成生动活泼的说明文（科学小品）。

文题：保温瓶的自述

1. 文前指导。

说明文根据风格不同可分为平实的说明文和生动活泼的说明文，科学小品就属于生动活泼的说明文。科学小品我们并不陌生，以前学过的《奇特的激光》《宇宙里有些什么》《春蚕到死丝方尽》《看云识天气》等都属于这类文章。

2. 给学生读一篇短小的科学小品引路。

3. 学生作文。

要求：（1）时间：5～6 分钟。（2）不少于 300 字。

4. 采取学生自愿的方式让学生读自己的作文，教师根据实际情况点评。

（四）指导学生运用保温瓶这个材料写议论文、散文。

1. 文题。

（1）保温瓶的启示。

（2）保温瓶的联想。

2. 指导。

文题（1）：

①在保温瓶的瓶胆和瓶壳这两个部件中让学生指出主要部件和次要部件，并说明原因。

原因：瓶胆是主要部件，起到保温的作用，瓶壳是次要部件，是保护瓶胆的，是为瓶胆服务的。

②引导学生思考。

制造保温瓶要抓住主次，在写作文的时候也要分清主次，不但学习上要分清主次，在解决生活中的问题上更要分清主次……

文题（2）：

①保温瓶外面凉，但里面却装着热水，由此可联想到什么？

②提示：严父、严师、对灾区人民的支援。

3. 以上两个文题，给学生一定时间相互讨论研究。然后让学生自选一个文题作文。学生完成作文后，读自己的作文，教师根据学生作文的实际情况评点。

（五）总结。

板书：

保温瓶（材料）
- 说明文
  - 保温瓶保温的秘密（平实）
  - 保温瓶的自述（生动）
- 议论文　保温瓶的启示
- 散文　　保温瓶的联想

引导学生以谈体会的形式把下面的内容总结出来：

1. 同一材料可以写出不同风格的作文，也可以写出不同文体的作文。

2. 要放开眼光，向社会、向生活要作文材料。

3. 提高语文能力不能单纯地把目光局限在语文课本和课堂上，也不能就语文学语文，途径和方法是多种多样的。

4. 在语文学习中，要培养自己形成综合各种知识解决问题的能力。

四、课后作业

以下文题任选其一：

1. 根据热传递的途径和保温瓶的保温原理，思考如何更好地把它们应用在生产生活上，题目自拟。

2. 根据这节作文课的内容，以"一堂作文课的启示"为题，写一篇不少于600字的作文。

原载《语文教学通讯》1999 年第 1 期

四、"放—收—放"作文训练法的提出及实践探索

中学语文教师有一个共同的感受，就是作文教学难搞，特别是农村初中的作文教学。常常是老师费了九牛二虎之力，学生收益甚微。大部分学生的共同感受，也是作文难写。学生面对文题，有时不知道写啥，抓耳挠腮，无从下笔。还有的学生，看了别人的作文常常说，这些事我也见到过，可我为啥没这么写呢？从学生作文情况看，有相当一部分用官话、套话应付，或者东抄西扒拼凑在一起。更有甚者，有的到了初三还用小学老师给他们作的应考范文来对付。

1985 年，我们对初一、初二、初三学生的 200 篇作文（命题作文）进行了分析调查，结果如下：

从内容和形式（主要指结构）看：内容空洞的 129 篇，占 64.5％；形式严重错误的 14 篇，占 7％；文不对题的占 6.5％。从中可以看出，初中生的作文内容是主要的矛盾。

从取材范围来看，取家庭的 83 篇，占 41.5％；取材学校的 106 篇，占 53％；取材社会的 11 篇，占 5.5％。这说明学生的生活范围狭小，取材范围不广，选取素材的视野不宽阔。

从完成作文的情况来看：抄袭作文 122 篇，占 61％；独立作文 78 篇，占 39％。这又看出，大部分学生对作文不认真，持应付态度。也反映出独立思维和独立作文的能力较差。

近几年，又对学生的作文进行一次调查，与 1985 年的情况大致相似。

面对学生这样不成样子的作文，我们是否可以从作家的创作中找出与中学作文教学的某些必然联系呢？我们发现，文艺理论家把作家的创作分为三个阶段，即素材积累——艺术构思——创作，这对我们指导学生的作文有一定的启发。如果把学生的作文过程（命题作文）也划分成阶段，大致是：审题——选择材料——构思——作文。把作家创作的过程同学生的作文相比较，学生的作文多了审题这个环节。我们认为，主要毛病就出在这儿。学生在文题的要求下去选择材料，就显得被动；而作家在有充分准备的情况下去构思创作就显得主动。一道文题所要求的内容，对作家或阅历丰富的成年人来说，可能是不会成为什么问题的；但对生活经验还很贫乏的初中生来说，不能不说是一件困难的事。初中生的生活范围本来就不宽阔，家庭、学校，两点一线，而作文又需要以生活为基础，失掉这个基础，作文就无从谈起。如果文题要求的内容一旦超出了他们生活的小圈子，他们就没有"东西"可拿了，更谈不上对材料的选择了。即使也能拿出可怜的一点点，也不典型。作家生活积累多，写入作品中的少，有充分的选择余地；而学生则是生活积累少，文题却要求他们掌握得多，没有选择的余地，这怎不使他们头痛呢？所以，在完成作业的压力之下，要完成一篇作文，便不得不去搜、去寻，搜寻不到，或摘或抄，或写些官话套话凑字数。当他们对文题要求的内容有所熟悉的时候，此次作文已过，补犹不及。其实，学生也不愿抄人家的东西。因而，一些学生的作文过程，只涉及了审题、选材这两步，其他两步很少介入。从小学到初中，一学期要求学生写七八篇作文，算起来学生的作文也没少写，然而有几篇作文是在学生的头脑中认真地构思过？这也许是学生作文长期无进展的原因之一吧。有的学生虽然有点生活积累，但不会把生活中的事物化为作文的材料，或者是语言材料少，不能确切地表情达意。前者硬做"无米之炊"，后者则是"有米而不会为炊"，同作家创作相比，作家的创作是积极的、主动的，是开放型的；学生的作文是消极的，被动的、是封闭式的。

如何提高学生的作文呢，我认为根据学生的实际情况，首先要解决学生的作文材料和材料的来源问题，使他们有一定的生活积累。既解决"米"，也要学会"为炊"的本事。达到这种目的，虽然不能让学生像作家创作那样去作文（事实也不可能那样），但必须化消极作文为积极作文，变被动为主动，冲破封闭式的生活圈子。为此，我们在辩证唯物主义哲学否定之否定的规律指导下，设计成适于我们教学的作文训练法，就是"放—收—放"训练法，并用我们自己的教学实践进行了验证。

"放"，就是放手让学生写自己的所见、所闻、所思、所感，即直接得来的"第一手材料"，并引导学生搜集"第二手材料"，即别人的所见、所闻、所思、所感，以补充"第一手材料"的不足。这种形式，就是对以前学生背作文、抄作文的否定。这一步的目的是：（1）培养学生在生活中发现材料、积累材料的能力；（2）解决学生作文难的问题；（3）使学生懂得什么是作文。为了达到上述的目的，我们所采取的形式是写叙评日记。这种日记与其他日记所不同的是，所写的内容不限，表达的方式也不限，但有一条总的要求：无论是直接的或间接的，必须在所记叙的事物中表明自己的观点和感情。每篇日记结束，要写上本日积累的词语，达到生活材料与语言材料同步积累的目的。学生每周选两篇抄在作文本上顶替作文，供教师批改或作为"第二手材料"在学生之间交流。这里有一点需要强调，这一步，主要是培养学生发现作文材料的能力。让学生们明白，在他们的生活中，处处有作文的材料，就看我们能不能发现它、利用它。首先我们让学生认识到，自己学的课本中就有许多可以写成作文的材料。例如我们前边提到的，让学生结合在植物课本中学到的知识，写一篇解释种子不发芽原因的说明文；结合历史课本学到的知识，写《我崇拜的一个历史人物》等。与此同时，把学生们搜集作文材料的眼光向社会扩展，有意识地开展课外语文实践活动，比如"家乡建设小参谋""家乡建设小主人"的活动，要求学生调查当地经济建设中存在的问题，向村、镇领导献计献策。让他们到村里搜集新近发生的"重大事件"，让他们到社会上搞一点简单的调查，这样，就把学生的目光引向了丰富多彩的社会了，他们也就从家庭、学校的小圈子中逐渐跳出来，开始在社会生活中摄取作文材料了，同时，在这样的过程中，学生的思想也得到了提升。学生们把自己见到的一切写入叙评日记中，天长日久逐渐形成自己的作文材料库，并不断增加贮藏量。叙评日记既培养了学生们的记叙能力、议论能力，也兼顾了学生的说明能力。学生们需要哪种表达方式就用哪种表达方式，这就打破了一记叙，二说明，三议论的训练模式了。

通过叙评日记，以上的训练目的基本上达到了。从叙评日记的内容上来看，学生一反空洞无物的老毛病，有事可写、有话可说、有感可发、有理可论了。语言也趋于流畅、自然了。同时，学生们为了积累多方面的作文材料，已不满足于自己狭小的生活天地，把目光转向了社会。从社会生活无限广阔的天地中摄取作文素材来丰富自己的"作文材料库"。有的在日记中赞扬改革中的新人新事，有的批评陈规陋习，有的笔锋指向不正之风，有的在小事中发现道理，有的评论国内外大事。由于要求表明观点，所以日记的内容并不是一些只是接近自然形态的东西了；而是对所写的事物进行了观察，经过初步分析、提炼，对思维进行了一番整理，并按照自己的理解有区别地进行了选择，按照自己的观点、情感进行了叙述和评说。又由于学生写的是自己所熟悉的东西，他们已经没有过去那种无啥可写的苦恼，放下了作文难的包袱，心理上得到了解放，感到作文并不难。并在实践中逐渐认识到，写作文就是要表达自己的思想感情，用笔说自己要说的话，有意义的话，所以他们从以前作文的枯燥乏味中解放出来，对作文逐渐产生了兴趣，积极性也随之高了。自从实行写叙评日记以来，全班几乎没有拖拉作文的现象。这样进行两个月后，我们又进行了一次调查，结果是：内容空洞的由64.5%降到6%；抄袭作文由61%降到0；取材社会的由5.5%升到43%。

在"放"这个阶段中，教师一定要加强对学生的引导，绝对不能让学生放任自流。要尽可能地创造机会促使学生去接触社会，扩大他们的取材范围。更重要的是对学生们的学习品格的培养。特别是写叙评日记，不能让学生一曝十寒，尽一切的努力鼓励他们持之以恒，坚持到底，保持他们作文的冲动和兴趣。学生们的日记中也会出现错误的观点或不健康的内容，对这方面的问题，我们要耐心教育，正确引导，万万不可简单粗暴，逼迫学生用老师的观点代替学生自己的观点，以免挫伤学生的积极性。

"放"这个阶段，学生开始写无题日记，以后逐渐让他们写自命题日记，以便向下一步过渡。这个阶段的时间长短不一定，主要看学生对材料积累的情况而定。我们集中搞了一学期。

"放"解决了学生作文的材料问题，有了材料，学生们会不会作文呢？这样，就转入了训练的第二步——"收"。在这步里，主要培养学生运用材料的能力，化生活为作文，也包括各种文体的写作。这一步，也是对前一步"放"的肯定，是对前一步学生作文材料积累的检验。学生运用好材料，必须具备审题能力，否则就会出现文不对题，选材不典型，中心不明确等现象。所以在这一步中，把培养审题能力也作为训练内容。这一步，我们通过类似下面的几组命题来完成作文训练目的的。

第一组：

1. 我最喜欢的人。

2. 我最爱戴的人。

3. 我最钦佩的人。

4. 我最相信的人。

5. 我最了解的人。

这组作文题重点解决学生审题的问题，事先一次公布给学生，可以选择其中的两个文题作文，如发现审题不清或选材不当，则要求重作，重作次数不限，直至符合要求为止。这组文题写完后，要求学生写一篇日记，总结得失。

第二组：

1. 一件值得深思的事。

2. 一件给我以启示的事。

3. 这也是好事。

4. 小事不小。

这组文题除了培养学生审题能力外，重点放在选择材料、改造材料、加工材料的能力培养上。对这组文题的要求是：同一材料至少要写两个文题，最好是四个文题用同一材料去写。学生在用同一个材料写不同文题时，首先对自己占有的材料要进行挑选，同时，为了使这个材料适应其他文题的要求，就得考虑从不同角度改造、加工这个材料。这组文题同上组文题比，难度加大了，特别是在材料的选用上，但学生的占有材料量已经达到了可筛选的程度，所以不会造成大的困难，我们在指导学生作文实践上已证明了这一点。写这组文题仍和上组一样，不合格重作，写完后仍写后记。

第三组：

1. 火柴的广告（应用文）。

2. 火柴（说明文）。

3. 火柴的启示（议论文）。

4. 火柴赞（抒情散文）。

这组文题除继续培养学生运用材料的能力外，主要训练学生各种文体的写作能力，也是对前一组文题的补充。

第四组：

1. 我爱你，北国的雪。

2. 在纯洁无瑕的掩盖下。

第五组：

1. "滥竽充数"的启示。

2. 为南郭先生平反。

这两组题，要求立意相反，训练学生从不同角度构思、谋篇。培养他们的求异思维。写完后给学生一段时间，让他们有意识地去练写自己写不好的文体，教师可出一些参考文题供学生选用。这个阶段对学生的作文要求是，每写一篇作文，都要和前一篇不同，不要用同一方法开头，不要用同一方法结尾，不要用同一形式构思。总之，要做到篇篇更新。

以前几个阶段的训练，还基本上是在纸上谈兵。学生们虽然和社会有所接触，但他们那时的主要目的是搜集作文材料。这个阶段和社会接触，是要他们能够在社会上有所为。这一步至关重要，因为集中地体现了我们教改的整个思想，育人的目的。这一步的训练，也不单纯是语言文字的技巧问题，更主要的是要通过从学校到社会，从社会到学校，增强他们的社会责任感，为他们正确的世界观形成奠定基础，使他们在有限的社会实践中认识到作文对社会的作用。从这一点来考虑，我们可以把这一步的训练看成学生们投身祖国和家乡建设之前的小"练兵"，广阔的农村社会不但是学生作文材料的源头活水，更是学生们作文能力实践的大课堂、大基地，第三步的"放"就是从这方面考虑安排的。

这一步的"放"和第一步的"放"是不同的。这一步的"放"是对前一步"收"的否定，是学生作文能力和实践应用的结合。在这个阶段中，学生要认真地思考自己写作文的目的，考虑自己写出的作文在学校、在社会所能产生的影响，也就是"立意"的问题。因此，在这个阶段，学生所写的作文，写前必须有明确的目的，必须脱离以前作文的盲目性。

抄作文时正文前要写上自己的作文目的。教师批改学生的作文，首先要看作文能不能达到学生预想的目的，这一条是评估学生作文质量的主要依据。例如，一个学生题为《高利贷》的作文，他在作文目的里写道："农民摆脱贫困，发展生产，就要有一定数量的资金。现在，我们家乡的大多数农民靠借高利贷来维持生产。这样下去，农民什么时候才能发展成小康呢？我写这篇作文的目的很明确，就是要引起村干部的重视，为农民们解决这个难题。"这个学生的作文基本上起到了这方面的作用，我们就把这篇作文评为上等作文。有个学生以《我的二舅》为题，写了一个赌徒，他在作文目的中写道："我写他，不是歌颂他，也不是欣赏他，而是拿出一个反面教员，告诉大家，不要走他走的那条路。"这个学生的作文是围绕这个目的写的，并达到了预想的效果，自然也就评为好作文了。

我们鼓励学生们利用课余的时间到社会上去搞调查、去采访、去挖掘材料，充分利用农村的生活环境，把它变成学生作文的实践基地。在提高他们作文能力的同时，也增强他们的主人翁责任感。学生们学习了农村常用应用文写法后，动员他们用语文知识为家乡人民服务。学生们主动帮助群众写信，帮专业户写广告、拟合同条文，甚至有的学生代人写诉状。他们掌握了调查报告的写法后，便走家串户，调查农民负担问题，写了《我为农民鸣不平》《为什么黑爪子挣钱白爪子花》；他们调查当地经济建设中存在的问题，写出了《为啥不修这条致富路》《农村的高利贷》《啥时治病能不难》；他们拿起笔来讴歌经济改革中的新人新事，如《成"龙"记》《赶鬼的人》等；他们写文章批判陈腐之风，如《吃了谁，苦了谁》《还不完的债》。他们和乡村干部对话，陈述自己的主张；他们也用作文的形式表露自己的观点，如《社主任，你别绕着走》《给党支部书记的一封信》；他们敢对腐败的现象横眉怒目，无情揭露，写出了《谈打拦路狗》《如此考试》。学生们的这些文章，多半被发表在报刊上，或者被当地的广播电台采用。学生们找到了发挥他们才能的用武之地，他们在实践中学会了怎样作文，他们也在实践中认识了作文的作用。

学生们的作文活动，甚至可以起到舆论监督作用。有的干部做了什么错事，就说："可别让实验班的学生知道。让他们给写进去就麻烦了。"第一轮实验班中有个学生，面对着毁地开沙石场的歪风，痛心疾首，他们用半个多月的课后时间到现场调查，写出了一篇题为"钱、沙、风、灾"的作文，文中指出"前辈为钱卖沙毁地，后代无田受灾"，大声疾呼："停止这种破坏性的开采！"村干部看了这篇作文很受感动，立即采纳了他的意见，制止了这种现象。由于学生们的作文在社会上引起一定的反响，他们从中得到了鼓舞，在实践应用中使他们得到了锻炼，得到了提高。

作文训练的三步法，第一步，解决学生的作文材料问题，材料的积累是长期任务，所以这一步要贯穿整个作文训练的始终。第二步，要学生学会各种文体的写作。第三步，把学生"放"到社会上去应用。我们在时间的安排上，初中一年，以积累材料为主；初二的上学期，重点培养学生会写各种文体的作文；初二的下学期到初三，转为社会实践应用。这样的安排并不是绝对的，根据学生的实际情况，可缩短，可延长。

我们以这样的目的，这样的形式，这样的要求去训练学生的作文，学生的作文提高得很快。在试验班里，"下笔千言，一挥而就"的学生已不被称为"奇才"了。第一轮实验班的学生在初一第一学期末，与本校毕业班里的学生进行了两次作文比赛，每次平均都高出毕业班 3 分多。1987 年在初二越级参加省中考，其中作文分超出省市抽样调查分 2 分多。1987 年 6 月，在榆树市（县）举行的一次作文竞赛上，全县中学生共有 18 名学生获奖，而实验班一个班的学生获奖数就占了 9 名。1987 年 12 月，在我县举行的另一次作文竞赛上，60 多所学校参加，每校以校为单位派 10 名选手参赛，实验班以班为单位派 10 名学生参加，结果是名列前茅。在东北、华北、西北的中学生作文竞赛上，实验班 3 名学生分获一、二、三等奖，在县和地区中，又各获团体奖一次。第二轮实验班的有 5 名学生在全国作文竞赛上获奖；第三轮实验班学生在初中一年级，就有 16 篇作品在市报上发表。三轮实验班学生的作文集——《田野上的小花》，被吉林省教材审定委员会定为吉林省初中生选用教材。

"放—收—放"作文训练法之所以对提高学生作文能力有一定效果，现在看来，

1987 年 6 月，第一轮实验班学生在初中二年级参加榆树县（今为榆树市）
中学生作文竞赛，获奖 9 人，占全县获奖学生一半，并获团体奖

主要是将作文与生活、学校与社会、理论与实践、阅读与写作有机地结合起来，在作文教学的过程中比较合理地处理了《课程标准》提出的三维目标。"放—收—放"作文训练法并没有就作文去作文，而是将作文看成是教育，把作文训练作为育人的一种形式，在整个作文训练的过程中，把提高学生思想观念，培育他们爱祖国、爱家乡的情感，树立他们人生远大理想作为一条主线贯穿始终。以育人为目的去指导学生作文，是"放—收—放"作文训练法的主要内涵。这种作文训练方法不能孤立地去运用，要与读写结合，要与评价相辅相成，才会出现较好的效果。

　　这种训练方法问世已 20 多年了，面对当前轰轰烈烈的课程改革，从陈年箱底中将其翻出来，用当前的眼光看当年的老账本，目的是想给大家一点启发，反思我们的过去，更好地把握课程改革的精神，去开辟我们新的道路。故此将把它整理出来，供大家参考，并希望得到读者的批评指正。

刊于《中小学教研》2007 年第 4 期，《云南教育》第 4 期全文转载

五、点改法

点改法，是我在以前作文批改的基础上，通过几年在教学实践中不断研究、改进、更新而形成的一种作文批改方法。它虽然只是作用在学生的作文批改上，但实际上已超出了单纯作文批改的范畴。它不仅包括了作文批改的全部内容，而且也包括了中学语文教学"读"和"写"的训练内容。从作文能力的训练到思想品德的培养，从遣词造句到构思谋篇，从基础知识到逻辑思维，无论是作文的内容和形式，都可以用点改法来指导学生。通过一些试点校反馈过来的情况看，运用点改法来批改学生的作文，把"读"和"写"紧密地结合在一起了，不仅提高了学生为文的能力，也促使学生阅读能力有了相应地发展。因此，有的教师把点改法作为一种教学方法使用。用这种方法配合教学的重点、难点，在某种情况下，以"点改"代"讲"，以"点改"促"读"，以"点改"促"练"，达到了提高学生语文能力的目的。

1998年，在黄山为来自全国各地的老师讲授点改法

鲁迅先生在《不应该那么写》中说："这'不应该那么写'，如何知道呢？惠列赛耶夫的《果戈理研究》第六章里，答复着这问题——'应该这么写，必须从大作家们的完成了的作品中去领会。那么，不应该那么写这一面，恐怕最好是从那同一作品的未定稿本中去学习了，在这里，简直好像艺术家在对我们用实物教授。恰如他指着每一行，直接对我们这样说——'你看——哪，这是应该删去的。这要缩短，这要改作，因为不自然了。在这里，还得加些渲染，使形象更加显豁些。'"有些教师在学生的作文批改上，虽然指出了"不应该那么写"，但却没告诉"应该这么写"，学生仍然茫然。有的学生作文教师代笔修改了，学生却不知道那样改的原因。

更有的批语学生不明白，如"中心不突出""层次不清楚""详略不当"等。如果学生能明白教师的批语，作文也不会出现那样的毛病。

赞科夫说："我们不能忽视这一点的就是：让学生自己去寻求问题的正确解答，这不仅对他们领会知识和掌握技巧，而且对他们的发展都具有重大的意义。"作文的点改法，就是以充分发挥学生主观能动性为前提，在教师的点拨下，让学生自己去寻找、去发现提高自己语文能力的方法和途径，力图通过这样的教学过程，促使学生主动发展。

点改法与传统的批改方法的显著区别是：教师不直接说出学生作文中的得与失，而是通过点拨、提示的形式，让学生自己去主动认识；教师不直接告诉学生怎样去修改好，而是通过教师的引导，让学生自己去寻找途径和方法；教师不代替学生修改，而是让学生自己完成作文修改的任务；教师的批改不是把结果给学生直接拿出来，而是促使学生自己去探索过程和原因；教师指导学生的目的不是只修改好一篇作文而已，而是要切切实实地提高学生的为文能力。所以，采用这种方法指导学生作文，绝不能把教师自己的观点强加给学生，而是促使学生进入自我学习、自我研究、自我探索、自我提高的境地。这是点改法的原则。离开了这个原则，就不成其为点改法了。因此，运用点改法批改学生的作文，必须是教师和学生的双边活动，教师负责"点"，学生负责"改"。

点改法把教法和学法自然结合在一起，每次点改，都需师生共同完成。教师要认真负责的点，学生要主动地去思考、探索、研究。它的设计意图就是通过这样的训练，调动学生的内部积极因素，让学生自己走上主动发展的道路，变被动学习为主动学习，从而达到无师自通的境界，"提高的路子让学生自己去走"，这是点改法的灵魂。并且点改法与其他的批改、指导方法不矛盾，完全可以结合在一起应用，如学生互批互改、自批自改等。使用这种方法，最好是鼓励与引导相结合，学生在作文中的闪光之处，教师要给学生点出来，让他们能看到自己的成功之处。此外，集中一点或两点突破，不要面面俱到，这样既有利于减轻教师的负担，也有利于调动学生作文的积极性。这种方法的特点是能够根据学生的不同情况因材施教，所以特别有利于差生的转化和提高，更有利于优生的发展。这种方法不仅适合初中生和高中生，也适合小学高年级的学生。现在，有的学校已经借鉴这种方法改进其他学科作业的批改。

（一）点改法的批改符号及使用方法

为了便于教师"点"，学生"改"，原有的作文批改符号已不够使用，在对点改法的研究和实践应用中，自创了几种符号，其使用方法介绍如下：

×错字号，2个以上的错字写成"×²"，3个错字写成"×³"，依此类推。

≈别字号，两个别字写成"2"，三个别字写成"3"，依此类推。

（）标点误号，表明标点错误，错2处写成（2），错3处就写成（3）。

——语句误号，表示文中的句子有语病。病句多了，则在前面加上A、B、C等序号以示区别。

～～特提号，需要特殊处理的句子，2个以上需要特殊处理的句子，则在前面加上①、②、③等序号区别开。

其他的批改符号与传统的批改符号基本相同。

传统的批改方法，如在文中发现一个错字，则在那个错字上画个"×"，明确告诉这个字写错了。点改法则不然，如发现文中有一个错字，就在有错字的那一行所对的眉批上画个"×"，表示这一行中有一个错字。如果这一行中有2个或3个错字，就写成"×²"或"×³"，学生根据老师在眉批上的标示，自己去找错字，在错字上写个"×"号，然后把正确的字写在所对的眉批上。别字号的操作方法与错字号大体相同。

标点误号是为了纠正学生作文中的标点错误而设的。发现行文中有标点错误，则在所对的眉批处画"（）"号，表示这一行中有一个标点错了。学生找到用错的那个标点勾掉，写出正确的标点。教师在批改时，发现作文中有一个病句，就在病句所对的眉批处画条"——"线，学生找到这个病句，用长直线在下面标出，如果病句是2个或3个，就在前面加上A、B、C等序号，然后自己在文中改正过来。有些句子，用以上的方式处理不了，这就得动用特提号了。如有一篇学生作文，教师在文中画了3个特提号，在作文的总批中，则做了以下处理：

1.①句属于哪一种描写，在眉批上写明，并指出作用。

2.②句改成了感叹句，原因在眉批上答。

3.③句中有个词用得很恰当，找出来，用"."标出，在眉批上写出妙处。

传统的作文批改符号在点改法中也照常应用，但使用的方法必须符合教师点、学生改的原则。如删除号，教师不直接把学生作文中多余的字删掉，而是在那行所对的眉批上画个删除号，学生在那一行的文字中找出多余的字或语句用删除号删掉。

　　有些符号是为了临时界定而用的。如在批改时发现某一段有一部分文字与中心思想无关，教师则用"[ ]"号把这部分文字括上，然后在总批中出这样一道题：文中用"[ ]"号括上的部分和中心思想是什么关系？怎样处理，请在下面答出。此题的后面要留一块地方，供学生答题用。

　　下面是一篇批改例文。（眉批括号内各种符号的说明，是为了方便读者附加的，在实际批改中不应出现）

	兰	天	中	有	雄	鹰	的	路	，	大	≈　（别字号）蓝
海	中	有	帆	船	的	路	，	沙	漠	中	有
骆	驼	的	路	……	苍	茫	的	大	地	啊	，
哪	一	条	是	我	走	的	路	X！	我	现	在　（　）（标点误号）
正	读	✗	三	，	面	对	着	明	年	的	中　×　（错字号）初
考	，	我	不	知	道	该	怎	么	去	做	。
		"如	果	不	能	升	学	，	就	勇	A——（语句误号）
敢	地	加	到	家	乡	的	建	设	，	那	
也	是	一	条	光	明	的	七	彩	路	。"	这
是	老	师	经	常	对	我	说	的	。		
		"孩	子	，	如	果	你	能	考	上	大
学	，	以	后	的	路	就	好	走	了	，	考
不	上	哪	还	有	你	走	的	路	哇	。"	这

是	妈	妈	长	在	我	耳	边	刀	咕	的	。
		"回	来	侍	弄	一	亩	三	分	地	，
有	啥	奔	头	。"	村	里	的	人	也	这	么
说	。										
			B	听	见	了	妈	妈	的	话	，	听
见	了	村	里	人	的	话	，	我	的	心	就
禁	不	住	一	阵	颤抖震动	。	于	是	我	每
天	学	呀	，	学	呀	。	嘴	里	嚼	着	饭，
还	在	刀	咕	着	英	语	单	词	;	手	里
拿	着	筷	子	，	还	在	比	划	着	那	道
没	证	出	来	的	几	何	题	。	妈	妈	说
我	呆	了	，	弟	弟	说	我	有	神	经	病。
①	其	实	我	并	没	有	什	么	病	。	是	升
学	把	我	压	的	。						
		一	想	起	老	师	说	的	话	，	我
的	心	里	就	亮	多	了	。	种	田	就	没
有	出	息	吗	？	全	国	十	二	多	亿	人
口	，	②	如果即使	大	家	都	不	种	田	，
那	么	衣	服	从	哪	里	来	，	饭	从	哪

2 ≈（别字号）常 叨

B——（语句误号）

≈（别字号）叨

（ ）（标点误号）

这句话和前文的意思重复。

～（调位号）

关联词语搭配不当。

里来呢？

　　明年，我就要和大家共同在一起过独木桥了。 _C一 　C——（语句误号）

想到这，我的心就<u>不能</u>不停在跳。

　　明年，我也许就要踏上回乡之路了，想到这，我想起了老师说的话，心里又充满了希望，充满了光明。[我会沿着这条光明的希望走下去的，虽然说希望是无所谓有，无所谓无，只要我坚持走下去，就会实现我的理想。]　偏离了这段的中心，可以去掉。

　　大千世界呀，哪条路属于我？

　　我的心中有自己的路，我的脚下要走出自己的路！

总批：

1. 回答下面的问题：

（1）此文的结尾很好，好在什么地方，在下面答。

答：结尾和文题照应，并且表达了我的决心和感情。我觉得这样收尾很有力量。

（2）文中标有［　］的部分和那段中心有什么关系，怎样处理，在眉批上答。

2.按要求答题：

（1）①句应该删掉，在眉批上写明原因。

（2）②句老师给改过了，为什么那样改，在眉批上写清。

从以上的例文可以看出，运用点改法批改学生的作文，首要的问题就是给学生讲明符号的使用方法，教会学生如何答题。点改法的主要目的是通过这种批改形式促使学生形成自我修改作文的能力。所以，即使是教师给改过的地方，也要学生答出为什么，如第2题。此外，运用这种方法批改学生的作文，学生不是修改一次就万事大吉，教师在批改后次作文的时候，要检查学生在前次作文中修改和答题的情况，发现有答错的，就在后次作文的总批中单设一个题，指出前文哪题没做对，要求在前次作文的原题处重答，或者是在下面留出空白，让学生重新回答前次作文中答错的题。学生第一次没有修改好，还要修改第二次或第三次，直到改好为止。教师也不是对一篇作文批改一次就算完成任务，学生对教师在作文中提出的问题没有答对，教师还要继续点，追根问底，直到学生清楚明白，答对为止。一般的情况下，完成一次批改任务要经过二次，第一次点，第二次检查学生答题的情况和修改的情况。

（二）运用点改法，促使学生自己去寻找写好作文的途径

通常的作文批改方法，无论是眉批还是总批，大部分工作都叫教师做了。错别字改过来了，病句修正过来了，文章理顺了。学生们拿过作文本，看看就放在一边，大多数学生没有认认真真地、仔仔细细地思考。错在哪，好在哪；怎样改，在哪改，怎么改好，学生自己也不清楚。就好像吃饭一样，饭教师给做熟了，并且送到学生嘴里，甚至还要代替学生咀嚼和消化。这种由教师"独家包办"的批改方法，常使学生处在不明不白的状态中，这又怎能使学生的作文能力提高呢？而点改法是针对学生作文中存在的实际问题，通过教师的引导和指点，使学生自己去发现解决问题的方法，从而提高自己本身的作文能力。例如，有个学生作文时由于审题不清，没有把握好材料，写时详略不当，造成中心不突出的现象。以前作文中发现这种情况，教师在总批上常写上类似这样的批语："详略不当""中心不突出"。应该说这样的批语没有什么错误，然而这样的批语在学生中产生什么影响，有什么作用呢，这是我们在作文批改中必须思考的问题。那样的批语只是教师的认识，不是学生的认识。

如果学生认识到这个问题，也不至于把文章写成那个样子了，学生能否从批语中懂得：怎样写才详略得当，中心突出，这又是一个不可知论了。点改法正是针对传统批改方法的不足而设的。学生作文中出现了详略不当的毛病，存在着中心不突出的问题，教师通过批改引导学生自己发现这些问题，自己寻找修改方法。比如，一个学生以"一个善于分析问题的学生"为题作文，他一共用了五个材料，在这五个材料中，只有甲、丙两个材料符合文题的要求，乙、丁、戊三个材料写的是这个学生如何刻苦用功，如何帮助同学解决困难等一些事情，并且还把后三个材料作为重点去写，这显然是详略不当，中心不突出。针对学生作文中的这个实际问题，我在总批中设计了下面的题，让学生去思考、回答。

1. 文题为"一个善于分析问题的学生"，此题的题眼是"善于分析问题"，据此，这篇作文应该选择能表现这个学生善于分析问题的事情去写。

2. 这篇作文你写了这个学生五件事，其中符合文题要求的是甲、丙两件事，另外的乙、丁、戊三件事与文题的要求无关或关系不大，而你却作为重点材料去详写，这样就造成了文章详略不当，导致中心不突出。

（横线上的字是要求学生填答的内容，以下类同）

3. 根据答上题的体会，请在下面写出修改此文的方法。

答：重点详写甲、丙两件事，略写或不写乙、丁、戊三件事。或者将乙、丁、戊三件事舍去，再选能表现他善于分析问题的事情去写。

以上的填空题和问答题，代替了作文的总批。第1题主要是帮助学生分析原因，提高学生的认识能力；第2题在第1题的基础上，使学生能发现自己作文中存在的问题；第3题则是要学生拿出具体修改方法来。学生只有认真思考1、2两题，才能答上第3题。如果学生要答上1、2两题，就得根据教师的提示、启发，去认真阅读自己的作文，研究自己的作文。这样，才能发现自己作文中存在的问题，找出产生问题的根源，从而产生修改作文的设想，最终形成解决问题的能力。点改法在学生作文中一实行，打破了那种"万马齐喑"的局面。作文发下后，有的读作文，有的查字典，有的几个聚在一起研究，笔者常被学生围住，问这问那问个不休。以前作文发下后，学生看看分，看看批语就放在一边。两种情况，截然相反，形成鲜明对比，从这一点可以看出，点改法从客观上促使学生去认真研究自己的作文了。

促使学生思考，让学生自己找到解决问题的方法，这是点改法的主要目的。在这个前提下，形式可不拘一格，方法要尽可能灵活多变。但无论如何，不能脱离学生的实际，出题设问，要顾及学生的基础，不要超越学生基础知识和基本能力的范畴。

有个学生以"家乡，我要为你添一笔"为题作文。第一段一句话："我的家乡变了。"第二段是："家乡变了，这是家乡人民努力的结果。我也是家乡的一员，我应当为家乡做点什么呢?"第三段接第二段谈自己献身家乡建设的理想。家乡变了，变成什么样子没有写出来，这就使文章的第一段成了空洞的话。批改时，我在总批中出了这么一道题："此文的开头犯了_____的错误。"答案是"内容空洞"，或者是"笼统""不具体"。然而学生填了好几次也不符合答案的要求。后来我了解到，学生还缺少这方面的知识，便补了这方面的内容。之后，我又重新设计了下面两道题：

1. 说话要有理有据，言之有物；反之就是内容空洞。在上次作文讲评时，老师曾讲过这方面的知识，请你认真回忆上次老师讲的内容，研究1、2段，看第1段有什么不足。

答：家乡变了，变成什么样子没有写，读了以后不会给人变的印象，犯了内容空洞的毛病，应该具体地写一些家乡变化的景象。

2. 根据答上题的体会，请你具体修改。

我的家乡变了，站在高高的堤坝上遥看家乡，那一排排整齐的砖瓦房，显得古朴而秀雅；那一家家宽敞明亮的院落，整洁而又干净。那一个个小山似的粮垛，那一根根新竖起的电视天线杆，显得格外精神。想起以前那些破破烂烂的房子，想起以前那一张张无精打采的脸，我深深地感到，家乡变了，变了!

这两道题是结合在一起出的。第一题的目的在于引导学生回忆教师讲课的内容，发现自己作文中所存在的问题，为解决下一个问题破除阻碍。这道题也是教师给学生放的一块垫脚石，在此基础上，学生"跳一跳"就能够得着第二题，就能产生作文的修改方法，就具备了改好作文的能力。由于这两道题切合学生的实际能力，所以答得比较理想，学生改得也比较满意。

为了促使学生思考，在点改学生的作文时，直接提出要求，让学生在要求的引导下去寻找解决问题的方法和途径。以题为"我的妈妈"的作文为例。作文前，我再三要求开门见山。然而，有好几个学生的作文开头却绕了大弯，先写了爸爸、哥哥、姐姐，最后才写妈妈。还有的学生用一多半的文字写家庭如何和睦、幸福，对妈妈这个中心人物只用少数文字轻描淡写。对这类学生的作文，我在作文总批中设计了这样的题：

如果采取开门见山的手法，会收到怎样的效果？把这种方法同这篇作文的写法相比较，谈谈自己的体会。

答：这样写，一开始就直接写妈妈，能把妈妈这个中心人物突出出来。这篇作文的开头拉拉扯扯写了很多，写了很长也没接触妈妈，这也不合乎文题的要求。

学生答上了这道题，要经过比较一番，促使自己更深入地思考，这样，修改方法也就自己悟出了。

还可以这样批改：

1. 本次作文对开头的要求是：_____；

2. 在课本中或你读过的文章中找出符合这样开头的文章，将文题写在下面：
_____；

3. 检查自己的作文开头，看存在怎样的不足？

4. 请你重新写一个符合要求的作文开头。

这样的批改方法，其好处不言自知。

通过以上几例可以看到，运用点改法批改学生的作文，既要考虑到学生知识、能力的实际，又要在开发学生智力上做文章。请再看一篇例文。

建房要少占地

		我	的	家	乡	在	美	丽	的	松	花
江	边	上	，	那	里	有	肥	沃	的	土	地，
盛	产	大	豆	、	高	粱	和	水	稻	。	土
地	养	育	着	我	们	，	我	们	要	珍	爱
土	地	，	不	能	浪	费	一	寸	土	地	。
"	土	地	是	财	富	之	母	"	，	这	是	我	在
村	中	墙	上	看	到	的	一	条	标	语	。
这	条	宣	传	标	语	告	诉	人	们	，	要
珍	<u>喜</u>	土	地	，	要	节	约	土	地	，	因
为	它	是	财	富	之	母	。				

删掉后，开头就直奔主题，并且能和结尾呼应。

≈　惜

　　看见了这条标语，我的目光落到村里新起的一条街上。这条街，一排砖瓦房，家家都有个大院子，这十来户人家每户占地都有二亩左右，合在一起，足有二垧。这条街，一下子吃进去二垧地啊。

　　我又向村里看去。各家的住房之间，距离近的，十来米，距离远的，有二十米左右。两家住房之间，近的可以容~~纳~~下一所二间房， ×纳 远的可以容~~纳~~下一所三四间房。 ×纳 如果按照我说的方法去建房，那条新起的完全可以消化在 ———— 老街道之中，二垧多地省了。

　　我们村有九个社，我们乡有九个村，我们榆树县有四十多个乡。如果每个社一年盖房占用二垧地，我们榆树县一年得损失多少耕地啊！如果站在全省、全国的角度去统计，那数字大得就更惊人了。

　　盖新房是好事，但修房之前首先要考虑节约土地。我们农村也并不是土地大户，就拿我们二社来说吧，人平均耕地才三亩多。如果此风不止，这样发展十年八年，耕地还剩多少呢？

　　"但留方寸地，给予后人耕"，我想起了另一条宣传标语。

总批：

1. 写这篇作文目的是：提醒人们要爱护土地、节约土地、珍惜土地。

2. 将第四段删掉可不可以？

答：不可以，那一段是为了引起人们注意浪费土地的事情，通过算账，让大家认识到问题的严重性。

3. 开头几句删掉了，你认为对不对？请在眉批上说明。

这三道点改题的难度比较大，然而学生却完成了，基本达到了点改的目的。试想，如果教师在批改中直接把第一段中的一些句子勾掉，作文也算是批改完了，那样的批改也许又是做无用功了。当学生把握住根据中心思想的需要进行取舍时，才能做出决断，什么样的材料不能删，什么样的材料必须删。

点改法，是教法和学法糅合在一起的一种作文批改方法。因此，每次作文批改的过程，都是教和学的过程，都需要师生共同来完成。这也是点改法的主要特征。教师的点，主要是在方向上点、途径上点。既要点清，又要含而不露；既要点透，又不能直接告诉，这也是点改法的基本原则。学生呢，在教师的引导、点拨下，自己去寻路、去探求，去思考解决问题的途径和方法，并在这个过程中提高自己的能力。要知道，点改法不是教师告诉学生怎样去改作文，而是让学生自己明白，自己怎样去做才能改好作文、写好作文。

（三）运用点改法，让学生从盲目作文的状态中走出来

运用点改法批改学生作文，也利于学生对作文知识的学习和积累，让学生能够在一定的理论知识的指导下去练习写作文，使学生摆脱盲目作文的处境，迅速提高作文能力。下面介绍点改法在这方面的使用情况。

我们语文教师大体上都有这样的感受，在指导学生阅读时，给学生分析了不少写作技巧和写作方法，希望学生能够把这些东西应用到作文中去。我们在指导学生作文的时候，也不遗余力地给学生讲了许多这方面的知识，希望学生能在作文中发挥作用。这方面的知识、方法，我们做语文教师的哪个少讲过？然而我们再看一看学生作文的实际情况，不由不发出几声感叹。老师讲的是老师讲的，学生的作文是学生的作文。学生把知识和能力、理论和实践孤立起来了，对立起来了，二者之间，缺少联系，缺少结合。有的人认为，提高学生的作文能力，只有多写多练。应该说这是一种方法，但是我们一味地让学生去盲目地写，盲目地练，靠时间和数量来磨，即使学生有了一点进步，这合乎科学吗？这合算吗？有人认真地分析了学生作文长时间上不去的原因，认为与缺少必要的理论指导有关。如果学生能够掌握一定的作文理论，并能有意识地让其指导自己的作文实践，他的作文就会从以前那种盲目练习的状态中摆脱出来，收到事半功倍的效果。作文批改的点改法，在加强学生作文理论指导上，有着自己得天独厚的条件。

点改法，主要过程是引导学生自己去寻找写好作文，修改好作文的途径和方法。

因此，这种作文批改形式很自然的在知识和能力之间，在理论和实践之间搭上了桥梁。因为这种方法利于学生对作文知识的学习、积累和应用，使学生在不知不觉中摆脱盲目作文的困境，在较短的时间里提高自己的作文能力。

我们在指导学生写说明文时发现，初写说明文的学生，对说明文中的记叙、描写的关系把握不住。常常是写得散文不像散文，说明文不像说明文，他们还对这种非牛非马之作很得意。例如，一次在指导学生写"雪"这篇说明文时，对学生明确地提出要求：一是写雪的成因；一是写雪的功用。还给学生讲了说明文中的记叙、描写、说明之间的关系，并强调再三。可是有不少学生在 600 字左右的小文章中，用 400 多字去描写雪，去赞美雪。现引用其中一篇的几段：

> 我爱你，北国的雪，
>
> 飘飘洒洒满山遍野……

> 雪下起来了，多么美丽的雪花呀。在初冬刚来到的时刻，雪花就及时地报告了冬天的来临。下课的时候，同学们跑到操场上，有的在欢呼，有的在跳跃，有的张开双手去接那飞舞的雪花。

> 看哪，快看哪，雪把大地盖上了。天上、地上，到处是雪。白色的大地，白色的房屋，白色的树林。洁白的雪，我爱你，我爱你的纯洁。你把大地装饰得一片银白，你把大地打扮得多么美丽。

类似于这样的作文，究其根源，主要是学生没有理解说明文中的记叙、描写的作用。针对学生作文存在的这种情况，我在作文总批中设计了下面几道题：

1. 填空

说明文的描写同记叙文的描写是有区别的。记叙文中的描写，是为了**把人物和事件记叙得更形象、更生动**。而说明文中的描写，是为了把事物说明得更准确、更好懂；它只能在说明事物的过程中，借助于某些形象化的手法，对事物的特点做一些**必要的描绘**，主要是起到具体地说明事物的作用。

2. 回答下列各题

（1）找出自己作文中描写语句，看在文中起到什么作用。

答：作文中的描写语句是歌颂雪、赞美雪。

（2）这次作文要求写说明文，根据答题后的启示，在下面谈谈感想和对这篇作文修改的计划。

答：以雪为题写说明文，主要是写雪的形成或者是写雪的作用。我用了许多文字去描写雪、歌颂雪，这不符合说明文的要求，也不符合中心思想的要求。今后再写说明文时，不管是描写也好，记叙也好，说明也好，都要围绕着把事物说得清楚明白这一点。我要牢牢记住，说明文中的描写，是为了把事物说得更准确、更好懂，主要起到具体说明的作用。（修改计划略）

第一题填空的知识，是教师讲过的。学生通过查阅教材或笔记，就能填上。但填上不是目的，而是通过这种形式，让学生进一步加深理解，作为改好这篇作文的理论指导。学生把握住了这方面的理论知识，认识就清楚了，思想就明确了，就不至于漫无目的地去修改了。尽管学生在回答问题时，还有这样或那样的不足，但他在答题的过程中，毕竟是把自己所学的知识同自己的作文实践结合起来了。

初中课本中有一些知识短文，我们姑且把这些短文作为指导学生写作文的理论知识。学生掌握这些知识，并能应用在作文实践中，这对提高学生的作文能力是十分必要的。所以，在点改学生的作文时，我们就要突出这方面的内容，强化这方面的内容。

用倒叙的手法写作文，首要的问题是把时间关系交代清楚，这样才能使读者清晰地了解事情的先后顺序，来龙去脉。学生们学了倒叙手法，也愿意用这种方法作文。然而，在作文时，容易忽略时间关系，从而导致叙事不明。下面批改的一篇学生例文，就犯了这个毛病。

大水无情党有情

	我	有	一	件	皮	夹	克	。	这	是
一	件	既	普	通	又	不	普	通	的	皮	夹
克	。	每	当	我	穿	上	它	的	时	候	，
就	觉	得	身	上	有	一	种	说	不	出	的
温	暖										
	春	天	，	爸	爸	对	我	说	："	今
年	丰	收	了	，	咱	家	来	个	服	装	'改
建	'。"	然	后	他	瞅	着	我	说	："	给	你

加上这句话，表明追述往事。

就买一件皮夹克。"皮夹克，

皮夹克，我仿佛看到了那皮

夹克，看到了那黑得发亮的 *皮夹克*

穿在了我的身上，看到了同

学们向我投来那羡慕的目光。

从此以后，我就天天盼，夜

夜想，恨不得一下子就到了

秋天。

　　一次睡梦中，我穿上了

一件闪光耀眼的皮夹克。我

在外面跑啊，跳啊，别提多

高兴了。我想让所有的人都

知道，我有一件皮夹克了；

我更想让我那些同伴知道，

我穿上皮夹克了。我跑着，

笑着；笑着，跑着，一下子

醒了。我朦朦胧胧地说："我

有皮夹克了！我有皮夹克了!"

妈妈在睡梦里惊醒了，问我

写梦，突出了我盼望得到皮夹克的心情。

吵什么。我把梦中的事告诉了妈妈。妈妈说："今年若是丰收了，任何什么也不买，也得给你买皮夹克。"不知这事怎么传到外边，全村的人都知道了。"老朱家那孩子睡梦里都梦到皮夹克了。"走路时，我时常听到人群里传出这样的话。

冬天来了，我还是穿着那件旧棉袄上学。

时间顺序不对，移到第七段前。

七月，松花江涨水了。我家地挨着江，江水漫上了岸边的地。我望着江水说："水呀水，水呀水，你走吧，你快快地撤吧！"江水不理我的话，还是往上涨，往上涨。我家的稻子看不见了，望着那一片汪洋，我哭着对洪水说："洪水呀，你真无情，你淹了我家的稻子，也冲走了我的皮夹克，冲走了我的梦。"

　　我苦恼极了，爸爸整天锁着眉头，妈妈一天天地叹息着，全家人的心里都蒙上了一层阴影。连口粮都不够了，还说什么皮夹克。我做梦也梦不见皮夹克了，多么令人失望的秋啊！

　　一天放学，我刚迈进门槛，一眼就看见一件闪亮的皮夹克放在炕上。我急忙跑到跟前，刚要去拿，又把手放下了。我问爸爸，爸爸说："这件皮夹克是你的。"我不信，又问妈妈，妈妈说："真的，真是你的。"我揉了揉眼睛，拿起那件皮夹克，问爸爸："多少钱买的？"

　　　　"不是花钱买的，是党给的。"

　　　　爸爸把事情告诉了我。党关心灾区人民的生活，拨出了款，给灾区人民买了生活用品，还动员大家给灾区人民捐款捐物。为了让灾区人民顺利过冬，党派车给送来了被子、衣服、粮食。发衣服的时候，村党支部书记对爸爸说："听说你儿子连睡梦都梦见了皮夹克，就把这件小夹克拿回给他穿吧。"

　　　　我穿着这件皮夹克，走在寒风刺骨、大雪纷飞的路上，只觉得心里暖烘烘的。这温暖来自于皮夹克，来自于党的关怀啊。这可真是大水无情党有情啊！

插叙，交代皮夹克的来历。

扣题，突出中心思想。

总批：

1. 运用倒叙手法写作文，要把时间关系交代明白，怎样才能把时间交代清楚，请你阅读《记叙的顺序》（人教社初中课本第一册1987年版），把有关的内容抄在下面：

答：这里需要注意两点：一是在开始追叙的时候，要用点儿话表明以下是追叙以往了，这样才使读者易于理解；二是追叙部分仍要按时间顺序写，才不至于使时间关系发生混乱。

2. 怎样修改，在下面写出，在文中修改：

第2段是追述过去的事情，时间没有交代清楚。在第1段的结尾写上"不由得回忆起往事来"，或者在第2段的开头写上"这事还是从春天说起吧"，这样，读者读起来，就明白往下写的是过去的事情。在追述以前的事情中，按着春、夏、秋、冬的顺序写，也就是把第4自然段调到第7自然段前，这样，时间就交代清楚了，也不致弄混了。

3. 下面的题在眉批上答：

（1）为什么写梦？

（2）结尾有什么作用？

（3）爸爸的那段话在记叙的顺序中属于哪一种？在文中起到怎样的作用？

学生答的第1题，是直接从知识短文中摘录下来的。虽然是摘录，但这是有目的、有针对性地摘录。所以，摘录的过程是学习的过程，是吸取知识、掌握理论的过程，是应用知识、应用理论指导作文实践的过程，也是能力提高的过程。这样，产生比较正确的修改方法那就是水到渠成的事了。

议论文中的事实论据，应是确凿可靠的事实。这一点，学生在《论点和论据》那篇知识短文中已经学过。教师在指导学生写议论文时，让学生再一次阅读这篇知识短文。一个学生用"知识就是财富"做论点，写议论文，他引用当地的一个事实做论据来证明。这个事实是：20世纪50年代，当地的农民没有接触过化肥，对化肥的知识一点也不懂。一个"好心"的队长怕化肥对庄稼有害，暗地里组织群众把上级给调拨的三吨硫酸铵埋起来。这个事实用在这里做论据，应该说是很有说服力的。然而，他在引用这个事实的时候，用了"据说"这个词，这样就给人一种不真实的感觉，对此，我们设计了下面的题：

1. 阅读《论点和论据》，根据知识短文，检查文中的论据，在作文中修改，在下面写出修改原因。

这个学生在作文中，把"据说"一词划掉了，换成"我们村前几年发生过这样的一件可悲而又可笑的事情。"为什么这样修改？他是这样写的："论据是用来证明论点的，作为事实论据，必须是确凿可靠的有代表性的事情。我所引用的事情，虽然是事实，但用了'据说'一词，就显得不真实了。"

2. 有什么感想，在下面写出。

答：学习语文，既要学好课文，也不能忽略了知识短文。知识短文里的知识可以用来指导我们作文。这次修改作文，就是根据短文里的要求修改的。今后，要注意对知识短文的学习。

从这个学生的答题可以看出，他初步地认识到作文理论知识的重要。如果我们在指导学生时经常提醒学生，学生也就会由被动的应用转为有目的、有意识地运用了。

为了加强学生作文时的理论意识，即使教师把学生作文中存在的问题直接改正过来，也要学生到课本中去查，弄清为什么这样改。

下面是学生在作文《啥时治病能不难》中的一段话：

药价过高，也是群众看病难的原因之一。大夫办药需要现钱，因此轻易不赊账。即使赊了也要加利钱。农村人平常手头很少有钱，大多数只有到秋天才能用粮食换回一笔钱来。但有病却不能选择时令，分出春夏秋冬来，这样就形成了矛盾。所以一般人有病只好挺着。结果小病变大病。我们村的两个大夫医疗水平也低，群众得个头痛脑热的小病，打个针，吃个镇痛片还可以，可一遇上个疑难病症，他们可就抓耳挠腮了，甚至小小的流产还得到乡到县才能解决。

我在点改这篇作文时，把第一句话改成："药价过高，大夫水平低，也是群众看病难的主要原因。"在作文的总批中，出了下面一个问题让学生答：

为什么给这样改过来，请你阅读《作文修改：中心句有毛病》（注：人教社初中课本第三册，1988 年版）一文，摘抄出这样修改的根据，并说明原因。

答："中心句出现毛病，不外乎以下三种：第一，中心句嫌'小'。就是说，中心句表达的意思不能概括支撑句所表达的全部意思。第二，中心句嫌'大'。就是说，中心句表达的意思超出了支撑句所表达的意思。第三，中心句与支撑句矛盾。就是说，中心句和支撑句所表达的意思不一致。"我认为，这段的毛病属于第一种情况，所以老师那样给改过来了。

学生寻找理论依据时，为了"对号入座"，就要认真地思考自己的作文，才能做到"对症下药"，这个思维过程是要经过几个反复的。经过这几个反复，它的认识能力也就有了提高。

教材课文后有些思考练习题，是用来指导学生阅读的，但其中包含着一些作文的道理和知识。学生在学习时，很容易把这些知识忽略了，我们可以通过点改法的批改形式，把这些知识转化过来，让学生当作作文知识来掌握。所以，在点改学生的作文时，涉及这方面的内容要及时点出，以引起学生的重视，并应用在作文实践上。有一次，我们在指导学生写新闻消息时，有个学生无中生有，编造了一个故事，说一个学生为了保护学校的财产，奋不顾身与歹徒英勇搏斗。在总批中，我设计了下面一道填答混合题型：

读第六课（人教社初中课本 1988 年版第二册）课后练习三题，回答问题：

1. 新闻消息的基本特征是"用事实讲话"。

2. 这篇作文是新闻吗？

答：不是新闻，因为作文中写的事情是我自己编造的，不具备新闻的基本特征。

有个学生写新闻时没有写导语，针对这种情况，设计了下面的题：

读第六课（人教社初中课本 1988 年版第二册）课后练习一，答题：

一篇新闻，主要包括标题、导语和主体三部分，检查本文，看缺少哪部分，在作文中补出。

这个学生对照课后练习题的说明，在作文中补出了导语部分。

这篇课文后练习题的一、三两题，就是作文点改题的答案。

有些课文前的阅读提示，也介绍了一些作文知识，如《巍巍中山陵》（人教社初中课本第三册 1987 年版）前的阅读提示：

说明建筑物的结构或布局，常常以空间为序。以空间为序，可以先对总体做概括的介绍，然后再对各部分所处的位置依次解说；也可以把某一部分作为基点，先做介绍，然后说明上、下、四方、内外、远近等各方面的情况……

提示的内容介绍了说明建筑物的基本方法，类似这样的阅读提示，既可以指导学生阅读，也可以指导学生用在作文上。所以，学生写说明建筑物的结构和布局时，如发现说明顺序混乱，我就指引学生以此为作文的修改根据。

课本作文训练中的练习提示，也常作为点改的内容。例如，学生运用象征手法作文时，有时立意不明确，有时缺少内在联系，找不准类比点，还有时缺少必要的具体描写。对有这类问题的作文，我经常结合作文训练的练习提示，设计类似下面的题：

读作文训练中的作文提示（人教社初中课本第四册1988年6月版），填空答题：

1. 写托物寄意的作文，要注意以下三点：一要立意明确，二要描绘具体，三要类比恰当。

2. 这次作文存在什么问题，请在下面答出。

此外，我们平时给学生讲的作文知识，学生在日常积累的作文知识、方法，都可以作为点改学生作文的内容。此方面的情况就不一一举例了。

在作文批改的过程中，由于我们经常在这方面点改学生的作文，所以，学生在练习作文的同时，也注意了对作文知识和作文理论的学习，加强了学生作文的理论意识，这样，就由盲目作文变为有目的的作文，由多写多练变为精写精练。学生的理论意识加强了，能力、水平也随之得到了相应的提高。以前，学生面对一篇作文，说不出哪对哪错，看不出哪好哪差。明明知道自己作文中存在着不足，却不知道从什么地方修改好，也不知道从哪里下笔改才对。用这种方法训练一个阶段之后，有相当的一部分学生，作文写完后，就能自己修改，还能头头是道地说出理由来。这样，就由过去被动地学习转变为主动学习。对别人的作文，学生们也能有理有据地进行评论。学生之间也开展起了互评互改的活动，从而促使学生的整体作文水平也得到迅速地发展和提高。

我们用点改法这种方式强化学生的作文理论知识，目的就是想使学生认识到：写作文，需要一定的理论知识做指导，在平时的学习中要注意这方面的知识学习，也只有这样，才能摆脱以前那种盲目作文的状态，踏踏实实地提高自己的作文能力。

（四）运用点改法，让学生把读和写结合起来

如果学生在写作文的时候，常想着怎样学习别人的经验和方法，在读文章的时候，也经常想着如何写好自己的作文，这样，对提高学生的作文能力和阅读能力是多么必要啊！叶老曾经说过："可是如何才能提高语文水平呢？读写结合是提高阅读能力和写作能力的根本方法。"点改法在读写结合上也走出一条路子来。

学生作文能力的提高，在很大程度上，依赖于阅读能力的提高。学生在阅读中去吸取、去积累，也在阅读中去欣赏、去借鉴。阅读能力有了进步，必然会促进写作能力的发展。运用点改法批改学生的作文，就是想让学生在写作文的时候，学会读文章；在提高阅读能力的同时，也提高自己的作文能力。

运用点改法指导学生阅读，必须有鲜明的针对性。这和课堂教学指导学生阅读有所不同。这种指导，是让学生带着自己作文中所存在的主要问题，有选择地去阅读。在阅读中发现自己作文的不足，在阅读中吸取别人的长处，在阅读中借鉴别人的方法，在阅读中提高自己的作文能力。

学生在练习写人记事的作文时，经常犯详略不当的毛病。有个学生写了一篇题为《犟姑娘》的作文，由于没有处理好详写和略写的关系，写成了下面的样子：

于海珍是全村出了名的犟姑娘。

她从小患了神经麻痹症，双腿瘫痪，她拄着双拐在小学里读书，每到风天雨天的时候，她妈妈不让她去上学，她不听。她妈妈要去送她，她也不让。她非得自己拄着双拐一步一步走不可。有一回放学路上，天下起了大雨，她不小心，滑进了路旁的河沟里，她爬呀爬呀，爬也爬不上来，快到半夜了，妈妈才找到她。妈妈哭了，可她却没有哭，反而安慰妈妈说："这点小事算什么，不要紧。"她就这样坚持读完了小学。

上初中了，每天往返十几里路。家里困难，买不起自行车，她就拄着双拐走，同学们要用自行车驮她，她不同意，她说："自己的路，还要靠自己来走。"早早晚晚，她从不迟到；刮风下雨，她从来也不耽误一天课。老师夸奖她，同学们赞佩她。她的学习成绩一直是名列前茅。就这样，她又坚持念完了初中。

她初中毕业，因为身体残疾，没能升入上级学校。她自己学裁剪，成了一个很有名气的裁剪师傅，她干了两年裁剪活，本来好好的，说什么也不干了，要养鸡。

大家劝她，她不听。大家说，于海珍的犟劲又上来了。

她把自己那间房腾出来，买来鸡笼和几十只鸡雏做实验。她又学会了鸡病防治，饲料配比。一年后，她向银行申请了一笔贷款。她的鸡舍扩大了，小鸡增加到 800 多只。

两年后，规模又扩大了，她又雇了两名工人。

她成功了，成了乡里有名的养鸡女状元。大家都向她学习，学习她身残志坚、百折不挠的拼搏精神。附近的地方都请她去做报告，请她去介绍经验。于海珍每到一个地方，都受到了人们的热烈欢迎。大家都尊敬她，爱戴她。也希望自己能像于海珍那样，成为经济改革大潮中的弄潮儿。于海珍面对成绩并不骄傲，她又在计划建设一个现代化的大型养鸡场。

我们分析一下这篇学生的习作。这篇作文的目的是写这位身残志不残的姑娘在农村经济改革的大潮中所表现的勇于开拓、奋力拼搏的精神。她的犟劲应该在办养鸡场克服困难的过程中去表现。读小学、读初中虽然也突出了她性格的"犟"，但和办鸡场相比，就显得轻了。主要存在的问题是详略不当，头重脚轻。结尾所写的，也是可有可无。此时，正值讲完《背影》不久，针对这篇作文存在的问题，在总批中我们设计了下面的题：

1. 阅读第二册《记叙的详略》一文，答下列各题：

（1）凡是能够具体生动的表达中心思想的材料都要详写。

（2）详写了次要方面，会使中心思想不突出，造成喧宾夺主；完全不写次要方面，对主要方面也会有影响，或者使情节不完整，或者使前后不连贯，或者使文章显得单调，影响中心思想的表达。

2. 根据回答上题后的启发，阅读《背影》，然后填空。

背影在文中出现了四次，其中详写的是第二次，因为这一次最能表现父子的浓厚感情。略写的是一、三、四次，如果详写了这几次，就会使这篇散文的中心思想不突出。如果一点不写，背影也就失去了线索作用，情节也就不完整了。

3. 根据对上面两题的回答，阅读自己这篇作文，回答下面的题：

（1）这篇作文的中心是：表现了于海珍勇于开拓进取，百折不挠，身残志不残的精神。

（2）根据详写、略写同中心思想的关系，请填下面的空：

①应该详写的材料是她在办养鸡场的过程中，怎样克服困难的事情。

②应该略写的材料是小学读书、初中读书的事。

③应该删除的材料是她成功之后给大家介绍经验等一些事。

4. 重新修改这篇作文。

出第 1 题的意图是让学生通过对知识短文的学习，把握住详写和略写的尺度。然后根据这个标准去阅读《背影》，理解《背影》处理材料的方法。这正是学生的作文所需要的。第 3 题则是根据知识短文的指导，通过对《背影》的学习来发现自己作文中所存在的不足。在借鉴《背影》的基础上，结合自己作文中所存在的实际问题，拿出修改作文的具体方法，这就是本题所要完成的任务了。

修改后的作文，前三段就写了三句话：

于海珍是全村出了名的犟姑娘。

她从小患了神经麻痹症，双腿瘫痪，她拄着双拐一步一步读完了小学。

她拄着双拐，每天往返十几里路，又一步一步读完了初中。

办鸡场的过程是这样写的：

养鸡谈何容易，村里那么多人都赔了个底朝天，何况又是个残疾人？

城里的服装厂来聘请她，她不去。

外地专业户用高薪请她，她也不去。

谁说也不行，她心里有数："我不是吃闲饭的，别人能办到的事，我不信我就办不成。"

她把自己那间住房腾出来，买来鸡笼和几十只鸡雏做实验，等以后把本领学到手，再大刀阔斧地干。从此，她迷上了鸡。她黑天白夜不离鸡房，观察小鸡的生长情况。过几天后，她最担心的情况发生了，早晨还乱蹦乱跳的小鸡，到晚上全不吃食了，打蔫了，这可急坏了她。怎么办？自己对鸡病一无所知，她急忙去请兽医，一出门，便一个跟头；起来走几步，又一个跟头……

找来了兽医，鸡病虽然治好了，她却陷入了沉思。

"鸡好养，鸡病难治。"村里的人都这么对她说。

她的犟劲又上来了。她到县新华书店买来了有关养鸡和鸡病防治的书，开始学起来。白天，她拄着双拐在鸡舍里照顾小鸡；晚上，坐在灯下学习。热了，用凉毛巾擦把汗；渴了，喝几口凉水。

不但家里人，就连村里人见她桌前那一堆书，都为她发愁，什么时候能读完呢？

两个月后，鸡舍墙上，贴着她画的小鸡解剖图，她绘制的常见鸡病防治表，饲料配比表。

一年后，她向银行申请了一笔贷款。她的鸡舍扩大了，小鸡增加到 800 多只。两年后，规模又扩大了，她又雇了两名工人。

她成功了。

乡政府的大礼堂里，掌声雷鸣，她胸前戴着大红花。她眼睛湿润，这个犟姑娘流泪了。

她激动地向领导、向群众汇报自己的工作，描绘着她那鸡场的前景——一个现代化的大型养鸡场。

她说："我跌倒多次，可我每一次跌倒，都没顾到摔得疼不疼，第一个念头就是快点起来继续往前走。"

她在朝前走，可能还会摔倒，但她马上会起来的，因为那是犟姑娘走的百折不回的路。

修改后的作文写得比较集中了，在办鸡场的过程中，突出了于海珍的主要性格——犟。这个学生在老师的指导下，确实下了一番功夫研究《背影》，借鉴了其中的方法，完成了自己作文的修改。

《背影》可学习借鉴的东西太多了，但这个学生主要吸取了作者如何处理详写和略写的方法，这个问题，正是她在作文中存在的主要问题。这个问题得不到解决，这个学生的作文能力就要受到限制，得不到正常的发挥。所以，运用点改法指导学生阅读，必须针对性强，要集中在一点上，绝不能眉毛胡子一把抓。在阅读中学习什么，借鉴什么，这些问题学生必须清楚。只有这样，才能收到立竿见影的效果。

有的学生作文中选材不典型，不管芝麻西瓜，拿过来就往作文上写；有用的材料和没用的材料，同时在作文里堆砌。关于选材的问题，我们在指导学生学习《谁是最可爱的人》那篇通讯时已经给学生们讲过，然而并没有引起学生们的注意，学生也没有把选材的方法应用到作文中来。针对这个问题，我们在总批中出了下面的题：

读《谁是最可爱的人》，答下面的题：

1. 写松骨峰战斗，目的要表现＿＿＿＿＿＿＿＿＿＿＿＿＿＿＿＿＿＿＿。

2. 写马玉祥救朝鲜儿童，目的是＿＿＿＿＿＿＿＿＿＿＿＿＿＿＿＿＿。

3. 写访问在防空洞中的志愿军战士，目的是＿＿＿＿＿＿＿＿＿＿＿。

4. 这三件事从不同方面表现了志愿军战士的革命精神和高尚品质，选材十分典型，分析你文中写的事情，是否具有典型性，如有收获，就请你重新修改这篇作文。

出这样的题，目的是很明确的，就是指导学生有目的地学习《谁是最可爱的人》的作者是怎样选取典型材料的。学生在这些题的指导下，在阅读中就会针对自己作文中存在的不足去学习、去提高。由于学习目的明确，在阅读别人文章时根据自己的情况有选择地吸收，明白自己要学习哪些东西，当然见效就快。因此，在出题的时候，要尽量切合学生的作文实际。

当然，这种形式的阅读，是在提高学生作文能力的前提下，有目的的阅读，有针对性的阅读。在用点改法批改学生作文的时候，我们也利用这种形式，让学生学会读自己的作文，让学生自己去研究自己的作文。这对提高学生的作文能力和阅读能力也是十分有益的。因此，我们在对学生作文点改时，经常出一些题，来指导学生阅读自己的作文。

在内容上，我们常出类似于下面的一些题：

△请你写出这篇作文的写作目的。

△请你在作文中把能表明你写作目的的语句用"～～"线标出。

△请你在下面概括出这篇作文的中心思想。

△这篇作文共6个自然段，根据内容可分三个层次，用"∥"线在文中标出，并用简明的语言概括出每层的内容。

第一层＿＿＿＿＿＿＿＿＿＿＿＿＿＿＿＿＿＿＿＿＿＿＿＿＿＿＿＿＿

第二层＿＿＿＿＿＿＿＿＿＿＿＿＿＿＿＿＿＿＿＿＿＿＿＿＿＿＿＿＿

第三层＿＿＿＿＿＿＿＿＿＿＿＿＿＿＿＿＿＿＿＿＿＿＿＿＿＿＿＿＿

△请把×段的中心句找出来，用"～～"标上。

在作文的结构上，我们则出类似于下面的一些题：

△_____段是总写，_____段和_____段分写，本文的结构方式是_____。

△用"～～"线标出×段的过渡句。

△请写出本文的线索。

△请在下边写出这篇说明文的说明顺序。

在写作方法上，出类似于下面的一些题指导阅读：

△×段运用了几种说明方法，在眉批中注明。

△请写出你这篇作文的论证方式。

△×段从正面阐述论点，如从反面进一步论证，就更有说服力，请在下面补上反面论证。

△×段的景物描写在文中有什么作用，在眉批中写出。

△请把×段中的描写语句用"～～"线标出，把文中议论的语句用"____"线标出，并在眉批中写出二者之间的关系。

△本文的开头很有新意。请在下面回答这样开头有什么好处。

△×段运用了插叙，请把插叙的部分用〔　〕号括上，并在眉批上说明其作用。

△本文侧面描写很成功，你正面写的是_____，侧面写的是_____。

△×段的景物描写既有概括描写，又有具体描写。概括描写的语句用"～～"线标出，具体刻画的语句用"_____"画出，这样描写的好处是：_____。

有的学生所描写的景物与人物的思想感情不一致，针对这种情况，出了下面的题：

1. 阅读《挖荠菜》中"我"摆脱大管家追赶之后和孩子们在春天的野地里自由自在挖荠菜的那两段景物描写，找出景物描写和人物思想感情的关系。

2. 你作文中的景物描写同人物的思想感情又是怎样的关系？阅读《挖荠菜》之后你受到怎样的启发，怎样修改你的作文，请在下面答出。

有的学生受某篇课文的启发，或借鉴了某篇课文作者的手法，我们则在总批中出这样的题：

你借鉴了哪篇课文中的写作方法？二者相同之处是什么？不同之处又是什么？认真思考后，请在下面答出。

在语言和修辞上，我们也出一些题指导学生的阅读，如下面的一些例子：

△"××"词在文中的含义是＿＿＿＿＿＿＿＿＿＿＿＿＿＿＿＿＿＿＿。

△文中有几个词用得很恰当，请用"～～"线标出，并在眉批上注明妙处。

△人物的语言要符合人物的身份、性格特点。检查文中的人物对话，把不符合要求的用"＿＿＿＿＿"线标出，并在文中加以修改。

△引用歌词，有利于突出中心思想，然而其中几句与中心思想关系不大，应将其省略，省略的语句是＿＿＿＿＿＿＿＿＿＿＿＿＿＿＿＿＿＿＿。

△本文中你运用的几个比喻很形象，用"～～"线标出来，在眉批中分析其作用。

下面一篇例文的点改目的就是指导学生阅读自己的作文，研究自己的作文。

小议"开卷有益"

		今	天	，	×	×	同	学	拿	着	一
张	小	报	，	正	有	滋	有	味	地	读	着，
周	围	还	挤	了	几	个	同	学	。	我	走
过	去	，	见	上	面	有	个	醒	目	的	大
标	题	"一	个	二	十	岁	的	男	人	和	一
个	四	十	岁	的	寡	妇	"。	我	说	："	这
不	是	淫	秽	小	报	吗	？"	那	个	同	学
抬	起	头	来	说	："你	懂	个	啥	，	开	卷
有	益	。"									
		①	"开	卷	有	益	"，	开	卷	真	的
有	益	吗？									

用反问提出问题，以引起读者的重视。

　　上几天，我们村有个孩子出走了，给家里留下了一　　事实论据1
封信，说是去少林寺学武功。
这个孩子平时最爱看的就是
武打小说、武打电影和电视。

　　初一有个女生，年龄才
十三四岁，看了几本谈情说
爱的书，就开始了恋爱"实验"，　　引号表示讽刺。
找这个男生谈，找那个男生
谈，打扮得妖里妖气的，家
长也制止不住，最后学校要　　事实论据2
给她处分，她才然然威。

　　邻村有两个小青年，看
凶杀小说入了迷，两人常在
一起研究怎样作案不会被发
觉的问题。后来他们夜间去　　事实论据3
银行"实践"，结果被捕了。

　　②这些书对人们有益吗?　　用设问突出观点。
歌德说："读一本好书，就是

和许多高尚的人谈话。"那么，读一本坏书，不就是和许多坏人交流思想吗？

　　书是这样，然而电影、电视何尝不是如此呢？有一回我去榆树，在电影院里看电影，当银幕上出现一个男人和女人半裸体在床上翻滚时，有些人喊好。我身旁的一男一女也公然疯狂地接吻，我只好离开了。//

　　为什么出这些书，拍这些电影、电视片呢？

　　那个读黄色小报的同学，他读完了能得到什么"益"呢？

　　我奉劝同学们不要去读那些黄色的东西，如果执迷不悟，就会走入歧途。那时，你们后悔也晚了。

事实论据4，由书到影视，深入批驳。

以上事实论据都用来证明自己的观点，为驳斥"开卷有益"服务。

总批：

1. 写出这篇作文的中心思想：

通过驳斥开卷有益，揭露黄色书刊和影视对青少年的恶劣影响，希望同学们不要读黄色书刊。

2. 按要求回答下列问题。

(1) 文中①②两句各属于哪种修辞方法，在文中起到什么作用，在眉批上答。

(2) 这篇作文用了几个事实论据，有什么作用，请在眉批上注明。

(3) 按议论文的基本结构用"//"给这篇作文划分层次，并概括每一部分的内容。

引论：提出开卷真的有益吗？摆出错误论点。

本论：用事实证明黄色书刊、影视对青年学生身心的危害。批驳错误论点。

结论：告诉大家，读黄色书刊绝不可能开卷有益。

(4) 实践一词为什么加引号，在眉批上答。

3. 结尾那一段，老师给改过了，同原文比较，哪个结尾好，请在下面回答：

答：老师给删除的部分在意思上和前边的重复，很累赘。删掉后，不但答案也在其中，结尾也显得利索干净，给读者留下深思的余地，并且照应前文。

这样点改学生的作文，使学生加深了对自己作文的理解。甚至学生在作文中无意识应用的一些方法和技巧，在教师引导阅读自己的作文的过程中也发现了，这就直接变成了学生的能力，在以后的作文中，他们就能有意识地去应用。在运用点改法批改作文之后调查学生，学生们认为，他们以前作文时，很少考虑用哪种写作方法，也很少考虑哪个词用得恰当不恰当。作文完成后，也很少去分析自己的作文。运用点改法批改作文之后，他们才发现，自己也掌握了不少写作方法，也应用了不少写作方法。在以后的作文中，他们就注意使用这些方法了。有人说，学生发现自己作文中的不足，是学生作文的一大进步。同理，学生能够在自己的作文中发现自己的长处，不也是学生的一大进步吗？如果学生对自己的作文能头头是道地说出为什么这样写或那样写，这能单纯地认为只是学生阅读能力的提高吗？

我们把这种批改方法与基础知识的教学结合在一起，让学生在阅读自己的作文中巩固语文基础知识，并指导他们在作文的实际中运用，请看下面的几道题：

　　△破折号主要有三种作用，×句中的破折号的作用是＿＿＿＿＿＿＿＿＿＿。

　　△在"××"词上加上下面哪一种标点，才能具有讽刺意味，请你在认为对的序号上打上"√"号。

　　(1) 括号　　　(2) 引号　　　(3) 书名号

　　△×句是陈述句，应该改成反问句，为什么，在眉批上注明。

　　△文中×句是单句还是复句？如果是复句，在文中划分层次并标明相互间的关系。

　　△×句在语法上犯了＿＿＿＿＿＿错误，在文中修改。

　　△碳酸氢钠从语体色彩上来考虑，是＿＿＿＿＿用语，人物对话应该用＿＿＿＿＿＿＿语，此词在文中应改成＿＿＿＿＿＿＿。

　　运用点改法指导学生阅读，不同于讲读课中的阅读，也不同于测验或考试中的阅读题。是针对着自己作文中所存在的实际问题，有目的地去阅读、去吸取、去借鉴他人的方法和经验，来完善自己、提高自己。让学生在写文章时学会读文章，在读文章的时候学会写文章，使二者相互促进、相得益彰，这也是我们运用点改法批改学生作文的主要优势。

（五）运用点改法，让学生的作文思路活跃起来

　　我们在教学实践中会遇到不少这样的学生，他们的语言文字能力并不差，写作技巧也掌握了一些，但写出的作文往往是颠三倒四、干干巴巴，这是什么原因呢？我们不能不考虑学生作文中的思维问题。学生作文的过程，也就是整理自己思维的过程。如果思维不流畅，受到阻碍，受到限制，语言文字和写作技巧方面的能力也发挥不出来。

　　学生作文思路的问题，越来越引起人们的重视了。现在，大多数的语文教师已经认识到这个问题，在训练学生的语言文字能力的同时，加强了对学生作文思维的训练，我们在运用点改法批改学生的作文时，在这方面也进行了一定的努力。我们通过学生在语言文字、篇章结构中所表现出来的思维问题，尽量发挥点改法的功能，指导学生正确的思维方式，拓宽他们的思路，培养他们的创造能力。

用象征的手法作文，反映在学生的思维上，也就是类比推理的过程。这里，关键的问题是找准类比点。类比点找得准确，文理才会畅通，学生在作文中才能左右逢源，或是抒情，或是叙事，或是议论，那都显得很自然了。如果找不准类比点，不但是文理不通，叙事、议论、抒情也显得别别扭扭。然而学生在写这类形式的作文时，最容易犯的毛病就是找不准类比点。例如，一个学生在学了《白杨礼赞》《井冈翠竹》和《松树的风格》这几篇课文之后，便试图用象征的手法作文。他用蜡烛象征教师，歌颂教师的献身精神。虽然主观愿望是好的，由于思路产生偏差，作文中类比点不对，教师和蜡烛之间缺少必要的联系，致使抒情显得勉强，议论也论不到点子上。结果作文写得不伦不类。针对这个学生在作文思路上存在的问题，我们在总批中设计了类似下面的题：

1. 阅读《松树的风格》回答下列各题：

（1）松树的风格是：_____；

（2）共产主义的风格是：_____；

（3）二者的类比点（相似点）是：_____。

2. 读自己的作文回答下列问题：

（1）蜡烛的精神是：_____；

（2）教师的精神是：_____；

（3）蜡烛和教师的类比点（相似点）应该是：_____。

3. 根据答以上几道题的体会，你认为自己在作文中有哪些不足，在下面写出来，并请你重新写这篇作文。

出这样的题，目的很明确，就是指导学生把《松树的风格》和自己的作文进行比较阅读。在比较中，看《松树的风格》是怎样在不同事物之中发现相同之处，怎样确定二者之间的类比点，进而找出自己作文中的问题，对自己的思维进行梳理，从中学习、掌握象征手法。如果学生能够找准二者之间的类比点，就基本学会了这种作文方法。这几道题就是针对学生作文中的主要问题——思路不清而切入的。学生看了这些题，也就会知道自己作文中存在着哪些不足，在阅读时也就会注意学习什么，也就会在以上几道题的引导下，去阅读，去思考，重新整理自己的思路，调整作文的构思，写出比较合乎要求的作文来。

下面所选的一篇作文，在开始时也犯有上面所说的毛病，通过教师点改后，他的思路清晰了，对自己的作文进行了重新的修改。

由胃痛想到的

"哎呀，妈——，我的胃咋这么疼啊！"我捂着刀绞一样疼的胃，问妈妈。妈妈说："该！谁叫你平时吃饭忙忙叨叨的，也不细点嚼，什么滋味都没吃出来就咽下去了。"妈妈说完出去了。我听了妈妈的话心里真不是滋味，这个恨呀，恨谁呢？恨胃？不是，恨自己平时吃饭为什么不细点嚼，唉，胃疼的滋味真难受啊，要知现在，平时注意就好了。

妈妈给了我一点苏打粉，喝下后，稍微好了一点。我趴在炕上，就听妈妈还在叨咕："要不改吃饭那个毛愣劲，小心给你的胃胀破了。"

胃的疼痛逐渐减轻了，我也渐渐要入睡了。**就在这时候我突然想起我的老师，他非常关心我的另一个"胃"——学习的"胃"。有一次，他语重心长地对我说："艳华，你一会儿看历史，一会儿又学地理，一会儿摸数学，一会儿又瞅几眼英语。一节自习课，学那么多东西能记住吗？这也和吃饭一样，要细点嚼，不然，容易消化不良啊。"**

我学习的"胃"里，装的粗渣太多了。如果再不细嚼，恐怕这个"胃"也要胀破。

我睡着了，做了一个可怕的梦。梦见我的胃里粗渣越积越多，胃胀得越来越大，眼看要裂开了，我大喊一声："我的胃！"

我醒了，惊出了一身冷汗。

第一稿黑体的那部分文字没有，在这部分文字前面有"我在这时突然想起我学习的胃"一句话。推理中断，上下衔接不上，经过教师点拨后，改写成现在的作文。

学生在作文中也经常运用各种推理，有时是自觉的，有时是不自觉的。不管是自觉也好，还是不自觉也好，我们在点改时都要注意培养他们正确的思维方向。

例如，有个学生在一篇作文里这样写道："我的乳名叫'带小'，从这个名字上可以看出重男轻女这种社会现象。"

我们则在总批中出了这样一道题：

从起乳名中确实可以看出重男轻女的社会现象，但例子少，不足以证明这一点，你能再举出几个吗？

这个学生是这样改写的：

我的乳名叫"带小"，我发现一些女孩子的爸爸妈妈也给她们起了类似我的乳名，如"盼弟""错子""招弟""迎弟"，等等，从这些乳名上，我们可以看出重男轻女的社会现象。

这个学生运用了归纳推理，但是中间落掉了一个推理过程，没有归纳出他们之间共同的东西。这个问题不能忽视。所以，在第二次批改的时候，我们又针对学生的这个问题出了一道题：

这些乳名中有一个共同的东西，如果你能把它指出来，就更能使人信服了。

这个学生又是这样修改的：

我的乳名叫"带小"，我发现一些女孩子的爸爸妈妈也给她们起了类似我的乳名，如"盼弟""错子""招弟""迎弟"等，这些乳名有一个共同的特点，那就是希望这些女孩的身下是一个男孩。从这些乳名上，我们也可以看出重男轻女这种社会现象来。

这样，经过前后两次修改，反复思考，她终于完成了由个别到一般的推理过程。

运用点改法批改学生的作文，要注意启迪学生的思想，训练学生思维的灵活性。

有个学生写了一篇《从烟头到火灾》的作文，为了使大家便于理解，现抄录于下：

今天是星期日，我参加了打稻子的劳动。大家正热火朝天地干着。一个小青年走过这里，他戴着一副墨镜，上身穿着闪亮的皮夹克，下身穿着牛仔裤，留着长发，嘴里叼着烟卷。他一边走路，一边哼哼唧唧地唱着流行歌曲。当烟抽没时，他随手把烟头扔在地上。这时，一个人对他说："你咋不看地方，就乱扔烟头，万一失火怎么办？"听了这话，那个扔烟头的小青年好像不服气似的，斜着眼睛瞅瞅说他的人，便若无其事地走了。望着这个人的背影，大家你一言我一语地议论开了："现在的年轻人，真得好好教育教育，什么事也不在乎。""老杨家那次的教训还不到一年呢，现在就忘了？"这句话，使我想起了去年那个可怕的夜晚。

漆黑的夜里，我正熟睡的时候，突然听见一声惊呼："失火了！""失火了！"我从梦中惊醒，披着衣服到外边一看，原来是老杨家的柴垛着了。只见火借风势，风助火威，越烧越旺，把房子也烧着了。如果不及时扑灭，整个村子都有被烧着的危险。火光下，人们奔跑着，呼喊着，哭叫着，有的泼水，有的往出抢东西，有的上房扒房子，但也无济于事。有人见救不住了，便给消防队打电话，消防车开到，才把大火扑灭。事后大家才知道，这场大火，是由一个小烟头引起的。

防火，要时时注意。小烟头能引起大火灾呀。一年的劳动果实不能因为一时不注意就白白葬送掉。

这篇作文的目的很明确，告诉人们防大火要先防小火。如果这个学生能进一步拓宽思路、展开联想，适当地再引用一些事例，将会增强这篇作文的说服力。为此，在总批上，我们设计了这样一道题让这个学生思考填写：

由小烟头引出老杨家失火，能否由此进一步联想到有害于国家和人民的大火灾？这样写的好处是：更能增强这篇作文的说服力。

这个学生在修改作文的时候，加进了大兴安岭森林大火事件，使作文的说服力加强了，第一次点改的目的基本达到了。按一般要求，这个学生的作文修改到这种情况，也算可以了。我们认为，指导学生作文，一板一眼的老程序固然可取，但作文也是提高学生素质的一种形式，我们培养的是活脱脱的人，活脱脱的人必须有活跃的思想，灵动的思维。在作文训练和批改中要注意这方面的问题，要加强这方面的指导，要训练他们思维的灵活性，让学生面对同一问题能从不同角度去分析、去认识，从而发展他们的思维，激发他们的创造力。在这种思想指导下，我们又对这个学生的作文进行了第二次点改，出了下面两道题：

1. 这篇作文的材料很有再利用的价值，请你参考下面的提示想一想，如有启发，重新改写这篇作文。

烟头引起火灾

小事引起大事

小错发展成大错

2. 注意：

虽然你作文用的都是同一件事，但作文的目的不同了，第一篇作文的目的是：告诉人们，防大火要先防小火；再次修改后的作文目的应该是：一个人要健康成长，必须在小事上严格要求自己。作文目的不同了，对作文材料的使用要进行适当的取舍、剪裁。

　　这个学生根据老师的指引和提示，认真地思考后，对这篇作文重新改写，从第三段起是这样改写的：

　　1987年，大兴安岭的火灾，就是由小火引起的。那次大火给国家和人民造成了巨大的损失，使原来的绿山变成了秃山，那是多么惨痛的教训啊！

　　在我们的实际生活中，如果对一个小火头不注意，就可能造成大火灾。进一步去想，如果一个人不严格要求自己，容忍自己的小错误，就会犯大错误。我在一本杂志上读过一个叫《从车铃到手铐》的故事，故事里说，一个叫张宝贝的，小时候偷了一个车铃，长大以后又去偷钱，结果被捕了，当他戴上手铐的时候，才悔恨当初不应该偷盗铃，可已经晚了。

　　由小引大这类事，在我们的周围还是屡见不鲜的。由此可见，要消灭大火，得先防小火。一个人要健康成长，必须在小事上严格要求自己。

　　前后两次对这个学生的作文进行点改，目的是促使学生的思维活跃起来。这个学生经过教师的点拨、启发，思路开阔了，思想也冲破了旧框子的束缚。两次改写，使他的思维得到锻炼、得到发展，这可从他对作文改写的过程中看出来。

　　在点改学生作文时，不但要注意理顺学生的作文思路，更主要的是要不失时机地培养他们的创造力。如果引导得法，点改得当，会起到"化腐朽为神奇"的效果。例如，甲学生写了一篇《说猪》的作文，乙学生也仿照这个学生的作文写了一篇，乙学生的作文思路基本和甲学生的作文雷同，我们先看甲学生的作文：

说　　猪

　　有人常用这样一句话来说猪："记吃不记打。"的确，猪是有这么一个特点，它偷吃了人家的东西，人家打它，它溜之大吉。等人家走了，便又想起了人家东西的香味，忘掉了挨打的痛苦，便又情不自禁地去偷吃。就这样，人家打了它一遍又一遍，可它呢？打疼了就跑，跑了再来。它从不记挨打的滋味，只记住食物的香味，所以，人们常用猪来比喻那些没脸没皮、不知羞耻的人。

　　社会上也有一类人和猪相似，那就是小偷。他们整天在集市上乱逛，专干偷摸拐骗的事。人们抓住他，他又下决心，又对天发誓，哭得鼻涕一把泪一把，保证今后不再干那营生了。可是从派出所一放出来，他的决心就下在脚后跟上了，看见人家的好东西便又来了瘾。就这样，他们一次次被抓，一次次下保证，一次次再犯。

那才是：硬让脸受热身受苦，不丢偷摸这营生。

难道他们不像猪吗？简直是一头蠢猪。

我们有双手，为何不好好劳动？要知道，吃自己的劳动所得那才是最香最美的。

对乙学生的作文，我们并没有下一些"剽窃""抄袭""没有新意"之类的批语，而是想通过思路的引导，启发他写出一篇好作文来。在乙学生的作文总批中，我们出了下面的几道题，去鼓励他、指引他：

1. 你这篇作文的思路，甲学生已经抢先（为了不挫伤乙学生的积极性，故这样说）写了，你能否也以猪为题，写一篇与他立意相反的作文，我相信你一定会写出来的。

2. 提示：

猪记吃不记打——小偷记偷不记抓（意在讽刺、劝诫）；

猪记吃不记打使自身胖了，发展了，这不一定是一件坏事，能否从这一点上做做文章？

这个学生通过认真的思考，真的写出了一篇与甲学生立意相反的作文，现把这篇作文附上：

我 也 说 猪

今天，我读了×××同学的作文《说猪》，读后有一点感想。×××同学在那篇文章中，把猪"记吃不记打"的性格作为一种恶习来批评，说得一无是处，我和他的意见略有不同。

猪由小到大，由瘦变肥，全是靠"记吃不记打"的性格成长起来的。不管你是打它，还是骂它；不管你是拿着大棒子，还是举起一把雪亮的钢刀，它都毫不在乎，你打你的，你骂你的，而猪呢？却是我吃我的。在它的心中，只要能吃到有利于自己成长、发展的好东西，哪怕只是一点点，它也敢冒棒打刀砍的危险；至于骂么，那更是小菜一碟了。

从猪的这个性格上我们能借鉴点什么呢？我们现在，迫切的需要掌握知识。我们有了知识，才能有本领。有本领，才能实现将来建设社会主义新农村的宏伟理想。知识，就是我们学生的食粮，就是我们现在急需要吃的好"东西"。在"吃"知识这方面上，我们真得脸憨皮厚，不耻下问。老师不是给我们讲过"程门立雪"的故事吗？据说孔老夫子还曾把一个小孩子当作老师呢。前几天，我看了一本小人书，名叫《偷拳》，故事的主人公杨露禅，他为了学会陈家的太极拳，甘当奴仆，装哑巴，他"吃"知识脸憨皮厚的精神，可真让人佩服。只要能获取知识，把知识"吃"进来，我们就可以把一切置之度外，不能怕打，不能怕骂，不能怕人家挖苦，也不能怕人家的讽刺和讥笑。总之，我们只要能"吃"进知识，就要什么也不怕。只有这样，才能不断充实自己，发展自己，壮大自己，才能使自己装知识的肚子大起来，成为一个有本领的人。不然的话，有知识也"吃"不进去，就会成为一个瘦得干干巴巴的可怜的人。咱们班有个同学，有了疑难从来不请教老师和同学，结果，成绩是一天不如一天。有一次，我问他："你有不会的题、不懂的地方为啥不问老师，不问同学呢？"可他却是怎样回答的呢？他说："问人家有多不好意思，万一人家不愿意，说你两句，那你的脸往哪放呢？"这个同学，说得刻薄一点，真没有猪想得开。

在我们的心中，要牢牢记住"知识"二字，为了"吃"知识，我们要敢豁得出去。我写这篇作文，并不是鼓吹大家要成为脸憨皮厚、不知羞耻的人，然而我确实认为，在猪"记吃不记打"的性格上，也有我们值得借鉴的地方。这几天，老师不是在训练我们的求异思维能力吗？因此，写了这么一篇作文，和×××同学唱唱对台戏。

把这两篇作文比较阅读，我们可以看出来，乙学生确实在和甲学生唱"对台戏"，虽然是针锋相对，但能自圆其说，并且说得头头是道、有理有据。乙学生的作文过程由同到异，由沿袭别人的路子到自己另辟蹊径，不正是表现出了他的创造力吗？

运用点改法批改学生的作文，有利于拓开学生的思路，发展学生的想象力。

初中生虽然掌握了一些知识，但想象力还不够强。在作文中常常是孤立地对待人或事，看不见事物发生、发展的过程，发现不了事物之间的相互关系，因而在作文中，局限于自己的一孔之见，思路受阻、文思不畅，写几句就觉得无啥可写了。例如，"家乡未来畅想曲"这个作文题，应该说所受的限制比较少，如稍一展开，写个千八百字是没问题的。然而有个学生写了二百多字便收笔了，想象力没有发挥出来，对这种情况，我们则在总批中设计了下面几道题：

畅想家乡的未来，不是写家乡的现在，也不要受现在家乡情况的限制，可从以下几个方面参考：

1. 别的地方有的，家乡现在没有的可以写进来。

2. 现在没有的，将来可能有的，也可以写进来。

3. 你认为将来能有的、应该有的，也可以写进来。

4. 可以把现在的家乡和未来的家乡对比写，这样可以看出家乡变化、发展。

这个学生经过指点、引导，思路大门打开了，感情也被激发出来了，他尽情地想象，尽情地发挥。在他的笔下，现在的各家各户的小草房，变成了楼房。家家户户的院里都有小汽车。村旁的臭水塘变成了水上公园，村里的土路变成了柏油路；在村里小卖店的地址上，修起了百货大楼，楼上还有喷泉、飞机场。村里的小学变成了大学，俱乐部、医院、图书馆应有尽有。机器人在地里劳动，人在室内用电钮操纵。晚上不用电灯，人造太阳就自然升起来了。他还想象在村子的上方，修建了一个太空村，村里的人在太空村里都有一所别墅。村里的人都享受公费医疗，每年还可以到外国公费度假三个月。村上成立了好几个跨国公司，外国人争先恐后地到村里来签合同、开工厂，甚至连美国的总统都申请在村里定居。这个学生破除了思路上的阻碍，展开了想象，竟然洋洋洒洒写出了一千五六百字。

学生在作文中时常出现语句杂乱、句序颠倒的现象。这表现了学生的思维混乱，有必要让学生整理自己的思路。下面的一段话，是从学生的作文中摘录下来的：

我心里十分烦恼。期中考试的成绩发表了，和上学期比，下降了许多。我想，我怎么学习也赶不上那些学习好的同学了，自己咋就这么无能呢？想到这，我真想哭。这时，我想起了一句话："失败是成功之母。"想到这，我的精神又振作起来了，我暗暗下定决心，绝不能灰心，要勇敢地去拼搏。虽然这次期中考试成绩低，如果不学，成绩不就更低吗？如果自己认认真真地总结这次的经验教训，也许下次考试还能夺冠军呢。

对这种情况，我们在点改学生作文时，在总批中则出这样的题要学生回答：

1. 在每一句话的前面加上序号。

2. 请重新排列语句，使之上下连贯，意思衔接。

正确的顺序是：＿＿＿＿＿＿＿＿＿＿＿＿＿＿＿＿＿＿

有的学生作文整篇混乱，轻重颠倒，对这种类型的作文，我们常出类似于下面的一些题：

本文提出四个问题，应由重到轻排列：

1. 先写 ＿＿＿＿＿＿＿＿＿＿＿＿＿＿＿＿＿＿＿＿＿＿＿＿＿＿＿＿＿＿＿；

2. 次写 ＿＿＿＿＿＿＿＿＿＿＿＿＿＿＿＿＿＿＿＿＿＿＿＿＿＿＿＿＿＿＿；

3. 再写 ＿＿＿＿＿＿＿＿＿＿＿＿＿＿＿＿＿＿＿＿＿＿＿＿＿＿＿＿＿＿＿；

4. 后写 ＿＿＿＿＿＿＿＿＿＿＿＿＿＿＿＿＿＿＿＿＿＿＿＿＿＿＿＿＿＿＿。

有的学生作文，把许多问题混在一起写，条理不清。对这种情况，我们则在作文的总批中出下面的题让学生填答。

请按下面的要求答题，然后写出作文的修改计划。

1. 甲类事情有＿＿＿＿＿＿＿＿＿＿＿＿＿＿＿＿＿＿＿＿＿＿＿＿＿＿；

2. 乙类事情有＿＿＿＿＿＿＿＿＿＿＿＿＿＿＿＿＿＿＿＿＿＿＿＿＿＿；

3. 丙类事情有＿＿＿＿＿＿＿＿＿＿＿＿＿＿＿＿＿＿＿＿＿＿＿＿＿＿。

为了使学生作文中的思维活跃起来，我们经常根据学生在作文中所表现出来的问题出一些题让他们思考、回答：

有的学生看问题片面、单纯，往往是只看其一，不看其二；常常是孤立地、静止地对待事物。对学生在作文中所表现的这些问题，我们有时出下面一类思考题：

△看问题要一分为二，对同学的评论也要尽量做到全面，×××同学的成绩差，但也有长处，希望你能重新认识他、评论他。

△你认为这个同学做得不对，如果你站在他的角度上来考虑，又会怎样去评论这件事？

△说话要有理有据，文中说王明同学是个雷锋式的好学生，是根据什么说的？怎样才能让人感到王明是个雷锋式的好学生？请你在下面回答。

△如果把以前的学校和现在的学校对比写，会收到怎样的效果？请你用这种方法重新构思作文。

△你在作文中所写的是一些现象，这些现象产生的根源是什么？如果你能挖掘出这个问题，就会重新改写这篇作文。

有的学生作文思路清晰，联想丰富，想象力较强，教师在点改中也要注意给学生点出来，以便学生以后能自觉地运用。对这类作文，我们常出类似于下面的一些题，让学生回答、填写：

　　△这篇作文思路通畅，请列出每段的提纲，然后回答为什么按这样的顺序写。

　　△这篇作文各段之间是怎样的关系，请你在眉批中注明。

　　△×段和×段为什么不能调换，在眉批上答。

　　△把×段中的联想句子用"～～"标出，在眉批中写出在文中的作用。

　　△×段运用了想象，在文中起到了怎样的作用，在眉批中指出。

　　△如果去掉×段中想象的部分，这篇作文会受到怎样的影响？

　　△×××这个人物写得比较成功，你把握住了他_____的性格来写他的言行。

　　以上所介绍的，是我们运用点改法在启发学生作文思路上的一点探索。我们的目的，就是发挥点改法的长处，培养学生的正确思维方式，活跃学生的思想。

（六）运用点改法，让学生在修改作文时思想也受到教育

　　学生的作文，是他们交流思想的一种方式，也是客观事物在他们头脑中的真实反映。他们在作文中所表露出来的思想感情，所站的立场、所持的观点，是他们思想的真实表现。因为他们还不成熟，好的东西需要保护、需要培养、需要发展；错误的东西需要纠正，需要正确引导，需要提高他们的鉴别能力。所以，我们在利用点改法指导学生修改自己的作文时，发挥点改法这方面的优势，促使学生的思想感情向正确、健康方向发展。

　　学生修改作文的过程，也可以看成是思想认识变化的过程。这个变化的过程，是对学生思想教育的一个好时机。我们要抓住这个机会，把对学生的思想教育渗透进去，让学生在修改作文的同时，思想认识上也有所收获，实现"人""文"同进。所以，在作文总批中，常常针对学生在作文中所反映出来的思想认识问题，设计类似于下面的一些题：

　　△"妈妈盼我读好书，跳出庄稼院，到大城市里生活。"你妈妈的认识对不对？你是怎样看待这个问题的？

　　△如果你当了村长，对这件事情怎样处理呢？

　　△如果你不能升学，能不能像你在作文中所说的那样，回到家乡去干一番事业呢？

　　△你认为自己是差生，一切都比别人差，就悲观丧气了。你本身也有很多的长

处，是别人没有的，请你在作文中单用一段谈自己的长处。

在作文批改中，不失时机地加强对学生的思想教育，点改法有自己的独创之处。也就是在点改学生作文时，根据学生在作文中所反映出来的思想认识，教师针对实际情况，设计一些有利于提高学生认识，有利于学生思想健康发展的一些题，让学生在修改作文的过程中，思想有所启发、有所提高、有所发展。在提高他们作文能力的同时，思想也有所获益。这样就把作文修改和思想教育有机地结合在一起了。

我们主要是从以下几个方面切入的：

运用点改法，澄清学生的模糊认识，帮助他们树立起正确的思想观念。

有个学生，写了一篇作文，题目是"信不信呢?"，现抄录在下面：

最近，村子里出现了一个怪现象，说要瘟八岁以下的男孩。怎样才能免除这场灾难呢？只要姑姑给侄子买七个桃子，侄子就能死里桃（逃）生。这股风一刮起来，大多数人都相信了。当姑姑的怕侄子死，买桃子让侄子桃（逃）生，不信的人也得买，万一侄子有个一差二错，当姑的怕负不起这个责任。没有姑的孩子，当妈的为了保住孩子的命，就临时认了个干姑姑。

这件事能是真的吗？如果说不是，那么村子里的多数人为啥都这样做呢？要是信的话，又觉得不是那么回事。人们对这件事情的看法也不一样，有的人说是迷信，有的人说这是真事，我也糊涂了，对这件事情真是拿不准主意，我信还是不信呢？

是迷信还是科学，这个学生在犹豫、在彷徨。如果能及时地给予正确的引导，指点迷津，他就会恍然大悟，思想有可能向正确的方面转化。如果轻描淡写地放过去，他也许会走向反面。对于学生在作文中反映出来的思想意识问题，不能武断地写下"观点不正确""思想认识有问题"等一些批语，我们针对他的思想实际设计了一些引导题，让他在思考和回答这些问题的时候，在修改自己作文的时候，也对这个问题形成正确的看法，我们在总批中是这样写的：

这纯粹是迷信，对于这点不能怀疑。我们青年学生，要相信科学，反对迷信。对问题要有自己的正确观点，不能随大流，人云亦云。你应该写一篇作文来驳斥这件事，以下几个方面可供你参考：

1. 桃子和侄子之间是怎样的关系？

2. 以前当地也有过同类事情，用实践来验证，现在看那是科学还是迷信呢？如果你能弄清楚这件事情的真相，那么，这篇作文的说服力就更大了。

　　这个学生经过十几天的思考和调查后，以"桃子的谣言"为题，重新写了一篇作文，批改如下：

信科学，不要信迷信

		噼	里	啪	啦	的	鞭	声	又	响	起
来	了	，	不	知	道	是	哪	家	的	"好	心"
姑	姑	又	给	侄	子	送	桃	子	了	。	最
近	，	飞	出	一	股	流	言	，	说	要	瘟
8	岁	以	下	的	男	孩	。	怎	样	才	能
免	除	这	场	灾	难	呢	？	只	要	姑	姑
给	侄	子	买	七	个	桃	子	，	侄	子	就
能	死	里	桃	（逃）	生	。	这	股	风	一	刮
起	来	，	大	多	数	人	都	被	卷	进	这
个	漩	涡	。	信	的	人	怕	侄	子	死	，
赶	快	买	桃	子	让	侄	子	桃	（逃）	生	；
不	信	的	人	也	得	买	。	万	一	侄	子
有	个	一	差	二	错	，	当	姑	的	能	负
起	这	个	责	任	吗	？	没	有	姑	的	孩
子	，	当	妈	的	为	了	保	住	儿	子	的
命	，	就	临	时	认	了	个	干	姑	姑	，

引号表示讽刺。

"流言"说明没有根据。

真够可笑的了。

　　开始只是买桃子，后来又加了花点。姑姑买了桃子还得加一挂鞭，侄子必须买双红袜子回敬姑姑。不然的话，姑姑救了侄子，自己就容易陷进去，非得穿侄子给买的红袜子才能逃脱劫难。

　　由此，我想到上几年的几件事。当姑娘的给母亲买桃罐头、做红布衫。说是吃了桃罐头，穿上红布衫母亲就能长寿。说来也可笑，村里有个老太太，刚吃完姑娘买的桃罐头，穿上红布衫，却突然死去了，这股风也就随着这个老太太的死然住了。还有一年过了两个春节、两个五月节，一家这么干，东

"花点"一词，说明造谣者别有用心。

用大家都知道的事实驳斥，增强批驳力量。

邻西舍也随着，现在没过两个春节和两个五月节的人家日子过得不也是很好的吗？

　　最近几天就有人说了，今年市场上的桃子多，卖不出去，有人编造了这个谣言，卖出不少桃子。照这样，红袜子和鞭也是借流言销售货底子了。

　　不管造谣的人用心如何，如果我们大家信科学不信迷信，他就没有招，谣言也就不攻自灭。昨天，姑姑执意要给我买桃子，我也执意不肯要。我要试一试我能不能死。我觉得这实在是很可笑的事情。桃子就是桃子，也不是灵丹妙药，难道这些日子市场上卖的桃子都是从王

点明桃子和侄子生命没有关系，再次批驳。

母	娘	娘	蟠	桃	园	里	运	来	的	吗	？
		补	记	：	现	在	我	的	身	体	很
健	康	，	活	得	挺	好	。	但	我	要	再
一	次	声	明	，	姑	姑	并	没	有	给	我
买	桃	子	，	我	也	没	有	吃	过	姑	姑
给	我	买	的	桃	子	。					

我没吃桃子也没死，证明这是迷信。

总批：

1. "好心"一词为什么用引号？"流言""花点"在文中有什么含义，在眉批上分别指出。

2. 第三自然段用大家所熟知的事实做论据，其用意写在眉批上。第五段的作用也在眉批上写出。

3. 第四自然段在文中起到怎样作用，在下面答。

答：目的是揭露制造迷信的人别有用心，让受骗上当的人醒悟，今后不要再相信迷信。

4. 补记部分是不是多余的？你借鉴了哪篇文章的写法？

答：不是多余的，"现在我的身体健康，活得挺好"，证明这个谣言不可信。"姑姑并没有给我买桃子，我也没有吃过姑姑给我买的桃子"再次说明桃子和侄子没有关系。这样，对揭露谣言更有力。

采用补记的形式，借鉴了鲁迅先生《"友邦惊诧"论》的写法。

5. 前后两次作文，有什么感想，请在下面写出来。

答：前次作文，我弄不清这件事是真是假，写起来犹犹豫豫的。通过这几天的思考，特别是我知道了这件事情的真相后，特别气愤。因此，我写的时候憋足了劲，我要让大家知道这是迷信，今后别再上当受骗，因此写得也较顺利。

同一个学生，同一个作文内容，前后两次修改，出现了两篇不同质量的作文。从前后两篇作文中我们可以看出，并不是这个学生的作文能力提高了多少，而是他的思想认识发生了根本变化，由思想变化导致了作文变化。我们还可以从这个学生的作文修改过程中看出，这个学生作文之所以出现质的飞跃，是因为他的思想认识逐渐明确、提高的结果。因而，在作文指导中，不能忽视对学生的思想教育，要注意引导他们正确地、科学地认识世界。点改法利用作文批改的形式同学生对话，利于师生之间思想沟通和交流，这对学生提高思想觉悟，辨别真伪，对他们唯物主义世界观的形成又提供了一定的空间。

运用点改法，让学生联系自己的生活实际，对自己、对他人进行教育。

在作文指导中或者是在指导学生修改自己的作文中，要充分利用点改法这种形式，促使学生，联系自己的思想，联系自己的生活。让学生在作文之后，不只是单纯的语文能力提高，思想上也要有所收获。在作文中达到这一点，我们不仅要注意到作文反映出来的问题，也要对学生本身有所了解。有一次，我们要求学生围绕勤俭节约的主题写一篇作文，有个学生的作文是这样写的：

勤俭节约是我们中华民族的光荣传统。我们中华民族的子孙要继承这个传统，要把这个传统发扬光大。现在，我们学校的一些学生，在生活上浪费的现象很多，我们要认识到这是一种不良的行为。

我们要珍惜一粒米，一根线。我曾经在一本资料上看到过：一个人一日三餐少浪费一粒粮食，全国一年就节约 3240 万斤粮食，可供 9 万人吃一年。如果我们这样节约 10 年，该节约多少粮食啊！今年，我们这里受了水灾，吃的用的都很紧张，这就更需要我们勤俭节约了。即使不受灾，我们也没有铺张浪费的理由。因为艰苦朴素、勤俭节约，是我们中华民族的优良传统。我劝那些不注意节约的同学，应该改正自己的错误，希望你们别再浪费了。

应该说，这个学生的观点是正确的，在这方面，是无可挑剔的。然而读了这篇作文后，给人这样一种感觉，仿佛这个学生在板起面孔教训同学。根据我们平时对学生的了解，这个学生平时也不俭朴，浪费的现象很多。在班级生活中，也是只知道批评别人，不能批评自己，马列主义尖朝外。应该让他在修改作文过程中进行自我教育，所以，在作文的总批中我们设计了下面的几道题：

1. "我们学校的一些学生在生活上浪费的现象很多"，你能不能拿出一个实际例子来？这样写，才能有的放矢。

2. 为了让同学们信服，你用了数字充当事实论据。如果你能再拿出几个生活中的事实做论据，就更能增强这篇作文的说服力了。

3. 你自己在生活中有没有浪费的现象，你是怎样认识的，最好能结合作文谈一谈这方面的感受（这部分的内容，在修改后的作文中用"～～"线标出。）

以上几点供你修改作文时参考，盼你写出一篇好作文来。

这个学生最后是这样修改自己的作文的：

这件事小吗？

早晨，我去上学，刚走到校门口，只见一个初三的同学，将一个饭团扔进操场中间。便若无其事地向供销社走去，嘴里还嘟囔着，"这臭饭，真难吃……"

我的心一沉，唉！怎么这样不珍惜父母脸朝黄土背朝天的劳动成果。我曾经在一本资料上看到过：一个人一日三餐少浪费一粒粮食，全国一年就节约 3240 万斤粮食，可供 9 万人吃一年。如果我们这样节约 10 年，该节约多少粮食啊！现在我们这里受了水灾，吃的用的都很紧张，这就更需要我们节约每一粒粮食了。即使富裕了，也不能浪费啊！因为艰苦朴素、勤俭节约，是我们中华民族的优良传统。我们敬爱的周总理，虽身为亿万人民的总理，但生活仍很朴素。他的睡衣补了又补，一双皮鞋修了又修。他吃饭时，即使是掉在桌上的一小点干粮渣，也要捡起来吃了。总理给我们树立了多好的榜样啊！作为 90 年代的青年人，我们不但要继承和发扬老前辈艰苦朴素的精神，更要保持劳动人民的本色——勤俭节约。记得有一次，我将吃剩下的一块面包扔在地上，在一旁的父亲马上把面包捡起来，用手抠去粘在面包上的泥土，吹了吹上面的灰尘，放在柜橱里。吃晚饭时，我看见父亲拿出那块面包，有滋有味地吃着。他边吃边说："小东啊，这面包来之不易，可不能随便浪费啊！"短短的几句话，像一记重锤敲在我心上，至今还时常在耳边回响。

看着脚下的饭团，一个大大的问号闪现在眼前，扔的仅仅是一个饭团、一块面包吗？

从这个学生修改后的作文来看，作文目的较明确，联系了自己的生活实际，使自己受到了教育，同时也教育了同学。在这个过程中，思想认识和作文能力都得到相应的提高，一举两得，点改的目的基本达到了。

学生作文的品位高低，往往不取决于写作方法，而在于对事物的认识能力和作文目的上。有些学生的作文在技巧上、语言上都很好，但读后感到轻飘飘的，没有分量，如下面学生写的《酒鬼——我的伯父》：

　　现在的"酒鬼"多得如天上的繁星。不用说醉后在酒席桌上打打闹闹的，也不用说酒后在大路上疯疯癫癫、大喊大叫的，就说我的伯父吧，他就是远近闻名的大"酒鬼"。

　　在人们心目中，伯父的确是个名副其实的"酒鬼"，不论在什么场合，也不管什么环境，酒杯一端，非得来个一醉方休。

　　"真香啊!"我刚刚走进伯父家，就听到他的一声赞叹。

　　今天早饭特早，伯父品着"二锅头"，不由得喜上眉梢，这几天来为割苞米犯愁的事，一下子抛到九霄云外。看到他喝酒那个劲，使我想起了大家给他起的"六寸泵"绰号。他手抓酒壶，一个劲往嘴里倒。

　　伯父家里的人知道大事不妙，可谁也不敢拉着。伯父的脾气十分古怪，别看高兴时眉飞色舞的，如果在喝酒时偶然想到一件不如意事时，就会火冒三丈，甚至摔东西打人，那场面可真叫人心惊胆战。

　　这时，伯父看见了我，说："来，坐这儿，吃点儿!"我硬着头皮坐在他身旁，心怦怦直跳，脸红得像烧红的炭，生怕伯父这时发火。

　　一会儿，伯父一斤酒入肚，脸变成了"大紫萝卜"，眼角布满许多血丝，舌头也硬了，在炕上东倒西歪的，就像"随风倒"的墙头草。身子也不由自主地跳起了"霹雳"，嘴里还叨咕着："新（今）朝有酒新（今）朝醉，来酒!"

　　这时，他又像老太太似的，旧事重提，絮絮叨叨的，真叫人厌烦。

　　不顺心的事终于让他想起来了，伯父脸色马上"晴转多云"了，显得十分阴森。

　　"穆（莫）二还欠我一千多，不给我，哼! 我抹了他!"伯父大叫着。他说做就做，下地取菜刀，这下子可把我吓蒙了，还是伯母一把抱住了他，他一挣扎，把手按在饭桌上，碟子、碗和他那酒壶一起摔在炕上和地上了。这时我们一边劝一边说他，同时把他摁在炕上，大伙儿看了他好大一会儿，伯父才平静下来，躺在炕上酣然入梦了。

　　这篇习作，将酒鬼描写得活灵活现，应该说，一个初中二年级的学生能写出这样的作文就很不错了。但读后感觉到，虽然把这个酒鬼描写得栩栩如生，但这个学生缺少对这个问题深层次的认识和思考，如果学生对这样的问题有了正确的认识观点，就能加重这篇作文的分量。于是，在总批中设计了下面的思考题：

1. 你抱着怎样的目的来写这篇作文的？
2. 你对过量喝酒有怎样的认识？
3. 如果你利用这篇作文中的所描写的人物给大家以警示，对作文怎样改写？

这个学生思考了上面的三个问题，又增加了下面的几段文字：

目睹这一切，我想起了许多许多。

春节时，我以为喝点啤酒没事，哪知道酒劲儿一上，头晕目眩，甭提多难受了。折腾了一天，计划完成的作业，竟被耽误了；邻屯有一个经常喝个一斤来酒的人，现在胃受了损伤，正躺在病床上呻吟呢；大于乡有一个司机因喝酒过量，行车途中与迎面来车相撞，结果车毁人亡；北围子村的一个杀人犯，也是喝酒过多，头脑发热失去理智才杀人的，还有……

小至误事，大至丧命，都是嗜酒造成的，喝酒过量多可怕呀！

我看着伯父那衰弱的身体，不由叹了口气。只好蹲下身子，从地上拾起那些碎碗碟来。

修改前的作文，只是活画出一个酒鬼的形象，读后给人的感受既可笑又可悲。改写后的作文变得严肃了。在作文中，学生认识到嗜酒对个人、他人及社会的危害，用酒鬼及现实生活中的实例来警示世人，不要过量喝酒。学生的认识能力提高了，作文的目的明确了，作文的品位也提升了。

在点改学生作文中，我们充分地利用点改法给我们提供的优势，让学生把在课本中学到的科学观点用到分析问题，解决问题上。关于这方面，我们不局限在语文教学的圈子之内，有时在语文教学之外，借助其他学科的知识共同完成这个任务。初三的学生在政治课本中已经学到了如何正确对待我国古代文化遗产的问题，但多数学生只是把它作为知识储存起来，没有想到如何用来指导自己的语文学习。有一次，我们在作文中要求学生对学过的一篇文言文进行评论，多数学生作文中的观点有问题。有的学生认为，现代人学习文言文那是浪费时间；有的学生认为，古人的作品都是好的，后人只是继承。针对学生作文中反映出来的这些问题。我们根据不同情况分别出了下面的一些题，用来引导学生，纠正自己的错误认识。

读政治课本中的有关章节，填空：

对待我国古代文化遗产，应持的正确态度是＿＿＿＿、＿＿＿＿、＿＿＿＿。

横线上应填"弃其糟粕""取其精华""古为今用"。

对于持全面继承态度的学生，则出了类似于这样的题：

分析一篇文言文，根据自己的认识，尽可能地指出这篇文章中的精华，同时也要找出其中的不足来。

对于持否定观点的学生，我们则出了下面的一些题让他们回答：

1. 如何理解"古为今用"，请在下面回答。

2. 在你学过的课文或读过的文章中，找出一篇古为今用的例子。

3. 在你学过的文言文中，你认为哪篇的内容自己可以借用过来，通过自己的改造能够为今天的现实生活服务？最好你写一篇这样的作文。

多数学生能够正确地回答以上的问题。特别是最后那道题，学生们答得比较认真。有的学生根据滥竽充数的故事，联系现在的社会生活，写出了《南郭先生的子子孙孙为什么这样多》的作文，有的学生在作文中运用《扁鹊见蔡桓公》里的故事，告诫自己和同学们要防微杜渐，不要一味地拒绝老师和同学们对自己的批评，还有的学生写了《"难得糊涂"的是与非》等作文。

把学生在作文中所表现出来的思想认识问题也纳入作文点改的内容，这是语文教学原则，是作文教学自身的需要。有人可能这样认为这是无中生有，画蛇添足。我则认为，作文批改是语文教学的一部分，自然要服从于"文道统一"这个大道理。理由之二是，这是提高学生作文能力、提高作文质量的一个有效途径。一篇好作文，那是形式和内容的统一，我们作文教学实践中也会感受到这一点。一些语言文字能力较好的学生，有时却写不出好的作文来，查来查去，有的原因就出在学生的思想认识上。所以，在实验点改法的运用范围时，我们也在这方面做了尝试。理由之三就是素质教育的需要、育人的需要。学生面对未来生活的风风雨雨，面对社会的云山雾海，需要正确的思想把握自己的人生之旅。我们基于以上的考虑，在这方面做了有限的探索。事实也证明了我们的认识：学生思想认识能力得到了提高，促进了他们作文能力的提高；作文能力的提高，也促进了学生思想认识能力的提高，更有益于他们正确的人生观、价值观、世界观的形成。

附文：

（一）作文批改的人、时、势
——李元昌老师作文批改的启示
姚雪红

作文批改多是劳而无功，几乎成了一些语文教师的共识。批吧，费力没有效果；不批，指导作文无的放矢，常常陷入两难的境地。因而一些教师不重视批改，不研究批改，甚至放弃批改，认为批改作文是无效劳动。

作文批改真的是无效劳动吗？笔者带着这个问题多次请教全国劳动模范、全国第二届中小学十杰教师，被誉为农村教改实践家的李元昌老师。李老师在20世纪八九十年代指导的100名农村初中生自编自选的作文集《田野上的小花》现已再版5次，被吉林省教材审定委员会定为吉林省中小学生选用教材；他的"放—收—放"作文训练法被写入大学教材。日本基础教育访华团慕名到榆树市秀水镇二中听李老师的作文课，回国后在日本的刊物上用大量的版面介绍李老师的教改经验及作文指导方法，在最近东北师范大学召开的国际学术会议上，李老师发言后，一位专门研究作文教学的日本学者拉着李老师的手说，他在中国找到了知音。

笔者与李老师在同一单位，因而占天时、地利、人和。最近，就作文批改的问题向李老师请教。李老师认为，教师在不批改学生作文的情况下指导学生作文，如同医生不问病情就给人开药方。以人为本，也要体现在作文批改和指导上，法为人生，也要因人而法变。据此，他提出了作文批改三原则，即因人、因时、因势。

因人，是指根据学生不同的情况，包括个性差异、能力差异、环境差异而"因材批改"；因时，就是考虑学生不同年龄段的差异采取不同的批改方法，如初一、初二、初三每一学年段，甚至每一学年段的上学期和下学期所采取的方法都不同；"因

势"中的"势"一方面指学生作文中显示出来的状况和情势，另一方面指"借势"，如《荀子·劝学篇》中所说："君子生非异也，善假于物也。"在因人设法、因时生法、因势变法的三原则指导下，李老师总结出作文批改的六种方法：虚实积分法；读写自改法；点改法；目的评改法；回头自改法；点石成金法。下面对这些方法简要介绍，以飨读者。

第一，虚实积分法。

这种方法适用于初一年级的第一学期，让学生比发展。学生写的第一篇作文都评为零分，这个"零分"是基础分。只要后次作文与前次比有进步，就得正1分，否则就得负1分。前后比不进不退，就评为零分。每次批改，只指出一点不足，比如前篇作文中心不突出，教师指出来，后次作文写得中心明确了，就得正1分。期末总评看谁的积分高，谁就是发展的优秀者。

这种批改方法在形式上把不同层次的学生的起点都归到零，实现了形式上的公平，但学生作文水平的差距还存在，此谓"虚"；学生只要努力，就会得正1分，得了正1分，说明他在原基础上有了进步，这又是"实"，因而李老师称之为虚实积分法。

如果用分数评学生的作文，高者八九十分，低者不及格，甚至有的三四十分，相差悬殊。作文差的和作文好的相比，李老师幽默地打了一个比喻——好像让一个没有经过专门训练的普通人与飞人刘翔赛跑一样，一起步就被甩下了，太容易伤害学生的自尊心，也容易让学生丧失进取心，产生自卑心。而虚实结合的评估方法考虑了学生的心理、情绪上的反映，给学生创造了一个公平的环境，营造出争取发展的氛围。教师评的不是成绩，而是学生的进步；学生比的不是分数，而是提高。让每个学生都从零起步，这样就引导学生把着眼点从分数上移开，转到关注自己的发展上。李老师告诉我，这样评价学生的作文，无论是差等生、中等生，还是优等生，他们都感受到，只要自己不懈地努力，就会有进步。特别是作文差的学生，以前厌烦作文，怕作文，"用虚实积分法批改他们的作文，这些学生摆脱了以前低分的尴尬困境，振奋起上进的精神，有了追求，有了希望，也尝到了自己努力奋斗得到的甜果，有许多作文差的学生后来都写出了好作文。"笔者认为，李老师这样的评价方式，别开生面。学生的成绩是暂时的，发展是无限的。用发展的眼光评价正在发展中的学生，尊重了学生的个体差异，突出了激励功能。这样的评价方式，自然地实现了知识与能力、过程与方法、情感态度与价值观的交融，整合。虽然此法出现已近 30 年了，对于我们今天的课程改革仍有借鉴之处。

　　第二，读写自改法。

　　读写自改法是李老师用于初一第二学期的方法。具体过程就是：读文——仿文——再读文——改文——三读文——再改文。比如，读了朱自清的散文《春》（读），让学生写一篇关于春天的文章（仿写），写完后，老师不急着批改，让学生再读几篇关于春天的文章（再读），可以让学生自己找，老师也可以推荐。读完后让学生修改自己的作文（改），改完后让学生再读几篇描写景物的散文（三读），读后再让学生修改自己的作文（再改、加工），"在这个过程中，把学生写的第一稿同最后一次修改的作文相比，那简直是天壤之别"，说到这，李老师拿出学生的作文集《田野上的小花》，指着目录中的几篇文章，告诉我说那几篇文章就是学生通过这个过程写出来的。

　　为什么用这样的方法，李老师认为：读写结合，是提高学生作文十分有效的途径，通过这样的方式，促使学生在读中写，在读中改，让学生在读文章时想着自己的作文，在写文章时想着自己读过的文章。这并不是单纯方法的指导，也是读写结合的思维和习惯的培养。学生每阅读一次，就是吸取一次；每修改一次，就是提高一次。一次次吸取，一次次提高，能力就不断地提升，这样，也就缩短了"模仿——创作"这条路。为了加强学生读写之间的联系，李老师还改变了阅读课教学。比如，有些学生喜欢无目的地描写景物，针对学生作文中存在的这个普遍性问题，阅读课中李老师以课文为例子，引导学生厘清景物描写的作用，当学生明白后，就让学生修改自己的作文。

　　运用读写自改法，一学期只能完成一至两篇作文，这与当前各学校规定的作文篇数不符合，对于这个问题。李老师认为，篇篇俱到，类似蜻蜓点水，攥成的拳头，力量总比张开的五指大。这番道理，还是让读者自己体味吧。

　　第三，回头自改法。

　　好文章是改出来的，这话说得一点也不错；文章不厌百回改，也可以说是真理，但要看怎么改。李老师认为，学生写出的作文是他当时能力和水平的具体体现，当一个学生写完作文，在他的能力和水平没有得到提高的情况下，让他改好自己的作文，很难实现。学生之间互批互改，李老师也做过尝试，他发现学生间的互批互改，多半在字呀、词呀、结构等浅层次上有些作用，很难涉及文章的筋骨。究其原因，多数学生的作文能力在一个水平线上。当学生的能力有了一定的提高后，才能具备修改好自己作文的条件，据此，李元昌老师创造了回头自改法。这种方法的流程是：学生到初二时，回头修改初一时的作文，到初三时，回头修改初二时的作文。学生升入初二，能力就高于初一；升入初三，能力就高于初二。这样，初二的学生就具备了修改好自己初一作文的条件，当然，初三的学生就能改好自己初二的作文了。让学生居高临下看自己的过去：以前发现不了的问题，现在发现了；以前认为难写的话题，现在变得容易了；以前认为复杂的问题，现在变得简单了。学生在这个过程中，既找到了成功的经验，又找到了失误的教训，对作文的感悟又深入一步。以前许多"看不上眼"的作文，经过自己修改，变成了优秀作文，起到"化腐朽为神奇"的功效。李老师这方面的经验和感受，值得人们三思。

第四，点改法

理解李老师的点改法，首先看他下面批改的两个案例。

案例一：要求学生运用开门见山的手法开头，一个学生没有掌握这种手法，开篇绕了一个弯，李老师这样写的尾批：

1. 这次作文对开头有怎样的要求？

2. 在学过的课文或读过的文章中找出几篇符合这次作文开头要求的文章，在下面写出文题。

3. 读自己的作文，看开头存在什么问题。

4. 请你修改自己的作文，使之符合此次要求。

案例二：学生以"一个善于分析问题的学生"为题作文，他用了五个材料，其中只有1、3两个材料符合文题的要求，2、4、5三个材料不符合文题的要求，李老师不是写出"选材不典型，详略不当，偏离中心"等类似的批语，而是在总批中设计了下面的题，让学生思考、回答：

1. 文题是"一个善于分析问题的学生"，此题的题眼是<u>善于分析问题</u>，据此，这篇作文应该选择能表现这个学生<u>"善于分析问题"</u>的事情去写。

2. 这篇作文你写了五件事，其中符合文题要求的是<u>1、3</u>两件事，另外的<u>2、4、5</u>三件事与文题的要求无关或关系不大，而你却作为重点来写，这样造成了文章<u>选材不当</u>，导致<u>偏离中心</u>。（横线上的楷体字是学生填写的）

3. 根据答上题的体会，请在下面写出修改此文的方法。

答：重点详写 1、3 两件事，略写或不写 2、4、5 三件事。或者将 2、4、5 三件事舍去，再选能表现他善于分析问题的事情去写。

从以上两个批改案例可以看出，李老师的点改法，首先引导学生发现自己作文中存在的主要问题。"学生发现自己的不足本身就是进步，比写出一篇优秀的作文价值还大。"接着，引导学生自己获取解决问题的方法。用此法"教师不直接说出学生作文的'得'与'失'，而是以点拨、提示等形式，让学生自己去主动认识；教师不直接告诉怎样修改好，而是通过点拨，让学生自己完成修改的任务，教师不把自己的观点强加给学生，而是促使学生进入自我学习、自我研究、自我探索、自我提高的境地。"从上面的案例可以看出，运用点改法批改作文，是师生的双边活动，教师负责"点"，学生负责"改"，这也是教师的教法与学生的学法的结合。这种方法最大的特点是针对性强，在作文批改上，根据学生不同的情况施以不同的方法加以引导，实现了因材施教，因而效果明显。有人评论"作文由批改到点改，是写作教学上的教法与学法的改革，是作文评改迈向科学化的建树"。① "教育不是要人消极接受，而是要激发主动性，培养独立性，最终帮助学生获得自我塑造、自我完善的目的（第斯多惠）。""我们不能忽视这一点的就是：让学生自己去寻求问题的正确解答，这不仅对他们领会知识和掌握技巧，而且对他们的发展都具有重大意义（赞科夫）。"用这两位教育家的话来评论李老师的点改法是恰当不过的。

我们认为这种方法适应性广，但李老师主要用于初二。李老师认为，学生到了初二，各种文体、各种写作方法基本掌握了，正处于拔高期，但学生作文中又存在着各种不同的问题，需要分别对待，这种方法能为他们加把劲，有助于学生作文能力的提升。此番道理，可见其用心良苦，更值得我们认真揣摩。

第五，目的评改法

李老师认为：学生真正会写作文，会运用作文这个工具必须进入构思立意、布局谋篇的过程中，作文中缺少这个阶段，学生就没有真正学会作文，也很难发挥作文的功用。对于这个问题在课堂上无论你怎样大讲特讲，无论你耗费多大的精力，

---

① 刘述深. 尽将批改换点改，总把新桃换旧符 [J]. 语文教学通讯，1997 (6).

对于初中生来说都是收效甚微。为了解决这个关键性的问题，李老师创造了"目的评改法"。

"目的评改法"用于初三年段。此法要求学生在作文之前首先确定作文目的：写给谁看的，要达到怎样的效果。抄作文时把作文目的放在作文之前，教师根据目的评价学生的作文。学生带着目的写作文，就促使他认真地思考自己作文写什么内容，怎样写才能吸引人读他的文章。框架如何搭设，选取哪些材料，哪些详写，哪些略写，重点的内容怎样突出，怎样开头，怎样结尾。在语言上还要反复斟酌，甚至还要考虑用哪些手法能引起读者的注意。写完之后根据目的要反复修改、加工、润色，其实这个过程就是构思的过程。为了让学生进入这个过程中，李老师还不断造势，开展家乡建设小参谋、小主人课外活动，让学生针对当地经济建设、文化建设、民生等问题给领导出谋划策、提建议。例如，一个学生为了实现制止一些村民滥开沙石场毁坏耕地的现象，写了一篇《钱、沙、风、灾》的作文。为了写好这篇作文，他利用上下学的业余时间，多次到现场调查，为了让村干部能接受他的意见，写完后反复修改，村干部看了这篇作文，很受感动，采纳了他的意见。许多学生在这个训练阶段中，为了实现自己的作文目的，写出草稿后，相互交流，谈感受，提修改意见，有的学生为了实现作文目的，竟然改了四五遍。就在这个过程中，学生们也明白了，写好作文，并不是为了单纯应对考试，而是要运用这个表情达意的工具，去积极地参与社会，去实现自己的美好人生理想。这样的批改方式，不仅促使学生思考作文的构思，更重要的是巧妙地将学生的作文同社会、同生活结合在一起，实现了人文同进的目的。

李老师利用"作文目的"这个"势"，让学生不自觉地进入构思之中。"领进来，还要导出去（李元昌语）。"学生经过构思后完成作文，李老师结合学生的作文实践再讲构思，学生们则恍然大悟，因为他们已经做过了。这种做法，有四两拨千斤之效。"语文教学是教育，就像一个人的两条腿，一条是'教'，一条是'育'，两条腿同时迈动，才能在这样的过程中找到有效的方法（李元昌语）。"李老师这样的认识，这样的做法，也许会开启我们新的思路。

第六，点石成金法

这种方法贯穿整个初中阶段。

"点石成金法是拿在手里随时用的（李元昌语）。"这种方法要注意观察学生，随时随地发现他们的闪光点，及时地给他们点明或肯定，把学生偶然出现的能力变成持久性的能力，把无意识应用变成以后有意识应用。在作文批改时，发现作文中一段景物写得较好，李老师在眉批上出这样的题让学生回答：这部分景物描写哪些是概括描写，哪些是具体描写？为什么要写这段景物？如果学生一句话写得很精彩，李老师在眉批上就让学生分析其"妙处"。学生按着李老师说的去做，其中的"滋味"自己就品出来了。

用这种方法，教师要善于发现，平时要多留意学生。一个不会写议论文的学生，在李老师面前辩解课桌不是她弄坏的，说完后，李老师祝贺她，说她口头作出一篇议论文。就在这个学生莫名其妙的时候，李老师给她点出了哪是论点、哪是论据，用了怎样的论证方式。经李老师这么一点，这个学生豁然开朗。一个学生以"我的家"为题作文，文中虚构了一些事情。李老师找到了这个学生，这个学生以为老师要批评她，便主动检讨，说这篇作文的内容有很多是编的，把别人家的事写在自己的家里了，她家现在没有的以后可能有的也瞎编进来了。这个学生正等着挨李老师的批评，出乎意外的是李老师却表扬了她，告诉她，她已经进入了小说创造的思维和境地，有作家的素质和才华。老师这样的评价，对这个学生来说既是鼓励，又是引导，后来她创作了多篇短篇小说，多次在各级作文竞赛中获奖，其中的《晨曲》，不到1600字，却塑造了7个栩栩如生的人物形象，连职业作家读后都感到叹服。

正如李老师所说："学生身上有很多宝贝，我们教师要善于发现，要及时给他们点出来。不然的话，就像一个不认识金子的人，怀里抱着金子还以为是黄铜，他只能当铜用。当告诉他怀里揣的是金子不是铜，他也认识到是金子的时候，金子的价值在他身上才能显现出来。"

事实上，我们在课堂上给学生大讲特讲的一些作文知识、技巧时，有些学生实际上已经不自觉地应用上了，但他们不知道这些就是"金子"，因而能力是暂时的，不确定的。当他知道这是"金子"的时候，能力才会发挥出来，他们才会有意识地应用，变成他们自己真正的能力，李老师的多次试验也证明了这一点。用好这种方法，要有一个前提，就是要了解学生，熟悉学生，"什么是我们教学最好的参考书，

是学生，读懂了学生，法就从中来。"① 这难道不值得我们认真推敲、思考吗？

有人说："教无定法"，但李老师说："教有定律"。规律是不能改变的，也是不可违背的，需要我们去探索、去发现。只有掌握了规律，才能把教育的作用发挥到极致。"教学必须符合人的天性及其发展的规律，这是任何教学的首要的最高的规律（第斯多惠）。"语文教育家张翼健先生评论李元昌老师说："要给元昌的教学方法改革取一个什么名，是无法做到的。因为他很少固定用一种方法，而且随时会'发明'新的方法。如果把他搞改革以来六七年间创造的方法累计起来，大概会有几十种之多。其实这正说明，元昌是得到了方法改革的精髓，抓住了方法改革的'神'。"② "元昌在教学方法改革时，绝不是为方法而方法，不是把方法改革作为目标与目的，不是为了寻求一个包治百病的药方。他的教学方法改革的目的是为了调动学生学习积极性；基础是从学生实际出发，有明确的针对性；关键是讲求实效，绝不搞形式主义；动力是不断创造、组合而绝不抱残守缺、故步自封，不搞模式化。"③ 张先生的评论十分中肯，也一语中的。李老师自己也说，作文教学过程的实质是育人，正是出于这样的理念支配，他才创造出富有实效的多姿多彩的批改方法，这就是他的"精髓"所在，也是"神"之所在。李老师也并不是一味地排斥他人而标新立异，与其相反，他正是在他的观念指导下，博采众家之长，结合学生学习的实际，不断地思考，不断地改进，不断地实践，才形成自己独特的批改体系和风格。愿大家能从李老师的批改中有所启示，改进自己的教学，这正是本人写作此文的目的所在。

刊于 2014 年《人民教育》第 9 期

（二）以人为本，探索读写结合的有效途径
——例谈李元昌读写结合教学的启示

李长娟

作文教学是李元昌老师在农村中学语文教学改革的过程中取得的重要成果，他

① 李元昌. 在更新教育观的过程中探索教学方法改革的途径——与青年教师谈发展［J］. 中小学教师培训，2012（1）.

②③ 张翼健. 提高课堂教学效率是教学改革的突破口［J］. 吉林教育，1992（4）.

所教实验班学生自编自选的作文集《田野上的小花》，被吉林省中小学教材审定委员会确定为中小学阅读教材，这足以证明其价值。介绍他"放—收—放"作文训练法、"点改法"的文章被多家刊物发表、转载，他的"放—收—放"作文训练法、"点改法"还被引进到日本，现在国内一些学者也在研究李老师的作文教学。李老师的作文教学自成体系，他的"放—收—放"作文训练法，与他的作文批改法——"点改法"相辅相成（见《人民教育〈作文批改的人时势〉》2014.9）。同时，读写结合，也是李老师作文体系中的重要组成部分，在这方面，李老师走出了自己独特的道路，本文就此介绍李老师的读写结合的方法，以便给大家作文教学带来新的启示。

第一，读写提升法。

李老师认为，读写结合，是学生作文必走之路。提高读写结合的效果，必须培养学生这样的思维习惯：在作文时，想着自己读过的文章；在读文章时，想着如何写好自己的作文。为此，李老师创造了"读写提升法"，其过程是：读文——仿文——再读文——改文——三读文——再改文（加工）。比如，读了刘绍棠的《榆钱饭》，让学生仿写，写完后，老师不急着批改，再让学生读张洁的《挖荠菜》（再读），读完后让学生修改自己的作文（改），改完后将宋学孟的《柳叶儿》、路遥的《一生中最高兴的一天》推荐给学生，也可以让学生自己找类似的文章（三读），读后再让学生修改自己的作文（再改、加工）。在这样的过程中，学生带着写好作文的目的去阅读，每一次阅读，就是一次吸取；每修改一次，就是一次提高。一次次吸取，一次次提高，学生作文能力就不断地提升。通过这样的途径，学生把读和写自然地结合在一起，不仅缩短了"模仿——创作"这条路，也为学生的创造积累了能量，学生的一些优秀作文，就是通过这样的过程写出来的。这种方法李老师用在初一年级，目的是给学生打好基础，他认为，如果学生养成这样的思维习惯，掌握了这样的学习方法，对学生的一生都有说不尽的益处。有人把李老师这种方法归类到学生修改作文的方法中，但笔者认为，这既是学生修改作文的方法，也是读写结合的方法。

第二，反向阅读法。

在作文教学中，李元昌老师发现：作文能力弱的学生阅读能力也比较弱，自信心也弱，总认为自己写不好作文，"没等拿起笔来，信心先没了。"（李元昌语）为了提高学生的阅读能力，增强学生的信心，让学生发现自己的"伟大"，李老师创造了"反向阅读法"。

通过阅读别人的文章来提高自己的作文能力，李老师把它称之为"正向阅读"；通过阅读自己的作文提高阅读能力，进而提升作文能力，李老师称之为"反向阅读"。

在李老师批改过的学生作文中我们经常发现这样的情况，学生无意中运用了一种修辞方法，李老师就在作文眉批中写下这样的话"很高兴看到你在这一段中运用了一种修辞手法，你能告诉老师你运用了哪种修辞方法，在这里起到了怎样的作用吗？"学生的一段景物描写得挺好，李老师在眉批中给学生出这样的思考题："这段景物描写很不错，既有概括描写，又有具体描写，请你在文中将概括描写的文字画上横线，具体描写的文字画上浪线，说说这样描写有怎样的妙处？"发现学生人物形象写得很有特点，李元昌老师就出这样的思考题："你用了几种描写手法，这些手法综合运用对塑造人物起到怎样的作用？"学生借鉴了某篇课文的方法，李老师则高兴地在尾批写上这样的话："你会学习了，请你告诉我为什么这样处理材料？你借鉴了哪篇文章？"有时李老师在尾批中让学生找出精彩的语句，有时让学生给自己的文章划分层次，概括段意，归纳中心思想。再看学生回答的问题，学生分析得很认真，很到位，回答得很有道理。

如果我们设身处地地去想一想，就会发现"反向阅读法"的独到之处。一个作文能力较低的学生，心里总有这样的阴影，认为自己的作文写得这也不行，那也不行。现在，老师让他自己分析自己作文的亮点，品味自己作文的妙处，这是他意想不到的，这对学生是一种怎样的鼓励，对他的信心又是怎样的提升？今天学生学会了鉴赏自己的文章，以后读别人文章遇到同类问题，就很容易理解了，学生阅读能力也随之得到提高，吸取借鉴的能力也随之增强，对作文能力差的学生是这样，即使作文能力较强的学生通过这样的方式训练，也会有同样的收获。再者，这些学生笔下出彩的地方，多是学生无意识写出来的，无意识应用的知识不稳定，他今天用上了，明天该用的时候就不一定能用上，学生分析品味自己作文的亮点，在分析品味自己作文的过程中形成了真正的能力，以后就能有意识地应用，作文能力也从中得到提高。用现在课程改革的观点看李老师30年前的做法，可以说，三维目标在这里实现了完美和谐的统一。

第三，读、思、写、改研讨法。

李老师设计的方法，都是从学生的实际出发，有针对性地引导学生作文。有一次李老师把学生作文中存在的问题进行分类，把作文中有同类问题的学生编成一组，让每一组围绕一个问题进行研讨，下面是各组研讨的内容。

1. 一篇文章，删掉一段，让学生根据文意补上（布局谋篇的构思能力）。

2. 把原文略写的内容改写成详写，详写的改成略写，让学生找出并修改（剪材能力）。

3. 换掉原文中的一些词语，让学生找出并改正（语言能力）。

4. 略去原文的开头、结尾，让学生补出（开头结尾能力）。

5. 只给学生小说的前半部分，让学生设想后半部分怎样写（想象力）。

6. 隐去文章题目，读后让学生拟题（拟题能力）。

以上各组的研讨题，都有明确的目的性、针对性。就以第 1 组学生研讨的内容为例，主要目的是培养学生布局谋篇的构思能力。李老师认为，学生只有深入到布局谋篇方面思考，才能提高阅读的效率，才能真正明白作文的作用，才能真正地学会作文。有些学生阅读量并不少，但作文能力提高却缓慢，分析其原因，主要是缺少一定的阅读深度，很少思考作者的构思过程。虽然每篇文章都蕴含着丰富的矿藏，由于阅读深度有限，学生提取得也有限。要完成李老师设计的第 1 个问题，学生就不能像平时那样浮光掠影地去读，也不能读一两遍就算完事。不仅要反复地认真读文，还要透过语言文字揣摩作者的写作目的，确定文章的中心思想，研究文章的框架构思，思考作者的行文用意，在对文章有了全面把握的情况下，反复琢磨，才能找出缺失的部分。这样的阅读，就有了一定的深度，这样有深度的阅读，学生必须自己去亲身体验，才会有收获，这是教师讲解不能替代的。李老师这样设计，就是引导学生自己去体验作者构思的历程。学生们只有走过这段路程，才能找到自己认为缺失的内容，在此基础上小组研讨，相互交流、相互启发，这样每个学生的认识又有了进一步地提高。当学生动笔补上缺失的段落后，李老师公布答案，学生们根据自己答题的情况，进行反思，组内的学生再相互帮助，查找原因。然后，李老师把学生的作文发给学生，让学生把这个阅读过程用在阅读自己的作文上，学生们就学会了从立意布局的角度来分析自己的作文，研究自己的作文，修改自己的作文。经过这样的训练，在以后的作文中，学生就会注意布局立意的问题，布局立意的能力就逐渐形成了。

在训练过程中，李老师虽然没有给学生讲解文章的布局立意，但潜移默化中学生已经掌握了文章布局立意的基本技能，并在实践中形成了布局立意能力。从形式上来看，它的作用是多方面的：阅读、思考、研讨、补文、改文，几个环节一气呵成；读与写自然地连接；学与用有机地结合；个人与集体相互作用。它把各种因素综合在一起。这样的读写结合教学，促进了学生学习的主动性，可以说是匠心独运，别开生面。

第四，阅读借鉴法。

叶圣陶先生说过："语文教材无非是个例子，凭这个例子要使学生能够举一反三，练成阅读和作文的熟练技能……"李元昌老师的"读写借鉴法"，就是有意引导学生借鉴课文的写作技巧，提高自己的为文能力。

比如，有个学生写了题为《犟姑娘》的作文，详写和略写的关系没有处理好，当时，学生们刚学完《背影》，李老师就引导学生，借鉴朱自清写《背影》时处理材料的方法，他在作文尾批中出了下面的思考题，让学生回答（横线上的字是学生点写的）。

1. 阅读《背影》，回答下面问题：

（1）《背影》这篇散文的中心主要是表现<u>父子之间的浓厚感情</u>。

（2）背影在文中出现了四次，其中详写的是<u>第二次</u>，因为这一次最能表现父子的<u>浓厚感情</u>。略写的是<u>一、三、四次，如果详写这几次，就会使这篇散文的中心思想不突出</u>。如果略去不写，<u>背影就失去了线索作用，情节就不完整了</u>。

2. 读自己的作文，回答下面的问题：

（1）这篇作文的目的是为了表现<u>犟姑娘勇于开拓进取、百折不挠、身残志不残的精神</u>。

（2）根据详写、略写同中心思想的关系，借鉴《背影》的处理材料的方法，填写下面的内容：

应该详写的是<u>她在办养鸡场的过程中，怎样克服困难的事情</u>；应该略写的是<u>她在小学读书、初中读书的事</u>；应该删除的是<u>她成功之后给大家介绍经验</u>。

3. 根据回答以上问题的体会，重新修改这篇作文。

这种形式的读写结合就是在直接告诉学生，怎样在学习课文中吸取营养，提高自己的作文能力。

第五，读写迁移法。

李元昌老师在讲解戏剧单元时，先给学生2课时，让学生自己阅读《白毛女》

和《龙须沟》，在学生对戏剧有了感性认识后，再结合这两篇戏剧讲解戏剧知识。学生掌握了一些戏剧知识后，让学生带着这些知识回头再阅读这两篇戏剧，这次阅读与前次阅读不同，是在掌握了戏剧知识情况下的再阅读，这样，阅读就有了一定的深度，脱离了开始的感性认识，逐渐向理性认识提升。在此基础上，李老师让学生独立处理《陈毅市长》，把电影文学剧本《林则徐》《高山下的花环》作为扩展课文让学生阅读，学生阅读戏剧的能力则初步形成。然后李老师对学生提出了新的要求，让学生把学过的某篇课文片段改写成剧本，目的是将阅读能力迁移到写作能力上。学生为了完成这个作文任务，回过头来还要研读这几篇戏剧，查阅戏剧的有关知识，研究剧本的写法，这又是对戏剧阅读能力的巩固和提高。

把"读写迁移法"的流程梳理出来，其过程是：阅读（实践）——知识（认识）——再阅读（再实践）——作文（再认识、再实践）。这正是毛主席在《实践论》中提出的认识事物的规律："实践——认识——再实践——再认识"，李元昌老师的"读写迁移法"就是这个规律同他的具体教学实践的结合的过程中出现的。

第六，讲读引导法。

李元昌老师的语文教学，很注重利用课文"例子"的作用，引导学生的作文。他讲读教学的目标定位，经常是依据学生作文中存在的问题来确定。比如，学生在作文中喜欢描写景物，但缺少对景物描写作用的了解，常常是为描写而描写。针对在学生中普遍存在的这一问题，李元昌老师在讲张洁《挖荠菜》这篇课文时，把教学目标确定为"了解景物描写的作用，提高作文能力"这一点上。他引领学生重点推敲这篇散文的两段景物描写：一段是"我"被地主大管家追赶从河里爬出来后的一段景物；一段是春天"我"在田野里自由自在挖野菜的情景。学生们通过对这两段景物描写的深入挖掘，理解了景物描写在文中的作用，认识到作文中的景物描写并不是随便乱写的，而是作者有意识的运用，在文中要起到一定作用的。当学生们弄明白这个问题后，李老师就让学生读自己的作文，修改自己的作文，在以后的作文中，这类错误就很少出现了。

这种读写结合的方法与"阅读借鉴法"有些相同之处，都是引领学生在以课文为例子，借鉴课文中的某些方法，提高自己的作文能力。但二者的区别之处是："阅读借鉴法"针对的是学生作文中的个别情况，"讲读引导法"针对的是学生作文普遍存在的问题；"阅读借鉴法"作用在作文批改上，"讲读引导法"则在课堂上进行。

在读写结合方面，李老师还创造了一些方法，限于篇幅，这里就不一一介绍了。笔者并不是单纯地向大家介绍方法，而是希望大家重视这些方法出现的过程。常言说："教无定法，贵在得法"，李元昌老师如何得法，用他的话来说，有效的教学方法"由人而来。""眼中有人，心中有法；法为人而生，为人而生法；法无定法，因人而法；人变则法变，变法而为人。高效之法，乃自己所创，非抄袭他人之法；他人之法，吃进来化为力量再使出去，方能成自己之法。"笔者与李老师在同一单位，经常听李老师说，他晚上入睡前，学生在他的脑里要过几遍"电影"，有些方法就是在过"电影"中过出来的，可见，李老师的教学方法改革抓住了语文教育的核心——人，"以人为本"正是他教学方法改革的出发点。当然，在李老师的教学方法中，不排除有借鉴成分，即使是别人的东西，李老师并不是照搬照用，而是加以改造，使之适合于自己所教的学生。正因为李老师他抓住了"人"这个本质问题，他才有法，他才多法，法才有效。"学生是我们教师教学最重要的参考书，读明白了学生，法就从中而来"，这是李老师经常说的，也正因为如此，李元昌老师不赞同教学方式模式化、公式化，他认为，将某种方式包装成医治百病的灵丹妙药，其本身就违背辩证法、违背教育的规律。

李元昌老师"以人为本"的教学观点，不值得我们深思吗？

六、浅谈在大作文观指导下的作文教学

老师在教室里教作文，学生闷头在屋里写作文，这是我们作文教学的老习惯、老传统了。现在我们需要用一种新的观念来指导当前的作文教学。这个观念就是从为作文而作文的思想束缚中解放出来，也需要把从能力的追求上升到对人才素质的追求上。我们可以说以前的作文教学观是单纯的、狭小的，这种观念是综合的、广阔的。它不但综合了学生的基础知识、能力，而且还包括学生的思想、情感观念；它不仅体现在课堂上，在45分钟之内，而且把广阔的社会、人生的旅途全都纳入，这就是大作文观的作文教学。如果我们从自己过去的习惯、方式中冲出来，走大作文观的教学之路，那么，有些问题就会迎刃而解了。下面仅就自己的粗浅认识和有限的探索，谈谈自己在这方面的体会。

1. 变封闭式教学为开放式教学

学生生活范围不广、视野不开阔，作文中常感到没啥可写。因此，这就需要引导和帮助他们积累生活。如何解决这个问题，根本的问题是引导学生把眼光转向社会，不但向多姿多彩的社会生活去要作文材料，同时也应该通过作文这种形式培养学生观察社会、了解社会、认识社会的能力。促使他们拿起笔来去写社会，去写他们对社会的所见、所闻、所思、所感。这样就解决了他们的"作文难"和"没啥可写"的问题了。我们在一次作文中，给学生一定时间，让他们去访问本村的先进人物，结果学生回来后写出了不少好的文章。如《赶鬼的人》《万能》《一条半脚的王瘸子》等。再如，有一次我们要求学生写一事一议的小议论文，学生在课堂上写不出来，我建议学生们走出课堂，用一定的课外时间到社会上搞调查。学生们调查之后，化难为易，大多数学生都针对本村本地的实际问题进行分析，提出解决问题的方法和主张。有的学生提出如何建立村卫生所，解决群众就医难的问题；有的提出如何开发本地沙石资源问题；有的学生分析年年造林不见林的原因；有的批评不正之风；有的评议村里的新人新事。在作文教学中，我们有目的地把课堂小门打开，让学生走出去见世面，当学生回来的时候，都有所得，每一次都会获得作文丰收。即使以前作文差的学生，通过这种形式作文，他们的能力也得到了一定的发展，作文的质量也有所提高。久而久之，学生也就形成了习惯，每当社会上一件重大事情发生，都会引起学生们的注意。当然，也就成了学生作文的"众矢之的"。如1990年社会上搞有奖销售，学生们纷纷拿起笔来评论，陈述利弊。这样进行作文教学，不仅使学生获得了取之不尽，用之不竭的作文材料；同时也培养了学生的认识能力、思维能力、分析问题能力和解决问题的能力，并且也促使学生关心家乡、关心社会，有利于正确的人生观形成。

2. 变静态教学为动态教学

从范文到例文的训练形式，在学生心不动、情不激的情况下，很难写出好文章来。范文对初学作文的学生起到引路和示范作用，然而长此下去，往往会束缚学生的思想，对创造性思维的发展起到阻碍作用。因此，作文教学应向动态发展。老师要善于激发学生心灵的火花，抓住这一瞬间让学生作文。如我们在进行议论文写作教学时，向学生公布了一个学生的日记，题为《在好事背后》。这篇日记批评了班里几个学生为做好事而做好事的现象。日记读完后，班上立刻掀起轩然大波，引起激烈争论，甚至到剑拔弩张的地步。我便抓住这个机会让学生打"笔墨官司"。结果，支持这篇日记观点的写成了立论；反对的，写出了驳论；持中间态度的，有立有驳。尽管以前对学生没有进行过议论文写作训练，但学生都写成了议论文。生活促使学生运用议论这个工具，学生也就不自觉地拿起来了。再如，学生们学了农村常用应用文后，我们鼓励学生主动地去为群众服务，使学生找到了用武之地，不但知识得到了巩固和发展，能力也有所提高。过去教学生描写景物，学生也能写上几笔，但读起来却不感人，为什么呢？其中缺少感情。1990 年 6 月，我们把学生拉到吉林市，学生游了松花湖，又欣赏了北山的壮美景象，他们的心被祖国的山河陶醉了，感情也被激发了，我们及时地进行现场指导，学生回来写出不少文情并茂的好文章来。这样的作文绝不是学生能在平静的书桌上写出来的。

3. 变单一教学为综合教学

过去就作文讲作文，学生难以为文。作文不仅是语文知识和能力的综合，从某个角度来说，也是各种知识、能力的大综合。作文并不只是体现学生语文能力的高低，同时也显示了学生综合各种知识实际应用的水平。农村的学生毕业回乡后，在生产实践中将会遇到很多需要解决的问题，而这些问题往往是一种知识、一种思维方式所解决不了的。从农村经济建设的实际需要出发，从对人才素质培养的目的着眼，作文教学的目的应考虑这一点。以前各种课本虽然都装在一个书包里，但却"各自为政"，界限分明，老死不相往来。这样的情况很难培养学生综合知识解决问题的能力。作文教学有条件打破这种状况。我们在作文教学中，加强了作文同其他学科的横向联系。如学生在初一植物课中学到了细胞液渗透的现象后，我们让学生综合生产实践作文"解开化肥烧苗的秘密"；让学生根据历史课本中学到的知识，写"一次历史事件给我们的启示"；根据物理课本中学到的热传递的知识，写"保温瓶为什么会保温"；学生到初三后，让他们根据物理、化学、生物、数学等有关知识，谈改造洼地的设想。

这种综合不单纯是各科知识的综合，也是作文和做人的综合。不仅是让学生会写作文，更重要的是让学生在作文中会做人。一个学生如果缺乏正确的思想观念，是写不出好文章的。我们为了帮助学生端正成才观念，树立将来献身家乡建设的理想，我们让学生去访问在当地经济改革中出现的能人。学生在访能人的过程中，不仅写出了不少获奖的作文，同时思想也受到了影响。这样去进行作文教学，也促使了学生对国家大事、家乡事业的关心，这在前边已经提到，不再赘述。我们还利用作文这种形式，去触及学生的敏感问题，使学生能进行自我教育。如让学生谈谈美与丑，评评早恋，结果学生写出了《假大姐》《才十八，就当妈》等作文。这不但增强了学生的辨别能力，对他们的思想发展也会产生有益的影响。

4. 变消极作文为积极作文

学生的作文是有目的的。现在，大多数学生作文的目的是应付作业，对付考试。这样的目的是消极的。要使学生认识到，作文是表情达意的一种形式，是生活不可缺少的工具，是为了达到一定目的、起到一定作用而作文的。我们应该培养学生这种积极作文目的的形式。学生有了这种目的，在他每写一篇作文时，都要考虑我为什么要写这篇作文，都要选择最有利的表达方式达到目的，都要考虑自己作文所产生的影响。这样，学生就会主动地、积极地去作文。即使面对升学试卷，也要学生以积极目的作文，教师可把学生的作文目的作为批改的依据之一。有个女同学，她写了《丫头蛋子》一文，我问她为什么写这篇作文，她说："我要让有重男轻女思想的人看了这篇作文之后，能认识到自己错误，让这个问题能引起社会上的注意。"她连续改了七八次，每一次修改都非常认真。后来此文在1988年三北中学作文竞赛中获一等奖。再如，有个学生得了病，妈妈跑了好几次才把大夫找来，他就写了一篇《啥时看病能不难》的作文。这篇作文由自己看病难，说到全村人看病难；由看病难的现象，分析问题产的症结所在；如何解决这个问题，向村干部提出了自己的合理建议。为实现一定目的去作文，学生就会自觉地拿起作文这个工具，积极性也会高涨起来，他们就会自己喊出：我要作文。这样的作文积极性不是语文老师逼迫出来的，是发自于学生的内心，是一股向上发展的力量。同时，为他们练习作文取得了广阔的空间，也争得了无限的时间。他们的作文时间已经不是课堂上的45分钟了，他们尽可以用一切时间练习作文。如有的学生把和别人交谈作为练习口头作文的机会，对生活中的一件小事尽可以用作文形式去构思、表达，甚至还把数学、物理、化学等课本作为说明文来学习，这样他也就会用语文的眼光去摄取生活而化为作文中的材料了。即使学生走向社会，生活需要他去写自己以前没写过的文章，他也就会以积极的态度去学习、研究，并把它写好。以前有几个学生对老师布置的作文常常拖拉，或者干脆不写，自从这种意识在他们的头脑中树立起来后，作文不仅按时完成，而且还常在规定之外多作文，作文的质量也逐渐提高。

在大作文观指导下的作文教学，是一次作文教学上的革新，它冲破了传统的习惯方式，也在提醒人们不断改进自己的教学观念，这就是把眼光从知识、能力的培养上升移到对人才素质的培养上。这里特别需要指出的是，大作文观的作文教学，其方法是多种的，形式是不固定的，途径是广阔的，因限于个人认识的肤浅，仅做了一点有限的探索，并未上升到理论上认识，其中会有许多错误，恳请大家批评指正。

原刊于《教学研究》1991年第3期

七、试谈作文教育

现在，我们语文教学界议论的一个重要话题，就是如何提高学生作文能力，这个话题，我们已经说了几十年了。所议论的内容无非是如何开头，如何结尾，怎样谋篇，怎样立意，大体上不超这个范围。"隔年芝麻陈年酒"，翻来覆去地说，无非是告诉如何在形式上去指导学生作文而已。所以一张嘴，就是语修逻文，再张嘴，仍是开头结尾。学生也误认为，学好作文也只有这一条路，别无他途。我们这样导来导去，学生这样学来学去，却招来了"误尽苍生"之责。

我们在作文教学上之所误，就在于把作文看成是单纯的作文。其实对学生进行作文训练的过程，是对学生由思想感情认识到语言文字能力的综合培育过程。我们不能把作文的问题只看成是教学的问题，要看成是教育的问题。作文教育是通过作文的训练形式为社会培养人才，目的是让学生把作文能力应用于生活，应用于社会。这样，我们才能踢开应试教育的羁绊，走出一条从根本上提高学生素质的路来。回头想想，头痛医头，脚痛医脚，那种疲于奔命的押题式的作文训练，学生们得到的又是什么，还不是换来一声长叹，"人不成文不就"吗？

学生的一篇作文，从表面上来看，是语言文字运用的技巧问题，但这只是现象。究其实质，是生活的反映，是思想感情的外露，是观点立场的表现。我们看遍所有的文章，哪篇文章不是如此呢？作家的文章如此，学生的作文也大抵如此。清代学者吴淇说："诗有内外，显于外者曰文曰辞，蕴于内者曰志曰意。"有的人说，语言是思想的外衣，有的说是思想感情的载体。如果没有思想感情做依托，外衣岂不是闲置起来，载体又去载谁呢？叶圣陶指出："通过写作关，大概需要在思想认识方面多下功夫。思想认识是文章的质料，有质料是首先的，没有质料如何写？质料有了还需写好，不好的质料当然写不出好文章。"近年来一些优秀的作文教改经验已经证明，通过认识和感受能力提高来促进学生的作文能力，解决了语文教学想解决而不能解决的许多难题。和那些不会作文或作文能力低的学生谈谈话，就会了解到，他们对作文的知识并不是一点也不懂。相反，他们对人生、对社会却模模糊糊，缺少正确认识和应有的感情。指望这样的学生能写出好文章来，岂不是天方夜谭？作文是语言形式和思想内容的统一体，对学生的作文训练，语言技巧要和思想内容并重，要同步进行。二者不能偏废，也不能一手轻一手重。这两方面哪一方面出现了差错，都会影响到学生的作文上。有些人对这个问题认识不清，只在语言文字和技巧上用力气，企图在课堂上来提高学生的作文能力，虽然下决心要改变学生作文状况，结果是舍本逐末。

"言为心声"，学生作文，要有话可谈、有情可抒、有事可叙、有理可论。这一点，主要是作文材料的问题。学生作文必须要占有大量的材料，通过对材料分类、概括、比较、选择、取舍之后，才能够进入构思谋篇、布局立意阶段，才能去谈表现手法。从这方面来看，解决学生作文的问题，首要的问题就是解决学生作文材料和材料来源的问题。这是大家共同认可的事情。然而如何解决这个事情，不同观念则产生了不同的做法，也产生了不同的结果。由于把学生作文单纯地看成语言文字及其运用技巧的问题，在平时的语文教学过程中，就存在着重视语言文字材料而忽视生活材料的倾向。甚至把对生活材料的积累视为可多可少、可有可无。在语言训练上，招数千变万化，套路层出不穷，而在生活材料问题上，则是轻描淡写、避重就轻。学生尽管掌握一些写作知识，学了一些写作方法，但缺少生活材料或是不能结合在生活材料上，形成了空对空的训练。作文空洞无物、为文造情，甚至瞎编乱造。为了追求作文速成，让学生去背《作文词典》《描写大全》之类东西。学生们把这些他们对之无感情，少认识的东西七拼八凑在一起，形成了"拼盘式"的作文。"仿写"在一定时间，一定阶段是有作用的，特别是对开始学作文的学生，但这不是学习作文的唯一途径。学生每作一文，则给学生读一篇优秀作文模仿，用来代替材料和指导，名为范文引路，结果造成学生作文千篇一律、千人一面、千文一事。学生的思想被禁锢了，灵性被压抑了，创造力被封锁了，谈什么作文，谈什么创新？

我们目前学生作文中存在的种种问题，追起根源来，都和学生缺少生活、缺少材料有关。无源之水怎能长流？

　　学生的作文活动，其本身就是一种人文活动。孤陋寡闻，缺少生活的经历和对生活的体验、感悟，是写不出好作文来的。中学生的生活单调、闭塞，多半是两点一线——家庭和学校，游离于社会生活，因此决定他们取材范围和材料内容有一定的局限性。缺少生活导致缺少材料、缺少感情，使得一些学生作文长期以来一直在做"无米之炊"。"先天不足""营养不良"，已决定了学生作文的"病态"，在这样的情况下，我们硬要学生拿出好作文来，这不是"逼着公鸡下蛋"吗？

　　提高学生的作文能力，首先要解决学生的作文材料和材料来源的问题。达到这一点，单凭课堂教学手段是难以完全胜任的。材料的来源是生活，不只是课本；丰富的生活是社会，远远超过家庭和学校。作文教学必须走出课堂，贴近生活。要知道，我们并不是为了搜集材料去搜集材料，如果单纯是这样，又是做了表面文章，而是通过学生获得材料的过程，让他们去了解社会，认识社会，进而参与社会的活动。在这个过程中，促使他们的观念、感情发生变化，并使他们树立起改造社会、建设社会的志向和理想。这看似是与作文无关，其实这正是材料之源、作文之源。学生站在这个基石上，他们的能力才能得到提高，得到发展，得到尽情地发挥。也只有这样，才能改变目前作文教学的被动局面。

　　把学生搜集作文材料的目光导向社会，拓宽他们的视野，促使他们去认识社会。大千世界，丰富多彩，作文所需的材料应有尽有、取之不尽、用之不竭。写人物，何不指导学生去了解了解社会上的人物？三教九流，各行各业，各具特色，各有性格。这些有血有肉的鲜活现实人物村里有，乡里有，街道有，市区有。让学生去访一访，何必作文总是千人一面？社会上的事，绚丽多彩，千奇百怪，大事也可，小事也行，指导学生去调查调查，何必让学生闭门造车，编那些不着天、不着地的事呢？向学生敞开社会的大门，学生会有各自不同的体会，各自不同的感悟，当然，会说出各自不同的话，也会写出各自不同的作文来。同理，学生把得来的材料变成文章，也是对生活的进一步认识，对社会的一种参与。在课堂上学了写新闻稿，我们可以让学生以当地的某些人物、某些事件为题材，向报社、电台写新闻稿；学生学会了调查报告的写法，就应当让学生深入社会，对某个专题进行调查；对当地社会发生的一些事情，也可让学生去叙述、去分析、去评论。让学生"指点江山"，写出他们的"激扬文字",发出他们的真情实感。这何愁学生无话可说,无文可写呢?这样,我们的作文教学就实现了"大课堂"与"小课堂"的结合。不但解决了学生作文材料和材料来源的问题,也促使他们去关心社会、认识社会,甚至参与社会,他们的思想感情也会随之发生变化,这样的效果绝不是在课堂上所能得到的。

有些学生不善于观察,不善于发现生活中的作文材料,其中有一个很重要的原因,是对生活中的事物缺少责任感,认为自己主要的任务是读书,无关学习的事情要少管。父母这样教育他们,老师这样教育他们。这样对学生所进行的教育是自私教育,致使相当一部分学生对生活缺少热情,对他人漠不关心,对社会很少过问,用利己眼光看周围的一切。一叶障目,大家关心的他不注意;大家对之满腔热情的他淡然处之。所以,一些学生能发现的问题,他们发现不了,把自己圈在一个自私的圈子里,封闭了作文之"源",失掉了多少可化为作文的材料?这样下去,作文的能力如何得到提高?这不仅影响了作文能力的形成,长期发展下去,对他人、对社会都无益。这不是我们时代所需要的人。我们的作文教学,就要通过对学生作文训练的过程,促使他们立场、观点、感情发生变化,如果能做到这一点,就等于疏通了他们作文的"泉水",让他们看见了多彩的世界。人的观点、立场、感情发生变化,对周围一切的看法也会发生变化,做法也相应地发生变化。比如,班上一张桌子坏了,班长就要关心这件事情,就要对这件事情进行调查,表明自己的观点,提出看法和处理意见。其他的学生关心程度就差些。如果这时让一个对此事不关心的学生当班长或是负责处理这件事,他多半会像班长一样对待这件事情。因此,我们在作文教学中要加强对学生的思想感情的培养,加强对学生正确世界观形成的培养。要教育学生站在主人的立场上去看待一切,要他们"家事、国事、事事关心",让他们的身上有一定的责任感。这样,他们就会留心周围的事物,就会对事物有自己的态度和看法。这样,他们的观察力也就会逐渐形成了,并实现了做人和作文的统一。作文的"泉水"也就会源源不断地流出。这样指导学生作文,从小处看,这是作文教学特有规律的需要;从大处来看,这也是提高人的素质的一条途径。教书育人,是作文教学的本质;做人与作文的结合,是作文教学的必由之路。

解决了"源"的问题,也要解决好"流"的问题。在学生的生活"源流"中,万流汇集,才能使小流变成"江河湖海"。这里所说的"流",指的就是学生的阅读。

把学生的阅读局限在课本之内,是语文教学,特别是作文教学之大忌。一棵植物生长，不是只需要氮肥、磷肥、钾肥，而是需要多种养料。学生作文能力的形成与其有相同之处。薄薄的一本语文书，翻来覆去学了五六个月，即使是高度浓缩的"精料"，又能解决多少问题？再加上如何开头，怎样结尾，挖掘中心，分析特点这么一折腾，一限制，学生得到的又有多少？我们本意是要给学生多注入点水，这样一来，多滋多味的语文学习却变得干巴苦涩，"源"也枯了，"流"也断了，"文"也没了。

学生阅读量少，是导致学生作文能力低下的一个主要因素。培养学生的思想感情，提高他们的认识能力，阅读潜移默化的作用是不可估量的。我们阅读教学的目标不应只停留在能读懂几篇文章，能答对几道题上，而要看到阅读是学生无限吸取各种知识的一种最基本的能力。我们也不能把阅读简单地看成是读书，更要认识到是凭借书本来观察世界的一种方式。每一本书，每一篇文章，都是向学生敞开的心怀，敞开的社会窗子。学生可以凭此领悟人生的真谛，增加阅历，以自身的体验去感悟作者的人生的经历。同时，作者的思想感情必定会对学生或多或少产生影响，促使学生提高自己的思想觉悟和认识能力，在阅读文章中灵性得到启迪，作文冲动得到激发。阅读也是学生吸收各方面知识、养料，形成一定作文能力的重要积累过程。学生大量的写作技巧也多是从阅读中得来的。同时，阅读也是学生进入作文大门最好的兴趣和向导。学生作文能力的提高，是需要有一定的阅读量作为发展基础的。汉代大文学家扬雄说过："能读千赋，则能为文"，阅读教学的任务之一，就是在课内阅读的基础上促使学生向课外阅读延伸，并对学生的课外阅读进行指导。但是，现在的课内阅读教学，教师花费的时间、投入的力量都不算少，而课外阅读却是吝于"开销"，甚至对学生的课外舍弃不管。

选入语文教材中的作品，多是古今中外的名家名作。我们可以充分利用这个优势，架起课内阅读和课外阅读之间的桥梁。让学生进入阅读的自由王国之中。所以，阅读教学要有意识地向课外阅读延伸，引发学生的课外阅读动机。学习了《鲁提辖拳打镇关西》一课，就要采取各种方式激起学生读《水浒》的欲望。并且也可以利用这篇教材指导学生怎样去阅读《水浒》。课内读了李白的一首诗，课外学生就应主动地去读李白和其他诗人更多的诗。课内学习了契诃夫的一篇小说，课外学生就要去找马克·吐温、莫泊桑、欧亨利的短篇小说读。要知道，课内阅读是课外阅读的起点，学生最终要进入课外阅读的领域。教师的艺术不在于讲好一节课，而在于把学生由课内讲到课外，讲进自我阅读的大海中去。这样，我们在课堂上没给学生讲的东西，学生自己也能学到，他的知识源流就会八方汇集，他们也就逐渐进入自我吸取、自我提高、自我发展的大海中，扬起远航的风帆。这样，还愁什么提高学生的作文能力呢？

提高学生的作文能力，主要的问题是解决学生作文的材料和材料来源的问题，也就是"源"的问题。同时还要解决"流"（阅读）的问题。但这两个问题还不是实质性问题，实质性的问题是要解决好学生思想认识和情感问题。这不仅是学生作文的基础，也是做人的根本。作文是教育，不是单纯的教学。以育人的途径训练学生的作文能力形成，顺理成章，不但事半功倍，更重要的是"文成人就"。因而，提高学生的作文能力，不能单纯地指望课堂教学，要深入研究如何培养学生的感情、认识，运用作文的手段育人。

刊于《吉林省教育学院学报》2000 年第 4 期

八、让明天的太阳更灿烂

——转变差生的研究与探索

我是班里学习最差的学生，可是在老师和一些人的眼里，就不是学习上差一点的事了。他们认为我样样都差。我很不服气，自己无非是学习成绩差一点，并不意味着思想、品德都差。例如我在劳动中是积极肯干的，每一次体育活动我都踊跃参加，篮球赛时我还替班级拿过冠军呢。可是我们的老师总是忽略了这一点。在他们的眼里，你学习好就样样都好，反之就样样都不行。尊敬的老师，你们为什么不理解我们的心呢？为什么两眼只盯着升学率？是啊，学校能多考上几个学生，老师和领导的脸上是能增加几分光彩，可也不能因此而轻视我们啊！以为我们在班上是祸害，影响了那些会成材的"大树"，所以你们就看不上我们。一看到我们就个个绷着脸，好像和我们有深仇大恨似的，恨不能用芭蕉扇把我们扇到天外去，再也看不到我们才好。我如果犯了一点错误，那就不得了，非拽到教研室去不可，当着众多老师的面批评我，生怕别人不知道，恨不得把我犯的错误登在报纸上，让全国知道。但如果是学习好的同学犯点什么错误，老师就好像没看到似的，错误也不错了。

老师啊，老师！你们这样对待我是不公平的。难道你就一碗水看到底吗？难道我就不能为祖国为家乡做出贡献吗？你们看看，参加家乡建设的，大多数不都是我们这些差生吗？

这是二十多年前，一个差生给我写的一封信，这封信夹在作文本里，因为我既是校长，又是他的语文老师，后来这封信收在学生的作文集《田野上的小花》中。我经常看这封信，这不仅是因为这个以前不会作文的学生突然写出一篇作文来，使我感到惊喜，令我难以忘却，更主要的是这封信道出了我们目前教育的许多问题。我常从这封信中得到启发，不断地修正自己的观念，不断地思考该怎样做一个老师，该怎样领导一所学校。

提高人的素质，是教育的主要作用。苏霍姆林斯基说："学校的最重要的任务之一，就是要坚持不懈地在全体学生包括差生的发展上下功夫。"我们的教学正该如此。现在，由于片面追求升学率这个"怪物"的作用，我们的教育走进了一个"怪圈"之中，教学出现了很不正常的现象，那就是围绕少数的有升学希望的"尖子"生转，那些升学希望不大或无望的学生被抛弃一边，教育的不公平现象在这方面也体现出来。这种现象城市有，农村也有，你追我赶，不亦乐乎。

"老师啊，老师！你们这样对待我是不公平的。"这句撕心裂肺的话经常响在我的耳边。"难道你就一碗水看到底吗？"我也常用这句话问自己。

（一）差生——祖国未来的建设者

我们应该如何看待那些学习差的学生呢？首先要弄清什么样的学生是差生。我们认为，差生这个概念有广义和狭义之别：广义的差生是指学习上差、思想道德等各方面也差的全差生；狭义的差生就是指单纯在学习上差的学生，正像那个学生信中所说："自己无非是学习成绩差一点，并不意味着思想、品德都差。"这类差生除了学习成绩低之外，其他方面并不比学习成绩好的学生差，甚至还强于学习成绩好的学生。其实，对这类学生不应称他们为差生。我在下文里说的差生，就是对这些狭义差生而言的。

那么，如何正确地认识、对待这些差生呢？我把学生作为未来的劳动者来对待、来培养。从农村未来建设的实际去看待这些差生，他们不是一群天真顽皮不懂事的孩子，而是祖国的未来建设者，是未来改天换地、叱咤风云的英雄豪杰，是祖国明天的太阳。那些被升学教育所放弃、所抛弃的差生，我们必须热情地接过来，认认真真地加以培养，因为这些学生中的大多数就是农村未来建设的顶梁柱。他们的素质高低，将直接对农村的生产力的水平产生影响。如果单从升学的角度去考虑，对这些学生不管不问，长此下去，就会造成农村劳动力市场恶性循环。现在，一些毕业的农村初中生，处于升学无望、就业无门、致富无路的困境，这同他们在校受到的教育有很大的关系。再认真地分析一下这些差生，虽然升学无望，但成才却大有希望。科学家、作家、领导干部是才，种好地、养好鱼的人也同样是才。"不求人人升学，但求个个成才""不争分数一日之高低，但求学生未来无限之发展"，这就是我在 20 世纪 80 年代时的观点。

对差生的研究，国内外都做了大量的工作，并有一些比较成功的事例。但差生的原因复杂，情况不一样，每一个差生都是一个矛盾的特殊体，因而，转化他们的工作就不能强求一律，但也并不是无律可循。以前，我们的眼光多半注意差生的学习，在学习上寻找原因、采取措施。在这方面有的老师费尽九牛二虎之力，其结果却常常是换来一声长叹，无功而返。差生成绩差，这只能说是一种表面现象，其实质性的问题，多半在差生本人上。给差生最终"解铃"的人不是教师，不是家长，归根结底还要靠差生自己。成绩差是表象，人的思想、情感、观念、习惯等是事情产生的本质。因而，解决差生学习成绩差、能力低的问题，需要标本兼治，"标"是学生的学习，"本"是差生的内在思想。也需要内外结合，"内"是学生的思想、情感、观念等内在的因素，"外"是创设有利于他们发展、提高的环境。治标为治本，外因促内因，这是我在转变差生实践中的一点体会。

在人民大会堂做教改报告

转变差生，本人前后进行了十几年的探索。第一轮实验班学生入学初，我们用小学升初中语文原题复考，平均成绩仅 48 分，及格率只是 23%；第二轮实验班学生入学复考平均分 50.5 分，及格率 26.5%；第三轮入学复考平均成绩 53.2 分，及格率为 28%。我们学校的情况如此，对其他几所学校的调查也大抵相同。实际上，那些及格的学生也多数没有达到《小学语文教学大纲》要求的能力和水平。面对这样的学生，我们没有怨天尤人，而是通过不懈的努力，使这些差生得到了发展。

（二）在信心中起步

差生多半缺少学习的自信心，这是他们精神状态与其他学生的不同之处。怎样唤起他们的自信心，是一个很重要也很难的问题。承认自己落后，又不甘心落后，又有信心追赶上先进同学，这是每个差生转化必走的一条路。同是一条路，每个学生的情况不同，也就各有所别。因此，对于共性的东西，采取"具体治疗"，对"个性"的问题，采取"单独治疗"。

差生长期生活在冷漠的环境中，在片面追求升学率的浪潮中，这些学生缺少应有的尊重、必要的关心和爱护。常常被人指责为这也不行，那也不行。一次次的成绩低下，一次次的挫折，一次次的失败，使他们上升的信心又沉沦下去；受到的一次次批评，得到的一次次冷遇，看到的一次次蔑视的眼光，听到的一次次嘲讽，使他们抬起的头又重新低下。这些长期作用在他们的身上，压抑着他们的情绪，折磨着他们的精神，侵犯着他们的自尊。在这样的环境中，一些学习上的差生，多有自卑心，缺少自信心，失掉进取心，常常认为自己一无是处。而实际上，差生的身上是有很多长处的，而这些长处也往往是优生所不具备的。一些人的做法是让优生去帮助差生，这个方法在一定的环境中可行，但从实际情况来看，又有其不足的一方面。学习较好的学生在差生面前，往往是趾高气扬，差生在他们面前容易产生自卑感。这种自卑感如同一座大山，压在差生的心上，容易产生逆反心理，拒绝帮助。如果不搬掉这座大山，他们很难前进，甚至会把他们压倒。不但在校期间这样，即使在将来的人生路途上，这座大山也会成为他们难以逾越的鸿沟。再者，恢复差生的自信心，是不能孤立进行的，需要在生活的现实环境中，使他们的特长得到充分的发挥，他们的自身的价值得到认可，让他们也能体验到成功的欢乐，从心里认识到我不比别人差，说出"我能行"。"教育家的全部奥秘，就在于使受教育者对自己充满信心，对前途充满希望。"为此，我们在学生中开展了差生、优生互帮互学的活动。

开展这方面的活动，就是把几个学生组成一个互帮互学小组。在这个小组中，既有学习上的优生，又有学习上的差生。这个小组，是班级组织结构中的最基本的单位，取代了以前的学习小组。班级里的学习、劳动以及各种活动都以互帮互学小组为单位。组长多半由学习上的差生担任。

在互帮互学小组中，差生和优生都有学习别人长处的任务。优生必须在差生的身上最少要找出一个优点学习，差生也必须把优生的长处作为自己学习的目标。

建立互帮互学小组，开展这方面的活动后，明显的一个变化，是为差生创造了一个团结、和谐、愉快的学习和生活环境，对他们的精神和学习都是解放。差生当组长，本身就是老师和同学对他的信任，他也尽力把小组管理好。他的工作得到了老师和同学们的表扬和认可，从中受到鼓舞，得到激励，激发起奋发向上的热情。以往，差生并不心甘情愿地接受优生对他们的帮助，通过这样的活动，他们便主动向学习较好的学生请教。优生也在努力改变自己，有的优生主动帮助差生解决学习中的难题，有的教给差生学习方法，还有的主动上门为缺课的差生补课。比如，一个互帮互学小组到村里采访，有个差生认为自己能力低，不想去，大家就给他打气，鼓励他。后来，他们共同完成了采访任务，那个学习差的学生在同学们的帮助下，写出了他以前写不出来的好作文。有的差生突出的特点是关心班级、关心同学、热爱劳动、积极参加文体活动，我们有意识地创造环境，让他们尽量地发挥这方面的特长，去帮助优生、影响优生。劳动时，有的差生拣重活、脏活干，抓住他们这个闪光点，就教育优生学习差生这种精神。文体活动时，差生总是一马当先，冲锋在前，那些学习较好的学生感到自己不行，便主动为他们做好服务工作。有的优生生活自理差，我们就动员差生主动去帮助他。有一些差生，他们有社交能力，遇到需要同外界联系的事情，我们就让差生带着优生一起去，让优生学习他们与人交际的长处。这样的活动，使差生和优生相互影响，优势互补。同时也有利于同学之间的团结、班级良好风气的形成。这样的活动，这样的组合，起到一个重要的作用，无论是优生还是差生，他们真正地认识了自己，特别是差生，摆脱了自轻自贱的心理，树立起奋发向上的信心。

建立互帮互学小组，开展互帮互学活动，在差生和优生的心理上都引起了很大的震动。怎样正确地看待自己，怎样正确地看待别人，怎样取别人之长补自己之短，是全班学生共同思考的问题。尤其是差生，他们在这种思考中找回了自己的自信心，感到自己并不比优生差多少，他们的心里产生了从来也没有过的自豪感，这种自豪感也就转化为了他们前进的思想动力。

开展这个活动之后，一个差生写了这样一篇日记：

　　以前，我以为自己处处不如别人，现在我认为自己不一定全不如别人，我有的地方也比别人强。现在，在我们的小组里，大家都向我学习，学习我关心同学。前些日子，也就是期中考试后，我还觉得自己没脸见人呢，我都不敢和学习好的同学在一起走路。和他们在一起，不是觉得照他们矮了一点，就觉得好像是缺鼻子少眼睛的。现在，我在他们面前一站，觉得并不比他们差多少。也不过是成绩低一些罢了。老师说过，成绩低不怕，就怕志气低。我有决心赶上学习好的同学，我也有信心超过他们。

　　有志者，事竟成。我不是个无志的人，我是个有志者！

　　一个差生，如果具有这样的志向，这样的心理素质，有了这样的追求，他们就基本具备了提高和发展的基础。他们有了这样的思想，才能有求知欲，有了求知欲，才能产生学习动机。差生的发展，多半是在信心中起步的。

（三）给一个追求——"我能成才"

　　信心和理想追求是不可分割的孪生姊妹。如一个人感到理想不能实现，建立起的信心也会丧失。王守仁说："志不立，如无舵之船，无衔之马，飘荡奔逸，终亦何所底乎？"无论是以前和现在，在农村中学，由于各方面影响的原因，多数学生读书的目的就是升学。升学是他们的追求，是他们的理想。但在农村，事实上却有相当一部分学生，特别是那些学习中的差生，却不能升学。如果他们预感到这个目的不能实现，就会处于茫然之中，有一些学生也就因此放弃了学习，甚至是破罐子破摔，干脆就不念了。农村学生流失，出于这方面原因很多。给学生一个成才的信念，一个成才的追求，是医疗他们内心世界的一个重要过程。

　　在教学的过程中，我要让学生明白：读书不仅是为了升学，更重要是为了成才，成为祖国和当地建设的有用之才。怎样对学生进行这方面的教育和培养，空口说教等于不说，有时还会引起学生反感。我们一方面结合教学，结合各项活动给学生介绍古今中外自学成才的故事；另一方面，也是很重要的，做得较多的，效果也比较好的，就是利用当地可利用的资源对学生进行教育，我们称之为"用一方水土育一方人"。

　　当地的村屯，有一些为当地的经济发展做出贡献的人，为大家所尊重，被称之为"能人"。这些人是现实生活中的人，是学生们经常听到看到的人。这些人就是学生的好教师，让这些人出来对学生教育，是很有说服力的。在指导学生写作文的时候，我有意让那些失掉学习信心的学生去写这些"能人"。学生们要写他们，就得熟悉他们、了解他们，就得同他们接触，同他们谈话，就得通过不同渠道对这些人深入地认识，在这个过程中，学生的思想情感、观念也就受到了潜移默化的影响。有个学生，他写了一个残疾人——"犟姑娘"，这个"犟姑娘"虽然身体残疾，但她从未放弃自己的人生理想追求。凭着她那百折不挠的坚强毅力，克服了健康人都难以克服的困难，在村里办起了一个大型养鸡场，为当地的经济发展做出了贡献。由一个过去大家看不起的"废人"变成大家尊重的人、敬佩的人。这个学生在写她的过程中，也寄托了自己的人生理想。他想，如果一旦自己不能升学，也不能放弃学习、放弃追求，一个残疾人能办到的事情，一个有文化、有知识的健康人怎会办不到呢？他相信自己一定会成才，一定会干出一番事业来。还有个学生，特地访问了一个文盲。这个人不懂科学，认为农药的浓度越大，效果越好，结果造成庄稼烧苗。这个学生对此很有感慨，他在日记中写道："我知道自己现在的学习成绩不能升学，但是，我也不能因此而放弃自己。我要更加努力地学习，掌握知识，努力把自己铸造成才，不然的话，我怎能在现代社会中当个合格的农民呢？"这个学生严肃地审视自己，在这个文盲的身上，找到了自己人生的答案。

"为成才而学习"，调动了差生学习的积极性、主动性，他们的精神面貌也随之发生了变化。他们在迷茫中看到了光明，找到了自己的人生坐标；他们振奋起精神，把失掉的信心又重新找回来；在升学教育面前他们跌倒了，而在成才的追求中，却勇敢地站起来，迈出前进的坚实脚步。"我能成才"，启动了差生内心的学习发动机。在校期间，抓紧时间，努力学习，为成才奠定基础；离开学校，进入社会，这部发动机仍然在继续转动，发挥作用，促使他们不断地提高自己、发展自己。回乡的学生，虽然他们没有达到升学的愿望，但他们从没有放弃成才的努力。他们通过不同的途径，为当地社会主义新农村建设做出了贡献，受到大家的好评。升学教育中的"废品"，在"我要成才"的追求中，成了当地经济建设中令人刮目相看的"能人"了。（此方面的情况，见本书《条条大路多宽敞——在语文教学中实施成才教育》一文）

对学习上的差生，用升学来诱发他们的学习动机，将会使许多学生掉队；以成才来激励他们，他们将会拼搏一生。"不争分数一日之高低，但求学生未来无限之发展"，这是我1985年提出的育人目标，也是我转变差生的重要思想。

（四）"我差在哪?"——同自己的差因斗争

差生的转化过程，是思想不断攀升的过程。

差生虽然在学习上差，但我们要看到，大多数的差生都不想差，自暴自弃是极个别的。有些差生学习勤奋，上进心也比较强，他们极力想使自己成为一个学习好的学生，然而他们就是不知道怎样去做，或者是他们的做法不正确。如果他们认识到自己差在哪，并能主动地克服，他们早晚会改变自己。一个学生，能发现自己的差因，那就是进步的开始；如果他能够同自己的差因不断地斗争，那就是在提高的路上不断地攀升，可以说学生发现自己的差因比学习上拿个百分还重要。有个学生，入学复考的成绩 52 分，期中考试的成绩 54 分。在同学的帮助下，她认真地分析了自己：

在语文学习方面，我是一个差生。我不想当差生。要摘掉这个"帽子"。

老师说，大夫给病人治病，首先要找出疾病产生的根源；差生要变成优生，得先找出差的原因。这几天，我确实动了脑筋，分析自己为什么差，我认为，主要有以下几点。

第一，在学习方面我处于被动。课本上有什么我就学什么。总认为，考试就考课本，课本以外，那就是没用的书。别人看课外书，我认为是不务正业。我也严格要求自己不看那些"闲书"。因此，在这方面，我打了被动仗，知识面越来越窄，头脑越来越不灵活。死记硬背的东西，我的成绩就好一点；一遇到灵活运用分析的问题，我就不知怎么办了。特别是作文，想说的话也说不出来。动笔之前，有很多话要说，可一拿起笔来后，就什么也写不出来了。这是我忽视课外阅读的结果吧，别的学生有十分收获，而我一二分也没有。

第二，我缺少勇气。由于成绩低，我逐渐对语文怕了，我总认为自己学不好语文，一到语文课我就失掉了兴趣，一到语文考试我就提心吊胆的。我因为怕学不好，有了问题也不敢举手问，怕答错了受到老师的批评，叫同学们笑话。再者，一拿起语文书，我也觉得没啥可学的，而其他同学和我却不一样，就在一段课文里，也能提出好几个问题。老师说，我学语文还没入门。我想，我今后要把胆子壮起来，别人能学会的东西我差啥学不会呢?

第三，在学习上，我给语文的时间少。平时，除了课堂学习外，自习很少看语文、学语文。在小学时，我感到算数课一节没学就挨拉；而语文课，少听三四节也没多大问题。这也说明我平时对语文学习不重视。老师说，语文是基础工具课，学好语文才能学好其他科。今后，我一定重视语文学习，多给语文一点时间。

以上，是我在学习语文方面的差因，今后，我一定克服这些缺点，争取期中考试赶上中等生，期末考试接近上等生。

这个学生认识到自己的不足，并能在以后的学习中不断地同自己的差因做斗争，她的成绩提高得也很快，到初二，她就进入了优生的行列，成为班级里的作文尖子。有个学生粗枝大叶，不求甚解。计算数学题，小数点常常点错；给汉字注音，一声常标成二声；作文中的错别字也多。语文学习如此，在其他学科学习上也是这样。以前，他对这些事情是毫不在乎。我们让他利用作文分析自己的差因，他写了《一字之差》：

我们做什么事都不能马马虎虎、三心二意，要仔仔细细、认认真真地去做，不然我们就会误了事，有时会酿成大错。

今天在上语文课的时候，老师让我读课文，当我读到"1893 年"的时候，却读作"1993 年"，我只读错了一个字就差了 100 年。这说明我没有认真地读课文，如果要认真读了，便不会读错。我想，如果会计也像我似的写错了一个字，那账目差的就不是一百、二百的事了，它会涉及几千几万……大夫给人看病，如果把药量计算错了，本来吃三片见效，他却让吃两片或四片。吃两片则不见效，吃四片药量过大，将会导致病情加重，甚至死亡，那可是人命关天的大事呀！工程师如果把桥梁和楼房的图纸计算差了，楼房或桥梁就会坍塌。火箭专家如果把火箭飞上太空的轨道的距离计算差了，就会失之毫厘，谬以千里，实验就会失败，国家就要浪费很多钱财，这损失是惊人的。以上几件事告诉我们：无论做什么事，都要认认真真，仔仔细细地做，一点也马虎不得。

这个学生认识到马虎大意的害处，以后克服了这方面的毛病，为自己的进步扫除了障碍。

学生虽然认识到影响自己进步的差因，也注意改正、克服，在不知不觉中重复自己的错误这也是常有的事情，最好是身边有个人能随时随地地提醒他。这个人是谁，就是他的同桌。我们要求，每个学生不但自己掌握自己的差因，也要掌握同桌同学的差因，当同桌的同学"旧病复发"时，要向他及时提醒，并敢于批评。例如，有个学生上课时注意力好分散，同桌同学每发现他这个毛病犯了，就及时提醒他。有这么一个同学经常"监督"他，他这个毛病逐渐改正了。每隔一段时间，学生都要自我总结。总结自己改正了哪些毛病，自己在同差因斗争时取得了哪些成绩，总结自己听没听从同学的忠告。学生的个人总结，我们常采取作文的形式让学生写出来。除了个人总结之外，还有小组总结，班级总结。小组总结每月一次，班级总结分为期中、期末两次。

对于每一个学生来说，他是一个独立的整体，但其内部又是一个多种矛盾的集合体。有的学生表现懒惰，但是他们也有勤奋的时候；有的学生学习被动，但有时他们也主动学习；有的学生你认为他很笨，但有时你会发现，在某些事情上他是很聪明的。他们往往只凭着兴趣听课。感兴趣的，注意力就集中；没兴趣的，尽管内容非常重要，也是经常思想溜号。为此，在上课的时候，我们取消了师生之间的相互问候语，让学生用洪亮的声音说出下面的话：

"用勤奋的我战胜懒惰的我，用主动的我战胜被动的我，使愚笨的我变成聪明的我，将庸俗的我发展为高尚的我。"

我每当走进课堂，听见学生这响亮的声音，看见那一双双明亮的眼睛，感觉到学生那满怀信心的精神，我的情绪也受到感染，信心十足，这一节课我一定能讲好，学生一定能学好。

"同自己的差因勇敢地斗争"，这是我们向学生提出的一个响亮的口号；"我差在哪?"是每个学生都要认真思考的问题。事实也证明，凡是认真同自己的差因做斗争的学生，他们也真正地得到了发展。正如苏霍姆林斯基所说："一个少年，只有当他学会了不仅仔细地研究周围世界，而且仔细地研究自己本身的时候；只有当他不仅努力认识周围的事物和现象，而且努力认识自己的内心世界的时候；只有当他的精神力量用来使自己变得更好、更完善的时候，他才能成为一个真正的人。"

（五）"集体治疗"与"单独治疗"

差生之所以差，不只是知识基础差、能力低的问题。大多数的差生缺少良好的学习品格，这是我们分析之后得出的又一个结论。有些学生比较聪明，智商也较高，和其他学生比较起来，他们不应该沦为差生，然而，他们的语文能力为什么低呢?

这些学生的身上都不同程度地存在着一些不良的学习习惯和品格，因为这些不良因素的经常干扰，影响了他们发展的正确方向，不能不说他们是处在发展的病态中。帮助差生克服掉不良的学习习惯，培养他们良好的学习品格，这是一个不可忽视的问题。农村中学在这方面尤显得突出。

解决这个问题，仍然本着"共性的，集体'治疗'；个性的，单独'治疗'"的原则。实验班学生入学初，在他们的身上普遍存在着一个问题——死记硬背。他们背答案、背作文、背解词，甚至背造句。这种录音机式的学习方法如果不克服掉，其发展前途可想而知。针对这种情况，我们对学生明确地做出规定：凡是回答问题，如果一字不差地照搬课本、照搬练习册、照搬答案，一律不及格。如果能用自己的语言灵活回答，即使不全对，也可以得到及格以上的分数。这个规定，看来是硬性一些，但是，面对着这个规定，那些习惯于死记硬背的差生不得不"另谋出路"，改变自己以往的学习习惯。

死记硬背的学生有一个共同特点，那就是对问题只求"之所以"，不求"是因为"，只死记结果，不推想过程。针对差生的这个普遍性问题规定：在课堂回答问题时，首先要回答分析问题的依据和思路。比如，我让学生给一段课文分层次，在练习题的设计上，第一个问题就是：你根据什么标准给这段文字划分层次？这是一道必答题。不答根据，只划分层次的学生，尽管层次划分对了，他的成绩也不能及格。学生思维不灵活，思路不畅通，解决问题的方法单一，这也是差生的共性之一。对这样的问题，我们结合教学的过程对学生侧重进行求异思维训练。例如，在讲《渔夫的故事》一文时，我们让学生想，能不能用另一种方法制服魔鬼？在作文时，尽量让学生反立意作文。比如写"雪"，多数学生受习惯了的思路影响，都赞美雪的洁白无瑕。作文完成后，我又让学生另起炉灶，以"在洁白无瑕的掩盖下"为题重新构思作文，去写雪的"阴暗面"。

对于一些个别的学生，为了矫正他们身上的不良学习习惯，对他们就得做出一些单独的规定。有一次，我让学生用"缥缈"这个词造句，全班学生只有一个学生造上了。他造的句子是："老师让我用'缥缈'造句。"当时，我认为这个学生很有灵活机变的能力，还表扬了他。以后，我又让他用另一个词造句，他还是用"老师让我用'××'造句"的形式去套。这时我才明白，小学的老师为了应付统考，专门研究出来这么一个"万能"的造句"公式"。我发现了这个问题之后，对这个学生做出了一条特殊的规定：任何时候，不准使用这个"公式"造句，还不准仿照课本的句子造句，并让同桌的同学经常地提醒他。有的学生不会审题，一道问题中有两问，应该分两步回答，而他在答题时却只是回答其中的一问，或者把两问混在一起回答。对这样的学生的特殊规定是：回答问题时，先回答所答的问题分几步，然后再答题。有的学生在审题时，抓不住关键词语，对这样的学生的规定是：答题时先说出这道题的题眼，比如，作文题"记一个善于学习的学生"，在作文之前，学生必须在正文的前面写上：此题的题眼是"善于学习"。有几个学生，他们在小学时是优生，到初中不到两三个星期，就表现出下降的趋势。查找原因，主要是只顾向前学，不顾知识的复习和巩固。对这类的学生，我们平时就加强学习方法的指导。还有的学生在学习上忽冷忽热、忽紧忽松。成绩好一点，精神马上就上来了；成绩一下降，又悲观丧气了。我们掌握了他们这一点后，在他们的成绩下降的时候，及时地鼓励他们，培养他们的韧性，让他们始终保持那股"热劲"。

应该看到，农村中学生中的差生，大多数是由非智力因素所造成的。要改变他们，也必须从这方面考虑，从这方面研究，从这方面入手。

（六）在主动学习中提高

差生的转变，在很大程度上，取决于他们是主动学习还是被动学习。比如，在讲《塞翁失马》这篇文言寓言时，多数学生当堂都把这篇 150 字左右的小短文背诵下来，只有那四个差生"依然如故"。第二天的语文课堂上，检查这四个学生的背诵，和昨天一样。第三天的语文课堂上，我把每一句的第一个字写在黑板上，以此引导他们背诵，结果是背诵三四句就卡住了，四人情况基本相同。期中考试的前一天，我找到这四个学生中的一个，把默写《塞翁失马》这道题泄露给他们。那道题全班顶数他们四人答得好，他们第一次取得好成绩，非常高兴。但他们又想，是老师考前把题告诉了他们，担心以后成绩掉下来，让同学知道这次成绩高的"秘密"，在同学中丢人，于是他们几个人组成学习小组，提前背诵课文，甚至没要求背诵的课文、段落也背诵下来了。他们语文学习有了进步，又增强了向其他学科"进军"的信心。这四个学生还订立了计划，抱成团，下定决心，别人用一个小时学会的，他们就用两个小时、三个小时去学。别人投入十分力气，他们就投入二十分力气，自己要给自己争气，扔掉"差生"的帽子。这个典型个案，可以从不同角度来分析，用不同的理论来解读，但他们变被动学习为主动学习的因素，是促其转变的主要原因。

　　入学初，对学生的语文知识和能力进行调查，发现有的学生汉语拼音掌握不完全，不知道标调标在哪个字母上。多数学生汉字偏旁部首、笔顺不清楚，小学规定掌握的2500个汉字，大多数差生不足1000字，第一篇课文是《一件珍贵的衬衫》，有的学生就有17个生字不认识。相当一部分学生不会朗读课文。学生们基础差，有的这差，有的那差，又不便于统一补课或辅导。据此，我设计了目标追赶法，用这种方法调动学生进入主动学习状态，让他们自己查缺补漏。我把语文学习拆分成几个单项，如朗读、查字典、写字等项，每个学生找出自己最差的一项，然后选定这方面较强的学生作为自己追赶的目标。如一个朗读能力差的学生，在班级里找出一个朗读好的学生作为自己学习的标杆。标杆确定之后，就和老师签协议。协议很简单，写上在多少时间内追赶上或接近标杆的朗读水平，我和学生都在这些协议上签字。如果签的是一周时间，过了一周之后，我就把这个学生找来，拿篇课文让他读一读，如果水平达到或是接近那个标杆的朗读的水准了，这个学生就转入另一项学习。如果这个学生和标杆的距离比较大，再定下时间，到时间再检查。至于怎么追赶，除了个别情况外，让学生们自己去想办法。有个学生签了两次协议没过关，第三次达到了标杆的朗读水平，她跟我说："李老师，我以前把朗读课文当作字来念的，一个字一个字去念哪会有感情，可标杆是带着感情读，听了他的朗读就受感动。以前我以为读得越快越能说明你能力强，结果应该停顿的地方都不停顿。我把自己的朗读同标杆比较，才发现了我差在哪。我改变了以前的朗读方法，朗读之前，先体会这篇文章的感情，在读的时候尽量把这种感情带出来，该停顿的地方就停顿。"这就是学生自己悟到的方法。目标追赶法，使学生有了学习动力，有了进取的追求，调动了全体学生学习的主动性。某个学生在朗读方面是大家学习的标杆，但他在查字典上还要把别人作为标杆追赶，查字典被当作标杆学习的学生，他写字还要去追赶别人。学生追有目标，赶有方向，学有动力，形成你追我赶的热潮。大多数学生在这样的学习过程中，提高了自己。仅以朗读和查字典为例，第一轮实验班中抽出属于下等水平的7名实验生和对比班的6名同等水平的学生对比（两组学生各为8人，实验过程中，实验生1人转学，对比生中两人辍学）；速读中两班各抽出8名学生作对比。对比生由老师指导练习，实验班的学生追赶标杆，没有老师指导，两个月后，情况变化如下表：

项目	学生	人数	达到最高水平		接近最高水平		达到中等水平		处于下等水平	
朗读	实验生	7	1	14.3%	2	28.6%	4	57%	0	0
	对比生	6	0	0	1	16.7%	1	16.7%	4	66.6%
查字典	实验生	8	1	12.5%	3	37.5%	4	50%	0	0
	对比生	8	0	0	2	25%	2	25%	4	50%

从以上比较可以看出，学生在有目标的学习中，不知不觉中进入了主动学习的状态，能力有了明显提高。在初一的第一学期，我们通过这样的方法，缩小了部分学生中的两极分化的现象。

（七）万丈高楼平地起——夯实基础

差生的转变和提高，不是凭空而来，而要有一个坚实的知识和能力基础。语文教学培养学生读、写、听、说的四种能力，也有轻有重。就抓主要矛盾来说，"读"的能力是最重要的，是基础。而在"读"这个能力中，关键是识字，识字才能读书，识字量不足，阅读就有困难。应该说，识字是学生语文能力形成的基础。汉语拼音，运用字典、词典的能力，可称其为工具，是帮助识字释词的工具。大部分差生之所以差，就差在识字量低，汉语拼音掌握不完全，偏旁部首知识缺乏，不会运用字典、词典。如果把学生的语文素养比喻成一个宝塔，那么，这方面的知识和能力就是塔基。要想转变他们，必须从"塔基"的工程开始。有人认为，这方面的知识和能力属于小学语文教学的范畴，不在我们初中语文的教学范围之内。然而，我们必须正视现实，直面当前农村教育的实际情况，认真地审视影响学生发展的每一个环节，采取恰如其分的补救措施。有人也想转变差生，并且也做出了努力，但他们只注意学生当前所学的功课，忽略了"塔基"。结果是力没少使，心没少操，说起效果来，只是一声长叹而已。其原因，多半是没有抓住"塔基"这个最基本的工程。有个笑话，说的是一个财主，工匠们给他修了三层楼，他看第三层漂亮，便告诉工匠们，他只要第三层楼，不要一二层。这个笑话听来是很荒唐的，然而我们现在有不少人不也是在做着这样荒唐的事情吗？学生们一进入初中，一个班级几十名学生，不管他们原有基础如何，不管他们能力怎样，不管他们能否接受，用一个进度去讲课，用一种方法去教他们，用一个标准去要求他们，这对那些差生来说，不就是只要三层楼，不要一二层楼吗？苏霍姆林斯基在《给教师的一百条建议》中说："我从事学校工作三十年，发现了一条依我看是重要的秘密——一条独特的教育规律：中、高年级之所以出现落后和成绩不好的现象，主要是由于学生在低年级学习时没有把作为知识基础的基本真理牢牢地保存在记忆中终生不忘。不妨设想，一幢要建造的漂亮楼房，地基却奠立在很不结实的水泥上，灰浆总是脱落，砖石不断下掉；人们每天忙于修补未完工的地方，经常处于房子要倒塌的威胁之下。四至十年级的许多语文和数学教师，就处于这种境地，他们在建造房子，而地基却在瓦解。"对这个问题我们必须要有清醒的认识。

有的人对差生采取加"压"的方法，别的学生做一道题，差生必须完成两道题；别的学生学习一个小时，差生必须学习两个小时；别的学生一个生字写一遍，给差生的规定甚至得写十遍。要知道，差生往往不是一科语文差，常常是多科差。本来承受能力就脆弱，如果各科都给他们加"压"，他们就是三头六臂也难以应付。有的人出于好心，给差生补课，"补"，要看补什么。差生一个字不会，写给他补；课文读不下来，一句一句地教；一个问题没答对，不厌其烦地反复讲解。这样的好心我们理解，我们认为，这还是没有抓住问题的根本。如果对差生头痛医头，脚痛医脚，只看其表面现象，做表面文章；不求其实质原因，不采取釜底抽薪的解决办法，也只能是劳而无功。差生人数多，从劳动量上来看，我们也是力所不及的。一个班级四五十名学生，差生占有三四十名，农村教师大多数一个人教两班的课，假设说一个一个地补是个好办法，我们能干得过来吗？在这方面，我们必须抓影响学生发展的主要矛盾，从根本上治理。在几轮的探索中，虽然每轮实验我们都力求避开重复的做法，但有一点却是相同的，重锤敲在识字上。那就是在开学的前两个星期，我们并不着急忙慌地给学生讲初中的教材，而是从基础做起，给他们补汉字知识、拼音知识，训练学生查字典、词典和运用字典、词典的能力。学生们具备了这方面的能力后，在班上宣布，课文中的生字由学生自己解决。磨刀不误砍柴工，差生们具备了这方面的知识和能力，也就排除了独立阅读的阻力，遇到生字生词，他们就查字典、词典。随着他们阅读量的增加，知识面不断扩大，他们吸取知识的能力也就相应地增强，能力也就得到相应地提高。由于阅读能力的发展，写、听、说的能力也有了相应的进步。这样，差生就在知识和能力方面自己掌握了发展的主动权，不但在学校中能够自我发展，即使离开了学校，只要他们有发展的要求，他们也会有发展的可能。第一轮实验班有个学生，入学复考成绩54分，查找原因，主要是识字量少。后来，他学会了运用字典和词典：不认识的字就查字典，遇到难于理解的词就翻词典。在读书中识字，在识字中读书，不但能独立地阅读课文，而且还阅读了十几部长篇小说。写作能力、听话能力、口头表达能力都有了进步。在初三，他有三篇作文在县级以上作文竞赛中获奖。语文升学考试成绩达到 107 分（满分 120分）。类似这样的例子，每一轮实验中都可以拿出几个来。我们曾经召集过一次毕业生座谈会，那些以前在语文学习中的差生们都认为，这样做，虽然当时看不出多大的效果，但却起到了"强身壮体"的作用，为他们后来的语文学习，甚至对其他学科的学习，奠定了基础，积蓄了后劲。

（八）培养"语文学习眼光"

通过把差生和优生进行比较分析后发现：差生和优生处于两种不同学习状态中。多数差生把课本和教师的讲授作为知识来源的唯一渠道。在他们的思想意识中，认为只有课本和老师讲的，才是他们所要学习的知识。所以，他们的知识来源也就局限在课本和教师的讲授的范围之内，从而导致能力发展缓慢。而优生呢？他们中的多数把课本和教师的讲授作为知识来源的主渠道，而不是唯一的渠道，经常在教师讲授和课本之外寻求知识。因此，他们知识的获得量常常是超出课本和教师讲授的内容。同差生相比，由于途径广，知识获取量就大，能力的形成也就比较快。从这方面考虑，培养学生语文学习的眼光，拓开知识来源的渠道，是提升差生素养多么重要的途径啊！

其实，学生本身就处在语文学习的一个大环境之中，因为缺少语文学习眼光，没有这方面的意识，有很多学习语文的机会都错过了。他们就好像一个不认识黄金的人一样，怀里抱着金子，因为不知道是金子，他也就不能利用这块金子，这块金子的价值也就显示不出来。有的教师哀叹，学生学习语文的时间少，不重视语文学习。如果我们教师也用语文的眼光去看待学生的学习，我们就会得出一个与其相反的结论，学生学习语文占用的时间同学习其他学科的时间相比，是最多的，大部分时间都在学习语文。学物理、化学、生物，可以从学习说明文的角度去借鉴；政治课本的内容，也可以从议论文的角度去分析理解；学生口中唱的歌，那歌词就是诗，我们不可以把它当作诗歌欣赏来看待吗？如果我们注意到这一点，美术课我们可以借用过来培养学生的审美能力；利用数学的逻辑思维，训练学生的推理论断的能力；

利用其他学科的知识，培养他们的综合能力。这是从学校教育内部来说，再向外看社会，哪一处不是学习的课堂？学生上学走路，可以锻炼自己的观察能力；同别人谈话，利用这个机会，不是可以锻炼他们的口语表达能力吗？课外读书，谁能不说是在学习语文？看电影、看电视，完全可以和文艺欣赏课等同起来；即使是听广播，如果有这样的意识，就不能错过向播音员学习朗读；参加一次社会活动，游览一处风景，又是一次教育，一次学习。正如陶行知先生所说："马路、弄堂、乡村、工厂、店铺、监牢、战场、凡是生活场所，都是我们教育自己的场所，那么，我们失掉的是鸟笼，而得到的倒是伟大无比的森林了。"如果学生一旦意识到这一点时，就会感到自己是站在无尽宝藏的山上，何愁不会成为知识的富翁，能力的巨人呢？他们就会从封闭式的学习转入开放式的学习，从被动的学习状态中进入主动学习之中。这一点不但中差生是十分必要的，即使是优生也从中获得发展的机遇。这不仅是他们在校学习期间的基石，也是他们人生未来发展的基础。在初二下学期语文期中考试的试卷上，我出的阅读题是下一节课数学课的学习内容。学生们以为我把题弄错了，我告诉他们，这也是说明文。我们会读语文课本上的说明文，也要学会读数学、物理、生物、地理等课本的说明文。学生们明白了这个道理，语文学习的眼光就不会局限在语文课本的小天地里了。我指导学生到社会上搜集、积累词语，学生们又发现社会也是一个语文学习的大课堂。在讲读课中，我把课外阅读的内容纳入，这又将学生的语文学习引入书海之中。学生们感到，生活处处是语文，只要有心，随时随地都可以获得知识，锻炼能力。

学生们语文学习的眼光建立起来了，知识的渠道拓开了，他们的转化也很明显：第一轮、第二轮实验班的学生都在初二下学期举行了语文知识竞赛，实验班和对比班各选10名学生：5名优生，5名差生。实验班的平均成绩高出对比班30多分，单计算差生的成绩，实验班的成绩接近对比班优生的成绩。从卷面上可以看出，实验班学生的语文知识已经延伸到课本之外，对比班的学生大多数还局限在课本之内。在第三轮的实验中，实验班学生在初一的第一学期末，吉林省教育学院中语室出了一套阅读写作测试题，我们以本校初三学生做对比，结果阅读平均高出14.4分，作文高出9.83分，实验班的差生成绩高出初三毕业班中等生的成绩。观察学生的学习，多数学生已经由封闭式的学习转为开放式的学习，由过去的被动接受转为主动的获取。由于我们抓住了这个主要矛盾，不仅学生的语文素养得到了提升，对其他

学科的学习也产生了有益的影响。

（九）甩掉低分苦恼——改革评估、考试

差生在学校里学习，他们最担心的就是考试。他们为什么怕考试？原因是一考试就得低分。得了低分，他们身上的压力就大，家长的责备、老师的白眼、同学的讽刺，这些一齐压来，他们在心理上确实是很难以承受。为此，有些差生逃避考试，甚至有的差生在考试前或考试后就从学校一走了之。

差生和优生相比，他们的原有基础存在着很大的差别。对于学生的成绩评定，我们应该考虑到这一点。然而目前对学生的成绩评定的方法，大多数没有考虑到这方面的问题，不顾原有的基础如何，用一个标准来衡量所有的学生，采取"一刀切"，这对差生来说，那是有失公道的。这样去评定学生的学习成绩，类似巨人和矮子赛跑，差生自然是只能得低分，也就好像故意让他们丢丑一样。成绩评定，难道我们的目的就是让差生垂头丧气，带着恐慌的心情去学习吗？针对这种情况，我们"土制"了几种评分方法，介绍如下：

1. 单项分类积分法

此种方法适合于对学生的单项成绩评定，如作文、朗读等。

使用的程序是：

（1）分类。通过测验和平时对学生的掌握情况，根据学生的实际能力，按上、中、下把学生分成甲、乙、丙三类。每类学生的基础分都是０分。

（2）明确标准。对三类学生分别提出不同的要求，制定出不同的标准。在一般的情况下，甲类学生的标准相对的高一些，丙类学生的标准相对的要低一些，乙类学生的标准介于二者之间。把标准公布给学生，让学生自己掌握。

（3）成绩评定。成绩评定分为正１分、０分、负１分。正１分表示在原有的基础上有了进步。如甲类学生中有一名学生的作文较前次有了退步，尽管他这次作文写得比乙、丙二类学生都好，也只能得负１分，丙类有个学生的作文尽管这次写得没有甲、乙两类的学生好，只要和前次比有了进步，也得正１分。

（4）升降级标准。如每学期作文按８次计算，我们规定：乙、丙两类学生只要积分达５分者便可升入上一级。甲、乙两类学生积分低于０分者，则降到乙类或丙类中去。

升降级一般在期末评定，但积分连续达到 5 分者，可提前升级。升级后，成绩仍按原积分计算。如丙类学生中有个学生连续积 5 分，升到乙类中去，其成绩仍按 5 分计算。

甲类学生不能再升级，丙类学生不能再降级，可根据积分情况排名次。

2. 提高率计分法

这种方法的计算公式是：

$$\frac{后次成绩-前次成绩}{前次成绩}\times100\%=提高率$$

后次成绩减去前次成绩做分子，以前次成绩做分母，乘以百分之百，即得出提高率。如一个学生前次成绩为 40 分，后次成绩为 50 分，其提高率则为 25％。

一般的情况下，中差生的提高率多为正数，并高于优生。虽然他们的成绩还不理想，但由于提高率比较高，他们从中看见了自己的进步幅度，易于使他们增强自信心，起到激励的作用。优生的提高率相比之下较低，有时还会出现负数，这对他们又起到了督促的作用。

学期末成绩评定，把提高率和实际分数按比例合在一起计算成绩。

3. 虚实积分法

此法由单项分类积分法演变而成，如作文，学生开学交的第一篇作文都评为零分。这个"零分"作为学生这一学期的基础分，无论是哪一个层次的学生，基础分都是零。在以后的作文中，只要后次强于前次，就得正 1 分；后次不如前次，得负 1 分；不进不退，得零分。如前篇作文中心不突出，教师给学生指出来，后次作文中心突出了，学生就得正 1 分，否则就得负 1 分。不进不退为零分（要注意零分的两个含义），期末总评看谁的积分高。

这种评估方法虚实结合：考虑到学生原有的基础差距，在形式上把不同层次的学生的起点都归到零，实现了形式上的公平，此谓"虚"；学生只要努力，就会得到正 1 分，得了正 1 分，说明他在原基础上有了进步，这又是"实"。因而，这样的评估易激活学生学习的主动性，无论是优等生还是中等生、差等生，都能在零起点上，尽自己的最大的努力，得到最理想、最充分的发展。此法只用于初一的第一学期。

这种评分方法的着眼点不是分数，而是学生的进步；评比的不是成绩，而是学生的发展。

4. 自我提升法

在作业或成绩检测中，学生答题时如果答错了或者答得不完整，给学生一定的时间自我学习，然后再出难度类似的题让他重答，如果答对了，答得完整了，或者是比以前的成绩有所提高，计算成绩按重答的成绩计算。

这几种成绩评定方法的共同特点是：无论是差等生、中等生，还是优等生，他们会切实地感受到，只要自己不懈地努力，就会有进步；只要有进步，就会得到承认。特别是差生，解放了思想，有了追求，有了希望，也尝到了自己努力奋斗得到的甜果，摆脱了以前低分的尴尬困境，振奋起上进的精神。这几种评分的方法，实现了苏霍姆林斯基提出的"让每个学生在学校里抬起头来走路"的口号。

以上几种评分方法，在初一，特别是上学期效果比较好。到初二之后，就不起什么作用了。然而，差生在这个时候，也基本完成了转化，开始进入自我发展的状态了。

在转差的过程中，要特别注意考试的问题。如果运用得好，考试有利于差生的转化。考虑到差生的基础差，以及他们的心理状态，我们对差生的考试也进行了相应的改变。怕考、厌考，这是差生的普遍的心理现象。如果我们经常挥动考试的大棒去督促他们，吓唬他们，久而久之，非但不起作用，还会使差生产生逆反心理，我们所做的一切也就事与愿违了。我们应该把考试也作为转变差生的一种方法来看待。为了提高差生的信心，我们在考试时，单独给差生出一套题，降低试题的难度。在一定的时间内，我们对差生多半采取开卷考试形式，这样的考试形式对他们的转化起到了推进作用。如果开卷考试学生们能会的东西，我们绝不闭卷考试。我们对考试的目的是很明确的，那就是促使差生转化，激发他们的求知欲，促使他们进一步掌握知识，形成能力，绝不是用这种方法去恐吓他们，逼迫他们，让那些不听话的学生们去尝尝老师的厉害，让他们出丑，让他们难看。这样，就给差生创造了一个比较轻松的考试氛围。差生像平时做作业那样去答卷，心里的恐惧就去掉了，能够正常地发挥。有时，他们平时认为很难的问题，就会在考试中得到了解决。对差生采取开卷考试和闭卷考试效果有明显不同，并且，这种考试的方式，差生也易于接受，对他们的提高起到了一定的作用。另外，在成绩检测和平时作业上，我们也给差生改正错误和补救的机会。试卷上设有错题重做栏，如果差生答错了一道题，考试后只要是他真正把这个问题弄明白了，照样给分，不影响他的成绩。由于我们对差生采取宽松的"政策"，差生由以前惧怕考试、厌恶考试转变为欢迎考试，愿意考试。这在他们的转化期间，在他们的发展、提高的道路上，起到了不可估量的作用。

（十）两手齐抓，两手都要硬

前面所说，只是转化差生工作的一部分。差生的转化，是一个相当繁重而复杂的工作。差生表现学习差，成绩低，看来好像是智力因素的问题，好像是课堂上的事情，学校内的事情。然而，很多的事实却说明，转变差生的工作，大量的却在课下，在校外。教师如果真想在转变差生上写出一篇好文章来，那必须具备课上和课下两手过硬的功夫。也只有两手齐抓，才能促使差生转化。

课上的一手功夫，指的是教师的课堂教学；课下的一手功夫，指的是课下、课外做差生的思想工作，做与转变差生的有关的各种工作。

转变差生，就要对差生有全面的了解。了解他们，光靠在学校掌握的一点情况不行，要深入家庭、深入社会去调查，不但要了解他们的学习，还要了解他们校外生活和活动的环境。转变差生，不是教师一个人所能完成得了的事情，是学校、家庭、社会合力协作的结晶。所以，我们就要深入家庭、深入社会。从这一点上，我们可以把学校、家庭和社会看成是一个整体，通过我们的工作影响，社会和家庭主动、自觉的为转变差生做出努力。比如有个学生，他的智力比较好，成绩也可以，但有个阶段却呈下降趋势。经过我们的调查，原来他同社会上一些不三不四的人混在一起，家庭对他也无办法。这时，我们了解到村党支部书记对他有一定的影响力，就把村党支部书记请出来做他的思想工作。有的学生对学习失掉信心，辍学了，家长和老师多次工作无效，我们就发动和他感情好的同学动员他复学。通过家访可以了解到学生的全面情况，而家访的时间多半是休息时间。特别是假期，需要时时监控差生的活动，如果稍不注意，在他们身上下的多少功夫将毁于一旦。转变差生，还要经常注意差生和其他老师的关系，一些教师在思想上就对差生有偏见，差生又常常是对这样的老师有反感，甚至不愿意学这类老师所教的学科。如果不及时化解矛盾，将造成师生对立，导致差生发生过激行为，使多少心血付诸东流。所以，还要经常地做好其他教师的工作，动员他们主动地配合好差生的转化工作。差生的思想很不稳定，也容易反复，这方面我们既需要细心、耐心，又需要不停止地寻找转变他们的方法。差生经常违规违纪，对待犯错误的差生必须要控制自己的感情，不能简单粗暴、意气用事，要主动、热情地亲近他，关心他，温暖他，使他不至于产生反感，自暴自弃，"破罐子破摔"。既要对他们严格要求，又要使他感到内心温暖，认识到自己的不对，敢于正视自己的错误，并勇于改正错误。有时，这个度是很难把握的，分寸也很难掌握。一种方法不成功，就需要另一种方法，再不见效果，就得再想办法。有时，自己面对失败也灰心了，但想到教师的职责，自己又振作起来。这个过程，有失望，也有希望；有迷茫，也有光明；有悲观，也有欣喜。既劳心，又劳力。这方面的劳动是大量的，也是无法计算的。转变差生，课下的一手功夫起到不可估量的作用。

课上的一手需要课下的一手配合。如果我们忽略了课下的一手，课上的一手就孤掌难鸣，很难发挥作用。我们在转变差生的实际工作中感到，在某个阶段、某个环节中，课下的一手所起的作用，往往是超过课上一手的。课下的一手工作是课上一手无法替代的。因而，我们要向差生热情地伸出双手，用双手才能捧起这一轮明天的太阳。

爱是促使差生转化药方的一味良药，缺少这一味药的配合，我们的任何举措都不会达到理想的效果。但这味药怎么用，在什么时候用，药量多少，用怎样的形式体现，需要哪些药相佐，这也是令人颇伤脑筋的事情。有人误认为，对学生爱，特别是对差生的爱，就是惯他们、宠他们，他们有了错误也不批评，做错了的地方也不指出，并认为这是对学生的尊重。我则认为，这是对爱的错误理解，这不是对学生真正地爱，而是不负责任的爱。如果对学生真正的爱，就要从他们的人生来考虑，对他们的未来认真负责。这就像培育一棵树一样，我们的目标是希望它能长成参天大树，成为栋梁，那就非常有必要剪掉影响他们成为栋梁的枝杈，捕捉蛀蚀树干的害虫。如果对这些我们放任自流，这棵树的成长就可想而知了。从爱出发，对差生也要严格要求（当然，要讲究方法，在他们能理解、能接受的情况下），该管的要管，该说的要说。不能因为他们是差生就降低对他们的标准。如果不是这样，就是对学生的不负责任，更谈不上爱和尊重了。

我们语文教师既要努力提高差生的语文素养，也要关注这些学生对其他学科的学习，使他们的学习和谐发展。有的学生就因为一科成绩低（如数学、外语），就动摇了整个向上发展的信心，最后导致辍学。也有很多事实证明，学生在其他学科上有了进步，反过来也会拉动语文学习。语文能力强了，又能带动其他学科的发展。在这方面不能孤军作战，各学科要联合在一起"协同作战"，这样，转变差生的威力就大了。

"十年树木，百年树人"，转变差生是一个长期性的任务，差生的转变不是一做工作就立竿见影的。沦为差生，不是一朝一夕，转变他们，也非一日之功。在这方

课后思考

面不能犯急性病，初一的差生往往在初二才发现他们有明显提高，有时他们的转变在读高中时才能表现出来。

转变差生的工作虽然是持久战，但有重点期。根据我们的经验，重点期是在初一的第一学期，第一学期中前半学期是关键期。前半学期的主要工作是为差生的发展、提高奠定思想和能力的基础，一方面要实现和小学顺利衔接；另一方面还要缩小班级中优差生的两极差距。在转变差生的同时，还要兼顾班级中那些学习比较好的学生，不能因为抓差生的转化而让那些学生原地踏步。如果抓好关键期，实现缩小两极距离的目标，班级整体成绩有所提高，这样大部分差生就进入转化的过程中了。以下两个表格从成绩上反映了这方面的情况。

初一第一学期两极成绩比较表

实验轮次	时间	最高分	最低分	平均分
一	期初	82	24	48
	期末	91	49	69
二	期初	83	26	50.5
	期末	90	48	65
三	期初	81	31	53.2
	期末	92	51	67

初一成绩对比表

轮次	班级	初一上学期			初一下学期
		入学及格率	期中及格率	期末及格率	学年末及格率
一	实验班	23%	58.5%	62%	100%
	对比班	34.6%	39%	41%	66%
二	实验班	26.5%	37%	65%	97.5%
	对比班	39%	48%	57%	70.25%
三	实验班	28%	40%	64%	92%
	对比班	31%	35%	48%	62%

在已完成的三轮实验中，我们把主要力量、主要精力投入到第一学期。在初一，全班学生基本实现了"苗齐苗壮"，到初二，尽管我们加快了讲课的进度，加大了难

度，但全班整体接受比较好，两极分化的现象已经得到抑制，整体提高的趋势愈加明显。虽然我们在初二就完成了《大纲》规定的三年学习内容，绝大多数的学生没有跟不上、吃不消的感觉。以第一轮实验班为例，全班学生在初二提前一年越级参加省中考，语文平均分为 91 分，及格率为百分之百，此成绩高出当时省、市、县各一个分数段。1988 年省验收成绩为 99.9 分，仅低于东北师大附中尖子班 0.1 分，高出省其他重点中学 10～20 分。中考各科综合成绩高出对比班 25 分，学生不但语文能力提高了，其他学科的成绩也有了较大幅度提高。事实证明：农村中学的学生并不是不可雕琢的朽木，他们是可雕塑的栋梁之材。

学生的成绩提高了，差生的帽子摘掉了，表面看来是成绩的变化，实际上是人发生了变化。这些差生在转化的过程中，他们的思想觉悟有了提高，认识能力得到了发展，不良的习惯得到了纠正，学习方法发生了改变。他们有了求知欲，有了上进心，他们的意志磨炼得坚强了，他们的人生理想树立起来了，他们的内心世界也变得丰富多彩了，他们的脚步踏实了、加快了。他们已经把旧的"我"初步转变为一个新的"我"，以新的面貌，新的精神，新的脚步去实践自己未来的人生。教师的追求和幸福也正在于此。

"你们看看，参加家乡建设的，大多数不都是我们这些差生吗？"如果参加家乡建设的都是具有一定素质的人才而不是差生，那么，我国的农村、我国的明天又是何等的辉煌。为了明天的太阳更灿烂，我们的老师啊，让我们把眼光投向那些亟待需要提高的孩子身上吧！

原刊于《语文教学研究》2006 年第 3～6 期

九、农村初中生学习差因调查

提高农村中学生的素质，为当地经济发展，为祖国的现代化建设培养合格的劳动者，是我们农村中学教育改革任务的"重中之重"。目前，农村初中的学生与城市学校的学生相比，从学科学习方面来看，成绩偏低，并且，流失现象很严重。这种现象在农村学校很普遍，是哪些原因造成农村中学差生比例数过大呢？多年来，笔者带着这个问题坚持调查走访。现将得到的情况介绍如下。

第一，"读书无用论"陈渣泛起，学生身受其害。多数家长小农思想严重，对子女读书无长远打算，目的不明，缺乏正确认识。人虽然进入 21 世纪，思想还停留在 20 世纪五六十年代的水准上。这些人只顾眼前，不顾长远。让子女读书，不是从孩子的未来发展考虑，只满足于认识几个"庄稼字"、不当"睁眼瞎"即可。在向"钱"看这股歪风冲击下，在他们的头脑中知识贬值，读书无用。有一些家长认为，供子女读书花钱多，读书不合算。读书不如早点回家种地，到外地打工或做小买卖。一部分学生在思想上受到影响，虽未辍学，却不安心学习。于是成绩越来越差，分数越来越低，最后失掉读书的兴趣，干脆回去捞钱去了。在 200 个差生中调查，有 14 名认为读书没啥大用。在这 14 个学生家长中调查，他们认为即使孩子读了大学，找不到工作，钱也白搭。本人在城里一处工地发现，在 70 个左右农民工中，就有 6 个是初三没毕业的学生。这不但是造成差生学习差的原因，也是学生流失的主要因素。下面引用的学生的一篇作文，就真实地反映了这方面的情况。

"爹，你让我念吧。我即使考不上也能学点知识。"小冬向他爸爸央求着说。

"知识，知识，知识顶个屁用，我连自己的名字都写不上，也照样种地！"小冬的爸爸说。

"有知识才能创造财富，才能科学种田。"

"你念这么多年书了，知识也不少了，可你净花钱，什么时候见你挣回过钱？"

"你看西院小二，他家比咱家还困难。可人家从没让小二不念过。"

"人家小二学习好，念也有希望。你考试打了两分半，自己多沉不知道？"

小冬哭着来找我，让我帮他去求情。

我找到了杨二叔，说了半天杨二叔也不答应。我气急了，对他大声说："你眼睛就盯在钱上，钱比你的儿子还重要！"

杨二叔火了，向我瞪着眼睛，把小冬的书包扯过来，拿出一本语文书说："这么多书，这么些字，哪个字顶钱花！"说完，把书包给扔到地上，对我说："黄嘴丫没蜕的毛孩子，你懂个啥？"

小冬被迫下地干活去了，他才十四岁啊。杨二叔为了让孩子挣钱，宁可不让孩子读书，这样的父亲够格吗？他不行，没出息；他也不让孩子有出息。

第二，有的父母到外地打工，子女放在当地亲属家寄养，也就是现在所说的

"留守"学生。这些学生因父母外出学习也受到影响。子女不能随父母就读，寄托在亲戚家，家长只知道按时给子女寄钱，却不能按时检查子女的学习作业，也不能及时地管教子女。由于亲属不便对他们的子女严格要求，学校也无法同家长联系，致使这些人的子女无拘无束。再加上远离父母，得不到父母的关爱，心里感到孤独、苦闷。时间长了，这些学生不但学习成绩下降，道德品质也随之下降。更有甚者，有的家长对子女（特别是独生子女）只知道在物质上无限地满足，却不知如何鼓励子女努力学习、争取上进。在这样的环境下，这些子女贪图享乐、胸无大志，生活上遇困则止，学习上遇难则退。此外，父母离异也对学生学习产生影响，在调查中，许多老师都反映，本来某个学生很上进，成绩也不错，就因为父母离婚，给这个学生造成压力，精神振作不起来，学习成绩也逐渐下降。这种情况产生的差生现在越来越多，增加的势头很猛。

　　第三，一些学生家长和老师只关心学生的学习，忽视对学生的道德品质教育。一些学生受社会上的不良风气的影响（包括父母、亲友的影响）染上抽烟、喝酒或赌博的恶习。学生一染上这些东西后，就对学习厌恶，对校纪反感。这些学生中的多数智力很好，如不及时加强教育，不但成绩下降幅度大，而且还要提前流入社会。此类情况，占调查数的 6%。这方面的情况也在学生的作文中反映出来。

　　"我家小丽可真行，我都输二百多了，小丽一上，三下五除二，不但捞回了本，又多赢了七八十……"我不止一次地看到王二叔眉飞色舞地当众表扬他的宝贝儿子小丽。

　　有一次我从王二叔的房后路过，听见一阵怒吼声："什么！你他妈的输了六七十块，谁叫你学耍钱！你再干我剥了你的皮……"

　　有一天晚上，我去王二叔家，见王二叔正在开导小丽，"你脑瓜不笨啊，打麻将，看纸牌，大人都玩不过你这个机灵鬼，可学习咋就落后呢？你要是把打麻将那个劲儿用在学习上就好了。"

　　又一回，我陪班主任老师去家访，王二叔吃惊地说："小丽天天背书包走，哪能不上学呢？这孩子太没出息了。张老师，我不懂怎么教育孩子，请你替我好好教育教育吧。"

　　昨天，从乡派出所来了两个警察，对王二叔说，小丽在街上和惯赌分子赌博，被拘留了。并且还有盗窃嫌疑。王二叔一听，立刻张嘴哭起来："我的天呀，这孩子咋变的呀……"

第四，网络普及，给农村学生带来很多负面影响。学生沉迷于网吧、电子游戏厅，有的学生通宵不归，甚至在上课时间还偷跑出去上网，使他们的学业荒废，成绩下降幅度很大，由此导致厌学，最后辍学。这种现象原先在大中城市存在，现在农村乡镇也很严重，大有蔓延趋势。此类现象特别要引起关注。

第五，早恋是个别学生学习差的直接原因。学生一入此途，便是走火入魔，迷途难返。大量的学习时间被谈情说爱所占，一般的情况下，做思想工作也很难生效。如果批评管教严厉，甚至会出现双双出走、以死殉情的现象。此种现象虽然不普遍，但危害严重，须注意防范，正确引导，以防悲剧发生。

第六，农村中小学的实验室、图书室不健全。虽然现在多数学校有了微机室，但管理人员水平低，出现一点小问题就无法解决，有的学校上级已经给调拨了现代化教学设备，由于教师缺少必要的培训，这些设备成了聋子的耳朵——摆设。老师讲课大都还是一张嘴，一本书，一根粉笔。这方面对学生产生的消极影响，是难以用数字估计的。

第七，学校重智育，轻德育。现在，多数农村中学主要力量用在抓成绩上，抓考试上，忽视对学生进行思想、品德方面的教育，忽视对学生理想、人生观的教育，忽视对学生情感观念的培养。这不但使原有的差生得不到改观，连一些不是差生的学生也有沦为差生的危险。

第八，老师不公平，学生不满。有的学生原属于中等生，由于老师偏爱上等生，对他们长时间不提问、不检查、不鼓励。有个学生对我说，他在初中三年，老师就提问过他一次。这部分学生与任课老师之间有隔膜，老师看不上他们，他们也看不上老师，经常与老师闹别扭。课堂上不主动发言，有问题也不请教老师。时间一久，学习兴趣下降，成绩也随之下降。这不但是学生成绩差的原因之一，也是学生偏科的主要原因。这类差生占调查数的 10％左右。

第九，家长、教师采取强制方法造成学生学习差。由于家长对子女教育不讲究方法，采取打骂等一些手段；在小学读书时，老师对他们又采取一些不当的教育方法。这些强刺激长期的作用在学生身上，致使他们思想麻木、反应迟钝、观察力低下。当学生离开强制性的约束，就对一切马马虎虎、毫不在意。如果教师对他们态度一严厉，他们就好一阵，时间一过，他们依然如故。这类差生占调查数的 10％ 左右。

第十，家庭学习环境不良，影响学生学习。有的学生家长看电视无节制，一看就是多半夜，学生又没有单独学习房间，致使无法自习。农村人晚上爱串门，有时聚在一起唠闲嗑，或在一起看小牌、打扑克、搓麻将，学生的学习常受干扰，作业不能按时完成，功课不能及时复习巩固，造成学习上的"消化不良"，这样产生的差生占调查数的 6％。

第十一，农村教师半农半教，是造成差生产生的一个重要原因。农村学校的老师，其家属多半都有责任田或承包田（这部分收入又是他们家庭经济的主要来源）。他们在这方面付出的劳动，并不次于农村中的普通劳动力。家庭有承包田的教师，为了不影响出勤，常常是利用上下班前的时间在地里劳动，上班时，已经是筋疲力尽、无精打采，不能全身心投入教学之中。

第十二，老师讲课模式化、呆板，不注意教学方法改革，让学生背解词、背答案，不对学生进行思维训练，又不能调动学生学习的兴趣和积极性。久而久之，学生不但依赖性增加，而且养成不愿动脑的习惯。这类学生的表现是：思维能力差，想象力薄弱，解决问题的方法单一。在卷面上可以看出：死记硬背的东西，成绩就好一点；需灵活运用解答的题，成绩就低。这部分学生在小学可能都是高分生，但升入初中后，死记硬背不适应了，因而成绩就明显下降。这样的差生超过调查数的 7％。

第十三，有的学生偏科，被"偏"的学科教师不注意纠正学生这种倾向。有些学科，如地理、生物等学科中考不考，在学生的心目中被放到"副科"的位置，感到多学少学无关紧要。语文是学生成长发展的重要学科，他们认为多学几节少学几节关系不大。时间长了，补犹不及。这些学生在课堂上的表现是：注意力分散，常做小动作。有的学生甚至把数学、外语等科作业拿到语文、生物、地理课堂上来完成。由这种情况产生的差生占调查数的 4％ 左右。

第十四，一部分学生学习效率低，平时又缺少提高效率方面的培养和训练。在小学，由于学科少，这方面的矛盾还不突出；到中学，学科突然增加，那种老牛慢劲的弱点一下子就暴露出来了。这部分学生的共同特点是：有些问题能解决，就是时间不够用。有的学生为了在规定的时间内完成作业，干脆就照别人抄。时间长了，就变成差生了。这类学生占调查数的 8％。

第十五，有的差生基础知识和基本能力差，升入初中后又没有补救的机会。他们虽然也想提高自己，但由于长期背着不及格、成绩低的包袱，久而久之在内心里形成了自卑感，缺少上进心，失去了竞争意识。家长和老师不考虑他们的原先基础情况，要求常常超出了他们的能力所及，因而他们在沉重的压力下丧失了信心，内心十分痛苦，最后导致放弃学习。这类学生在流失生中占有的比例数也很大。在差生中的比例高达16%。

第十六，有的学生对前途、理想追求过于强烈，可学习一旦受挫，便心灰意冷，失去了往日的热情和追求。这部分学生往往是家长对他们的期望值很高，他们自己又不能正确对待自己。还有的只因英语、数学其中一科成绩差，考虑到升学无望，便失去了信心。对这种学生如不及时采取补救措施，不对他们加强思想教育，不但造成新的差生出现，也容易流失。这类学生占差生的3%。

第十七，一些学生缺乏良好的学习品格、习惯。学习中忽"冷"忽"热"，"五分钟热血"上来，干劲十足；过后，依然如故。成绩好一点，则信心百倍；成绩一低，就心灰意冷，没了精神。这类学生，"冷"得快，"热"得也快。还有的学生虚荣心强，只图高分，不求实质。有时为了考试成绩好一点，甚至不择手段。对这类学生应趁其病轻早期治疗，而老师往往被其"假象"所蒙蔽，问题的症结又很难在早期发现。这种情况产生的差生占总数的1%～2%。

由以上的调查来看，造成农村初中差生比例数过大，有社会问题，有学校问题，有家庭问题，也有学生个人问题；有的是在小学产生的，有的是在中学形成的；有的是客观方面影响的，有的是主观方面造成的；有智力问题，也有非智力问题；有的是教学方法中存在的问题，也有的是思想教育方面的问题；有的是单因的，有的是多因的。对差生的研究，必须从多方面考虑。

学生学习成绩差，下一步的发展就是流失。农村中学生流失比例过大，有时很惊人。有的人认为，造成农村初中生流失的主要原因是经济问题，其实则不然。农村初中生大量流失的根本原因是学生学习差。由于成绩差，学生对人生、对前途失掉信心，对学习失掉兴趣，最后是溜之大吉。1994年，笔者走访了6个以家庭经济困难为名而辍学的学生家长，他们的说法基本相同：高中读不起，大学读不成，初中怎么困难也得供孩子读书。但孩子学习不好，怎么让他上学他都不去，学习不好，上学也白搭。现在，由于国家和各级政府加大对农村教育的投入，农民子女读书不花钱或少花钱了，有人认为这也从根本上解决了学生流失的问题。对这种认识，本人存在怀疑。在流失生中，有许多学生的家庭都比较富裕。本人多次访问过家庭经济较好的流失学生，问他们为什么不到学校读书，他们的回答是："学习跟不上，去了也是混。""上课听不进去，就像蹲拘留。""我们也知道上学好，可学习不好上学还有什么用？在学校活遭罪。"由此可见，学生流失的主要原因是在于学生本身，学生本身的主要原因又是学习成绩差，对学习缺少兴趣，感到升学无望，最后逃之夭夭。看来农村学校要从根本上解决学生流失问题，必须从转变差生、提高学习质量入手。

这个调查，本人已经坚持 20 多年，有些影响学生学习的社会现象，随着社会不断发展出现此消彼长的趋势。比如，在 20 世纪 80 年代调查中，重男轻女还是造成女孩子心理压力的一个主要因素，在以后的调查中，这种现象逐渐减弱。进入 21 世纪后，父母外出打工、父母离异、网络游戏、学生早恋等一些影响学生学习的现象就随之而来，因而有些差因是不固定的。列举的差生比例数，多数是从直接原因或根据现象而得出的，再加上情况错综复杂，很难分类，所以不够科学。以上所列的一些因素，是普遍性的，不包括特殊的个例。本人将这方面的情况公之于世，是希望以上的调查情况，能引起方方面面的注意，大家都来关心这个问题，都能参与这方面的研究，探索解决这个问题的可行之路。有人建议我提出一些解决问题的方法，在这方面本人很是抱愧，不愿意一、二、三地列出一些公认的大道理，只是想给农村学校的教师和有关人士提供一些参考，更希望有更多的人参与进来，为农村社会建设，为农村孩子的发展做出我们应该做的努力。

原刊于《现代中小学教育》1995 年第 6 期，修改后收入本书

十、李元昌老师教学的小故事

吴志超

（一）镇长听课到镇长讲课

1997 年 9 月 27 日，李老师在沈阳开会时，单位突然接到日本宫城教育大学岛森教授、佐藤雅子教授和市赖讲师要到我们秀水二中听他的作文课的通知。28 日。

他匆匆赶回单位，坐在火车上他构思着怎样上这节课。29 日他赶回学校时，正值我们学校放秋收假了，当时学校正在修建，我们得到这个消息，便立即通知师生返校，整理环境，迎接日本客人。

我们正在紧张地劳动着，突然，尚家屯的四五十名村民来到了学校。我知道他们的来意，是找李老师来了。1997 年，我们秀水二中为了探索农村九年义务教育一体化的实验，把治江村小学并在秀水二中内。原先，在中学和小学两所校舍之间有一条路，是尚家屯老百姓向南出入的一条路。两所学校合并后，修起了围墙，中小学合成一体了，将这条路也闭了。在围墙之外重新为尚家屯修了一条路。因为新修的路随着围墙拐了一个弯，尚家屯的村民很不愿意走这条新路，他们便将在原路的那段围墙推倒，继续在校园内通行。此事虽然多次向治江村民委员会反映，向镇政府反映，但三个多月过去了，始终没有得到解决。墙修起来了，又推倒了，再修，再推……

尚家屯的村民发现李老师外出回来了，便找他。要他放弃修围墙闭路，大家把他围在办公室内，要他马上表态，不然，村民们就要一直包围他，不让他出去。村民的心情可以理解，但路又不能不闭，墙又不能不修，他怎样解释也说服不了大家。那天，他心急如焚，实在没办法，他就当场给大家敬了个礼，说："乡亲们啊，明天日本客人要听我的课，今天我既得组织学生清理环境，还要备备课，请乡亲们能体谅我。"村民们说：好，我们不逼你，明天，你接待日本人，家务事咱们后天办。

第二天，日本客人来了，我们发现陪同日本客人的人中有刘中勋镇长。因为闭路和修围墙的事，李老师多次到镇里找过他，今天他来了，正好请他把这个问题解决了。后来李老师一想，不行，刘镇长可能会这样说：现在你主要的任务是上课，闭路修墙的事情上完课再说。可是上完课他陪同客人走了，还得到乡里找他。解决这个问题的最好机会看来只有在课堂上了。

离上课的时间还有四五分钟，他突然推翻了先前设计好的方案，一个新的方案临时产生了。

上课了，他让学生们汇报秋收假中的所见所闻，目的是集中这些材料，筛选出可供学生们作文的材料。学生们汇报了许多，但没有一个学生提到闭路的事情，也没有一个学生提到修围墙的事情。他有点着急，对学生们说："介于学校、家庭和社会之间的事情我们也可以提出来。"原来，以前为了促使学生把搜集作文材料的眼光投向社会，规定学生的作文不许写家庭和学校的事情，现在学生们听他把这条禁令解除了，其中有个学生便把这件事情提了出来。他和学生们一致同意把这个内容作为这次作文的主要内容。

为了使学生们对这个事情有个深入了解，他向学生们介绍了事情发生的经过，又让学生们从不同角度来讨论这个问题。还让家住尚家屯的几个学生站在尚家屯村民的立场上与班上的学生辩论。辩论中，突然有一个学生说："老师，学办不好，是学校的事情；路修不好，那是政府的事情，政府应该管这件事情。"听了这句话，他真的从内心里感谢这个学生，在这关键的时候说出了这样的话。这句话起到了承上启下的作用，他当时来了精神，接着这个学生的话说："同学们，你们提出的这个问题，我不宜解答，然而在座的有一位听课者可以回答这个问题，相信同学们一定会得到满意的答复，这位听课者就是我们秀水镇的镇长刘伯伯，下面请刘伯伯来给同学们上课！"

在大家的掌声中，刘镇长走上了讲台。先表扬了同学们关心学校，关心家乡建设的精神。然后刘镇长用洪亮的声音说："同学们，我们为了建校，闭了尚家老百姓一条路。现在，我们要还给老百姓两条路。新修的那条路不闭，我们在尚家村东，再给开一条路。尚家屯东有一条林带，通在乡路上，那条林带只有两三棵树了，我们请示林业局把树伐了，林带比较宽，不用占用老百姓的耕地，稍加修整，就是一条路。"（看来，怎样解决这个问题，刘镇长已是成竹在胸，如果早知这种情况，李老师很可能不会这样上课呢。）

在掌声中，刘镇长走下讲台，同学们开始作文，作文的内容，我不说大家也会知道，很具体、很生动，也很犀利。

三天以后，刘镇长亲自带领群众把林带修成了路。

下课的时候，我们请岛森教授评课，岛森教授说："我在日本听了近千节课，在中国已经听了十几节课，无论是在日本还是中国，教师、学生和听课的人能自然融合在一起，并且创造了十分利于学生能力发挥的环境，这还是第一次。"

李老师的这节课也给我们学校的其他老师一个可贵的启示：怎样做才能把听课者与师生结合在一起，把课内外内容结合在一起。

（二）由不教学生算数得到教学的启示

李老师1966年做小学民办教师，那时正是"文化大革命"的初期，全国上下都在批判"白专道路""智育第一"，"知识越多越反动"是当时流行的时髦口号，小学也停课批判封、资、修。1967年暑期后，他在南围子屯小学班教一、二年级复试班。一年级的学生是新生，多数学生一百个数还不会数，学算数很费力，像一加一等于二这样的算数题都感到困难。于是，他就把两个年级的算数课停了，只讲语文课（课本是《毛主席语录》）。他运用《毛主席语录》教孩子们识字、写字，教孩子们读文章，教孩子们作文，还领着孩子们背诵毛主席诗词，背诵毛主席著作中涉及的古诗词。这样教了三年，原先一、二年级的学生已经是三、四年级的学生了。一日，学校的"文化大革命小组长"（相当于现在的校长）找到他说，算数也是阶级斗争的工具，贫下中农反映，他不教学生的算数课，这个问题要上升到阶级斗争的"纲"上来认识。他回答说，你先别往"纲"上靠，过一个月，三、四年级两个年级学生你都用四年级的算数题测试，得出结果再说。一个月以后，学校用一套四年级的算数测试题考三、四年级的两个年级学生，成绩都比较好。经学校革命领导小组研究决定，三年级的学生集体跳一级，全部升入四年级。这样，他所教的复试班也就变成了四年级的单试班了。

　　大家对这个问题感到很奇怪，但李老师感到并不怎么奇怪。当时的农村学校，没有幼儿园，也没有学前班，孩子们到了岁数就上学。虽然是一加一等于二的算数题，但对还没启蒙的孩子来说，不亚于陈景润研究的哥德巴赫猜想世界难题。他虽然教的是语文，但语文中也含有算数。在把书翻到几页几页的过程中，学生们自然就学了数学，这样一年过去了，孩子们一百以内的加减法自然会了，学到三年，简单的乘除法也知道是怎么回事了。随着学生年龄的增长，他们的认识能力逐渐提高，以前难的，现在变成易的了；以前认为复杂的，现在变成简单了。再加上学生学了几年语文，认识问题的能力和分析理解问题的能力有了发展，这样，一、二年级的算数基本不用学就会了，三年级的算数用一个多星期基本掌握了，四年级的课程刚开始学，不到四个星期的时间也过关了（那时算数课本的内容比较浅）。

　　当时，他并没有对这件事怎么注意，倒是以后教学过程中遇到的一些类似情况常常引起他的思考和注意。小学生升入初中半年左右，在小学时的难题学生们就认为很简单了，初中生到高中学习一两个月，当时在初中费九牛二虎之力也解不开的题就能轻轻松松的解开。李老师就把这样的现象运用到他的教学过程之中了。

　　旧版初中语文教材第一册第一单元中，有篇课文是郭沫若的《天上的街市》，课后有一道问题，要求学生理解作者追求自由、幸福和光明的情感。多数学生对这道题难以理解，硬让学生会，也很简单，就是把《教学参考》中的答案让学生背诵下来即可。但那是背，不是学生的理解。遇到这种情况，他就跳过不讲，到二年级时，学生学了《牛郎织女》的故事，又学到陶渊明的《桃花源记》后，他再提到《天上的街市》这道题，学生就理解了，这是真正的理解，因为他们发现这三篇文章的构思立意异曲同工。

李老师又把这种现象推而广之在作文上。学生写的作文不合要求，他不急于要求他们反复修改，因为学生的作文就是他们当时知识能力的体现。在他的知识储备没有增加，认识能力没有提高，作文方法没有新的吸收，思想情感没有得到激发的情况下，即使反反复复地修改，也难以超出他当时的水平。李老师也相信"好文章是改出来的"这句话，但学生修改自己作文的时间要掌握好。对于那些不合格的作文，他保留起来，到一定时候让学生们自己修改。一般是一年级的作文到二年级时修改，二年级的作文到三年级时修改。那时，把学生们以前不合要求的作文发给他们，他们发现自己作文可改的地方很多，他们也有能力改好自己的作文了。有些学生的获奖作文就是在这种情况下修改出来的。

他运用这种经验进一步改造自己的作文教学。提出了"作文—阅读—改文—再读—再改"的设想。学生完成一篇作文后，不交给老师批改，而是让他们阅读相关的文章。如学生的作文内容写的是母爱，就找来一些与学生作文主题相近的作品（最好是风格不同、手法不同、体裁不同、立意不同的）让他们读，读后改自己的作文，改后再读一些内容相近的作品，这时学生常常是带着怎样修改好作文的目的去阅读，读后再修改。这样，学生写完作文后，在阅读中吸取"营养"，回头修改自己的作文，再读文章，再吸取"营养"，再改作文。他们一次次"吸取"，一次次提高，一般的学生经过几个这样反复过程，就真正的学会了作文。

利用这种现象，他又提出了"左手牵小学，右手攀高中"的教学设想，并在教学实践中得到验证。学生进入初中半学期左右，他让学生把在小学课本中学过的好文章、好诗歌再读一遍，学生从中发现了在小学时没有发现的很多值得积累储藏的"珍宝"。学完初三的功课，他并不组织学生进行应试复习，而是给他们讲一些高中内容的知识，让他们居高临下来看自己初中的学习。这样，既有利于巩固初中的知识，又有利于同高中衔接。

把自己教学中遇到的类似现象想一想，就会从中得到一些有规律性的东西，这是李老师的教学提供给我们的经验。

（三）故意泄题引发的一连串思考

一节课结束，学生们正好把《塞翁失马》学完，多数学生也都把这篇 150 字左右的小短文背下来了。只有那四个差生依然如故。李老师嘱咐他们，放学后用点功，明天检查他们的背诵情况。

第二天的语文课堂上，李老师检查这四个学生的背诵，和昨天一样。

第三天的语文课堂上，他把每一句的第一个字写在黑板上，以此引导他们背诵，结果是背诵三四句就卡住了，四人情况基本相同。

这真是朽木不可雕也，他当时对这四个学生失掉信心，想要放弃他们了。

可是，他又想，学生不会，正说明我们老师的无能。正因为学生缺知识，少能力，才有教师这个职业。教师的任务就是开智化愚，把不会的孩子教会了，把笨孩子变成聪明的孩子，把能力低的学生发展成能力高的学生，才是教师的作用。李老师认为凭哪一点，都没有放弃他们的理由：论岁数，自己比他们大；论能力，自己比他们高；论经验，自己比他们丰富。学生不会，说明自己方法不对头，然而，一味地督促他们背诵，在课堂上解决问题，恐怕是这条路已经走不通了。

此路不通，另寻他途。

期中考试的前一天，李老师找到这四个学生中的一个。问他，咱们的关系怎么样。这个学生说："李老师，您对我认真负责任，像我爸爸一样。"李老师笑了，对这个学生说，既然这样，那我就告诉你一个秘密，期中考试有一道文言文默写题，就是《塞翁失马》。你除了告诉那三个还没背诵下来的学生外，对其余的学生一律保密，这次你们和那些学习好的学生赛一赛。

那个学生惊喜地走了。

期中考试的卷子收上来时，他仔细看学生们的答题，发现默写文言文那道题，就数那没背下课文的四个学生答得好。多数学生的答题中，有的出现了错别字，有的把标点点错了，而那四个学生，从文字到标点，没有一处错误。当然，这次考试，那四个学生的成绩比较好。他也从中发现，期中考试过后，这四个学生在同学中头抬起来了，胸挺起来了，眼睛有精神了。但隔不几天却出现了一个怪现象，这几个学生见到李老师，就想躲开，有时不好意思地低下了头。但从这以后，这四个学生的语文学习再没有让李老师操心过，课本中没讲到的文言诗文，他们都提前背诵下来了，连没要求背诵的现代文精彩的语句、段落，他们也能背诵下来。当然，李老师表扬了他们，同学们也逐渐改变了对他们的看法，由以前的轻蔑变成了敬佩。

这四个学生的语文学习没让李老师再操心过，其他学科的学习也没让他再操心。英语老师惊喜地告诉他，这四个学生英语越来越好，成绩提高得很快。数学老师对他说，他们上课不搞小活动了，听课精神集中，成绩也比以往提高了。其他学科的教师也向李老师反映，他这四个学生变了，变得懂事了、可爱了。

这几个学生的变化怎么这么大呢？有一天，放学时，他和四个学生一起往家走。路上，他们告诉他，那次"泄题"后，他们四人有一个共同想法，背不下这篇课文，对不起李老师。他们在一起，一鼓劲就把课文背诵下来了，为了不出现差错，还相互出题检测。期中考试后，他们第一次取得好成绩，非常高兴。但又想，是老师考试前把题告诉了他们，自己又感到很惭愧，又担心以后成绩掉下来，让同学知道这次成绩高的"秘密"，在同学中丢人。于是他们几个人组成学习小组，提前背诵课文，给自己在老师的面前争回面子，在同学中证明自己是真正进步了。他们语文学习有了进步，又增强了向其他学科"进军"的信心。他们把自己同学习好的学生进行了比较，发现自己主要的毛病是贪玩、懒惰。于是几个人下了狠心，不再贪玩，抓紧时间学习。这四个学生还订立了计划，相互约束。他们四人抱成团，别人用一个小时学会的，他们就用两个小时、三个小时去学。别人投入十分力气，他们就投入二十分力气，自己要给自己争气，扔掉"差生"的帽子。

这四个学生变了，但他们的变化留给我们一连串的思索。变化的主要原因到底是什么呢？是李老师故意"泄题"给他们造成一次成功的机会，他们从中受到鼓舞，改变了自己。是他们改变了学习方式，由以前的被动学习变为主动学习，使他们各科成绩得到了提高。是李老师启动了情感钥匙，让他们进入了自我发展的大门。李老师当时是怎么想的呢？也许是几者兼而有之吧！当时李老师的说法是："课上不明课下明，教法不灵心法灵。"

（四）从篮球比赛 A、B 组的规则到单项分类计分法

1985 年的一天，李老师在备课室读报时，他看到一条篮球比赛的消息，马上把

体育老师找到办公室，问，篮球比赛为什么分成 A 组和 B 组呢？体育老师告诉他，根据各球队的水平，把相近水平的球队分在一个组内比赛，在水平相近的条件下比赛，能赛出成绩，赛出干劲，赛出水平，有利于各球队能力的提高。他又举一个例子，就像一个大人和一个刚学会走路的小孩子赛跑一样，小孩子无论如何努力，也追赶不上大人。如果把小孩子放在一起比赛，说不定小孩子也能跑出大人的水平来。体育老师的这一番话，引起了李老师的思考。他想起了对学生的各种各样的考试。每个班级，学生的学习都存在着差别，他们都处在不同的水平线上，相对来说，有高有低。然而对考试来说，往往是不顾学生的原有水平、基础如何，用同一张试卷，用同一水准来检测基础不同的学生，对相当一部分学生来说，这是很不公平的。这样就会出现成绩高的高、低的低的现象。成绩较低的学生也往往会因此影响到学习的情绪，丧失自信心，最后导致成绩越来越差。在农村学校，学生因此辍学的不在少数。篮球分组比赛，就避免了或者是缓解了这种矛盾，利用这样的思路可不可以对学生的成绩评估进行改革呢？李老师经过一番思考，在学生中试用了单项分类积分法。这种方法适合于对学生的单项成绩评定（如作文、朗读，也包括一些活动等在内）。

使用的程序是：

（1）分类。

通过测验和平时对学生的掌握情况，根据学生的实际能力，按上、中、下把学生分成甲、乙、丙三类。每类学生的基础分都是 0 分。

（2）明确标准。

对三类学生分别提出不同的要求，制定出不同的标准。在一般的情况下，甲类学生的标准相对高一些，丙类学生的标准相对低一些，乙类学生的标准介于二者之间。把标准公布给学生，让学生自己掌握。

（3）成绩评定。

成绩评定分为正 1 分、0 分、负 1 分。正 1 分表示在原有的基础上有了进步。如甲类学生中有一名学生的作文较前次有了退步，尽管他这次作文写得比乙、丙两类学生都好，也只能得负 1 分；丙类有个学生的作文尽管这次写得没有甲、乙两类的学生好，只要和前次比有了进步，也得正 1 分。

（4）升降级标准。

如每学期作文按 8 次计算，李老师规定：乙、丙两类学生只要积分达 5 分者便可升入上一级。甲、乙两类学生积分低于 0 分者，则降到乙类或丙类中去。

升降级一般在期末评定，但积分连续达到 5 分者，可提前升级。升级后，成绩仍按原积分计算。如丙类学生中有个学生连续积分 5 分，升到乙类中去，其成绩仍按 5 分计算。

甲类学生不能再升级，丙类学生不能再降级，可根据积分情况排名次。

这样的评估方法实行后，学生既欢迎，又感到新鲜。特别是那些学习成绩较差的学生，对这样评估他们的成绩，感到公平，有奔头。他们说，以前我们怎样努力，只要成绩低，不及格，一切都白努力了。现在我们只要有一点进步，就在成绩上体现出来了。还有的学生说，这样测试我们的成绩，我们就不怕考试了，以前怕考不好，心里发慌，会的题有时就答错了；现在，这些压力都没有了，有时平时答不上的题，考试时竟然答对了。

这样的方法实验一个学期，李老师就把它由单项评定应用到期中、期末的综合成绩测试上。根据平时的掌握情况和学生自己申请，把学生分成甲、乙、丙三类，出三类不同程度的试卷，尽量使学生能在同一水平上展开竞赛，发挥他们的能力。然后，在语文学科取得经验的基础上，又向其他学科推广，效果都很理想。有些学习成绩低的学生到后来提高了、发展了，这种成绩评定的方法起到了一定的作用。

大千世界相同的事物很少，或者说没有，但道理相通的事物却很多。虽然体育竞赛和学生的成绩评定不是一个范畴的事物，但同我们平时教学的事情一联系起来，有时就会从中得到启发，导致教学方法和管理方法的改变，从而起到促进学生素质提高的作用。

李老师注重知识与生活的结合，看球赛的人很多，但能从球赛中得到教学道理的人却为数不多。他常说，学生学语文，很重要的一点就是要有语文学习的眼光，用这样的眼光去搜索生活，就会时时处处把自己置于学习的课堂中。同样，做教师的，要有教育的眼光，用教育的眼光搜索生活中的一切，就能从生活中获取很多教育学中得不到的知识和道理。

（五）语文试卷考数学

在一次语文测验上，学生们惊奇地发现，阅读题部分选的不是语文课文，也不是课外文学作品，而是下一节数学课学的内容。学生们以为他把试卷弄混了，纷纷举手发问。他回答说："没错。"他们又问，为什么是数学的内容？他对学生们说，我们学了说明文，就要学习怎样阅读说明文。学生又问数学课本的内容是说明文吗？他把说明文的概念说了一遍，学生们承认了。这时有个学生又问，这一节的数学说明文还没学到，我们怎么阅读呢，怎么答题？他回答说："学到的、学会的，就不一定考你们，考的就是你们怎么会学、学会这个问题，要你们解开的也就是这个问题。"

他在试卷所选的数学内容上，拟了几道阅读题，数学课本中这一节内容后的练习题也选了进来。要求学生既要答阅读题，也要答练习题。有相当一部分学生的答题比较理想。以后，他又在语文试卷中选取了物理课本、化学课本等课本的内容。

不但成绩测验是这样，他平时讲课也经常把其他学科的内容糅合在教学中。有一回，他给学生出了一道这样的作文题："天上掉馅饼"经常用来比喻成不可实现的事情，要求同学们在作文中实现，一再强调用学过的生物知识实现。面对这道作文题，有的学生这样写的作文，说街上有一个馅饼铺，被龙卷风刮到天上，一个人在街上走，正好馅饼掉在他的嘴里。还有的学生说，科学家研究出一棵长得很高大的树，在阳光照耀下就能结馅饼，人在树下过，馅饼就能掉在人的嘴里。李老师认为这样的作文都不符合题意要求，而有个学生却写出了令大家满意的作文。他是这样写的：若干年后，人类破解了光合作用之谜，人类自己就能够生产粮食或身体所需要的营养了。那时，人居住房屋的瓦，不是用陶土烧制的瓦，而是用高浓度叶绿素制成的。家家屋里的天棚上，有一台人体营养加工器，天棚下有一个椅子，里面有人体营养探测仪。人坐在椅子上，探测仪探测出人体需要什么营养，通知给加工器，加工器通知房顶用叶绿素合成的"瓦"，"瓦"就把人体需要的营养输送给加工器，加工器把它制成馅饼形状。在天棚所对椅子处，有一个自动开启的窗口，馅饼就从这个窗口中掉下，正好落在人的嘴上。李老师认为这篇作文好，表扬了这个同学。

他上的语文课，我们称之为"四不像"，有时语文课里有物理，有时有数学，有时有政治，有时同历史、音乐糅合在一起。

我们问他，为什么这样上语文课？他回答说，我不是教语文，而是用语文教学的形式去培养人。语文教学要让学生的思想从语文课本中走出去，走到各学科中，走到生活中去学语文。让学生形成综合各种知识解决问题的能力，让学生以后能凭借语文的知识、能力形成自我学习、自我获取、自我提高、自我发展的能力，激活他们的创造力，给他们终生享用不尽的法宝。

　　李老师这样的观点，虽然当时我们还不能理解，但事实却给了证明。

　　实验班的学生有一个明显的特点，就是自学能力强，他们的学习常常走在老师讲课的前面。有很多学生在初二暑假期间，把初三的数学自己学完了，还有的学生把初三的物理也自己学习了。

　　在毕业生中观察，有几个学生回乡后，他们没有进培训班、培训学校学习，而是通过自己阅读有关的书籍，就掌握了一项或几项专业技术。

社会反响

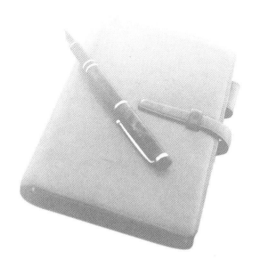

一、表彰决定

（一）中共吉林省委、吉林省人民政府
关于授予李元昌"竭诚奉献农村教育事业的好教师"称号的决定
（2006 年 8 月 28 日）

　　李元昌同志是吉林省教育学院初中语文教研员，教授，中共党员。从教 40 年来，他凭着对党和人民教育事业的无限忠诚，对教育工作的无限热爱，对广大农民群众的深厚感情，以忘我的工作热忱投入到事业之中，充分展示了新时期共产党员和人民教师的良好形象。

　　李元昌同志始终致力于农村的教育事业。他执着追求，矢志不渝。

　　大学毕业后，他自愿返回家乡当中学教师，几十年来始终把改变农村教育的落后面貌当作自己肩上的重任、毕生的责任。他勇于探索，锐意革新。开创性地进行农村教育教学改革，首倡实施素质教育的"大语文"观，首创农村"教研教改基地"和"农村教师城市培训基地"，积极组织名师送课下乡，其教育思想和有效做法为农村的教育教学探索了一条新路。他顽强拼搏，无私奉献。虽然身患癌症，却始终坚守工作岗位，奔波在农村教育教学改革的第一线；虽然收入微薄，家境清贫，却力所能及地资助农村的教师和学生，无私地支援农村的教育事业。

　　李元昌同志在农村教育教学改革方面取得的突出成就和忘我工作的奉献精神，得到了党和政府的充分肯定。1995 年以来，他先后被评为全国劳动模范、全国中小学"十杰"教师、特级教师、省管专家，并享受国务院特殊津贴，2005 年被省教育厅党组授予"竭诚奉献农村教育的好教研员"称号。

　　李元昌同志是新时期共产党员的光辉典范，是人民教师的杰出代表。他的先进事迹具有鲜明的时代特征和普遍的教育意义。宣传、学习李元昌同志的先进事迹，对于全省上下进一步贯彻落实"三个代表"重要思想、树立和落实科学发展观、践行社会主义荣辱观，对于加强党的先进性建设、推动社会主义新农村建设、构建和谐吉林，

具有重要的意义。省委、省政府决定，授予李元昌同志"竭诚奉献农村教育事业的好教师"称号，并在全省范围内广泛开展向李元昌同志学习的活动。

学习李元昌同志，就要学习他的理想追求、创新精神和崇高境界。当前，树立和落实科学发展观，扎实推进社会主义新农村建设，迫切需要一大批像李元昌同志这样的优秀共产党员。各级党委、政府要把开展向李元昌同志学习活动与贯彻落实"三个代表"重要思想，与加强党的先进性建设，与开展社会主义荣辱观教育，与构建社会主义和谐社会的实践有机结合起来，切实抓出成效。

省委、省政府号召，全省广大党员干部群众要以李元昌同志为榜样，艰苦奋斗，开拓创新，为扎实推进我省社会主义新农村建设、振兴吉林老工业基地、实现全面建设小康社会宏伟目标而努力奋斗。

（二）中共吉林省教育厅党组
关于向竭诚奉献农村教育事业的好教研员李元昌同志学习的决定

各市、州教育局，各高等学校、省直属学校：

李元昌同志是吉林省教育学院初中语文教研员，教授，中共党员。他从教四十年，始终坚持为农村教育事业辛勤耕耘，无私奉献，做出了突出业绩，表现了人民教师的高尚师德和共产党员的崇高精神境界。

李元昌同志1966年开始当农村民办教师，1977年考入长春师范学院。1979年毕业时，主动要求回到家乡榆树县秀水乡中学当教师。为解决农村孩子就学难的问题，他领头创办了秀水二中。1985年，他以一线教师的身份，在自己所教的班级进行"农村语文教学为当地培养高素质劳动者服务"的教学改革实验。连续4轮长达13年的教学改革实验，为全省农村实施素质教育做出了重要贡献。由于工作业绩突出，他被评为全国劳动模范、全国中小学"十杰"教师、特级教师、省管专家，并享受国务院特殊津贴。

1999年上级把他调入省教育学院任语文教研员。到了新的工作岗位，李元昌同志仍心系农村教育，以带病之身积极开展农村教育教学研究和农村教师培训。他创办了"农村教研教改基地校"和"农村教研教改基地"，让农村学校就近实施校际协作，通过在教研员指导下开展多种教研活动，解决当地实行素质教育过程中遇到的问题，提高当地教师的专业素质，取得显著效果。他创造的一些成功经验正在逐步推广。他积极发动城市里的中学名校，开展为农村学校无偿培训教师活动。他自筹经费创办《农村中学语文教育》专刊，为农村教师开展学术交流提供园地，并免费向农村教师赠阅。他还从城市学校募集资金和物品，帮助农村学校改善办学条件。他不顾自己身患重病，长年深入基层，跑遍了全省绝大部分县、乡中学。他家境虽清贫，但还时常拿出自己的奖金和工资来支持农村教育。他尽一切可能，不遗余力地为农村教育办实事、办好事，心甘情愿，无怨无悔。他把改变农村教育落后面貌当成自己终生的责任。他的精神感人至深，催人奋进。

李元昌同志是全心全意为农村教育服务的典范，是教育教学改革的先锋，也是市场经济环境下保持共产党员先进性的楷模。他的精神是全省教育战线的宝贵财富。为贯彻落实《中共中央国务院关于进一步加强和改进未成年人思想道德建设的若干意见》和《教育部关于进一步加强和改进师德建设的意见》，省教育厅党组决定，授予李元昌同志"竭诚奉献农村教育事业的好教研员"称号，在全省教育系统开展向李元昌同志学习的活动，号召各级教育行政部门、各级各类学校与教育机构的广大教师和教育工作者向李元昌同志学习。

学习李元昌，就要像他那样时刻把百姓的利益放在心上。他认定改变农民命运的根本出路在于办好农村教育，所以他一有机会就想"尽力为农村教育办点事"，决心一辈子奉献农村教育事业。对农民兄弟的责任感，对改变农村落后面貌的责任感，是他持久奋斗的动力。我们学习他，就是要以这种对人民负责的高度责任感来做好教育工作。

学习李元昌，就要像他那样不断追求和创新。李元昌同志在工作中总是主动提出新目标，积极实现这个目标，然后又提出更新的目标。他的事业追求是永无止境的。这种改革创新精神是中华民族伟大进取精神的体现，是时代的需要。我们应当破除满足现状，不求进取的思想，像李元昌同志那样立意高远，锐意改革，不断前进，不断有新的作为。

学习李元昌，就要像他那样爱岗敬业，脚踏实地地工作。他不尚空谈，面向实际，面向基层。他在几年时间里，几乎跑遍了全省县、乡中学，走访了无数基层教师和校长，所以他能够坚持一条实事求是的思想路线来抓好本职工作。我们应当以他为榜样，力戒飘浮，实事求是，一步一个脚印地做好本职工作。

学习李元昌，就要像他那样克己奉公，舍小我为大我。他为了农村教育事业的需要，默默地牺牲了很多个人利益和个人幸福，但无怨无悔。他有很多挣钱的机会却从不谋求生财之道。他为工作为他人慷慨解囊，自己却节衣缩食，安贫乐道。他内心世界丰富而充实。我们要学习他，树立正确的名利观、幸福观，在市场经济的大潮中站稳脚跟、头脑清醒、做一个高尚的有益于人民的人。

要通过开展学习李元昌同志的活动，进一步提高全省教育工作队伍的思想素质、振奋改革精神、净化行业风气、形成协作氛围，从而提高教育整体水平。

当前，落实科学发展观，促进教育均衡发展，特别是促进农村教育发展，是教育战线的重大课题。各级教育行政部门、各级教师进修院校、各有关高校、城市中小学校和有关部门，要按中央要求，从实践"三个代表"重要思想和全面建设小康社会的战略高度，将农村教育作为教育工作的重中之重来对待，要重视和关心农村教育，采取切实行动，为农村教育、农村教师办实事。通过优先发展农村教育，加快我省全面建设小康社会的步伐。

教育部门的党组织，要把学习李元昌同志先进事迹与开展保持共产党员先进性教育活动结合起来，组织广大党员，在理论学习的基础上，对照李元昌和其他党员先进典型，查找自己在理想信念、事业心和责任感、坚持党的宗旨等方面存在的问题，深入分析评议，认真进行整改，进一步增强党员队伍和党组织的创造力、凝聚力、战斗力，为办好让人民满意的教育提供坚强的政治保证和组织保证。

中国共产党吉林省教育厅党组

2005 年 9 月 6 日

（三）吉林省教育委员会关于开展学习李元昌先进事迹的通知

各市（州）、县（市、区）教委（局），各大企事业办学单位：

李元昌同志是我省榆树市秀水镇二中语文教师，名誉校长，中学语文特级教师。

为了振兴家乡的教育事业，李元昌 1979 年毕业后主动回乡投身于农村初中语文教学工作，十几年如一日，无私无悔，甘于奉献。从 1985 年至 1994 年，连续进行了三轮共九年的"语文教学为提高未来劳动者素质服务，为当地两个文明建设服务"教改实验，摸索出一条语文教学为农村两个文明建设服务的有效途径，总结出一套切合农村教育实际的培养农村新型人才的教学方法和成功经验。李元昌同志的做法和经验已经在全省得到大范围的推广和普及。他先后被评为长春市拔尖人才、振兴吉林二等功臣、长春市劳动模范、吉林省特等劳动模范、1995 年享受国务院特殊津贴，并获全国先进工作者等光荣称号。1996 年 10 月，他又被评为全国第二届中小学中青年"十杰"教师，受到表彰和奖励，光荣地受到党和国家领导人的亲切接见和高度评价。

李元昌同志是我省深化教育改革，探索基础教育为两个文明建设服务过程中涌现的先进典型，是广大中小学教师的杰出代表。李元昌同志的先进事迹和优秀品质，集中展现了在改革开放新形势下人民教师的形象，对我省教师形象塑造乃至教育事业的发展具有十分重要的意义。为此，省教委决定，在全省教育战线大力宣传李元昌的先进事迹，广泛开展学习李元昌同志的活动。

学习李元昌同志，要学习他热爱教育事业，全面贯彻党的教育方针，无私奉献的精神；要学习他勇于开拓、锐意改革的意识；要学习他踏踏实实、埋头苦干、艰苦奋斗、淡泊名利，在平凡的工作中创造出非凡业绩的精神。李元昌同志较好地解决了在社会市场经济建设过程中教育怎样为两个文明建设服务，由应试教育向素质教育转变，特别是从教学领域改革入手，富有成效地探索总结了农村地区学生辍学、流失这一普及九年义务教育关键问题的规律和经验，总结了针对农村学生特点进行教育教学的行之有效的方法，对我省基本"普九"之后巩固提高工作具有现实和长远意义。

开展学习李元昌同志的活动要同促进我省基础教育为社会主义现代化服务，适应社会主义市场经济发展，为两个文明建设服务结合起来；要同全面贯彻教育方针，深化教育教学改革，加速应试教育向素质教育转变，减轻学生过重的课业负担结合起来；要同开展"树师表形象、创行业新风"活动结合起来；要同加强师资队伍建设，建立科学的管理体制结合起来。

向李元昌同志学习的活动是促进我省教育改革的一项重要内容，各地要认真部署工作，切实抓好落实，要运用多种形式宣传李元昌同志的事迹，要结合学校工作和本职工作的实际，有针对性地组织学习，务求取得实效。

附件：全国十杰中青年教师李元昌同志事迹简介（略）

1996 年 12 月 1 日

二、教改评议

（一）关于李元昌语文教改实验的鉴定意见

　　榆树市秀水二中李元昌同志，从 1985 年起连续进行了三轮共九年的"语文教学为提高未来劳动者素质服务，为当地两个文明建设服务"教改实验，在 1994 年 4 月 13 日至 14 日，由省教委、省教育学院、长春市教委联合召开的"总结推广李元昌语文教改经验大会"上，与会领导、专家、教师听取了榆树市教育局的介绍，李元昌本人的报告，参观了李元昌语文教改成果展览及秀水二中，与李元昌任课的学生、往届毕业生、学校的领导与教师、所在乡镇干部与家长进行了座谈，并听取了柳河于海生、大安范秀松、舒兰三十一中等学习李元昌经验推动教改深入发展的汇报。

　　大家认为，李元昌的教改实验成效显著，具有强烈的时代精神、深远的现实意义与重大的推广价值，应该在全省中小学尤其是农村中小学广泛地宣传与推广。

　　经过讨论，大家对李元昌的语文教改实验从如下几个方面取得了共识。

1. 李元昌教改实验的本质

　　李元昌是新形势下教书育人、无私奉献的典型；是适应社会主义现代化发展，为提高未来劳动素质服务，适应社会主义市场经济的发展，为当地两个文明建设服务的典型；是深入进行教育、教学改革，以推动普及九年制义务教育的落实与发展，特别是解决初中学生辍学这一重要问题的典型。

　　李元昌的教改实验立足点高、方向明确、具有鲜明的针对性和切实的成效。他的经验不仅对农村学校，而且对城市学校，不仅对中学，而且对小学，不仅对语文学科，而且对其他所有学科都具有值得学习与借鉴的意义。

2. 李元昌教改实验的主要精神

　　（1）以辩证唯物主义的世界观与思想方法为教改的指导思想。李元昌处处、时时、事事认真地遵照"从实际出发"这一马克思主义的根本点与出发点进行教改，他切实做到了密切结合我国社会、经济发展的实际，结合当地农村生活的实际，结合学生的思想、心理、知识的实际，特别是从"教学有法而无定法"的正确原则出发，鲜明地提出了"最好的教学方法是从实际出发自己创造的方法"。

李元昌的教改实践过程中，处处充满了辩证法。如他对学生学习中内因与外因的关系，对语文教学与社会主义大课堂及其他学科的关系，对语文教学在学校教育、学生成长中的地位，对语文教学与学习的主要矛盾的认识与做法等。特别是他用生产力的眼光来看待语文教学所提出的一系列观点，更是充分体现了以辩证唯物主义为指导，对社会主义市场经济体制下教育的本质与改革方向的深刻认识。

（2）以尊重教育、教学规律为教改实验的出发点。李元昌教改经验可贵之处之一，既在于他深刻地认识到了教育必须适应社会主义现代化与社会主义市场经济的发展，又坚定、清醒地尊重和探讨教育、教学规律，自觉遵照教育规律办事。由此出发，李元昌较好地处理了语文教学与社会生活的关系、语文教学目标中几种能力之间的关系、语文教学内部各因素之间的关系，从而保证了教学质量的不断提高，解决了困扰当前中小学教育的课堂教学效率不高的问题。

由此出发，李元昌关于语文教学要培养学生"语文眼光"的认识，关于"教给学生再获取知识的知识，培养学生再形成能力的能力"的观点，关于作文教学中"放—收—放"教学的实践，关于各种教学方法的借鉴与创造等，都取得了良好的效果。

（3）以为农村两个文明建设服务为着眼点。李元昌的教改紧紧围绕建设有中国特色的社会主义，从为农村物质文明与精神文明建设出发，在更新教育观念、端正教育思想、改革教学内容与方法等方面，成为当前中小学教育战线一个当之无愧的优秀典型。重视通过语文教学对学生进行热爱农村、热爱家乡、立志建设与改造家乡的教育，通过讲读教学、作文教学、课外活动、语文课与其他科目的联系沟通等途径，坚持深入、细致、有效地培养学生的爱农、爱劳动的思想。他重视结合农村学校特点，从提高课堂教学效益入手，在弥补学生小学阶段学习欠账的基础上，用两年时间保质保量地完成三年的教学任务，不仅减轻了学生的负担，有利于其他课程的学习，更有利于学生开阔眼界和参加农业生产实践活动。他特别重视解决学生辍学问题，从思想、精神、学习、生活乃至于经济上各个方面给学生以无微不至的关怀，并且反复、耐心地做家长的工作，从而较好地解决了学生流失与辍学的问题，并且在这方面做了大量的调查、深入的分析与有益的研究，他的经验对解决当前农村学生辍学的严重现象，有着非常重要的意义。

　　他特别重视对差生的培养与教育，他采取各种行之有效的方法，帮助差生端正思想、树立信心，特别是帮助他们树立良好的学习品质与习惯。他通过对课堂教学方法、考试方法、评价方法的改革，较好地做到了因材施教，极大地调动了差生的学习积极性，使一个村办中学的学生取得了令人瞩目、令人佩服的成绩。李元昌对流失生与差生的工作，是建立在他对教育必须为农村两个文明建设服务的认识基础上的，只有这种高屋建瓴的眼光，加上艰辛的劳动、无私的奉献、深入的改革，才能够取得这样丰硕的成果。

　　（4）以全面贯彻教育方针、提高未来劳动者素质为教改试验的目标与归宿。李元昌比较好地落实了由应试教育向素质教育的转变，身体力行地对学生进行素质教育。他注意把坚定正确的政治方向放在首位，从提高未来劳动者的素质出发，改革课堂教学，提高教学质量，使学生得到全面发展。他有效地培养学生立志成才、改造家乡的志向与感情，他教育学生"升学是为了成才，不升学同样可以成才，学习不是为了升学而是为了成才"，这种思想在他教过的所有学生中都成了自觉的认识与行动。李元昌教的学生在学校里即关心家乡、关心农村、关心社会主义现代化建设，学习期间即通过语文学习获得的能力为家乡两个文明建设做出了有益的贡献，得到了村乡干部与家长的好评。他教的学生在当地起到良好的带头作用，有的成为带头劳动致富的"能人"、科技能手或精神文明建设的骨干。

3. 李元昌教改试验的意义

　　（1）鲜明的时代性。李元昌的教改试验，是在改革开放的新形势下，在向社会主义市场经济转轨的过程中，在邓小平同志建设有中国特色的社会主义理论指导下，正确的教育思想在语文教学与改革中的体现。他贯彻了为提高未来劳动者素质服务，为当地两个文明建设服务的宗旨，他致力于全面贯彻党的教育方针与落实《中国教育改革和发展纲要》，并且化为自己的教育思想，因此是时代的典型。

　　李元昌本人的奉献精神、改革精神同样有着鲜明的时代性，对当前广大教育工作者怎样作一个名副其实的"人类灵魂工程师"，怎样在社会主义市场经济建设过程中既抓住机遇又接受挑战，有着深刻的、现实的教育意义。

　　（2）强烈的针对性。李元昌较好地解决了教育怎样为两个文明建设服务，怎样由应试教育向素质教育转变，特别是从教学领域改革入手，富有成效地解决了落后农村地区学生辍学、流失这一普及九年制义务教育的关键性问题，对完成当前教育

专家在对李元昌经验论证

所承担的重要任务与解决面临的严重困难，提供了针对性、可行性极强的经验。

（3）广泛的普遍性。李元昌的教改试验思想先进、立足点高，学校条件差而成果显著，因此，他的经验适用于各个学科，适用于中学与小学，适用城市与乡村，可以而且应该普遍推广。

> 吉林省教委、吉林省教育学院、
> 长春市教委李元昌教改验收小组
> 张翼健执笔
> 1994 年 4 月 14 日

（二）张翼健论李元昌语文教学改革

张翼健先生是我国著名的语文教育家，生前是吉林省教育学院副院长，全国中语会副理事长，也是我的教改导师。在本书编辑过程中，曾邀先生为我的农村语文教改实验写一篇评论，先生欣然应允，然而刚写下寥寥数语，先生就猝然离世（见本书《我的成长之路》）。1992 年，也就是我的第二轮教改通过验收后不久，先生对

教改取得的成果激动不已，一口气连写 5 篇文章，在《吉林教育》上连续发表。现借本书再版修订之机把这 5 篇文章收入，并以此缅怀先生对我的支持和帮助。

其实，先生这几篇文章是借我的教学改革，阐述他的教育思想和教学观点，以此引领中学语文教学改革。虽然已过二十多年，今天读起先生的文章来仍然有醍醐灌顶之感：先生之文既是为我而写的，也是为我国千千万万语文教师而写的；不仅是为昨天的语文教师而写的，也是为今天和明天的语文教师而写的。各位同仁如能研读先生的这几篇文章，也许会在您的教育教学旅途中找到一条康庄大道！

辩证唯物论是语文教改的唯一指导思想
——李元昌给我们的启示（之一）

秀水二中，一个小得不能再小的农村初中，全校只有六个班，除了几间由原大队机房改成的简陋教室外，全体教师挤在一间屋子里办公。图书馆、实验室、音乐教室在这里根本没有立锥之地；计算机、打字机、音像设备在这里是想都不敢想的奢侈品；最低档次的录音机也是刚刚才有了一台。1987 年，学校才完成一项前所未有的"基本建设"，盖上了一间厕所。任何一个参观者，一走进二中都会立即惊愕不已：为这里房舍设备之简陋，为这里实在没有一点儿可值得参观的物质条件。

李元昌，一个普通得不能再普通的语文教师，其貌不扬，刚一接触时谈吐也不惊人，而且只是一个大专毕业生，经过函授学习才取得本科文凭。

然而，就是这样一个普通教师，在这样一所小小的学校里，取得了国内外瞩目的成就，这的确能给予我们许多有益的启示，的确应该引起我们认真的思索。

我们所进行的教育、教学改革，必须以辩证唯物主义为指导，舍此而无他。任何资产阶级的哲学思想，哪怕是最先进的，任何自然科学的成果，哪怕是最新鲜的，都只能拿来借鉴与参考，而不能以之为指导。这是李元昌取得成功的一条重要经验，也是他给予我们的一点重要启示。

我们国家所进行的改革，是社会主义制度的自我完善；我们所从事的教育、教学改革，也是为着社会主义现代化事业服务的。这就应该而且只能以无产阶级的世界观与方法论为指导，而许多教师的经验虽然也是这么做的，可是他们自己并不怎么自觉，而李元昌则是比较自觉的。前几年，一股怀疑甚至否定辩证唯物主义的思潮对教育界也有影响，有的人不再坚持按辩证唯物主义办事了，而李元昌则是始终坚持的，这正是他的可贵之处。

之所以这样说，是因为李元昌的实验从改革的宗旨、整体方案，直到每一个具体步骤、每一个细微行动，都是认真而切实地遵照从实际出发的原则办事的；李元昌整个实验过程中，随处可见活生生的辩证法。

在李元昌的思想意识里，牢牢地扎下了从实际出发——我们党思想路线的根本点与出发点的根子，他的改革实验从来不离开自己学生的实际、农村教育的实际以及农村社会生活的实际。

只拿从学生实际出发这一点来说，他对学生的了解，是从学生入学前就开始做起，直到学生毕业后仍然进行的；他对学生的观察，是从思想意识、品格个性、意志兴趣直到学习方法、习惯、成绩全方位的；他对学生的认识，是从学校到家庭再到社会整个生活中的；他对学生的关心与理解，是表现在学生的思想、生活、学习乃至家庭各个方面的，是表现在他所教过的每一个学生（不管是成绩好的还是差的，不管是思想表现好还是有缺点错误的）中的，是表现在所有学生在校学习整个过程中，是用他自己的全身心的热爱与诚挚去进行的。因而，他做到了对学生有透彻的了解，也就真正做到了教学与改革的有的放矢。

比如，他不仅从来不认为农村的孩子天生比城市学生笨，不仅有着非要把自己家乡子弟教育成才的倔强的劲头与执着的追求，而且，他对那些成绩较差的学生做了认真的、深入的分析，研究出使学生取得更快进步的规律。

他调查了所教的 1985 届学生，入学时及格率只有 23%，小学语文学习欠账惊人，多数学生连起码的查字典能力、汉语拼音知识都没有掌握。因此，他在入学初先集中地给学生把这些知识补齐。但是，他并不把这些看成是死的知识与一般的技能，而是在正视农村教育现实，审视学生知识结构的每一个环节，立足于学生的长远发展之后，从教给学生"再获取知识的知识，再形成能力的能力"出发的，这样，学生学习就有了后劲。可见，他在学生入学后两周内不开新课，补上小学语文学习的必要知识，是从实际出发。此后，他却又用两年时间教完了初中三年全部课程，也是从实际出发——因为他已经培养了学生足够的能力。

不仅如此，他把成绩好的学生与差的学生分析比较后，还认识到，学习差的学生往往把课本和教师的讲授作为知识来源的唯一渠道，常处于被动的学习状态中，而且差因不同，成绩差的表现方面也不相同，教师是不能用一个统一的模式或固定的办法专门教他们的。因此，李元昌强调增强成绩较差学生的"主动学习意识"，使他们能自我完善、自我提高。他又从差生之所以差，不只是知识少、能力低，往往是学习品格也差这一实际出发，认识到培养学生良好的学习品格，纠正他们不良的学习习惯，是促使学生转变的非常重要、不可忽视的因素，因而采取了许多针对性的"治疗措施"，取得了明显的效果。

在学习特别是总结李元昌的教改经验时，有一个常令人"困惑"之处，那就是他在讲读教学、作文教学中所用的方法特别多。这些方法有他借鉴别人的，更多的是他自己发明的"土"法，并且不断发展、不断增加、不断变化。其实，这正集中表现了他的从实际出发的教育、教学思想。"教无定法"的哲学根据就是从实际出发，而要想真正取得教学效果，就绝不能把教法搞得僵化、模式化、固定单一化。那种把"×步教学法""×课型结构法"奉为金科玉律的做法，是头脑僵化、懒惰、忽视学生实际与发展的表现，而那种把某一教学方法捧为"最优"、拜为"最佳"的做法则无异于商品广告中的狗皮膏药。

李元昌的改革实验，还向我们生动地展示了唯物辩证法的威力与生命力，他并不拒绝学习别人的包括外国的好的教学经验，但是绝不盲目照搬。当报刊上不绝如缕地出现所谓"用'三论'（后来又用'新三论'）指导语文教学改革"的"经验""理论"的文章时，他却老老实实且坚定地按照唯物辩证法行事。

比如，他从"整个世界是一个有机的整体、事物之间都存在着某种联系"的观点出发，指导自己的教改实践。他把社会看成是学生学习的大课本，而各门学科则是一个个小课本。但他又把初中各科课程看成是一个综合性课本，而语文则是这个综合性课本的一个单元或一个部分。因此，他在教学中自觉地、有意识地把语文同其他学科联系起来、综合起来，把课堂教学同社会实践结合起来。这方面的具体事例不胜枚举，只要读一读那本社会气息、乡土气息浸透了的学生作文选《江花田苗》

（编者注：后改名为《田野上的小花》），就不需要再有任何别的证明了。

再如，他不是口头上或者片面地谈"学生是学习的主人""调动学生学习的积极性"，而是辩证地把学生既作为教育、教学活动中的客体，又作为学习过程的主体。其实，从哲学上说，"以教师为主导，以学生为主体"的概括并不科学。李元昌首先把学生作为自己的研究、教育对象——客体，因此，他才能潜下心来，把全部心血用来调查、分析学生各方面情况，并有效地教育学生成长；同时他又认为在学习过程中学生是主体——相对于他们所要掌握的知识这一客体而言，因此，他想尽各种方法，调动学生的内因这个学习的决定性因素。在学校里，学生既是客体又是主体。李元昌这一唯物辩证法的认识，使他最终能够取得显著的成绩。

还应指出的是，李元昌对任何事物都不是静止不动的，而是运动着、发展着的这一观点，认识得那样清晰，把握得那样透辟。这不仅表现在他从不把学生的思想、学习成绩看成是一成不变的，不仅表现在他总是在不断地更新、改造，以便摸索随时适应学生实际的教学方法，尤其表现在他敢于否定自己，他并不把自己创造的经验视为神圣不可侵犯这一点上。他在介绍经验与文章中多次谈到所使用的一种激励学生学习积极性的方法，并总是这样说：这种方法初一上学期很有效，下学期效果就下降了，到初二就不能用了。这正说明了他从不固执己见和故步自封。

《吉林教育》1992 年第 1 期

关键在于教育思想的转变
——李元昌给我们的启示（之二）

农村中小学教育，必须为当地经济发展服务，这已经是大家的共识。但是，认识到与实际做到还有相当大的一段距离。

只要提出下面这样一个现象就足够了。我们还远远没有清醒地面对这样一个事实：21 世纪农村社会主义现代化建设的主力军，在农村实现第二步宏伟目标的建设者，正是现在农村中学毕业或辍学后返乡的学生——也就是大多数学习成绩中等或下等的学生。但当前比较普遍存在的现象是：漠视甚至歧视、放弃对学习中差生的培养，而只把注意力集中在少数有希望升学的"尖子"身上。这怎么能说是落实了教育为社会主义现代化服务呢？中国，毕竟还是一个比较落后的农业国；吉林省，又是一个比较落后的农业省。

因此，切实地贯彻马克思主义全面发展的教育思想，全面贯彻党的教育方针，从为农村两个文明建设服务出发提高学生的素质，这是农村中学办学与改革的根本点。而要实现这一点，首先必须真正的而不是口头上的实现教育思想的转变。

李元昌正是实现这一教育思想根本转变的代表者。他从1985年开始搞教改实验，就把目标定在为农村两个文明建设培养人才上，而且认识越来越明确，措施越来越完善。他有这样的认识：我们当然不是一概反对学生离开农村，随着社会主义经济、政治的发展，必然会有逐渐增多的人到城市工作，但是这毕竟是少数，多数学生还得留下来建设农村；何况农村也不能永远落后，也要逐渐缩小与城市的差别，而且中国社会主义现代化建设的成功基础在于农业的成功。因而当前农村基础教育的发展，首先要弄清楚下面的问题：农村社会主义现代化建设者需要具备什么样的素质？农村学校培养出来的人愿不愿意为农村服务？怎样使学生既有热爱祖国、热爱家乡的思想感情，又有建设家乡、改造家乡的志向与能力？

具体地说，李元昌是从这样几个方面实现教育思想的转变的。

首先，真正地坚定地面向全体学生。正因为元昌认识到，农村两个文明建设要靠现在的在校学生，所以他力争不让一个学生掉队。他有一种执着的追求，从不认为农村学生天生笨，从不认为农村学校条件差就教不出好学生。他有那么一股子劲，非得和城市学校比一比，非要把家乡的孩子培养成才不可。第一步，他抓在校巩固率——这在农村尤其是二中所在那两个村庄，是多么艰难的事。因为有些家长贪图现得利而不让学生读书，他进行了无数次家访；因为有些孩子交不起书费、学费而要辍学，他不止一次拿出了自己的钱；因为怕学生在假期（尤其是春节）沾染恶习、荒废学习而退学，他不仅要一家一家地走访，还要想尽各种办法给学生补课，使每一个学生都能跟上学习。结果他成功了，学生流失率大大低于其他班级与学校。第二步，他抓研究学生。他对学生的调查研究是从入学前就开始了的。他是从家庭、思想、性格、生活到学习习惯、方法、成绩等各个方面，一个一个地过细地了解学生，因而他的教育、教学刚刚开始就已经成功了一半——他能够针对每一个学生的特点有的放矢地工作。第三步，他下气力抓差生。正因为对差生的情况与产生原因心中有数，他也就有了行之有效的方法，游刃有余。他认为应该"教给学生再获取知识的知识，培养他们再形成能力的能力"。他注意"给差生自我发展的环境，促使他们变被动学习为主动学习"；他努力"帮助差生克服不良的学习习惯，形成良好的学习品格";他还采取了一些具体措施,如改革记分办法来调动学生的学习积极性。

结果他成功了,他的两轮实验班学生入学及格率分别为 23.60% 和 26.5%,而实验验收与中考时都是 100%;在集中表现在教改成果的作文集《田野上的小花》中,收入了全班所有学生的作文。

其次,真正地坚持进行素质教育。正因为元昌有明确的为家乡建设服务的教育目的,他也就清楚应该怎样引导学生发展。

学校当然要传授知识,然而从学校产生那一天起就不只是单纯为了传授知识的。如果,知识的传授又只是为了应付考试,应试成了学校工作的目标,贯穿到整个教学过程中,就离开学校办学目的更加远了,何况我们办的是社会主义学校。

元昌认识到,学校的根本目的是育人,育人要育本,即人的灵魂——高尚、健美的灵魂。而从当前学生实际看,从农村两个文明建设所需人才素质要求出发,树立爱农思想是关键。元昌对他第一轮实验一个自然屯 28 名学生做了调查,其中有 23 名想离开农村到城镇去。根据这一情况,元昌在教改中把爱农思想作为学生素质的一个重点,特别注意在语文学科的教学中自觉地、有意识地渗透德育,把教书与育人有机地结合在一起。

比如,他注意增选乡土教材,自然地渗透热爱家乡的思想以影响学生。他把表现榆树市经济改革的散文《故乡行》,歌颂榆树巨大变化的《江之歌》,报上登载的当地新人新事的通讯以及优秀共产党员故事集《闪光的足迹》等作为阅读教材交给学生学习。学生不仅读来感到亲切,并且萌生了把其中人物作为自己未来学习榜样的志向。他通过课外活动,让学生了解家乡、认识家乡,看到家乡发展的未来前景,从而使对家乡热爱的感情发展而为立志改造家乡。他让学生访问村里的老人,了解家乡的过去;组织学生到社会调查,了解家乡的变化;组织学生访问村干部,了解家乡的发展规划。因而学生写出了《我们村里的一条街》《船,家乡的船》《家乡,我为你添一笔》等文情并茂的好文章,既表现了对家乡的深挚的热爱,也表现出不安于家乡现状、立志改造家乡的强烈意识。他注意到在一些学生与家长心目中,认为"成才"就是脱离农村、脱离生产劳动,到城里弄个铁饭碗,因此,他在教学中自觉地培养学生正确的成才意识。他采用的一个非常有效的办法就是利用搜集作文材料的机会让学生访问村中的"能人"。这些"能人"都不同程度地为当地物质文明与精神文明建设做出了贡献,是公认的成才者。学生通过这样的活动,不仅在写作中获得丰收，写出了《一辆客车的历程》《赶鬼的人》《一条半腿的五瘸子》等报告文学、通讯，尤其是思想受到良好的影响，错误观念得到改变。他们明确了"读书不是只为了升学，更主要的是为了成才"。"为建设家乡而成才"成了学生的志向。

最后，李元昌在提高每一个学生素质时，是把智力因素与非智力因素作为互相联系、互相促进的两个方面，都予以足够重视而着力培养的。

他很重视培养学生的观察能力，特别是引导学生把眼光投向社会，从身边琐事中挣脱出来，为此，他在作文教学第一步"放"的阶段中采取了用叙评日记代替命题作文的办法。他要求学生写自己的所见、所闻、所思、所感。学生的目光看得远了，看得深了，看得细了。日记一反内容空洞无物、语言枯燥无味、思想干瘪无神的毛病，思维通畅了，语言也流利自然了。

他注意培养学生的分析能力。比如，他曾经提供这样三组文题训练学生的审题与认识能力。

第一组：1. 我最喜欢的人；2. 我最爱戴的人；3. 我最钦佩的人；4. 我最信任的人；5. 我最了解的人。

第二组：1. 一件值得深思的事；2. 一件给我以启示的事；3. 这也是好事；4. 小事不小。

第三组：1. 火柴的广告（应用文）；2. 火柴（说明文）；3. 火柴的启示（议论文）；4. 火柴赞（抒情散文）。

在发展学生智力因素的同时，元昌尤其重视对非智力因素的培养。这是因为他坚信农村学生智力并不比城市学生低，而那些成绩较差的学生之所以差，除了外部条件外，本身原因最重要的是由于没有树立起正确的学习目的，没有自信心，没有良好的学习意志、态度、习惯、品质等。由于他抓准了问题，采取了积极措施，使学生非智力因素得到发展，不仅提高了学生的思想觉悟、工作能力，而且促进了智力因素的发挥与发展。

综上所述，李元昌教改实验的成功告诉我们：关键在于教育思想的转变，只有实现了这一点，教学与改革才能有正确的方向，才能取得良好的成效。

《吉林教育》1992 年第 2～3 期

提高课堂教学效率是教学改革的突破口
——李元昌给我们的启示（之三）

李元昌取得的成绩实实在在而又令人瞩目：他用两年时间完成了初中语文全部教学任务，初二结束时参加中考检验，两轮平均分竟分别为 91、93；他到初三时不仅不必疲于奔命地应付升学考试，而且还做到了为别的学科让路，结果是语文成绩、各科总成绩、及格率、升学率得到普遍提高；他从自己一个班里选出 10 名学生，与其他学校的全校选拔队一起参加县作文竞试，拿到了第一名；在另一次县中学生作文竞赛，全县共获奖 18 名中，他那个班竟占了 9 名；他的学生还有 7 名在全国作文竞赛中获过奖；他的学生的口头作文能力曾令参与验收的全省专家、教师们大开眼界；他的学生编写的作文集《田野上的小花》获得阅读者的交口称赞。还要再说一遍，这些成绩的取得是在一所条件那样差的学校里，面对的是一群学习基础那样差的学生。

问题的关键不在于这些成绩与数字本身，而是它们究竟是怎样得来的？它们的价值究竟是什么？

因为，当前能够在考试中取得好成绩的学校（包括一些农村学校、条件较差的学校）并不少见，但他们的措施常常不值得效法，因为基本是采用加重师生负担的法子。固然，这些学校领导、教师的责任心非常宝贵，学生的学习积极性也殊为可嘉，然而，背负这种负担值不值得？对教育的提高与学生的发展是利多还是弊大？

当然，教师对自己与学生负担过重并非心甘情愿，但他们又形成了这样一种思维定式：为了提高学生的学习成绩与考试分数，似乎除了题海战术、大量练习、增加课时、反复灌输之外，就没有别的路可走了。

正是基于现实中这种情况，元昌取得的成功价值就尤为明显，意义尤为重大了。他清清楚楚地告诉我们，提高成绩并非"自古华山一条路"，有别的路，而且好得多的路！

元昌选择了目前中学语文教学中远未解决好，而又无论如何不能回避的难点——提高课堂教学效率作为突破口，进行了宝贵的、值得广泛学习的探索。他不仅做到课下不留作业，把所有练习都拿到课内完成，而且两年讲完三年的课，大幅度地提高了学生成绩。

那么，元昌在这方面主要做了哪些有益的探索呢？

应该特别强调的是，元昌把课堂教学与社会生活有机结合起来，确实有效地促进了语文教学效率的提高。这个问题虽然一直被提出来，近几年又为许多教师一再强调，但解决得并不好。其实，这是解决语文教学效率不高的一个至关重要的问题。因为无论从语文学习本身的内容与任务看，还是从学生学习语文的特点与规律出发，像我们现在教学中比较普遍严重地存在着的，把学生死死禁锢在课本与课堂里的现象，是必然不可能有好的效果的。

元昌有一个很高明的见地，他把社会看成一个大课本，把初中各个学科看成一个综合的小课本，把语文看成其中的一个单元。这样在教学的时候，他就站得高了，眼界开阔了，效果也随之提高了。

他不只充分利用课外活动，并与社会生活结合起来，尤其注意在课堂内的结合。比如，他讲《白毛女》《分马》《老杨同志》《梁生宝买稻种》这一类反映农村生活的课文时，都是充满激情地结合本乡、本县实际，讲土地改革，讲互助合作，讲农田改造，讲艰苦奋斗，使学生了解家乡的过去，懂得祖辈、父辈的历史命运与奋斗历程。这样一来，学生学习时就不是停留在文学作品的欣赏上，而是把自己当成课文事件的参与者，对课文兴趣浓厚了，感情亲近了，学习效率的提高就是理所当然的事了。

语文能力的提高与其他学科的知识是相辅相成的，不会教给学生吸收、借助、综合各种知识以提高自己读写能力的人，不是一个好的语文教师。元昌做到了这一点。他一方面在教学中主动与其他学科联系，培养学生综合各种知识解决问题的习惯与能力；另一方面借助其他各科知识，促进语文教学的提高。他上语文课，总是注意与其他学科正在学或已学过的知识相配合，因而，历史、地理、物理、化学、生物等都进入了他的课堂。于是，学生的语文学习仿佛展现了一个更广阔的天地，阅读、写作与思维训练的机会更多，其他的学习成绩也得以提高。

作文教学是当前中学语文教学的一个难点，尤其是命题时，教师常常闭门造车搞出一些学生没东西可写的文题，或者是陈旧的，学生不感兴趣、不愿写的题目，而且由于教师引导不得法，使学生视野狭小，作文时常境界不高，立意不新，内容单薄，语言乏味。元昌很注意解决这个问题。他把社会实践与作文教学自然地糅成一体，给作文教学注入了无限活力。只要看一看他所教学生自编的作文选《田野上的小花》（北方妇女儿童出版社出版），就会感受到一股强烈的社会活动气息，这里已全然没有了书卷气、书生气。学生在作文里，对当前农村、家乡现状中从经济生产到意识形态各个方面的弊端都有所触及与批判，诸如卖沙毁地、重男轻女、河水污染、缺医少药、轻视文化、吃喝陋习、早婚悲剧、礼钱成灾等；另一方面，我们又能看到学生通过"访能人"活动后满怀激情写出的关于村里"土郎中""水稻大王""水龙董""养鸡状元"的报告文学。尤为可贵的是，学生们结合现实看发展，怀着强烈的责任感与参与意识，提出了许多积极的建议。村长看了王树杰写的《田、沙、钱、灾》后说："这个意见抓住了咱村的要害，儿子辈的都看到了，我们当父母的怎能不管不问呢！"他采纳了意见，制止了卖沙毁地的行为。

只要翻翻这本作文集的目录，你就会发现一个明显的现象：城市，尤其是重点中学学生笔下经常写到的猫的胡须呀、花瓶呀、陶瓷马呀之类的东西，在《田野上的小花》中踪迹杳无，而诸如"王二的五步曲""为啥不修这条致富路""解开化肥烧苗的秘密""用泥浆代替盐水选种""由爸爸打鱼想到的""才十八，就当妈"等题目，如果不是认真地观察社会，与生活息息相关，如果不具有主人翁精神，又怎能写得出来呢？

陆游说过："汝果欲学诗，功夫在诗外。"语文学习亦是如此，元昌的实践就是明证。

元昌所以能攻克课堂教学效率这个难点，和他改革教学方法的努力也是分不开的，在这方面同样给我们以启迪。

要给元昌的教学方法改革取一个什么名，是无法做到的。因为他很少固定用一种方法，而且随时会"发明"新的方法。如果把他搞改革以来六七年间创造的方法累计起来，大概会有几十种之多。

其实这正说明，元昌是得到了方法改革的精髓，抓住了方法改革的"神"。有些人好搞一些小玩意儿，沾沾自喜地把自己那点东西称之为"××法""××式"，甚至堂而皇之似广告商一样地加上"最优""最佳"的字样，实在太缺少实事求是的科学精神。

元昌在教学方法改革时，绝不是为方法而方法，不是把方法改革作为目标与目的，不是为了寻求一个包治百病的药方。他的教学方法改革的目的是为了调动学生学习积极性；基础是从学生实际出发，有明确的针对性；关键是讲求实效，绝不搞形式主义；动力是不断创造、组合而绝不抱残守缺，故步自封，不搞模式化。

这方面的例子举不胜举，只要注意一下元昌为调动学生学习积极性采用的诸多方法，为提高讲读教学效果采用的诸多方法，为提高学生独立阅读能力采用的诸多方法，为提高学生写作积极性与写作能力采用的诸多方法等，我们就会有清楚、明确的感受。

李元昌的教改实验，是带有根本性的、全方位的、整体的、综合的改革。他提供了极其丰富的理论与实践成果，值得我们认真地学习与研究。

最后不能不说一句，李元昌的成功离不开他的奉献精神，除了与其他奉献者的共同点外，元昌对家乡的热爱、对农村教育改革事业的忠诚、对家乡子女的深情，是尤其感人肺腑、催人泪下的。

愿元昌百尺竿头更进一步，愿我省出现更多的元昌式人物。

《吉林教育》1992 年第 4 期

按照汉语文的特点教汉语文
——李元昌给我们的启示（之四）

对于语文教学来说，学习外国经验，与其他学科相比，似乎更应慎重，因为在这方面，我们的"国情"尤为特殊——我们教的是与西方拼音文字截然不同的、世界上独一无二的方块汉字。

李元昌为什么能取得这样显著的成绩？就是因为他对此有比较明确的认识。

比如说，他在学生刚入学填补基础知识的缺欠时，以掌握小学语文教学大纲规定的 2500 个常用字为最主要的内容，这是完全正确的，是抓住了根本。

因为汉语的基本单位是字。刘勰说过："夫人之立言，因字而生句，积句而成章，积章而成篇。"（《文心雕龙·章句》）这里由"字"而"句"，中间没有现代汉语语法"词"这一类东西相连接，却非常自然，一点不让人感到有断续之隙，因为它是完全合乎汉语言特征的。他又说："善为文者，富于万篇，贫于一字，一字非少，相避为难也。"（《文心雕龙·炼字》）可见古人对"字"以及由此而产生的"炼字"的重视。

我们从西方语法中学到了"词"这一概念，当然也可以用。但是这里起码有下述几点可以讨论。

字与词的地位在汉语与西方语言中根本不同。西方表音文字中只有几十个没有任何意义的"字"，它们只有组成词才有了意义，因而，掌握词是学习语言的关键。汉语中绝大多数字本身就是词，字与字的千变万化的组合又产生而且在不断产生无数的词，只要掌握了"字"义，基本上就能理解词（包括那些随时产生的新词）的意义。因此，在汉语中，字远比词重要。当前，语文教学在这方面仍在走着弯路。当学生（从小学到中学）没有达到足够的识字量这一根本问题远未得到重视与解决时，不少人却热衷于搞"词汇量"，甚至于认为语文教学效率不高是因为学生该掌握的词汇量没弄清楚。这对于汉语学习来说，无异于舍本求末。举两个最简单而明确的例子，我们区分文盲、半文盲、非文盲的标准从来是看识字量，而非词汇量；我们有必要而且已经统计出"最常用字""常用字""次常用字"等，而没有必要去统计汉语的"常用词""次常用词"与"非常用词"。这还不是有力的证明吗？这种不按汉语文特点进行教学的另一恶劣现象，就是各种各样《中学生实用词语手册》（天知道怎么个"实用"法）、《课本词语集释手册》（鬼知道为什么要他们来"集释"）之类货色的出现。如果学生掌握了《新华字典》《现代汉语词典》的使用，再加上课本里已有的词语注释，这些《手册》哪里还有一丝一毫的价值与作用呢？这些东西对语文教学、学生学习有百害而无一利。这不仅增加了学生的学习负担、经济负担，浪费师生的时间与精力，尤其助长了课堂教学这样一种极要不得的做法：教师只是机械地解释词义，学生花大量工夫去死背那些毫无必要背的词的解释。这是李元昌以字为主的教学给我们的启示之一。

单从语法"词"这一角度表示分析，在汉语中，单音词也远比双音词、多音词更重要。由于方块汉字形、音、义结合的整体性这一特点，再加上语言的长期发展，汉语单音词意义的丰富性、含蓄性、语法功能的灵活性、多样性较双音词尤其是多音词要大得多。这一点，在现代汉语中也表现得非常充分。如《辞海》（1979年版）中"打 dǎ"的第④个义项，"习惯上各种动作的代称"，后面只举了四个例子：打水（取水）；打鱼（捕鱼）；打伞（张伞）；打草稿（起草）。只要稍稍想一想生活中的语言实际，即可再信手拈来十种二十种不同讲法的例子。可见，"打"在现代汉语中意义多么丰富，使用多么活泼。可是只要把"打"组成任何一个双音词，其使用范围、意义领域就马上狭小得多了。古人讲究"炼字"，现代语文课堂常讲的是"锤炼词语"。其实，"炼字"的意义，内容等也远比"锤炼词语"要宽深得多。在汉语学习中，掌握单音词，其实就是识字。由此更可见字的重要性。这是李元昌以字为主的教学给我们的启示之二。

由此进一步提出一个可能很不科学的建议：其实汉语语法体系中大可不必有"词"这一概念。"词"这个语法单位是向西方学来的，《康熙字典》对"词"的释义还没有这一义项。1947年版《辞海》中"词"的第一个义项是，"摹绘物状及发声助词之文字也"，在后面的解释里提到："今文法上称一字或二字以上之字表示一观念者曰词。"在以字为基础的汉语里，应该研究"词"这一语法单位究竟有多大的积极意义，清人刘淇在他的《助字辨略·自序》中说："构文之道，不过实字虚字两端，实字其体骨，而虚字其性情也。"这里的"字"不正是现在所谓"词"吗？他谈到虚字的重要性时又说："且夫一字之失，一句为之蹉跎；一句之误，通篇为之梗塞。"这句里的"字"可以包含"词"的意义，然而如说成"一词之失"，则使人有与原义大相径庭之感。当然，我这里说得极端了一点儿，语法学家们肯定会有充分的理由证明在汉语里"词"与"字"的不同，"词"存在的必要性。我的意思主要是说，在中学语文教学里不把大量精力耗费到"词"上，而应该像李元昌那样对"字"予以充分的重视。

古人对好文章、好诗的赞誉是"字字珠玑"，由此可见，字在中国古典文学、在汉语言中具有极端重要性与相对独立性。这个提法在表音文字中大概是不会有的。但同样，如果说成"词词珠玑"，中国人听来怎么也不是味儿。

汉文字，由于其以形、音、义为一体这一根本特点，从而具有包含意义与信息的丰富性、含蓄性，由单个字到整篇文章的整体性，主要靠义连的思维连贯性，因四声而形成的更强的音韵美等，都要求我们不要盲目照搬外国语文教学的经验。几千年来，我国积累了丰富的语文教学传统、理论与经验，由于没有受到外来东西的影响，完全是从汉语言文字特点本身出发的，因而，其中有相当一部分在今天仍有积极意义与实用价值。比如"属对""炼字"等这些是汉语文教学所独具的训练手段，可以有效地将思维训练、语感训练、读写训练、语法训练等熔于一炉，能对提高语文学习质量起到事半功倍的作用。遗憾的是，在现实的语文教学中，这些训练手段已近绝迹了。

在元昌撰写的多篇实验报告、论文中，在他众多的经验介绍与发言中，关于基础知识、阅读、写作等方面教学改革的内容与方法都是非常丰富的，但他唯独极少谈到语法教学，他在这方面确实花的工夫很小。

这和当前相当多教师的做法是完全不同的。许多教师热衷于讲语法知识，进行语法训练，讲授之烦琐，练习之花样翻新已经成了语文教学的一个严重弊端。他们完全忘记了这样几点：其一，任何一种语言的学习都不是主要靠讲语法、练语法，而是语言实践；其二，尤其是汉语言文字的本身特点，更应重视语感的培养；其三，更重要的是，当前的汉语语法体系是从西方语法体系搬来的，并不适合汉语言文字的特点与规律。因此，对这种语法知识讲得越细，练得越多，对学习汉语也许反而越有害处。

除了上面说到的"词"的概念引用以外，再如"语素"的概念在汉语中似乎也没有太大的必要，而近几年来兴起的"句群"，则尤其将原来的句、段、篇的概念及其之间的关系搅了个一团糟，既不好理解，更不好讲授。至于那些从西方表音文字中总结出来的词、句法规则等，有不少好像是专门用来扼杀汉语的灵性的，有一些则怎么也套不住汉语言。

比如，有人举过这样一个例子："他有个女儿，在郊区工作，已经打电话去了，下午就能回来。"这个句子用现在的句法规则分析，是典型的"病句"，因为后三个小句全都"偷换主语"。可是它却完全符合汉语言习惯，现实交际中谁都听得明白，而不会产生歧义。如果把它当作病句，把主语都补完全，就不仅显得啰唆、累赘，而且完全失去了汉语的灵性与韵味。

再如，有人将李商隐《锦瑟》一诗的 56 个字完全打乱，重新组合，分别又写了一首七律、一首词和一副对联。这可能近似文字游戏，新改写的三篇作品自然也无法和李商隐原诗相媲美，但是它却非常明白地表现出汉语言的这样一个特点，即字的组合有相当大的弹性、灵活性，句子成分的搭配是活的、游动的、可以更易的，并不受现行语法体系那些规则的束缚。

本文意图当然不是要否定语法学家们的功绩，也不是说中学一点语法也不要讲。只是要说明，从李元昌的成功中我们应该得到这样一个非常重要的启示：必须从我们民族语言的特点出发来改进中学语文教学。

《吉林教育》1992 年第 5 期

要重视对学生"灵性"的启迪
——李元昌给我们的启示（之五）

我们现在培养的中学生，对于实现社会主义现代化的宏伟蓝图来说，无疑是关键的一代人。而随着社会、经济、科技的迅猛发展，21 世纪必然会对人才素质从各个方面提出更高的要求，这就决定了现在的教育需要有战略的眼光。李元昌正是具有这种战略眼光，并由此出发来改革语文教学的。

元昌不止是坚信农村孩子并不"笨"，而且在教学活动中千方百计要让学生更加聪明，也就是启迪学生的"灵性"。

有人在谈到提高学生素质时曾提出，要培养学生具有"灵巧的双手，会审美的五官，美好的心灵，有知识的头脑"，这里明显地包含着启迪灵性的重要因素。但是，现在的中小学教育由于受到片面追求升学率的束缚，却常常压抑着孩子们的灵性，语文教学也是这样。正因为这个原因，我们才说元昌的探索与实践更具有重要的意义。

元昌的高明之处在于他不满足于让学生把知识学会、掌握牢，而是始终更注意教会学生善于想问题，并善于寻找解决问题的答案。他拨动了学生的心弦，引发了学生的强烈的创造欲望，让学生的思维机器在课上、课下，校内、校外，上课时、假期中，都在不停息地开动着，于是就在这穷乡僻壤里出现了一批活泼聪明的孩子，出现了由这些农村孩子写出的一篇篇充满灵性的作文。下面一段学生的话可以证明元昌启迪学生灵性的成绩："一句催人深省的话语，也许会使我们在烦躁中冷静下来；一句深情的呼唤，也许会振奋起我们的精神；一声故乡的沉吟，也许会使我们倍增对故乡的热爱；一缕晨光，也许会增强我们对理想的追求。"（《田野上的小花·小编者告读者》）

那么，元昌是怎样做到这一点的呢？

首先，他在教学中注意创造有利于启迪学生灵性的环境与和谐的气氛，使学生感受到一种宽松的心态氛围。

这一点相当重要而又是当前普遍被忽视了的。每个孩子都有灵性，特别是在他们那天真幼稚的"童心"里，有着丰富奇特的想象，有着强烈的创造欲望，有着令成年人吃惊的智慧的火花。但是这种灵性，只有在良好的环境与氛围中才能表现和发挥。如果教师不能平等地、耐心地对待学生，如果学生对自己的学习与将来的前途没有信心与憧憬，如果学生之间没有融洽的、真挚的、能彼此敞开心扉的关系，如果学生不是出于对知识的热爱、渴求而生动、活泼、主动地学习，而是出于某种压力被动地学习，如果学生对新学知识没有强烈的兴趣等，都会破坏启迪学生灵性所需要的氛围。稍稍看一看我们当前的教育与语文教学，上述种种情况难道不比比皆是吗？

元昌却较好地注意了这一点，他创造一切条件，让学生的聪明劲儿尽可能地表现、发挥出来。这样，在课堂上他注意和谐的教学气氛，他并不刻意地去追求"以学生为主体"（这种说法现在非常普遍，其实并不见得完全正确：如果某个人被"以……为"成主体时，他还是真正意义上的主体吗？当教师站在课堂上总念叨要"以学生为主体"时，他自己不是将处在一种非常尴尬的地位吗？在中小学教育里，要逐渐培养或者唤醒学生的主体意识，这无疑是对的，但这和在教学中"以学生为主体"根本不是一回事。）但是他所形成的融洽的师生关系，却首先使学生消除了思想上的压力与顾虑，而把课堂看成是自己思想可以自由驰骋、意见不吐不快的天地。比如，他使用的"单项分类记分法""提高率记分法"等，都是为了让每一个学生都能体会到"进步"与"成果"的鼓舞和愉快。当所有学生都经常在这样一种心境中学习和生活的时候，他们的"灵性"当然也就得到更好的启迪。

其次，他注意灵活、生动，经常充满创造性的教学，使学生学得兴趣盎然，心情愉悦，越学越聪明。

要让学生聪明起来，教师自己首先要是一个聪明的人。语文教学中僵化的、呆板的东西太多了，影响太深了，在某些方面这一问题还在发展并日趋严重，不仅影响了教学效率，而且使学生学得索然无味，哪里还谈得上什么"灵性"？

比如，相当多的教师不管教什么体裁、什么难度的课文，不管教哪个年级或班级的学生，一贯都是划一的教学模式与程序，这种教学的效果只能是越来越差。课堂死气沉沉的，学生教"死"了，教师自己也教"死"了。而元昌的教学不是如此，讲读教学中他把课文组成单元（请注意不单是课本规定好的单元，而是由他自己不断调整、补充与修正），每个单元里分不同类型的课文，每类课文采用不同的教法，所用时间也不相等，而且每个单元的教法又不相同。这样，元昌的教学就总是给学生以新鲜感，而十三四岁的孩子恰恰正需要这种新鲜感！我们切切不可忘记，人在童年、少年时代，"新鲜感"正是他们变得更聪明、更有灵性的动力。

再比如，在作文教学中，相当多的教师常常随便给学生出个题目，修改后发下去就算完事。这样的作文训练便成了一种走过场，学生把写作文当成了一种负担。元昌不是这样，他的命题不仅非常好地贴近了学生的生活实际，使学生能够有话可说——这是前一阶段许多老师在致力解决的问题，只是还没有更大范围地实际解决——这是元昌更高明之处，也是作文教学所追求的更高一层次的境界。他出题常常不是一个一个地出，而是一组一组地出，学生在审题时即已有所收获与领悟，已经感受到强烈的吸引力。他的指导常常是针对学生不同情况而分别进行的。他在作文修改中进行了至今仍富有成效的探索。他指导学生"向生活要作文，在作文中学会生活"，不仅把教学与育人、把课堂教学与思想教育有机地结合起来，而且使学生得到了作文材料的源泉，唤起了强烈的表达渴望。

试问，这样的教学，学生能不感到愉快吗？能不学得主动吗？能不变得更聪明吗？当然，元昌的"聪明"是绝对不能与他的勤奋分开来的。

再次，他在认真了解学生的基础上，特别注意发现每一个学生思想上的、智力上的、才能上的"闪光点"，把这些"闪光点"作为教育学生成长、启迪学生灵性的契机与发端。

应该说，每一个学生都会有闪光点，只是我们或者根本不去注意，或者闪光之时我们没有捕捉住。这里既有教师的责任心——师德方面的问题，也有教育、教学艺术的问题，而元昌在这两方面都努力要求自己不断有所前进。因此，结果是他的学生差不多都有闪光点，而且都得到了发现。

比如，有一个学生因为成绩差，被"考试——分数——升学"的舆论压得失去了自信心，总也打不起精神来。元昌根据观察，发现他熟悉村情村貌，并且讲起来绘声绘色，幽默生动，便让他星期日到村里搜集"趣闻趣事"。这个学生摸到了"五瘸子"到渡口摆船的事，回来后给同学们讲得有头有尾。元昌又叫他回家把所说的写下来，不会写的字查字典、问同学。他很快交上写得较长的一篇作文。元昌看后说："这是一篇优秀作文。"学生瞪大了眼睛说："这就是作文？就这样写作文？"这个学生沉浸在喜悦中，从来没觉得自己有这样聪明，学生的劲头一下子上来了，接下来又写了好几篇作文，到期末，学习成绩也上来了。由这个例子可见，每个学生都有灵性，问题是你是否能像元昌这样逐个地予以启迪。

凡是参加几次验收论证，看到过元昌所教学生即兴口头作文和争论问题的人，凡是读过元昌学生的作文和那些学生自编集子《田野上的小花》的人，都会得出一致的结论，元昌教出的学生是聪明的。这原因，就在于他把启迪灵性作为自己教学中的一个重要的追求目标。

元昌的这一追求与探索，对克服当前教学中的弊端，对改变刻板、沉闷的空气，对纠正"治标而不治本"，追求形式而不讲实效的许多做法，显然是有着相当重要的积极意义的。

《吉林教育》1992 年第 6 期

（三）李元昌大语文教育思想与实践

吴甸起

被誉为农村语文教改实践家的李元昌是 20 世纪 80 年代中期崛起的基教领域和语文学科中的教改代表人物。他的大语文教改的整体经验已经或正在引起全国基教领域和语文学科有志于教改的人们注目。这是因为李元昌的教改实践探索回答了社会主义初级阶段素质教育的实质、特点、规律和道路，并形成了独具特色的教育思想、教育体系、教育实践和教育经验。

1. 李元昌大语文教育思想和核心是素质教育

李元昌语文教改呈大视角、全方位开放状态，颇像一部语文教改浓缩型小百科全书。其思想涵盖和内容包蕴十分丰富。从宏观层面看，举凡办学方向、培养目标、教育途径等；从微观层面看，举凡教材、教法、教学过程、教改实验、课外活动、考试方法等，他的教育思想都触及了并做出了创造性的回答。但李元昌丰富的教育思想中起主导和统摄作用的是什么？是素质教育思想。也就是说，李元昌大语文教育思想的实质和核心是素质教育。

我们所说的素质教育，是具有中国特色的社会主义教育，它的根本要求是提高中华民族的素质，为改革开放、四化建设培养具有良好素质的劳动者和接班人。可以说，李元昌从 1985 年农村大语文教改的第一轮实验起，便瞄准了为农村经济和社会发展服务这个大方向，以发展社会生产力的眼光去探索语文教改的新途径、新规律、新经验，从而把语文教学的整个过程看成是提高人的素质的一种特殊教育形式，并且逐渐形成了以素质教育为指导思想和基本内容的总体框架。这个总体框架以"三小""三大"的新认识和新实践为主体内容。李元昌所说的"三小""三大"即是：把目前的学校教育看成是"小学校"，把学生未来生活的社会看成是他们自我发展的"大学校"；把现在学生语文学习的课堂看成是"小课堂"，把当地广阔的农村社会看成是"大课堂"；把学生在校学习的课本看成是"小课本"，把他们现在的和未来的社会实践和生产实践看成是终生阅读的无字"大课本"。"小学校"是为了学生以后在"大学校"里不断学习、不断提高自身素质服务的;"小课堂"是学生进入"大课堂"前的基础训练;学生学习"小课本"的目的是为了将来能读懂无字的"大课本"。李元昌认为,语文教学的主要任务,就是促使学生由"三小"向"三大"过渡,向"三大"方向发展,为当地两个文明建设培养合格的人才。正是在这种大语文教学观的指导下,李元昌形成自具特色的"农村教学"的四个篇章。

第一篇是"乡情"篇,即培养和深化师生热爱家乡的感情。李元昌善于采取行之有效的教学活动,诸如自编乡土教材,引导学生参加社会调查,投入大自然的怀抱,等等,把自己对家乡的爱灌注到学生的心灵中去,有血有肉地培养学生的乡土味和故乡情,并把爱家乡和爱国家结合起来。第二篇是"志向篇",即树立建设家乡、改造家乡的理想。李元昌深知,感情是基础,志向是灵魂。他对学生进行成才教育和新价值观教育的创举,是别开生面地、独具成效地开展了在乡村里"访能人"的活动。这些能人都不同程度地为家乡的经济建设做出了贡献,是群众公认的成才者。"访能人"活动过程,就是全面认识改革开放新农村的过程。学生们接触到了农村中许许多多新生事物,成才观念发生了很大的变化。学生笔下写出了《水龙董》《赶鬼的人》《万能》等文章,表明"访能人"的崭新视点和"乡村处处有能人"的开阔视野,不仅使学生亲眼看到了农村改革开放的新人物、新景观,而且有力促使学生的成才观和价值观发生了可喜的转变和升华。第三篇是"授业篇",也就是授业解惑、教知启智的教学篇。李元昌在教学指导上,提出了一个新颖而生动的命题,叫作"教给学生再获取知识的知识,培养学生再形成能力的能力"。这个新颖命题以简练的语言概括了他教学与教改的主导思想,并反映了他教书育人的素质教育观。李元昌在教学方面进行的一系列改革,都是意在训练思维、开发智力、教给方法,使学生能够自学,即"教给学生再获取知识的知识,培养学生再形成能力的能力"上下功夫,从而形成学生会思维、会学习、会操作、会实践的综合素质。李元昌语文教学的鲜明优势是善于运用整体思维和系统理论,他总是想方设法通过教学的各种恰当契机和巧妙的结合点,把语文教学同其他学科教学结合起来。像学生在植物课本中学到了细胞液渗透现象的知识,他就以"化肥上多了为什么会烧苗"为题让学生作文;物理课学生们学到了阿基米德浮力定律,他就以"盐水选种的道理"为题指导学生作文，有个学生从中受到启发，灵思跃动，大胆设想用泥浆代替盐水选种并做了实验。总之，李元昌的教学善于运用综合、联系、迁移等构思和步骤来激活学生创造力，而培养学生的创造性思维恰恰是素质教育的最重要、最基本的课题。第四篇是"躬行篇"，即在学生在校读书时开始，就注意培养建设家乡的参与意识，加强家乡的实践活动。李元昌引导学生参与家乡建设，在教学方式和活动上，加强农村应用文的写作指导，并设计了"'放'（材料积累）—'收'（回校写作）—'放'（社会应用）"的写作训练。在这方面，他采取了两项创造性的活动：一是指导学生结合材料积累撰写"叙评日记"。学生结合自己切身的真实体会，写出了《为什么黑爪子挣钱白爪子花》《我为农民鸣不平》《啥时治病能不难》《农村的高利贷》《才十八，就当妈》《一个农民的眼光》等文章。学生利用"叙评日记"发表自己的见解，歌颂农村改革开放的新人新事，抨击社会瘤疾和陈俗陋习，反映了学生对家乡现实的关注和对农村未来的期冀，也体现了学生的主人翁责任感和使命感。二是组织学生结合"社会应用"开展"小先生"活动，用语文知识和能力为农村改革和发展服务：为农民写书信，写合同，起草广播稿，拟写广告、诉状等。"小先生"深受农民欢迎的事实，不仅说明这种服务活动适应社会主义初级阶段的农村需要，而且还使学生们深切认识到了建设家乡必须掌握文化知识和文化知识在农村大有用武之地的道理。

综观李元昌的农村语文教改实验，其教改的大方向是为农村经济改革和社会发展服务，其目标是培养"热爱家乡、建设家乡、发展家乡"的一代新人，其教育实践是面向全体学生、面向农村、面向社会、面向未来，注重培养学生建设新农村所需要的综合素质能力。李元昌的大语文教改不仅鲜明地体现了素质教育思想，而且以切实的、丰富的、生动的成果显示了素质教育的功效。

2. 李元昌大语文教育思想初步形成了素质教育的体系

从教改方向上看，1985年第一轮教改开始时，他就明确提出了语文教学"为农村经济改革和社会发展服务"的宗旨。1988年开展第二轮实验时，又进一步提出"语文教学为农村两个文明建设服务"的口号。1991年开展第三轮实验时，更明确地提出"语文教学为提高全民族素质，为发展农村生产力服务"的目标。从中不难看出，三轮实验都坚持"教育为社会主义建设服务"的方针，并且随着农村社会改革和教育改革的深入发展，更明确地坚持了素质教育的思想。

从培养目标来看，切实贯彻了面向全体与全面发展的素质教育思想。李元昌的教育对象大多数是差生，这是他教育的难点，也是他教育的成功之处。他认为，今日的差生是明日的乡村主人和未来的建设者，应该满腔热忱地教育培养好他们。他把全班学生语文成绩入学及格率仅仅百分之二十几提高到百分之九十以上，把差生变为优生，又把优生变为农村受欢迎的劳动者。

从教学的途径上看，他提出了把"学校小课堂同社会的大课堂结合起来"，"从读有字小书走向读无字大书"，"回到农村访'能人'"，"在家乡做服务农民的'小先生'"，实行校内学习与校外调查结合的"放—收—放"教学方式，把农村语文教学同农村经济改革和社会发展紧密结合起来，引导学生向社会学习，向实际学习，向农村新型人才学习。一方面，从在校读书期间就形成参与家乡建设的主人意识并做出力所能及的贡献；另一方面，又把学校的书本知识学活了，真正实现了理论联系实际。

从教学思想上看，如前所述，李元昌提出的"教给学生再获取知识的知识，培养学生再形成能力的能力"的"两再"命题，以个性化的语言准确地反映了他的素质教育思想。从这个核心思想出发，他十分重视调动学生学习的内在潜力，提出了"人—知识—能力—人"的人本教育公式，主张教师的教学观点应当落在学生身上。教师的责任在于引导学生正确认识自己，正确认识自己的优势并形成自尊自强的"最近发展心理区"，创造各种教学条件使全体学生真正实现学习上的主体地位。

从教材结构上看，李元昌也是从"教给学生再获取知识的知识，培养学生再形成能力的能力"教学思想出发，自编了70多万字的《农村常用应用文写作训练》教材，其主旨在教给学生参与改革，建设家乡，为农村社会发展服务的应用知识和能力。三套课本体系即大课本（反映农村生活的各类长篇小说）、土课本（乡土教材）、小课本（人教社教材）的形成，更表现了李元昌注重传授文化知识但更注重爱乡建乡的理想志向教育。李元昌以单元教学为主要形式，对人教社的教材调整和重组，在单元内设导练课文、自练课文、扩展课文，并将文体知识短文作为基础知识课文由单元后调到单元前（如无知识短文，根据教学目的自编），意在使学生由知识登上能力的阶梯，从有限获取知识进入无限发展能力的境地。学生经由基础知识课文、导练课文、自练课文、扩展课文的体系训练，从导读走向能读，从能读走向会读，从会读走向乐读。在这知识上升到能力的过程中，既进行了思想教育，又进行了审美欣赏，这就将德、智、美三育结合起来了。可见，李元昌的语文教学是在培养学生综合素质能力上见长的。

从教材使用上看，李元昌并没有把课本单纯地作为"传道、授业、解惑"的教材，而是把学生的眼光引向课本之外、学校之外，让学生以课本为"窗口"认识生活、认识社会。李元昌认为，课本所选的文章都是文质兼美的作品，不能只运用"文"一个方面，闲置了"质"的那个方面。要通过对课本的功能挖掘和开发，对学生进行全面教育。所以，他在教学上，"文"和"道"实现了自然地统一。他教过的学生也经常这么说："在语文课本上，不但学到了知识，提高了能力，而且还找到了人生的哲理、生活的指南。"

从课程结构上来看，李元昌以语文教学为"龙头"，变各科教学"各自为教"为"相互渗透"，从学科横向联系上把知识教学系统起来，把能力培养统筹起来，在开发学生素质能力上形成多科合力。他引导学生根据历史课本中学到的知识，写作《我崇拜的一个历史人物》；根据政治课学到的政治经济学的知识，写作《农村经济改革与联产承包责任制的好处》；让学生综合运用地理、物理、化学和生物等课本中的知识，写《改造本村涝洼地的设想》。他组织学生运用在植物课本中学到的作物传粉知识，对村里的玉米空穗之害实地调查，并写出了令人信服的调查报告。如此等等，不一而足。李元昌寻找联系点和对接处，把各科教学沟通起来，形成了"语文知识—各科知识—应用写作—创造力"的阶梯训练形式。李元昌在这方面的成功实践充分表明，实施素质教育必然是个多学科的立体工程，只有各个学科齐抓共管、相互配合，才能取得实效。

从教学方法上看，李元昌主张"因人而法"。他所创造的"点改法""抓纲带目法""讲练标注法""读写迁移法"等方法，都是根据学生的实际情况而产生的。他没有把自己创造的教法模式化，坚持教法为自己的教育观念服务，为育人目标服务。不论是采取哪种教法或是引进他人的教法，李元昌都主张同自己所教的学生实际结合起来。他认为"教无定法，但有定律"，这个"律"，就是适合学生的实际情况，有利于促进学生的全面发展。他还认为，最好的教学方法应该把学生导入自我获取知识，自我形成能力的境地。现在被大家认可的"点改法"，就是他这种教学思想的具体体现。

从考试目的和方法上看，体现了李元昌"不求一日分数之高低，但求未来无限之发展"的大语文素质教育思想。李元昌认为，考试也是促进学生转化和提高的一种教育方式。在这种思想的指导下，李元昌对考试方法和成绩评定进行了改革：变"压"为"扶"，为"促"，为"鼓"，为"进"。他采用的"目标追赶法""单项分类积分法""提高率计分法""虚实积分法"，强调的是学生在原有基础上的进步，强调的是学生"普遍提高"和学生的"自身发展"，致力于调动不同层次学生的内在潜力，使每个学生都能充满信心地看到自己进步的"最近发展区"。李元昌不引导学生追求分数，而他教的学生包括多数差生分数却普遍提高了，第一、第二轮实验学生的中考平均成绩分别是 91 分、97 分。他所教的学生，无论是升学的，还是回乡的，群众反映他们的能力都比较强，得到了社会的认可。

从语文教学和班主任工作、思想教育工作结合上来看，李元昌多年来以校为家，以班为家，把全体学生当作自己的孩子。应该说，教书育人、为人师表、无私奉献为他实施大语文素质教育奠定了牢固的思想基础，并提供了取之不尽、用之不竭的精神食粮。他利用节假日的休息时间进行家访，组织学生参与当地的社会活动，把对学生的思想教育同语文教学过程融为一体，这方面的情况前文已经介绍。他教书育人的最显著之处，是他对差生的成功地转化。用他自己的话来说："一个好的教师要有两手功夫：一手是课堂上的功夫，一手是课堂外的功夫。"发展学生非智力因素，开发学生的情商（EQ），更要靠课堂外的功夫。为了掌握差生的差因，他用了一个多月的八小时之外的时间走访社会，差生家长和小学的任课教师，终于掌握了形成差生的差因，在此基础上，设计了转变差生的方案。"差生的转变过程，实质是思想提高、发展的过程，也是自我完善的过程。"这是李元昌在转差中最有感触的一句话。李元昌"两再"教学思想和许多教学成功经验，都是在教育差生过程中产生并总结出来的。使每个学生都获得长足的进步和愉快的成功，这是李元昌大语文素质教育所追求的目标。

从以上分析不难看出，李元昌大语文素质教育思想在实施过程中形成了由指导方针、办学道路、教材和课程结构，教法和考试方法以及德育、班主任工作等构成的素质教育体系。从整体上看，李元昌大语文素质教育是个大系统，而大系统之中包括若干个子系统。大系统子系统构成素质教育网络结构的复合体。素质教育思想与素质教育体系大系统与子系统为载体并且贯穿、渗透各个系统、各个环节之中。

李元昌教育思想研讨会

由素质教育体系大系统与子系统的正常运转与相互配合，实践了他大语文的素质教育思想并取得了成绩。

3. 李元昌大语文素质教育思想与实践反映了社会主义新时期素质教育的基本规律，并显示了鲜明的个性特色

（1）李元昌的大语文素质教育反映了素质教育的规律。

第一，反映了教育与经济之间"服务"与"依靠"的辩证关系。

从"服务"方面说，坚持语文教改为农村两个文明建设服务的大方向，通过语文教改实践对学生进行"爱乡报国"的教育，培养农村发展所需要的"新人""能人""主人"；从依靠方面说，农村基层组织注重对学生的培养，为学生参与社会实践创造条件。学生在校读书期间通过社会调查和知识服务就参与了当地的建设，为以后成为有道德、有文化、有理想、有专长的家乡建设者奠定了基础。

第二，反映了当代大教育的内在关系和长远需求。

李元昌进行大语文素质教育改革实践，不仅在学校教育、社会教育和家庭教育相结合方面，总结了丰富的经验，而且在语文教学中渗透了职业教育和继续教育因素。他的语文教育显著特点是立足于学以致用，立足于适应学生走向农村建设，走向未来农村所需求的知识能力教育。李元昌致力于编写与实施《农村应用文写作训练》，坚持进行"语文知识—各科知识—作文应用—创造力"的综合知识教育效应，充分体现了他在普通教育中渗透职业教育的探索。他多年来执着探索普通教育（学校教育）与继续教育（未来教育）的内在辩证关系，从而深化了他对语文学科、语文教学和语文教改本质、特点和功效的认识。其要点有四：一是把语文看作学习知识、增长能力、建设改造社会的潜在工具；二是把学生作为未来社会劳动者和主人看待；三是把语文学科作为提高学生素质具有特殊功效的教育；四是把语文提高学生素质的主要功能和基本教学思想概括为"两再"，即"教给学生再获取知识的知识，培养他们再形成能力的能力"。从李元昌对语文及其教学本质功能的崭新认识上看，他不仅致力于今天的学校教育，更致力于未来社会的适应，他不仅在理论上而且在实践上落实了"对未来社会人才的培养。"

此外，李元昌的大语文素质教育思想还反映了学习现代理论、坚持开展教改实验与全面提高教师素质对素质教育的重要意义。

（2）李元昌大语文教育思想反映了素质教育的共同规律和普遍要求，又体现了自身鲜明的个性与特色。

第一，李元昌大语文教育思想以马克思主义唯物论和辩证法为根本指导，并将其贯穿于教育实践的各个环节和始终。

一方面，他坚持实事求是，从大语文教改的实际出发，从农村学校、农村学生的实际出发，从农村社会改革和经济发展的实际出发。在办学方向上，他把党的教育方针落实到为农村社会主义建设服务上；在培养目标上，具体确定为培养"热爱家乡、建设家乡"一代新人和农村主人；在构建教材、课程内容上，突出了乡土教材、农用知识、农职技能的位置和分量；在学知启智的过程中，充分考虑农村学生的思想与实际，在"双基"教学上下功夫，着重提高课堂教学效率，对作业、练习进行了优化选择组合，全部拿到课堂上来作；在构建大语文教学体系时，充分发挥了农村大课堂的优势和效应。李元昌的教改思想散发着农村土地的芬芳和绿草露珠的清新。看一看他班学生出版的作文集《田野上的小花》，便可以鲜明地感受到李元昌大语文教改浓厚的农村生活气息。另一方面，他学习辩证法、体现辩证法。他提出了许多闪耀着辩证法光彩的教育教学命题，如办学思想上的为农村经济发展服务的方向与培养"热爱家乡、建设家乡"新人的目标的辩证统一，办学道路上的"大课堂"与"小课堂"、"大课本"与"小课本"、"读有字之书"与"读无字之书"的辩证统一，在课型设置上"基础知识短文""导练课文""自练课文""扩展课文"的辩证统一，在社会调查与社会参与上实行"先找农村能人"与"后做农村能人"的辩证统一，在教法上的诸多教法与教无定法的辩证统一，在作文训练上运用"否定之否定"的规律创造了"放—收—放"训练法，在课堂教学上用哲学思想指导学生学习等。李元昌的教育思想与教改实践处处充满了辩证法，大系统有辩证法，小系统有辩证法，大小系统之间及内在各因素之间，都充满了辩证法。这就为李元昌教育思想和教改实践平添了较强的理论色彩和思维品格，并增强了素质教育各个方面、各个环节之间的逻辑联系。

第二，李元昌教育思想与教改实践形成了体系，本文对此曾在第二个大问题中进行了较强的论述，这里不再赘言。

第三，李元昌的教育思想具有宏观上高阔构建教改视野和微观上深层探索教学规律的双重优势。

在宏观上，李元昌身居农村中学，但站得高，看得远，广收教改信息，多方吸纳理论营养，兼学民族传统教育精华和外国当代先进的教育科学，特别是以马列主义、毛泽东思想和邓小平理论为总体指导方针，所以使教改具有解放思想、开放搞活的历史高度和时代精神，前面谈到的许多教改生动思想、材料都可以说明这点。但与此同时，他又把宏观的教改思想落实到教改实践之中，一步一个脚印，一锤一个声响。而其教改实践又不是热衷于一时的浪头和爆炒，不是浅尝辄止和玩表面的花架子，而是注重抓方向、抓根本、抓规律，不仅致力于从农村经济改革发展中寻求办学的活力，而且倾注于从育人和挖掘学生内潜上确定教改重点，从"两再"上拓展教改的力度和深度。并把提高教学质量作为教改的突破口，在教学与育人、全体与个别、主导与主体、教知与导行，教知与育能、智力因素与非智力因素、教法与学法等问题上，即教育教学内部规律上进行了全面细致的探索和研究，保证并提高了教改的品位、层次和价值。

第四，李元昌教育思想的闪光点是注重与成功地教育差生，李元昌面向全体学生，实质上就是面向全体差生。李元昌在差生教育上不是一般性的补补课、做些家访，而是在差生状况、差生分析、差生教学和差生转变等方面，形成了一系列理论和实践，这也包括教育差生提出的"用勤奋的我战胜懒惰的我，用主动的我战胜被动的我，把愚蠢的我变为聪明的我，使平庸的我发展为有能力的我"这个具有"战略意义"的口号。这些举措，充分表现了李元昌在开展素质教育上别开生面的创造性的探索，以及在大面积提高差生教学质量上的威力，他充分显示了李元昌大语文教改的普遍意义和现实优势所在。

综上所述，李元昌教改思想和教改实践的核心是素质教育，我们认识李元昌应从素质教育开始。

原刊于《语文教学通讯》2000 年第 3～4 期

作者系《吉林教育》原主编、吉林省教育学院教授、吉林省教育学会学术委员会副主任委员

（四）师者风范　智者求索　学者境界
——解读农村教育改革家李元昌
傅东缨

在吉林省农村中学教改基地会议上，我曾讲："多年来，我们有眼不识泰山，就像脚踩河边，不见滔滔的大流；身在湖畔，不知湖水的幽深。其实，榜样就在身边，这就是我国中学语文改革领跑者、农村教育改革家、具有师者风范、智者求索、学者境界的李元昌！"

说师者风范，因他无论为师、为校长、为教研员，都具有大教师的那种厚德博智的风度和气质。

李元昌，1949 年生，原为吉林省榆树县社办教师。1977 年恢复高考，考取长春师院中文系。临走时，他对乡亲说："我是喝家乡松花江水长大的，我一定回来！"毕业后，分他到榆树师范学校，他谢绝了，毅然回到秀水乡创办第二中学。他有一个信念：一方水土养一方人，农村孩子一点不比城里孩子笨，村校条件差并不意味育不出最佳学生！

他任校长，又当教师，还做班主任，校内校外一把抓，教学后勤一肩挑。那会儿，几乎吃不上一顿安稳饭，睡不上一个囫囵觉。

学校初创，一穷二白。教室就在不足 300 平方米的村拖拉机机房，操场不大一点儿，连厕所都修不起，用粉笔都按根分配。李元昌像武训一样四方化缘，跑村、跑乡、跑县、跑市，拜完山神、拜土地。然而学校又面临被撤销的危险，李元昌骑着自行车，右臂骨折，左手单臂扶把，跑乡、跑县，奔走呼号。终于为家乡的人民保留了一所学校。为家乡保留了一所学校，更要为家乡父老建设一所好学校。他带领师生多年惨淡努力，终于异地建起一所占地 65000 平方米，砖瓦房 3000 多平方米，各专业教室齐备的标准化的学校。校园有实验田、林荫路，草木滴翠，稻花飘香。

他铁下心，坚持农村语文改革实验，有时，花个人工资请外地名师给实验班讲课。他本着"有农夫的身手、科学的头脑、改造社会的精神"（陶行知语）研究教学改革，自己业余自学了农业大学农学系的部分基础课程，把智慧和心血用在对一个个学生精心培养上，用在对当地教育资源的全力开发上，用在对自己的教育思想、改革理念创新性的打造上……

20世纪90年代中期，他的大语文观、作文点改法及教育思想已自成一家，全国劳动模范、全国中青年"十杰"教师、特级教师、香港伯宁顿孺子牛金球奖杰出奖、享受国务院津贴的专家等一长串桂冠已光临他的头上。城市重点高中、师范院校、教育行政部门等纷纷要调他，他仍执意于农村教育。直到1999年春，他患上一种相当于癌症的非合杰金氏淋巴瘤，需要手术、化疗，省教育厅才硬把他调到省教育学院做教研员，其意让他病老告退。谁知他在病床上构思起建立农村教研教改基地校的计划，6个疗程的化疗过后，他顶着2000年的春寒，拖着病体，带药下乡，奔向长白山区，弯下腰为农村教育做起实事。近6年里，他的"小片开荒"（意是工作以外的"私活"）获得大丰收。没花国家一分钱，在城市中学中建立4所农村教师培训中心，在农村（山区）建4个基地、20所基地校，参加基地活动的学校共83所，教师4300多名，培养出一批批好教师。对于他率先开辟的这条卓有成效的教改之路，吉林省教育厅专门在长白山深处的露水河镇召开现场会加以推广。国务委员陈至立做了批示，对李元昌的作为高度肯定。

说他智者求索，因他钉在农村教育天地，深掘育人培师的清泉，显示出大智大慧者一个个不同凡响的思考与突破。

20世纪八九十年代，他从事三轮教改，两年上完三年语文课，学生提前一年参加省中考验收，平均成绩分别达91分、97分、97.6分，及格率100％。

第一届实验班44名学生，43名考入高中（这在1988年是奇迹），没考上那名学生成了最先致富的裁剪专业户。1993年从秀水二中学区的腰围子村走出7名大学生，人们发现，其中6名学生是他初中实验班的学生，这个数字相当于这个村新中国成立以来考上大学的总和。

在李元昌的眼里，教语文不只是教学生识字、说话、写文章，而是"教给学生获取知识的知识，培养学生再形成能力的能力"，是提高农村未来劳动者素质的一种极重要的教育渠道。

　　由此出发，他提出了大语文观：学校教育是"小学校"，社会则是终生教育的"大学校"；学生在校学习的课堂是"小课堂"，广阔农村与社会才是"大课堂"；学生学习的课本是"小课本"，一定的生产、社会与科研创新实践方是"大课本"。语文教学任务就是为学生架起从"三小"到"三大"平稳过渡的桥！

　　这样，学生无处无时不生活在语文学习环境里：学生上学走路，可练观察；同人说话，可练口才；看影视，可欣赏文艺；听广播，可学朗读；读理、化、生教材，可研究说明文写法；看政治课文，可探索分析与议论；唱歌，可当学诗以点燃灵感火花；上美术课，可培养审美能力；数学思维，可训练推理判断能力……眼光一变，课文天高地广。

　　走进李元昌的课堂，他把"小课本"的每篇课文当成窗口，如通过《捕蛇者说》《卖炭翁》看封建社会的社会画面，通过《白毛女》《分马》看新旧社会的历史变迁与土地改革的斗争风云，同时，他把"土课本"，即李元昌自编的反映本县本乡本村的历史、事件、人物的乡情教材，当成看得见摸得着的校本教材，还把与课文有关联的若干名著如《暴风骤雨》《林海雪原》《三里湾》等当成"大课本"，彼此连成一气，相互渗透照耀，远近点面，形成整体。连学生写出的一篇篇调研报告访问记，也编成校本教材进入课堂。

　　李元昌的语文教学法也无处不体现智者的求索。

　　他依文设法、依生设法、依需设法，创造出读写迁移法、讲练标注法、温故筛选法、抓纲带目法、读书五步法等大量行之有效的方法，体现了《孙子兵法》所言"兵无常势，水无常形"的真谛。

　　他更有一套指导作文的独特绝招。"向生活要好作文，在作文中学会生活"是李元昌发出的召唤，"放—收—放"作文训练法是他精心探索的途径，"点改法"是他调动学生评改作文的一步"高棋"。

　　他或领或导，放学生走向社会、走向自然、走向农户，观察采写农村一个个新景、一路路"能人"、一处处暗角，学生有见有闻有感有思，有了有米之炊，此为"放"。"收"，即运用获取的材料，回校独立完成习作。在此基础上，再进入高层次的"放"，即放开学生的手脚，冲破俗套，到社会上实际应用，进行写作上创新。

　　如此这般，学生早早走进社会，审视生活真谛，思考人生之秘，有事可记、有感可抒、有情可糅、有理可议，那飞进于实践中的富于彩色的活的语汇，那萌芽于大脑里的参与改造社会的可贵思想，那蕴含在人生路上历经自觉印证的启示，不展不畅，不吐不快，无可阻挡地喷涌而出，化作改革开放的北国农村社会风俗的全景画卷，化作少年作者热爱乡土、忧国忧民、疾恶如仇的乡情独白。

李元昌实验班的学生选出三轮实验班的学生习作 100 篇，编出作文集《田野上的小花》，被 4 次再版，吉林省教材审定委员会还定该书为初中生阅读教材。

在农村建教研教改基地的构想与实践，同样是在更大范围全方位推进农村教学全面提升的智者求索。面对农村教育与城市教育的极大落差，有人撰文探究，有人奔走呼号，而一个普通教研员李元昌却选择了弯下腰来实实在在地干。他以基地校为中心，像滚雪球似的，以一校带多校，积小改为大改，由一线连一片，在偏远山区教改的荒原上耕耘出硕大的果实。

说学者境界，因他用整个人生对农村教育之路的开拓与经营，无不体现一位学者的独立人格与前瞻思想。

《菜根谭》云："文章做到极处，无有他奇，只有恰好；人品做到极处，无有他奇，只是本然。"李元昌将农村教育大文章做到登峰造极的境界，人品达至炉火纯青的境界，恰是这箴言的形象写照。

他甘愿用自己拼搏的人生为农民孩子成长架梯，为农村教师提升搭台，为农村教育发展铺路。他的鲜活思想极具前瞻性，他的丰富实践极具导向性，他的丰硕成果极具启迪性。20 年前他想的，是今天我们讲的；20 年前他追求的，是现实对我们要求的；20 年前他达到的，是明天我们将到达的。他立足农村教育，完全用素质教育思想创业立功，其功不可没。

他拒绝五光十色的诱惑，守望心灵中圣洁的净土，安贫乐道，在做省语文教研员的工作之余，还拖着随时可能倒下的病体，自加压力，自找苦吃，亲自组织吉林大学附中、松花江中学等 5 所城市学校十余次送教下乡，建立一个个农村教研教改基地校辐射四周，指导各基地扎扎实实开展教研、听评课、讲座、攻关、辅导等系列活动，在当今物欲横流的时空里，他不休节假、不索酬劳、不顾病体，争雄常逐鹿，弃利不趋蝇，向世间弘扬清明之德，其德不可没。

他有教育实干家的探求，又有教育理论家的精思。他的学科改革多方位的前沿研究，他的利用农村教育资源着眼农村中学生未来可持续发展的重大理论突破，他的以一所基地校为中心，联合附近学校成立教研教改基地以强带弱提高队伍的开拓性新路探索，都是具有里程碑性质之言，其言不可没。

多年来，我一直极为关注、极想解读并多次访谈李元昌，曾久久思考，他何以持续成功？何以不断突破？

我得出的结论是，他占据了目标、态度、智慧、思维、境界五大"制高点"。

第一，高远目标。他认准了一条路，痴迷于一个"结"，像"走火入魔"似的把精力、生命悉数相许给我国教育之中最薄弱、最急需抓好却又长期最被忽视的农村教育。他要为之开路、建功、立说。

坐标点选正，从彻底改革一个学科入手，进而改造农民子女成才之路，到改变农村教师的素质结构，再到建设社会主义新农村，目标高远，意志坚毅，行动清醒，突破有力。

第二，高昂态度。任何事业的成功，光注意细枝末节是绝对不够的，态度决定一切。李元昌高昂的态度鲜明特点有三：一曰认真。当教师时，一个一个地家访、谈心、辅导，真可谓精雕细刻；做教研员时，对搞花架子的所谓"大"课题嗤之以鼻，他提出校本科研要"积小改为大改，以小题换大题；化大题为小题，破小题通大题；一题多解，分进合击"的研究方法；他提出"教学问题即课题，教学过程即研究，学生发展即成果"的思路。二曰钻研。对农村教育的多个侧面，他都肯于钻研在前，反思于后。三曰忘我。弯下腰，拼着命，为了事业发扬着献身精神。

第三，高深智慧。李元昌做事，高招一串串，常常出人意料之外，甚至都不敢想。其原因一是读书（报、刊）多，见识广，领悟深，社会学、人才学、美学、文学、经济学、农业科学等，各类知识融成一体，触类旁通。二是善于集思广益，博采众长，和学生商量，与同仁讨论，向社会请教，久而久之，他变得越发机敏、睿智、聪明，主意、办法、高招迭出不穷。

第四，高端思维。他站在哲学的高度进行思维，就收到高屋建瓴之妙。如他运用对立统一规律观察语文教学，提炼了"大语文"观，从语文小窗口看农村大社会，又从社会广角镜看语文小视角，吸纳"大"与"小"的营养；还从语文一环看多学科的链环，又从多学科智能库看语文一科的珍宝，实现"多"与"一"的渗透。他让学生掌握了多与少、量与质、现象与本质等哲学观点，便写出了《在好事的背后》《从烟头到火灾》《丫头蛋子》等一篇篇议论时弊的好文章。他选长白山深处露水河林业局一中为教研教改基地，就采用管窥蠡测的观点。这儿，地域属典型的偏远山区，经济为办学最困难处，文化积淀特薄，教师远走高飞者众，实为中国农村教育的缩影。抓住如此代表性的点，就易带动一片。

第五，高格境界。"不畏浮云遮望眼，只缘身在最高层。"李元昌一向崇敬陶行知，信奉其"捧着一颗心来，不带半根草去"的信念，而不屑于"潇洒走一回"的时髦俗求。因此，他拥有人生真、善、美的大境界，醒视人生，选准追索，锲而不舍，甘愿奉献，创造了一个至为富有而珍奇的精神家园和事业领地。

2006 年 1 月 18 日凌晨写于辽宁铁岭市

选自《新教育》2006 年第 1 期

　　作者系中华教育研究会理事、中国作家协会会员、中国管理科学研究院研究员，原辽宁省铁岭市教委副主任，著有教育三部曲（《泛舟诲海》《圣园之魂》《播种辉煌》）《教育大境界》等。

（五）中国的作文教育（节选）
——从一个农村教师的实践谈起
日本　　市濑智纪　　尹胜杰译

前　言

　　中国榆树市秀水镇第二中学的李元昌老师，是有"特级教师"称号的语文教师，他长期从事农村中学作文指导，积累了丰富的经验，提出了称之为"放—收—放"的作文指导法和独具特色的作文训练方法"点改法"，在农村语文教学改革中取得了显著的成果。

1996 年在日本宫城教育大学做教改报告

　　所谓"放—收—放"的作文指导法，是教给学生如何提高写作能力的方法；而"点改法"则是由学生自己发现作文中的错误，由学生自己进行推敲的方法。这种作文教学经验被介绍到中国的各地，并且李元昌老师于 1996 年得到国家教委的表彰，被授予"中青年十杰教师"的荣誉称号。

　　我认为李元昌老师所提供的教学方法，极具实践性和独特性，对日本的作文教学也具有很多的启示作用。

　　我感觉，以往从比较教育学的立场出发，日本也对国外的语文教学或作文教学的情况做了一些介绍，但多数场合，把焦点放在了课程或指导要领上，而很少知道个人的实践经验。在此，之所以列举出个人的经验进行一番介绍，是由于可将其作为了解中国语言教育整体面貌的一个素材；并且，李元昌老师的实例对了解中国农村教育的现状提供了宝贵的资料。

　　1. 李元昌老师与秀水镇第二中学（略）。

　　2. "放—收—放"作文训练法（略）。

　　3. "点改法"（略）。

　　4. 李元昌老师的教学风格。

　　笔者有幸于 1997 年 9 月 30 日得到访问吉林省榆树市秀水二中的机会。下面是初三学生上作文公开课的实录。

　　作文公开课：写议论文——谈村公路封闭的问题

　　①导入（5 分钟）。

　　这次课的题目是写"议论文"。议论文以引论、本论、结论的结构来写。首先，教师（李元昌）对议论文做了说明，指出议论文的特点，首先要明确"论点"，然后以论据为基础进行"论证"。

　　②作文内容提示（2 分钟）。

　　接下来提出作文题目，近年来由于与东北师范大学搞共同研究，与此同时带来了学校的建设，封闭了长期以来一直使用着的一条村公路，另在西南方向开了新公路。关于这件事，秀水镇分成赞成和反对两派，议论纷纷。这堂课的作文题目，就是让学生就封闭村公路一事，发表自己的意见。

　　③讨论（8 分钟）。

　　就废止村里的旧路另开西南村道的事情分组讨论结束后，有 4 名学生从不同角度分别表达了赞成或反对的意见。赞成的学生认为旧的公路还是封闭为好。反对的认为：应该保留原村公路。教师整理学生的发言，但原则上不发表自己的见解。

然后，教师让学生围绕这四名学生的意见，再次分组讨论。

④作文题目的确定（4 分钟）。

这次作文的题目，由学生自己思考提出。当学生不能够很好地将意见归纳、整理时，教师予以帮助，有 6 名学生，各自提出了 6 个作文题目。

"闭条路，也应修一条更好的路""西南大路难道不吉利吗?""闭路风波的启示""闭了旧路，开启一条通往智慧的路吧""闭路的意义""欲穷千里目，更上一层楼"。

⑤写作文（10 分钟）。

当堂作文（10 分钟）：当堂写作文，时间大约 10 分钟。学生写作文时，教师巡回个别指导，回答疑问。

⑥发表（10 分钟）。

有 4 名学生分别发表了自己的作文。其内容包括：为了当地的经济发展和教育水平的提高，应关闭旧路建设新路；应摒弃"西南大路不吉利"这种封建迷信思想；另外，还有的学生从客观的立场就对旧路进行修补的可能性和建新路的有关设想发表意见。教师在作文发表后，加以简短的评论。评论的重点是作文的形式结构、艺术方法，而非内容。

李元昌老师的作文教学，在某些方面很有自己的特点。学生信赖老师，教学始终在温暖的气氛中进行；学生积极介入教学之中，教师与学生、学生与学生的互动极为活跃。总而言之，学生已经习惯了"写"，并且具备了在较短的时间内写出作文的能力。此外，从学生的作文中能感觉到，学生在平时阅读了大量的各种文学作品和报刊时文。

结束语

对中国的作文教学，笔者以李元昌老师个人的教学实践做了一番介绍。李元昌老师的教学是在农村长年从事教学的经验结晶，而不是受国外的教学思想和作文教学法影响的结果。但笔者认为，在其作文教学中包含着某些具有特色的因素。

"放—收—放"的作文训练法，试图从根本上解决作文素材的问题，不仅仅局限于在学校或在家庭，或从读书经验中谋求题材的获得；而是谋求从学校以外或通过社会调查获得素材，这一点很引人注目。

其次，"点改法"强调通过作文批改形式教师与学生之间交流的方法。可以说，让学生推敲构思自己的作文，并一步步提高写作能力的想法，具有独创性。

李元昌老师的作文教学，培养学生能写农家的广告、协议书、诉状等具有实际需要的应用文，从这个意义来说，从中可以看到与日本作文教学史上的"书牍缀方"的手法重合。但必须注意到，李元昌老师的作文教学所追求的，并不是真实地再现农村生活的原貌。

总之，李元昌老师作文教学的目的是：学生通过作文的渠道，或与村干部对话，或批评腐败的风气，或对报纸、电视施以影响，以此为社会改革呐喊，使学生投身到社会实践中去。这一目标在李元昌反复强调的"作文教学，如果不与当地经济建设结合起来，就毫无意义"的言辞中也可得到体现。

最后，笔者从《田野上的小花》中选择两篇学生的作文，翻译出来，介绍给诸君，以供参考。

学生作文（略）

原刊于《宫城教育大学纪要・第 34 卷》（1999）

三、社会声音

（一）如果没有你

王未

做客《实话实说》

主持人：和晶

嘉　宾：

李元昌：男，吉林省教育学院教研员。

董德艳：女，温州民办学校教师，李老师第一轮实验班学生。

阎兆艳：女，吉林私营旅游公司经理，李老师第一轮实验班学生。

卢月飞：男，腰围村村医生，李老师第一轮实验班学生。

……

和　晶：好，先感谢各位来《实话实说》，可能有的人觉得，和晶你这个人太客气，来录节目还要谢谢我们干吗。因为我们发现，要让一个人说实话很困难的，让一个人当着全国观众的面实话实说，更困难。所以，先感谢各位有勇气来实话实说。那么每次在节目开始的时候，我们首先要分享今天各位留下来的好消息和坏消息。到底是什么样的内容呢，由记者王未跟大家公布一下，所以我们先欢迎我的搭档，王未。

王　未：大家好。

……

王　未：我这次带来的是教师节里的消息，我先跟大家说的是坏消息，就是有一个曾经在农村扎根四十年的老师，检查得了一个很重很重的病，医生说他只有一年半的时间了；但是又有一个好消息，这位老师他特别热爱教育事业，他精神也特别好，有毅力，很坚强，七年过去了，他不仅健健康康的，还活着，而且他现在还工作在教育的第一线，我们来认识一下他。

和　晶：先来放短片。

和　晶：他出身农家，从小读书吃尽苦头，出于对农村孩子深厚的感情，大学毕业后，又自愿回到农村教书，这一教就是四十年。把两千多个农村孩子培养成才，他就是李元昌，一个疼爱孩子的农村教师。他没有忘记自己是农村走出来的人，为了让更多农村孩子能够有一个美好的未来，李元昌在 20 世纪 80 年代初，就开始了把学习和农村生活融合在一起的教学改革实验，让大多数没有升学机会的孩子，仍然终身保持对学习的兴趣和能力，成了对农村发展有用的人。他的教改经验，在全国教育界引起了强烈的反响，甚至还远传日本，影响海外。在一个学生获得知识的同时，也应该给他们注入一种新的观念，新的生活观念，这是李老师的教育思想。

李元昌曾身患重病，被诊断为只能活一年多的时间，然而到了今天，凭着他对教育的热情，对农村孩子的爱，他已经在农村教育第一线又坚持干了七年，用浓浓的爱带领孩子们继续前行。

和　晶：让我们欢迎李老师到现场。李老师好。请坐。您坐这儿。我们今天特别高兴，七年前查出的这个病，现在没有复发是不是？

李元昌：当我从手术室推出来的时候，我儿子问大夫，我爸还能活多长时间。大夫回答说，也就一年半年的。

和　晶：做完手术？

李元昌：后来我病体稍微好一点之后，我到新华书店，看了病理学，说此病治愈，只能延缓五年生命。

和　晶：书上写的是五年。

李元昌：对，如果是按照医生的判断，我六年之前就应该"走了"。按照书上所说，那么两年之前，我就应该到"另一个世界"去教学去了，现在看来我这是死灰又复燃了，废物又可利用了。

和　晶：今天我们在一开始的时候，先想让大家知道，您在四十年中创造的一些奇迹。您可以先告诉他们，您带的孩子，那都是什么样的孩子？

李元昌：就是当地的学生。

和　晶：（农）村儿里。

李元昌：村儿里当地的学生。

和　晶：加起来有多少名？

李元昌：我那个班是四十多名。

和　晶：那些孩子都是什么样的家庭，他们的父母都是做什么的？

李元昌：多半都是农民，有的很多父母都是文盲。

和　晶：不识字。

李元昌：学校就处在这样的环境当中，我在课堂上正教着学，就听见敲门声，家长把门一拽，"李老师，很对不起，我家有点活，我自己干不过来，让我们家小三来帮我干干吧。"孩子不愿意走，他爸进到屋里面就把孩子拽走了。

和　晶：上课上一半了，回家干农活去？

李元昌：那就得回家干农活。

和　晶：当时这样的现象很普遍？

李元昌：几乎是普遍现象，当时每个农村的孩子，放学呀、假日呀都要帮着家里干一些农活，因此他们的学习时间就相对少。

……

和　晶：李老师，你实验班的学生是个什么样的学习基础？

李元昌：就拿语文这一科来说，小学升初中考试成绩都是九十多分，那很高啊，有的是一百分。然而我让学生读第一篇课文——《一件珍贵的衬衫》，结果就在那篇课文里，有的学生就有十七八个字不认识。

和　晶：这是初一的孩子？

李元昌：初一的孩子。

和　晶：在你看来，他们有这样的一个基础，您是可以理解的？

李元昌：在那这都是很正常的现象。过去我们那里的初中毕业生，大家把他们叫作"初中扔"。就是说初中毕业啥也不是，没有什么能力，干啥啥不行，就是白瞎了，白扔了这个意思。

和　晶：可是他们说李老师带出来的学生，还要参加村委会的会，还要写田间报告，还会写诉状。

李元昌：我这些学生，群众就把他们叫作小秀才，小参谋，小律师。

和　晶：小律师，小秀才，小参谋！

李元昌：我在课堂教学中，教给学生新闻的写作方法。就要求学生回本地搜集新闻材料，写成新闻后直接向报社、电台投稿。在那个阶段，我的学生经常接到录稿通知，经常收到稿费。写来写去之后，我突然接到村干部给我来的一封信，这封信上说：李老师，咱们一无冤，二无仇，你不出面整我们，为什么让这些孩子整我们？原来这些孩子把村干部做的一些违纪的事情，当作新闻消息给发出去了。

和　晶：那肯定是不好的事情是不是？

李元昌：对。所以有些村干部在吃饭的时候就说，咱们快点吃，别叫李元昌实验班的学生看见，他一看见就说咱们用公款大吃大喝了，给咱们捅出去，咱们跳黄河也洗不清了。

和　晶：那我听下来，好像您带出来的这些孩子，他们对身边的事，对身边的人都充满了兴趣。能举一个上课的例子吗？您是用什么样的上课方法，使他们如此有兴趣。您在哪上课?

李元昌:我上课的课堂有时候不固定。

和　晶:不在教室。

李元昌:有时候把学生领到江边去上课,有时候在田地里上课。到江边的时候,我领着学生,让学生唱一支歌,学生们唱:"我的家乡并不美,低矮的草房,苦涩的井水",学生们唱到"我要用真情和汗水,把你建设得地也肥来水也美"的时候,学生的感情上来了,他们感觉到家乡的兴衰自己身上有责任,这时我让学生畅想家乡的未来,想到家乡的儿女的责任,该为家乡的未来建设做出怎样的贡献。

和　晶:李老师您这说法我非常意外,因为我知道很多农村孩子非常刻苦地学习,非常努力地读书,是为了有朝一日能够考上一个学校,离开那个贫穷的土地,但是你为什么让他们要产生留在这个土地上的想法呢?

李元昌:我要面对事实,当时农村的学生只有两条出路:一条是升学,离开农村;另一条那就是留在乡里头,回乡继续当农民。我有个学习比较差的学生,受到了老师的批评,他一赌气给我写了一封信,信的结尾是这样说的:老师,您这样对待我们是不公平的,您看,参加家乡建设的,不都是我们这些差生吗?这是学生在信里面说的。如果要是这些回乡的学生都是差生,那农村就一辈不如一辈,一代不如一代,农村发展又有什么指望?如果我教的学生回到当地参加生产了,他很聪明,很能干,有知识,有能力,回到乡里的学生一批强一批,那就一辈强如一辈。这样农村才会是一天好于一天,一年胜似一年。

和　晶:我觉得听李老师这样说,可能大家还无法想象,他带出来的学生是多么与众不同,所以这次我们为大家请来了李老师教过的三个学生,他们今天已经有了各自的工作,各自的岗位,我们跟他们聊一聊,看他们和普通的学生不一样在哪里。来,我们有请董德艳、阎兆艳和卢月飞上场。我们依次介绍一下,从那位先生开始,看得他壮吧,卢月飞是乡村医生,当医生是你当时的理想吗,卢月飞?

卢月飞:是当时的理想。

和　晶:当时想做医生是不是?

卢月飞:没有考入大学殿堂,但是回到家乡想为农民做点事情,想成才。

和　晶:你很小的时候就这样想是不是?

卢月飞:对。

和　　晶：这个阎兆艳，吉林某旅游公司的经理。我们叫她阎经理。你好，请坐。董德艳，请坐。

董德艳：我一开始工作的时候是和李老师在一起，在秀水二中教学。

和　　晶：卢月飞你还记得读书的时候，你们家庭条件好不好？

卢月飞：家庭条件不好。

和　　晶：李老师是你们班主任是不是？

卢月飞：对，李老师曾经资助过我，我永生难忘。

和　　晶：资助过你？

卢月飞：对。当时想起这个事情我都想哭。家庭非常困难，十五块钱学费、书费交不起，李老师那时候挣的是五十多块钱工资。他家里是六口人，老爷子、老太太年纪非常大，没有劳动能力，还长年有病。他用这些钱养活家，还给我拿十五块钱。我还记得都是五毛的、一毛的凑的。我非常感激。有了这十五块钱，我有了今天。

和　　晶：在你们印象中，有没有跟李老师去田间地头上课？

卢月飞：常事。

董德艳：我们经常这样。

阎兆艳：有一年我们那里发大水，八百里地全部被淹没了。李老师就带着我们到被淹的现场去看。我们当时看到庄稼全部淹没在水里面，心情也比较悲痛。然后回来李老师就让我们写作文，农民是多么辛苦，他们辛辛苦苦种出来的庄稼，结果一场水，一点收获都没有了。有的农民可能一粒庄稼也不会收回来了。农民这样辛苦，我们看到这个水之后，会有什么感受。那次我们写了挺多的作文，写了不少字。

李元昌：兆艳，你写了《我爱家乡的红高粱》。写的农民怎样生产自救，是不是？

阎兆艳：在所有的作物当中，红高粱它抗水性最强，黄豆是最差的，红高粱是最强的。说家乡人抗击洪水，像红高粱的这种精神一样，一直这么坚持下去，我用红高粱象征家乡人民。

李元昌：有时候，就把他们领到地里上课去。

和　　晶：带到农田里上课去？

李元昌：我那是有目的的，就是想培养他们综合能力，把生产知识融合进语文中去。记得是初一刚开学一个多月，我让学生先复习在植物课中学过的植物传粉知识，然后就把学生领到一块苞米地里边去。那一年，苞米空穗现象很严重。我问为什么空穗现象这么严重？学生讨论后就说，这是苞米没授上粉。他们想起了植物课中学到的植物传粉知识，大家研究后找到原因：苞米授粉的时候，正是连绵阴雨的时候，这个气温，这个雨就影响了授粉。正在阴雨的时候又刮一阵风，把苞米都刮倒了，结果苞米蓼儿上的花粉，没有落到苞米胡子上，就是雌性的花蕊上，而落到地上了。因此就造成这种空穗现象。学生这篇调查报告完成了。然后我把这调查报告拿到乡农业技术推广站，给农业技术员看。农业技术员不相信是刚入学不久的初一学生写的。他说我们这方面专业知识都比较强，然而让我们写也只能是这样。有一次是给学生出了这样一道作文题，"天上掉馅饼"。天上掉馅饼，比喻的是不可能实现的事情，我要学生通过怎样的想象让它变成可实现的事物。有的学生是这么说的，说若干年之后，人类破解了光合作用之谜，那么人住的这个房子上的瓦，就不是用陶土烧制的，而是用高浓度的叶绿素合成的了。那么在房盖和天棚之间，安了一台人体营养加工器，人坐的椅子上有一个人体营养探测仪，人往这个椅子上一坐，探测仪就探测出人体缺少什么营养了。然后就通知给加工器，加工器又通知给房顶上的那个"瓦"，"瓦"就把人体所缺的营养输送给加工器，加工仪器做成了馅饼的形状。在加工器和椅子相对的棚面上有一个自动开启的窗口，加工器就通过这个窗口把这个馅饼投下来了，人这么一仰脖，一张嘴，馅饼就可以掉到嘴里了。

和　晶：对于家庭主妇来说，这是最好的消息，不用天天买菜、炒菜、做饭了，直接一摁按钮什么都下来了，那说明你的学生，通过你的启发，在这种开放式的教育下，他们的想象力得到了锻炼，他们对问题的观察能力也得到了锻炼，甚至他们表达都变得非常的自信。

李元昌：是这样。

和　晶：我想知道李老师给你们上课的时候，李老师告诉你们什么叫成才。

阎兆艳：成才的话，就是说给我们一个最直接的话，李老师就告诉我们，只要你是对社会有用的人，那你就是成才了，不管你是考上大学，还是在家做一个农民，还是怎么样，只要是对社会有益，那么你就是一个成才者。

和　晶：作为农民，怎么是一个成才的农民呢？

阎兆艳：比如说卢月飞，他做一个医生，他给这些个乡村的农民带来了很多益处，帮助很多人，那么他自己的感受就是成才，这是一种自我感觉。这种感觉，也是一种思想。

卢月飞：不一定说在城里做一些工作就是成才了。

李元昌：1988年验收的时候，省里的专家和我们省里各县区的教研员，来验收这班学生，当时我做了实验报告。一些老师就开始给这些学生提问题，说你们李老师这样给你们讲课，如果你们不能升学该怎么办呢？我记得兆艳你曾经有个回答，当时你是怎么说的了呢？

阎兆艳：当时我是这么说的，读书是为了成才而不是为了升学。只要我们对社会做了有价值的事情，那么我就觉得我自己是成才了，我们的目标不是一定上大学，而是成才。

卢月飞：不为了升学而学习。

李元昌：她回答这一句话，引起了来验收的那些专家的掌声。说我们读书不是为了升学，而是为了成才。我就教育学生为成才而学习。为成才而学习，他能够终生地去奋斗，去学习，不断提高发展自己。如果为了升学而读书呢，不能升学，我读书还有什么作用呢？1994年的时候，兆艳你们毕业了六年了，省教育厅的领导调查我的学生，那时候董德艳考上高中，因为家里经济困难，没有去读书，她就在家自学，成了当地非常有名的裁剪师。

和　晶：还会裁剪呢？

董德艳：当时我还办了班，开了三期裁剪班。

李元昌：自己成了裁剪师，她还办班。我有一件衣服，就是她给我做的，现在我还留着呢，有时就穿上。当时我记得，教育厅的一个领导问她，和你同班的学生都已经上大学了，而你还留在农村，你和那些上大学的同学在一起，你感不感觉自己"矮"啊？当时德艳说了一句话，他们都很感动。

董德艳：我当时说，不仅是当时，我觉得我现在仍然这样认为。我说，比如一块砖，高楼大厦上的砖是砖，牛棚马圈上的砖仍然是砖，不管把它放在高楼大厦上，还是放在牛棚马圈上，它只要发挥了一块砖的作用，那么这块砖是有价值的砖，成才也无非就是这样。当时我一直是这样认为的，到现在还是这样的观点。

李元昌：我再介绍一下董德艳，初中毕业考上高中，家庭经济困难没有上学，没有去读高中。她就自己学裁剪，在书店买了几本裁剪的书，向别人借了几本裁剪的书，就照葫芦画瓢。

和　晶：就会了。

李元昌：家庭困难，她就到学校找我要报纸，她就在报纸上画线条裁剪，裁剪之后用糨糊粘成衣服，让她弟弟妹妹这些孩子试穿。后来她就在当地收集那些废塑料布，然后在缝纫机上做成衣服，让她爸爸她妈妈试穿，她这个裁剪师就是这么练成的。六年之后我和她谈话，我发现她回乡之后又读了很多书。

和　晶：自己业余时间读的书？

李元昌：读了很多书，这时候我感觉到，这六年当中她的知识又长了很多。后来我就到了我的母校长春师范学院。我说你能不能招收这样的一个学生，没读过高中，又没经过高考，但是我保证她到学院之后，学习质量不会差，后来长春师范学院破格把她录取了。她在班级里面学习还是前几名，以后回到我们秀水二中工作。

董德艳：我的上学经历比较曲折，李老师平时对我们的关爱，我就已经很感激了。最让我感动的是，他送我去大学的时候，那时候和我一起的同学有一个是李老师的外甥女，我们俩是同班同学，他完全可以把他的外甥女送过去，但是李老师没有这样做，他觉得好像我比那个同学还重要，更需要这次机会，我可能会回来为我们学校做贡献，所以他没把外甥女送去，把我送去了。这件事情真的让我刻骨铭心。

和　晶：讲到这呢，我想起来了，对于城市的孩子们来说，他们在上学的时候，在学习方面也有很多特点的，可是你们三个能不能说一下，李老师用的哪些方法是特别适用于农村孩子的呢？你们是体验者，你们更有这方面的感受。

卢月飞：从写作方面。我们作为一个学生来说，回家天天写日记，写一些调查日记、观察日记，谁家打仗了，耍钱了，农村这些事多，写上，非常有滋有味的。

李元昌：他们写得最多的，就是干部为啥不修路。有时候他们就几个人组成小记者调查组。

阎兆艳：如果看到不对的事情的话，我们就要去问一问。

李元昌：就找村里党支部书记。村民开始种地了，有的农民买不起种子，你们这些领导该怎么办呢？怎样帮助这些农户？那时候村上经营化肥，学生就问村干部，卖给农民的化肥涨不涨价，有时候他们几个人组在一起，就去访问村干部。

董德艳：我们甚至都把我们班级发生的一些不良风气都写到作文里去了。

李元昌：这里面吧，我就感觉到我不是教语文，我是用语文去育。我把语文作为什么呢？作为人生再获取知识的知识，再形成能力的能力。学生离开学校之后，能凭借语文知识和能力不断发展。

和　晶：那李老师我问您一个假如的问题。假如您不是秀水二中的老师，假如您就是北京某一个中学的老师，您还会用这种方法教学吗？

李元昌：有可能用不上。我感觉到城市的学校追求升学率很残酷。如果我到城市学校当中来，那我就是考试战车上的一个士卒，我只知挥戈进击，搭弓射箭，只能是听考试的这个令。我的一些个想法如果领导考虑到影响考试就不能采纳，我的一些个性就要体现不了。我感觉到，农村的学校也追求考试，但是相对说照城市比较弱。

和　晶：我在了解李老师这个人的时候，我就想一个问题，其实李老师在查出身体有病的时候，是可以回到城市的，当时事实上也不需要您在一线再教学了。到城里去养病，动手术，做治疗。可是您为什么没有好好地在长春市待着，没好好在家里待着，又下去了，又到乡下的各个学校里去了呢？

李元昌：我是从农村来的，来的时候我读了作家刘亮程写的一篇文章叫《扛着铁锹进城》，我就想，我是拎着锄头来长春的。我来到长春还得侍弄那一亩八分地，也就是农村的教育，因为我对这里面有一种感情。到长春的时候，每逢到了条件比较好的学校的时候，我头脑当中自然浮现出农村的学校，两相对比是越来越强烈。再有一点，我是农村老师，我不能忘了农村，不能忘了农村的那种情况。应该尽力地为农村办点儿事。农村主要是缺优质教师。

和　晶：缺老师。我听您说到这，李老师我觉得您在我的心目中的形象有变化，我现在听上去，您好像不仅仅是乡村教师，甚至有点像一个……在乡村教育这个领域中的一个理想主义者，好像您用自己的悟性、自己的经验和自己的认识，把您的理想在一点一点地影响到其他的一些老师。

李元昌：你说我是理想主义者，是对了一半儿，为什么？我另一半儿是个现实主义者。我面对着的是我们农村教育的现实。

和　晶：对。

李元昌：我就要研究它，怎样帮助农村学校解决这个困难，当我在研究中遇到困难的时候，我又是个理想主义者，我就设想这个问题解决了之后，这种情景，这种光明，因此它有时就鼓励我去深入地研究这个问题，因此呢，就是现实与理想各占一半儿，就像作家创作一样，现实主义加上浪漫主义。

和　晶：对自我的总结。

和　晶：李老师，你是想让你教的农村学生都能升学吗？

李元昌：对于农村学生的教育，不能都逼着学生走升学的这条独木桥。

李元昌：像他们三个人，走了不同的道路，但都成才了，不一定都非得升学。我母亲常跟我说这么一句话，说元昌，你可不能拿鞭子把学生都往升学那条路上去赶。人说不上在什么方面就会出息出来，弯弯木头要随性使。当时我母亲跟我说，你看弯弯木头吧，别硬去把它直过来，你要把它直过来，有可能就把它直折了。做犁杖需要这个弯弯木头，那就应该让他去做犁杖去。其实呢我感觉我母亲这句话，道出了我们育人的一个道理。就是让我们根据学生的特点、个性，应该各得其所，适合他们的发展，不能随队去挤升学的那条独木桥。这个成才的标准是什么呢，科学家是才，领导干部是才，工人农民也是才。你种地种好了也是才，甚至街上卖报纸卖好了他也是才，因为社会需要这样的人，不能没有这样的人。

和　晶：可是我听说李老师自己的孩子，前些年因为生病走了。

阎兆艳：这是我们所有人的一个痛。

李元昌：一提这个事情，有时候心脏病还会犯。我就感觉到心里这个月亮永远不能圆了。我的女儿走了不久，我十分想我的女儿，学生就发现了这个问题，有时就在我教案里面夹了个纸条，说李老师我们就是你的女儿。有一回我疲倦了，课间的时候就趴在办公桌上睡着了，那时候也有病，身体也生病了。我睡醒的时候，我就发现窗外有好几个孩子，瞅着我，他们眼里就都流露出一种担忧、疼爱我的这种眼光。后来有个老师告诉我，说这几个学生趴在窗前已经是一个多小时了，老师撵也不走。他们说，李老师身体是不是有病，他怎么趴在桌子睡着了？当我醒了之后，这些孩子笑了，才走。

董德艳：因为那个时候，李老师女儿刚去世，心情肯定很不好，但是他没有间断去学校上班，没有间断去上课。

李元昌：我也有这种思想，到学校上课的时候，干点工作，可能想女儿这个心就要少一点。如果我病倒了，躺在床可能更要想这些事情。我是想用工作赶走、冲淡我内心的痛。

和　晶：不过他们也说了，在他们的心中，您不仅是位老师，更像一个父亲。

您可能失去了一个女儿，但是您得到了好多好多孩子们的爱，他们来之前都给您准备了礼物，想今天送给您。我不知道这个礼物有什么意思，他们自己有什么心意在里边。卢月飞准备的什么礼物？

卢月飞：我的老师太累了，让他用用。

和　晶：按摩棒是吧？

卢月飞：对。

董德艳：李老师，我觉得脚踏实地是您的工作作风，您真的是一步一个脚印地耕耘在我们的黑土地上，我也希望我的人生里，能像您一样，在教台上迈出自己人生坚实的脚步，所以我给您买一双鞋子。

阎兆艳：李老师，您在我们心目中是一个伟大的开拓者，作为农村孩子，我希望有更多更多的开拓者，踏着您的足迹前进，给更多的农村孩子带去更加美好的未来。

李元昌：谢谢。

和　晶：今天，真的，我第一次，这么近距离来了解一位在农村执教四十年的老师。我曾经有过担心，我们这些从城市长大的孩子，会不会不理解李老师？我们这些在城市里边有学习经历的人，会不会理解李老师和他的学生？但是今天起码我觉得很轻松，能够在李老师身上看到对于农村教育的那份爱和执着。所以我想今天的《实话实说》给我们带来的，不仅是一位教师的故事，更重要的是给我们打开了一扇通往农村的大门，让我们看到了那里的孩子和那里的人。谢谢大家，我们下期再见。

李元昌：再给我的学生布置点作业。

和　晶：太好了，李老师要给学生布置作业，是给他们仨儿吗？

阎兆艳：我还记得初中毕业的时候，李老师给我们留过一次作业。

李元昌：那你说一说留什么作业了？

和　晶：初中毕业的时候留作业了？

阎兆艳：对，初中毕业的时候就给我们留了二十年之后的作业。那个时候我们经常唱一首歌，《年轻的朋友来相会》，我们经常唱。我们马上面临毕业了，李老师说给你们留一道作业题，二十年后，看你们能给我交一个怎样的答卷。现在刚刚十八年，也就快到二十年了，我希望李老师所有的学生都能给他交一份满意的答卷。

李元昌：毕业的时候我让同学们唱《年轻的朋友来相会》。然后我就说，同学们，以哪个内容来写作文？以为祖国、为家乡流了多少汗，出了多少力了，分了多少忧为内容，以什么为题呢？以"回首往事，问心可有愧"为题。今天你们三个同学的汇报，我感觉就是交上了这一份答卷。我也希望你们继续再写这篇人生的"大作文"，另外我也以秀水二中前校长的身份，号召我们秀水二中毕业的学生，都能完成这张答卷。我也以一个老师的身份，希望我们所有的学生，都能够在社会这个大学校中，写好人生这篇"大作文"。和晶，这时候可以下课了。

和　晶：谢谢，李老师说下课。感谢各位。

摘自《实话实说论坛》2006 年 9 月 11 日，略有改动

（二）记住李元昌

王宏甲

人们普遍关心孩子能考上大学，而农村孩子大部分考不上大学。李元昌把毕生的努力，都用于为那大部分可能考不上大学的孩子能成为建设家乡的人才而奋斗。他确实是在奋斗。

李元昌 1949 年生于吉林省榆树县秀水乡腰围村，1966 年开始在家乡当民办教师。1977 年考入长春师范学院中文系，毕业后即要求"回本县本公社本大队工作"。当时师范学院毕业生已是稀缺人才，学院不能同意他的要求，把他分配到榆树师范学校。但他仍坚持与一位同学调换了工作，踏上回乡的路。

可是腰围村没有中学，他只能在秀水一中任教。看到乡下学生因上学路远、食宿等困难因素，家庭承担不起，学生辍学。他建议在乡下再办一所中学。1982 年秀水乡终于决定在治江村建中学，在一个村里办中学是罕见的，李元昌终于在这所村中学当上了教员。

他是语文老师，竟把农机、农药、栽培、养殖等其他学科的知识融入语文课中，开始了独创的"农村大语文"综合课程改革。他进行了非常艰辛的探索，概括出"三小三大"的核心理念：即把学校教育看成是"小学校"，把社会看成是"大学校"；把在校学习的课堂看成是"小课堂"，把当地广阔的社会看成是能力形成的"大课堂"；把在校学习的课本看成是"小课本"，把学生现在和未来的社会实践看成是终身学习的"大课本"。

　　美国在 1983 年发表《国家在危险中：迫切需要教育改革》，1985 年启动《2061 计划》，随即出现综合课程改革。李元昌的"大语文"综合课程改革实验，不仅是中国最早的，也是世界最早的。

　　虽然 1982 年的李元昌在乡下还没有接触到计算机，但信息时代的教育革新精髓是，读书的课本不是学生获取知识的唯一来源，融汇多种知识和信息为课程资源，就是信息时代新教育的典型特征之一。

　　在 20 世纪 80 年代后直至今天，在为了追求升学率而普遍抱着课本为应试而拼搏的全国大环境下，李元昌引入课本之外的大量内容作为课程资源，是需要勇士精神、英雄气概的。李元昌坚信，"人生最大的光荣，不在于永不失败，而在于屡仆屡起"。

　　1988 年，他的第一轮实验班学生在考试中以高出其他学校学生的成绩而引人注目；第二轮实验班中有 5 名学生的作文在全国获奖；三轮实验班学生的作文由吉林文史出版社编成《田野上的小花》出版，并被省教材审定委员会定为吉林省初中选用教材。1993 年，他的家乡腰围村考上 7 名大学生，有 6 名是李元昌当年实验班的学生。

　　李元昌的教学改革，原初目标是强烈地要把农村孩子培养成建设家乡的人才，结果不仅使农村孩子学到有用知识，也没有耽误学生考大学，而且使成绩优于农村其他学校的学生。

　　为什么？他的实践再次证明了，不要紧抱着"小课本"的教学方式，要有益于开启学生的聪明才智，这才是一个孩子成长最需要的，不仅农村的孩子如此，城市的也如此。

　　为使更多的农村孩子受益，他在全省 9 个市州创建了 4 个"教研教改基地"和 20 个"教研教改基地校"，覆盖了 83 所农村中学。培训农村教师缺资金，李元昌到处去筹钱给老师们做培训，不但不收取费用，还包吃包住。他的讲座连西藏、新疆等偏远地区的农村教师也来听。他还创办了免费赠阅的《农村中学语文教育》，面向全国农村教师赠刊 13000 多册。

　　他至今家境清贫，本人患绝症，每天"吃的药比饭多"，仍抓住每一天奔走在各地农村中学。他力所不及而期望深深的心愿是，给农村老师和孩子设立一个基金会。1997 年，他获香港孺子牛金球奖，从所获奖金 10 万元中拿出 6 万元，给了省里的中小学教师奖励基金会，专项用于奖励教改工作表现突出的农村教师。

李元昌老师两鬓苍苍，脸上的每一条皱纹都如同沟壑，刻写着乡村孩子跋涉的道路。他总以乐观迎接每一个学生，心中却有非凡的壮士情怀。他把战士战死疆场、马革裹尸看作是最高归宿。他把自己的一生彻底地献给了农村孩子。他曾在空旷田野里的哭泣，他的英雄泪下，使我们领略到何谓壮士情怀，如诉如泣！

李元昌所以如此彻底地把自己奉献出去，是因为他随时都可能离开我们，并决心要如此奋斗到生命最后一刻！我想，实在是因为他的奋斗目标太大了。中国农村有两亿少年儿童！他不仅自己探索农村教育改革，更深感个人力量太渺小，所以竭尽全力去培训农村教师。这位农民的儿子，在那么长的时间里，以如此不屈不挠的勇气和实践，与"应试教育"作战，有如堂吉诃德而胜过堂吉诃德！因为他的教改实践代表着一个时代教育发展的先进方向。他所有的努力都目标明确，就是不肯让"应试教育"耽误孩子，要使农村孩子学到真才实学，并期望全中国农村孩子都能学到真才实学！他是国家倡导发展素质教育坚定不移的实践者！他是我所见的最为令我敬佩不已的农村教师。我深以为李元昌是中国人而骄傲！

一个民族的优秀品格和资质，毕竟是以其优秀人物的性格、情感、刚强、毅力和智慧来标志的，并必将影响同时代的人和后人，李元昌足堪国人为之骄傲！

节选自《深深地鞠躬——央视2006年教师节特别节目摄制见闻》

2006年9月《中关村杂志》

王宏甲简介：一级作家，获国务院特殊津贴。《中国新教育风暴》的作者，中央电视台《2006——奠基中国》教师节晚会总撰稿人。著有报告文学、小说、散文、影视剧本、论文等400余万字。曾获中国图书奖、中宣部五个一工程奖、全国优秀报告文学奖、中国广播文艺奖等多项国家级奖项。

（三）弯下腰为农村教育做实事

《中国教育报》记者　陈帆波

《中国教育报》编者按

我国城乡教育存在不小的差距，面对农村教育的严峻形势，研究农村教育的人有不同的方法：有人撰文探究问题的成因和解决的途径；有人奔走呼号，为农村教育请命；李元昌的做法是，弯下腰来，扎扎实实为农村教育尤其是农村学校教研做实事。

　　拖着带病之躯，李元昌做了很多事。作为一名普普通通的教研员，他选择的路绝不是坦途。但凭着对农村教育的深深情感，凭着几十年对教育问题的思考和积累，凭着一股忘我的工作精神，他和众多的山乡教师们一道走上了这条充满坎坷和荆棘的教学研究之路。实践证明，李元昌探索创造的农村教研教改基地，是一条促进农村教育提高和发展的好路子。而他在农村学校的探索实践，也传达出这样一个信息：农村教育虽然存在困难，但只要有行家领路，上下同心，大家真心实意地干，情况就一定会有改观。

　　农村教育需要李元昌这样身体力行的专家和引路人。我们希望能有更多的李元昌走进山乡、走进校园，实实在在为农村教育发展做贡献。

　　·"搞教研工作，思考问题时要'跷起脚来看全局'，但做的时候一定要'弯下腰来'，从小处干起，实实在在，绝不能敷衍搞花架子。"

　　·"以一所教研教改基地校为中心，联合附近的学校成立教研教改基地，以强带弱，可以为农村学校在培训和提高教师上蹚出一条新路。"

　　·"作为一个普通教研员，不可能从宏观统筹和政策措施上来解决问题。但上面做不到的，可以从下面抓典型进行试验，这叫作'镜子从下向上照'。"

　　今年教师节前，李元昌因过度劳累，又大病了一场。这次，他听从家人的劝告，在家认认真真地休息了一个月。趁着节日，记者前去看望他。

　　56岁的李元昌，由于疾病和劳累，头发早已染霜。他面色黝黑，因为身体还很虚弱，说话多一点，就疲劳得脸色发白。记者劝他说，基地的事做得差不多了，以后就别总往乡下跑了。他摇着头说："不行，好多事都没做呢。"他又笑笑说，农村教育是他的"心魔"，他摆脱不了。

病床上的思考

　　1999年3月，吉林省榆树秀水二中校长李元昌被确诊身患"非合杰金氏淋巴瘤"，一种相当于癌症的疾病。这一消息惊动了吉林省教育厅领导和教育界的很多人。经过半年手术、化疗的煎熬，他挺了过来。

　　李元昌不是大人物，但他的名字为很多人所熟悉，他是我国中学语文界改革的领跑人和农村教改的先行者，他的患病让许多人为之惋惜。当时的教育厅领导陈谟

和老师们交流

开对李元昌说："这些年只知道用你，现在应该照顾一下你了。"这年 9 月，教育厅将他从农村调至省教育学院做教研员，并在靠近南湖水岸的地方给他安排了舒适的住房，让他保养身体。

30 多年几乎每天都在奋斗的李元昌，无法安心养病，此时考虑最多的仍是农村教育的事情。刚刚做完第六个疗程的化疗，身体还非常虚弱，他就迫不及待地构思起建立教研教改基地校的计划。他查看过医书，"非合杰金氏淋巴瘤"治愈后，可延长 5 年生命。他想，他可以用这 5 年时间完成他的计划。

2000 年 4 月，春寒犹深，他带着想好的计划和药就下乡了。他没有和学院领导打招呼，因为这是他要开的"小片荒"（意指工作之外的"私活"）。也就是从这个春天开始，他的全部心思和精力都投入到这个他自己选择的事业中去了。

"小片荒"上种大田

他的计划是每个县都要有点，那样他可以全面掌握情况。

他把计划排得很满，一个一个去调查。他做这件事并不那么容易，他不是领导，没有行政职务，他就先从熟悉的地方做起，找同学，找熟悉的教研员帮忙。农安、榆树、德惠、舒兰、抚松，远的地方乘火车，稍近点的坐大客，一坐几小时，他浑身的骨头就开始疼。

半年后，他的重点集中到了白山地区。那里地处长白山腹地，平均海拔1200多米，很多学校都在山里头。那里是吉林省农村教育的缩影，企业与地方学校混杂，业务缺乏指导，教研环境薄弱，教师队伍素质整体低下，经济极其困难，工作20年的教师工资只有400多元。他想，如果把这一带研究好了，对全省农村会有指导意义。

他选择了两所有代表性的学校，露水河林业局一中和白山市九中，露水河林业局一中是企业学校，长期没有业务指导，骨干教师被高中拔去，教师补员就从小学拔；白山九中是处在城乡接合部的学校，教师外流严重。这些都是农村教育的共性问题，他要啃一啃这个硬骨头。

但这两个点对李元昌来说意味着要吃苦头。露水河离长春遥遥千里，往返一次的路途就需4天时间，这对身体虚弱的李元昌实在是很不容易的事。露水河进修校长刘贵修第一次到火车站接李元昌，就被他疲劳的脸色吓了一跳。他却笑着说："到你这找点事做。"

他知道自己来一次不容易，也就不顾疲劳，当晚就与刘贵修和一中校长高成就建立教研教改基地校一事交谈了四五个小时。他对二位说："我希望基地校能够对周边农村学校产生影响。"

第二天，他听了6节课，还请了附近学校的校长和教师座谈。他对大家说："我们搞教研工作，思考问题时要'跷起脚来看全局'，但做的时候一定要'弯下腰来'，从小处干起，实实在在，绝不能敷衍搞花架子。"

露水河林业局一中被确定为"教研教改基地校"，让高校长喜出望外，他们这里还从未来过省里的专家指导过呢。最初他担心的是："这么远的路，谁愿意老往这儿跑？"但这种顾虑很快就消除了，因为不久李元昌又来了。这次他指导学校开展了"校本科研"，打造自己名师队伍的5年规划，高校长慢慢发现了李元昌的特点：盯住一个目标就不放手。

白山九中"向自己要好教师"的"校本培训"也在李元昌的指导下开始实施了。

他出来的时候是瞒着家里的，回到家就"露了馅"，累倒了。在床上躺了十来天才恢复过来。

荒原上结出个大果实

李元昌把他建的教研教改基地校叫"小片荒"，那些地方很少有人问津，他来去也方便，不用请示。但他在这"荒地"上却是辛勤地劳作，思考着大事。

他来露水河，东西各有两条线，一条铁路线把松江河、泉阳、露水河、二道白河的一些学校串联在一起。另一条公路线又把延边安图县和白山抚松县的一些学校连了起来。这些学校大大小小，分属不同的区域，虽能相望却不相及，显得孤独寂寞。李元昌去过这里的学校，大部分没有教研环境。一个校长跟他说，这几年骨干教师接二连三地调走了，现在老师在教学中遇到难题，想问个明白人都找不到。外出培训，没有经费，有的老师一个人教两三科，教学都顾不过来，哪里有时间搞教研？

在学校当了20多年教师和校长的李元昌知道，教学活动没有教研做支撑，教师的教育观念就很难更新，教学方法就不能改进，教学质量就上不去，尤其是新课改的东西更难掌握。

一次，他在露水河林业局一中做有关新课改的报告，这一带的学校呼啦啦来了100多人。那天，听课的气氛很热烈。李元昌心中一动，眼下的情形打开了他的思路："以一所教研教改基地校为中心，联合附近的学校成立教研教改基地，以强带弱、资源共享。"这个构想使他兴奋起来。当天，他把来听课的校长和老师留下，征求他们的意见。这样的好办法，哪有不同意的？

他心情兴奋，便忘记了疲劳，当晚就和刘贵修、高成谈他的这一新设想。希望一中这个比较强的学校挑头，进修学校来协调组织。但这些学校都是不同区属的，刘、高二位有些犹豫，但受李元昌精神的感染，他们愿意和李元昌一起来开创这个有意义的事业。

李元昌想，这个新事物如果促成了，就可以为农村学校在培训和提高教师上蹚出一条新路。所以他为此花费了巨大的心血，亲自设计基地的组织章程、活动方案，协调各种关系。他更频繁地来到露水河，有时到白山市和抚松县其他教研点也必到露水河来。他希望条件好的学校多加入进来一些，那样就可以更有力量。

　　他完全忘记了自己的身体，紧张地奔忙。他太累了。一次开"基地"策划会，忙了大半天，刚要吃饭，他的身体就来"情况"了。那时天气已转冷，露水河又是高寒山区，他的心脏病、胃病和风湿病一起发作。但他不动声色，悄悄退下，回到住处吃药，晚上还在房间里和大家交流意见。

　　他的精神感动了大家，大家一齐努力，基地的方案形成了，基地成员校由最初的六七所，增加到11所。2001年11月，"露水河教研教改基地"终于诞生了。那天，露水河林业局的毛局长也来祝贺，生病后滴酒不沾的李元昌也干了一杯酒。

　　就像他设想的那样，基地很快形成"同心干"的局面。大家共同进行科研、教研课题立项，组织集体备课，评选学科带头人，为薄弱校送课、培训教师，集资请专家讲学、请名师上课，越搞越顺畅。

　　当长白山这一带进入新课改时，露水河基地搞集体大备课，对抚松县砬子河中学和安图县三道中学这两所师资薄弱、驾驭课标教材困难大的学校，骨干教师上门培训。新课改实施，11所学校全部跟了上来。

　　露水河基地运转起来后，李元昌又以白山九中基地校为中心建立白山教研教改基地，这个基地跨靖宇、江源、八道江两县一区，与露水河基地连成一片，遥相呼应，相互支援。李元昌在做的过程中也"网罗"了更多的同道者。

　　可李元昌的爱人刘永珍却说他"实在是傻"，因为李元昌老瞒着她往白山、露水河跑，终于累倒了，住进了医院。"要出去，你就去近便的地方，怎么就'黑'上了露水河？你啥身体？"跟着李元昌干了3年的露水河一中校长高成，此时才知道李元昌原来是个病人。

镜子从下往上照

　　出了医院，李元昌还是瞒着家人到处跑。他在各基地学校巡回指导、讲课，搞教研活动，慢慢地，他感觉到了问题。

　　因为他是语文教研员，在基地开展的基本是语文教研活动。其他学科怎么办呢？他和下面的老师、教研员探讨，提出了用语文教研活动的方式开展其他学科的活动，他们取了名称"语文搭台，各科唱戏"。

　　他先在白山九中实验。他对校长王殿富说："你们要把其他学科嫁接到语文上来。"王殿富说："只要您给掌舵，驾好辕，你说接哪科，我们就接哪科。"九中雷厉风行地干了起来，他们把李元昌的"大语文教育观"渗透到各个学科领域，全方位推进，学校的教学水平全面提升。

李元昌总是边做边研究，他与王殿富切磋：在教研中加入科研和培训的内容。于是，九中的教研活动就向教研、科研和培训的综合性活动发展。

王殿富是个干事业的校长，在李元昌的指导下，他带着全体教师干劲十足地向前探索。老师们的信心全起来了，李元昌也加入到这种探索中，和老师们切磋、讨论、争论，既是指挥员，也是战斗员。他和王殿富还经常用电话、电子邮件、手机短信沟通。

但李元昌的身体经常吃不消。"他很累呀，一把一把地吃药。我们压缩吃饭时间，让他早点休息。晚上和他谈事也尽量别太晚。"王殿富经常不忍，李元昌却开玩笑说自己是"废物利用"，要好好用。

"教研、科研、培训一体化"在九中实现了。九中教师素质整体跃进上升，出现一大批市级、省级优秀教师，他们的老师可以到长春市的重点学校讲课。

这个经验在白山一带基地校很快被效法去，教师的成长非常快。九中和露水河基地校经常互派教师讲课。"给派个数学的！"露水河那边来电话。"你们要哪个层次的？"王殿富骄傲地问。

王殿富称赞李元昌"教研、科研、培训一体化"的思想"既前卫，又实际"。"他的思想我们接受过来，已经内化到我们学校，我现在管理起来真是得心应手。"

但李元昌没有那么满足，他在基层学校调研时发现，教育中有些亟于解决的问题在研究上是空白的，有些事情甚至是错误的。基层学校的教育科研，本来是要解决学校自身发展的问题，但有些学校在不具备条件的情况下，却盲目攀比一些所谓的"大"课题，使学校的教育科研走向形式主义。

针对这种现象，李元昌又开始啃上硬骨头。他和露水河林业一中的教师一起研究，提出两大建议：一是"积小改为大改，以小题换大题"的校本科研目标；二是"教学问题即课题，教学过程即研究，学生发展即成果"的校本教研科研思想。他对校长说："你们的目标就是解决学校教育实践的问题。"

这样一来，死气沉沉的教育科研一下活了。学校无论是领导还是教师，人人都有了自己的科研课题。领导研究学校如何发展，教师研究自身素质怎样提高。校长高成的课题就是《露林一中办学理念、方法之研究》。

李元昌精心地经营着这个实验，他把自己 20 多年积累的经验、体会奉献出来，同老师们交流。他经常给老师做报告，一讲三四个小时，大家围着他，同他交流，向他请教，同他争论，直到深夜。有时，他身体不适，就吃几粒药顶一顶。时间长了，一中语文教师李克勤熟悉了李元昌吃药的种类。一次，李元昌心脏突然难受，李克勤飞快地跑出去买来了"鲁南滴丸"。下午，他恢复过来，又给老师们讲了课。李元昌的敬业精神常使李克勤眼睛湿润。

李元昌的心血没白费，一中的探索一路搞下来，他和学校都品尝到了"甜头"，因为搞科研的过程，等于对教师进行不间断的培训，教师的理论水平提高了，教研能力也上去了。

一中培养了一批优秀的教师，校长高成说，他们的教师已进入波浪式的发展状态，一个人调走，另一个人立即就填补上。去年以来，很多学校找上门来向他们"取经"。

看到这些，李元昌就像农民看见了丰收的果实，内心充满了喜悦。

但他的做法在"上面"出了问题，有人质疑他："你这是教研吗?"确实，他只是一个普通的教研员，他所做的，在上面是 3 个部门做的事，有的还是教育科学院管的事情。

李元昌就说："我这是'大教研'。"后来，他在一篇文章中系统阐述了自己的思想。

他说，教研的目的是促进教师的成长和发展。由单科演变为多科合作，由单一的教研发展为与科研、培训的综合，并使之相辅相成，相互渗透，相互影响，相互促进，有利于教师素质的提高。教师的成长途径有多种，也许受益于教研，使他振作；也许得益于科研，使他奋发；也许受惠于培训，使他成长；也许三股劲集中到一起促使他素质提高。

作为一个普通教研员，李元昌不可能从宏观统筹和政策措施上来解决问题。但他认为，上面做不到，他可以从下面抓典型进行试验，他把这叫作"镜子从下往上照"，供上级领导部门参考。

李元昌的梦

在李元昌的家中，记者看到他书架上的书并不多。他说好多书都在农村老家，他每年都回去两次，到原来的学校秀水二中看看。

记者在 10 年前也去过那里采访。那时，李元昌进行的农村教改实验影响非常大，他在 1985 年就提出"大语文教育"思想，并进行了 13 年的以"农村大语文教学为当地经济改革与社会发展服务，培养农村未来建设者"为方向的改革探索。他从发展社会生产力的角度来看农村中学语文教学的作用，把社会作为语文教改的大舞台。他当时的很多观念，与现在的课程改革理念基本符合。他的实验班学生自编自选的作文集《田野上的小花》，被吉林文史出版社再版过 4 次，后来被吉林省教材审定委员会定为初中选用教材。

20 世纪 90 年代中期，李元昌已是我国普教界闻名遐迩的人物，教育思想自成一家。这时，在师范院校中有人开始研究他的教育思想和教法。伴着他的教改经验的推广，各种荣誉称号也纷纷落到他的头上：全国劳动模范、第二届全国"十杰"教师、香港伯宁顿孺子牛金球奖杰出奖、特级教师、大学教授、省管专家，享受国务院特殊专家特贴。

在这期间，李元昌放弃过很多次离开农村的机会，包括城市重点中学、教师进修学校、教育行政部门、师范院校、综合性大学。因为他舍弃不了农村。"我就是在农村生长的，农村人都不爱农村的教育，那么谁来做？"

他的书架上有陶行知的书，他常翻一翻它们。他对记者说，他最敬仰陶行知、晏阳初两位先贤。他们践行教育救国，在中国贫困的乡村上下求索。如果不是战争，他们肯定能留下很多经验。"但现在农村教育的发展已经远远超过过去了。"记者说。他马上接过话，"但是他们的精神应该学习。"他说，"有这样的精神就能实实在在为农村教育做事。"

说到这儿，他告诉记者，去年他又在德惠建立了一个基地，这个基地建得非常顺利。"那里的一个教研员是我的同学，那儿的进修校长找他，他找到我，说'想干点事'，我们就找那儿的教育局一个副局长，也说要'干点事'。这个局长说，他也想'干点事'。就这样，这个基地就建起来了。"

讲完，他笑了，说："其实，现在有很多人想干事。就像我建的那些基地校，他们都不甘落后，只要有人拉一把，他们就有信心改变现状。不是什么都需要钱，精神更重要。"

记者怕影响他休息，没听够他的话就告辞出来了。在楼梯口，他说了这样一句话："你们搞新闻的，要呼吁大家多为农村教育做事。你看，我一个普通教研员能做这么多事，如果大家都做，教育行政部门、政府都行动，会做得更好。"

《中国教育报》2005 年 10 月 15 日第 1 版

（四）从农村教改到主题教研
——李元昌老师给我的印象
赵准胜

从农村教改到主题教研，李老师的教育思想一脉相承。他对农村教育一直怀着炽热的激情。作为一名农村教育改革家，他显然具备了几个突出的特点：理想化人生、学习化生存、创造性实践、反思性研究……

2010 年 3 月，我从吉林省教育学院报刊社调到农村基础教育研究所。从编辑到教研，虽有些业务上的联系，但毕竟是换了一个岗位，为了能够尽快适应工作，我又集中阅读了一遍李老师所有的论著，有些文章还反复品读好几遍。两年间，除了思考和研究有关农村基础教育方面的课题外，更多时间里我都在跟随李老师到主题教研实验校调研。在此，我从同事的角度出发，结合自己的成长经历与研读李老师论著的感受，对他多年前的农村语文教改到今天的主题教研之间的内在关联谈谈个人的体会。

初识李元昌老师

1993 年秋天，我大学毕业后，几经周折，改派来到吉林省教育学院报刊社工作。上班没几天，报刊社便组织召开了"通讯员工作会议"。午间吃饭的时候，时任报刊社总编的张笑庸老师特意把我叫过来让我认识一位特约通讯员。他就是李元昌老师。

"李元昌可了不得，是农村教师的榜样……"总编向我介绍的时候，始终握着他的手，而李老师笑着自谦："哪里啊，我不过是一名土八路……"

后来我才知道，那时候的李元昌已是秀水二中校长，也正是他大刀阔斧地开展课改实验的时候。当时李元昌老师穿着蓝白格相间的衬衫，略显陈旧的蓝色裤子，脚穿黑色布鞋，表情和衣着与普通农民没有什么区别。这样的形象，对于我这样一位刚走出校门、自小在农村长大、熟识农村生活的人来说不免有一种亲切感。因此，即使以前我们互不相识，这一刻却丝毫不感觉陌生。

那时候，吉林省教育学院报刊社有一本面向中小学教师编辑的业务杂志《教学研究》，虽不是公开刊号，但在全省很有影响，几乎每年都召开一次"通讯员工作会议"，将省内的主要作者邀请过来，探讨编辑、发行方面的问题。我在报刊社的《小学生阅读报》编辑部任编辑，业务上和这次通讯员会议没有多少关联，只是受领导指派帮助做一些会务工作。但总编特别介绍一位特约通讯员与我，即使没有业务来往，我也不能含糊，在之后出版的《教学研究》目录中一旦看到有"李元昌"的名字，就会仔细翻一翻、读一读。后来，我又找到往年的《教学研究》合订本浏览，发现那里面也有很多李老师的文章，而对研究和报道李元昌老师成果和事迹的文章更是格外关注。

20世纪80年代初，即使是省级刊物的通讯员也几乎都是在市县里任教的老师，李老师却是一个特例。那时候，农村教师主动订阅报刊的甚少，文章屡屡能够见诸报端的农村老师更难见到。但在李老师那里，从《人民教育》《中国教育报》等国家级报刊，到《语文学习》《语文教学通讯》等学科杂志，再到《吉林教育》《教学研究》等省级刊物，都是他必订的。在网络传媒还不够发达的年代，报纸杂志几乎是李老师了解教育教改形势的唯一渠道。这些报刊为他日后进行农村教改，成为中学语文教育名家打下了坚实的基础。

"为农村保留一所学校"意味着什么

当年为农村保留一所学校意味着什么？城里的教师和学生，也许很难体会李老师的心情。

20世纪80年代初，改革的滚滚激流涌向全国各地，但农村孩子，因为种种原因坚持读完初中的依然是极少数。其中一个重要原因是，学校离家太远，又没有条件住宿。李老师这样回忆说："我最初在榆树秀水一中当老师，和我同路去一中上学的学生有40多人，还没到期末，就有30多人掉队了……"正是在这个背景下，1982年9月，秀水二中成立了。然而，苦于校舍、资金、师资等困难，建校第二年就宣布撤掉。面临这个关头，李老师挺身而出，想尽一切办法说服乡政府、县教育局领导。为了维持秀水二中，后来他甚至上书县长："救救秀水二中的孩子！"就这样，为了家乡的孩子们，他不仅保留住了一所学校，还为学校的发展倾尽了全力。

李老师的这段故事，也常常勾起我有关初中时代的记忆。

我恰好也是 1982 年上的初中，那一年刚满 13 周岁，从家到学校，再从学校走到家里，每天要徒步 12 公里的山路，沿途还要经过 45 度的大陡坡、一片茂密的树林。每天早出晚归累得筋疲力尽，加上村里常年停电，几乎没有课后写作业、复习的条件。村子里与我一起上初中的伙伴有十几人，不到一个学期，就都辍学了，只剩下我一个人勉强坚持着。现在想来，我们村里那些伙伴也都有过大学梦，却因为学校的距离被迫放弃了梦想。而我们村庄距离学校算是不远不近的，一天走 12 公里，好赖可以走读。距离乡政府更远村屯的同学，面临的困难更大，想要读书就必须住宿，没有条件住宿的就只能辍学。所以，那时候的农村孩子读完小学就很少上初中。有过这样经历的人，就非常理解李老师，也能充分体会当年李老师拼命保留一所学校那番良苦用心。

因此，在那个年代，为家乡留住一所学校，意味着有无数可能辍学的孩子没有辍学，意味着有许许多多怀着大学梦想的同学可以继续自己的梦想，意味着一方水土就可以养育更多有文化有知识的人。

每每提起这段往事，李老师总是那么兴奋。在他的著作《李元昌与乡土教育》中，他以"我的骄傲——为家乡人民保留了一所学校"为标题，详尽地记述了事情的经过。足见这件事情在李老师心中的位置。

最近几年来，农村学校合并是大势所趋，但并校引发的教育问题也逐渐受到社会各界的关注。如并校导致农村教育成本增加、农村儿童家庭教育的缺失、农村校车的安全问题、农村儿童新的辍学问题等，值得我们反思。从这个意义上讲，李老师在 20 多年前为保留一所农村中学所付出的努力，今天也具有深刻的现实意义。

老师的爱有多么重要

"幸福"是心里的体验和感受。如果老师能够幸福地教，学生能幸福地学习，这应该算是一种优质的教育了。当然，除去一些客观条件，幸福教育必然有一个前提，那就是"老师要爱学生"。没有这个前提，幸福教育就成了无源之水、无本之木。因此，对于学生来说，老师的爱是实现幸福教育的源头活水。

20 世纪 80 年代初，李老师的工资只有 50 多元，当时有病弱的父母，2 个读书的孩子，一家 6 口只靠自己一个人的工资维持生活。即使这样艰苦，他还坚持为学生订课外杂志，捐助因家庭困难交不起学费的学生。

李老师的学生卢月飞提起往事依然激动不已："每次想起一件事我都忍不住流

泪。那时候家庭非常困难，15块钱学费、书费交不起，李老师替我交了15块钱。我还记得那都是5毛的、1毛的凑的……"

有关李老师和他学生之间的往事，也常常引发我的联想。和那些辍学的伙伴比起来我是幸运的，但和李老师当年的学生比起来我又是不幸的，因为我没有遇到像李老师这样的杰出校长，也没有遇到像李老师这样优秀的农村教师。

走进初中校门那天，本来是好奇和激动的。但我的心情被班主任老师的一句话抛至千丈谷底。按照"入学通知书"上的要求，报到时每人交4.5元的教材费和4.5元的学费。因为家里拿不出那么多钱，我只带来了4.5元的学费。父亲让我用哥哥用过的课本，这样就不用交书费了。我明知这样做很没面子，心里也直打鼓，但还是硬着头皮来到学校。老师叫到谁的名字，谁就走到前面交钱。当叫到我的名字的时候，我紧张至极，心都要跳出来了。恍惚中把手里的4.5元丢在讲桌上。面对老师的眼神，我慌乱地小声嘀咕："我哥刚读完初一……我用哥哥用过的旧书……书费就……"

"没钱念书回家算了！"

年轻班主任的一句话如当头一棒，让13岁的我瞬间失去了意识。我如同梦游般回到座位上。好容易熬过了第一天，第二天我再不敢来上学了。我记得我们村庄是1983年才开始包产到户的，我上初中那年还是生产队统一生产统一分配的格局，所以，那一年9月份青黄不接的时候，家里甚至没有任何可以变卖的东西。没办法，父亲又四处借钱，好不容易凑够了4.5元的书费。

多年后，我走上工作岗位，经常和当教师的朋友聊天，偶尔也会谈到上初中头一天被老师呵斥的事儿，依然感慨万千：在孩子的心中老师的一言一行有多么重要啊！那时候班主任很年轻，不过20岁出头的样子，她当时一定有很多工作上的压力和苦恼吧，兴许我只是她那一瞬间发泄郁闷的对象而已。这么多年过去了，她一定是全然不曾记得那么一点细微的情节了，也绝对不会想到自己的一句呵斥险些让一个孩子从此不敢走进校门，不会想到自己的一句话如何让一个学生几近崩溃……

身为农村教师，李老师几十年如一日，把无私的爱奉献给了学生，该有多少学生因为受到李老师的鼓舞而一次次地扬起了理想之翼呢？

一提到李元昌，也许我们关注的更多的是他曾取得的荣誉，却往往忽略了李老师几十年如一日的工作背后，对学生所付出的爱。如果，每一个老师都能拥有像李老师这样爱生如子的境界，那么，我们的教育就有了无穷的原动力。

从农村课改到主题教研

1. "土八路"不土

李老师经常称自己为"乡村土八路"。他说："在我的眼里，城市的老师属于大兵团作战的正规部队，我在乡下教学，是游击队，研究的是地道战、地雷战，常常是不见鬼子不拉弦。我这个人，天生就土里土气，现在虽然在省里做教研员工作，但总是'绅士'不起来……我自称'土八路'，因为我的事业始终没有离开过农村这块土。"

我想，李老师所说的"土"不外乎两个意思，一是他永远关注的是农村教育；二是自己从来不修边幅，永远是农民的打扮。事实上也确实如此。但从教育探索和适应时代要求上，他却是最前卫的。

20世纪八九十年代，在偏僻的农村，教师除了教材之外，只能依托有限的基本教辅资料开展教学。但是，李老师却不满足现状，他紧紧围绕教学实际开展教研，撰写论文。在没有多媒体课件的年代，板书设计尤为重要，李老师便结合自己的实践写出了《板书简论》一文，1985年7月发表在《中学语文》上，后来又在《教学研究》连载。1989年，李老师结合自己的作文教学实践，又写出了一篇论文，《从作家创作的三个阶段到学生作文三步法》发表在《教学研究》上。

到了20世纪90年代，李老师在《教学研究》杂志上陆续发表了更多具有超前改革意识的教育教学论文。如《从改革教材入手改革教法》(1990)、《以大语文观为指导改革作文教学》(1991)、《为农村两个文明建设改革语文教学》(1991)、《在改革教材教法中的探索》(1991)、《点改法，提高语文教学效益的有效途径》(1994)、《用生产力的眼光去看初中语文教学》(1994)等。1996年，《用生产力的眼光去看初中语文教学》一文被基础教育最权威的《人民教育》转载。这时候的李元昌已经是全国很有影响力的教改实践者。

一直以来，无论我们如何强调素质教育的重要性，很多惯性的观念却依然存在着：比如经济学家视教育为经济增长的第一工具，家长则把教育视作子女求职求利的第一步，学校把升学率作为扩大影响、评价学校总体实力的重要标准。在乡村，读书是改变"面朝黄土背朝天"的命运，走出山村的唯一希望。但李元昌老师并不这么看。他说："如果我通过语文学科教学改革的途径，提高了学生的素质，他们回乡之后，个个有理想、有知识、有能力，成为当地经济建设中叱咤风云的人物，那么农村就有了希望。如果这条路走通了，各学科的老师都努力为农村的发展培养人才，改革自己的教学，回乡的学生一代强于一代，用教育改造农村的理想就有实现的希望。"

李老师用生产力的眼光去看农村初中语文教学，并且执着地进行语文教学改革，这在当时是非常超前的，没有丰富的教学实践和根植于乡土的文化积淀，是无论如何不能做到这些的。站在"十二五规划"的节点，面对新的形势，回顾李老师所走过的路，我们不禁会感慨：这个时代更需执着的素质教育践行者！

2. 现代"土八路"

来农村研究所之前，我刚刚评完正高级职称，此前一年间，为了评职先后参加了 3 次省人事厅考试中心组织的计算机能力考试，才勉强通过了评正高要求的 4 门课程。其中，Excel 考了 3 次才涉险过关。我本以为通过计算机考试后能够对付工作中所有有关的办公软件了，但事实上却不能。考试模式是人为设定的，只有一个通道，所以只要是似曾相识的题，不必理解也能顺利完成。而日常工作中遇到的难题却比比皆是。这使我愈加理解了为什么 50 岁以上的人评职免试计算机了。论年龄，李老师可以不用在计算机上下功夫了，但他却和年轻人一样要求自己。无论是短小文章，还是长篇大论，李老师都是无纸化写作，而且都是"盲打"，其录入速度绝对不可小视。

另外，李老师的摄影技术可谓业余中的专业。每次到异地学校考察，相机是李老师必带的。大到学校的操场、教学楼，小到走廊里的画报、学生的一幅字画，凡是自己感觉不错的李老师总会认认真真地拍照，以备后需。这个习惯为李老师设计 PPT、构思讲稿积累了丰富的素材。不仅如此，图片的后期处理李老师也非常熟练，不用说调节明暗、角度，就连绘图软件用起来也得心应手。在李老师讲稿中的很多精彩图片，包括一些效果图、数据表等，都是他亲自设计、绘制的。

即使过了花甲之年，李老师仍坚持学习，促使自己适应时代的要求。因此，外表看起来似乎很土的李老师，其内心却是充满着现代气息的。

我由此曾笑言：李老师啊，你这哪是土八路啊，是土八路也分明是现代土八路啊！

3. 一脉相承的教育思想

从 20 世纪 90 年代初的农村语文教改，到今天的主题教研，李老师始终是围绕农村发展的实际开展工作的。当语文教师的时候他坚持把语文教学与发展生产力相结合，走上农村校长岗位后，他主张培养合格的能够为农村建设和发展做贡献的劳动者。因此，他的作文课堂就自然融进了很多乡土文化的元素，包括生产劳动的相关知识，有意识地激发学生热爱家乡的感情。这些做法和后来国家推进的新课改理念恰好吻合，而李老师的改革实践差不多提前了 20 年。

1999 年，李老师来到吉林省教育学院工作，成为一名省级教研员。第二年，他在长白山露水河林业局建起了教研教改基地，把那里的 11 所学校组织在一起，整合了各校的优势，促进了校际的交流和协作。在此基础上，又指导县级教研部门，构建了县域三级研培网络，将所有的学校整合到各基地当中，从而出现了教研部门抓基地、基地拉动各个学校的活跃局面。与此同时，李老师还积极倡导利用城市优秀教师资源培训农村教师，尽可能地弥补农村教师培训的"死角"。

在实施和推进三级研培网络的过程中，李老师逐渐意识到，促进教师队伍整体的专业化发展，校本培训至关重要。由此，他提出了主题教研的构想。在有些人看来，用主题教研形式实现教师队伍整体的专业化发展，不免过于理想化，但他坚持自己的理想，并且一干就是 5 年，经过这 5 年的实践和探索，主题教研取得了丰硕的成果。主题教研聚焦课堂，帮助教师实现从理念到行为的转变，关注教师在职发展的核心问题；主题教研着眼于改进学校实际工作，力图使学校在改进实际工作时不仅有方向，而且有方法，让学校根据实际需要实现个性化、特色化发展，进而推动区域教育整体发展。主题教研促进教师共同成长。这是主题教研得以深入开展的动力所在。

长时间以来，教研、科研、师培工作三足鼎立，力量形不成拳头。主题教研为教师培训工作开辟了新的途径，也破解了许多难题。它不仅将教研、科研、师培自然地结合在一起，形成了一个新的体系，同时，把教师专业能力的提高同学校、区域教育的发展综合在一起，实现了实验区内的全员培训。尤其是作为主题教研的根据地德惠市，收获巨大，积累了许多宝贵的经验。德惠市把教研工作的重点放到农村，放到教师专业化素质上，真正体现了以人为本的思想，也突出了农村教育的"重中之重"。他们站在全市教育整体发展的角度审视教研工作，摆正了教研工作的位置，同时，从教研的角度看德惠市的教育发展，教研工作因而有了用武之地。由此，不仅教研工作有了正确的理念指导，全市的教育也注入了无尽的活力。

在全国中语会农村语文教育研究中心"关于招募农村中学语文教育志愿者的倡议书"中，李老师写了这样一番话："以爱子女之心爱天下之学童，此乃大爱也；引导万千学子茁壮成长，乃我教师所求之大道。也许你是从农村走出来的教师，今天，你再走一回乡间小路，在孩子的心灵上播洒甘霖，让美丽的花朵在田野竞相开放；也许你是没有下过乡的城市教师，这次，你可以走上田间小径，你将给农村孩子们带去一片蓝天，让他们的理想振翅九霄。以前，我们在课堂上教读陶渊明的《桃花源记》，今天，我们去亲手建设现实的桃花源——社会主义的新农村，在广袤的农村大地上铺开纸张，拿起笔来，去抒写我们当代语文教师的人生之旅和教育理想的壮丽诗章！"

从农村教改到主题教研，李老师的教育思想一脉相承。他对农村教育一直怀着炽热的激情。作为一名农村教育改革家，他显然具备了几个突出的特点：理想化人生、学习化生存、创造性实践、反思性研究。

受李老师的熏陶和感染，我们研究所的几位晚辈也对农村教育研究充满了无限的热爱。我们将以树立服务农村教育的基本信念，坚持为农村教育的发展开展调研和探索，根据吉林省农村教育发展实际和亟须解决的实际问题进行专项研究、申报课题、撰写学术论文，不断探索农村教师专业化成长的有效途径。

由此，我们农村教育研究所同仁形成了这样一个共识：农村教育研究，更需要朴实、更需要韧劲、更需要良知；农村教育研究更有价值，更有意义，更容易逼近教育的本质，更容易触摸到一点一滴的幸福……

作者简介：赵准胜，男，吉林省教育学院农村教育研究所所长、教授、文学博士，硕士生导师，兼任中国教育报驻吉林记者站副站长。

（五）三番谆谆教诲　一生难忘吾师
——我眼中的李元昌老师
王永明

我是一名普普通通的农村中学语文教师；李元昌老师，是教育界德高望重的长辈，是农村语文教育专家，也是我在农村语文教学研究中的导师。五年来，他的教海，他的理念，他的思想无时不在影响着我，激励着我在任何艰难困苦的情况下都没有动摇在农村语文教学改革中的不懈追求。

1."你要哈下腰来搞教研，我支持你"

2004年10月12日，东北师范大学农村教育研究所的洪俊教授，带领他的几名研究生到吉林省教育学院参加"学习李元昌，研究李元昌"座谈会，我作为农村教师代表，受洪教授之邀欣然参加了会议。

会前10分钟，会议室的门被轻轻地推开，一位身穿深灰色棉袄、戴着宽边老花镜，精神矍铄、神采焕发、满目慈祥、饱经风霜而又对生活充满自信的老人，出现在与会者的面前。他——就是我仰慕已久、十分尊崇而未曾谋面的李元昌老师。会前，经洪教授介绍，他听说我是一位农村教师，特意从东辽赶来听他的报告，他紧握着我的手说："农村就需要这样的老师。"从这样一句最简短的表达中，我感受到了，感受到了他的心里装的是农村，装的是教育。

报告开始了，李老师从自己的教学实践出发，系统地阐述了他的教学思想和教改思路以及近40年来在教学研究中取得的成果。他的侃侃而谈，他的幽默风趣，让大家感觉如朋友一样亲和。同时，我们也被他这种立足农村、痴心教改的精神所感动，更为他那种务实敬业、乐于奉献的精神所折服。在随后的座谈中，洪教授推荐我谈谈在新课改中的成长经历，这也是我首次与李老师直面交流，并得到了李老师面对面的指导。

当天中午，洪教授为了能让我更多地了解李老师，多向他学习，特意安排我紧挨着李老师同席就餐。席间，李老师处处流露着他那种坦诚与朴实，因而我也就消除了心中的忐忑，忘却了卑微，与李老师探讨起当前农村中学作文教学中存在的弊端及自己的想法和做法，并表示：要为农村中学语文教研做出自己的努力。末了，李老师意味深长地对我说："你要哈下腰来搞教研，我支持你。"

2005年新学期开学后，我冒昧给李老师写了一封信，谈了我新学年的打算：要从自己的课堂出发，从改革作文教学入手，利用自己身边的课程资源，提高农村学生的作文能力，实实在在做点事。并寄去了我的两篇论文和学生的部分作文。一周后，我欣然收到了附有"吉林省教育学院李元昌缄"字样的信，那一刻，我激动不已，迫不及待地打开信，只见上面写道：

永明老师：

你好！

看到你的大作及学生作文，很为振奋，你的论文我已转到《农村中学语文教育》编辑部，估计在下期中能刊出一篇，你可选取学生的优秀作文，附上评语，以后在该刊上发表。

看了你的论文，我个人认为，你应该立个课题。昨日，省里开了教研工作会议，各县进修校校长也出席了会议，省教育厅拿下很多课题，你也可自拟课题。我建议你应在这方面立项：利用身边的教育资源，提高农村学生作文能力的策略研究。供参考。

《田野里的小花》一书再版需一段时间，我将手头的一本送您，可给学生选择阅读。

如有时间，过去看看。

祝

教安

李元昌

4 月 30 日

我一口气读完了这封信，再一次感受到了有如当面聆听教诲的亲切和温暖，也让我想起在长春时，李老师对我说的那句话，"你要哈下腰来搞教研，我支持你"，更坚定了我的决心。就是在这温暖的鼓舞下，我沿着李老师指明的方向奋然前行，从此，开始了我艰苦的教研之旅。

2. "要搞好教研，必须多读书"

2006 年 11 月 10 日，我收到了李老师寄来他的著作《李元昌教改思想与实践丛书》，我如获至宝。每当夜深人静时，我就静下心来，细细品读。透过那朴实的文字，让我读到了李老师高尚的人格和育人的智慧，他的教育理念和教学观点，在我的心中点亮了一盏明灯，让我幡然悔悟，如梦初醒。李元昌老师的教育思想穿透了时代的屏蔽，启蒙了一个对教育几乎一无所知的懵懂青年。久而久之，这三本薄薄的小册子成为我成长路上的鞭策，是我坚守教研的精神动力和源泉。此时，他的教导："要想搞好教研，必须多读书"已经深深地镌刻在了我的心间。

2006 年 12 月，我到东北师大参加研究生班学习，白天跟班听课，晚上到图书馆看书，按照李老师的指导，我到书店买来教育理论方面的专著认真研读。也就是从那时起，我对叶圣陶、吕叔湘、张志公等语文教育家多了更多的景仰与膜拜，对于漪、钱梦龙、欧阳黛娜等语文特级教师多了更多的了解。平时，李老师经常打电话询问我读书学习的情况，让我多读一些陶行知、晏阳初等人的书籍。

2006 年 11 月 15 日，在我们东辽县第一高中，召开了"开放式作文教学和李元昌报告会"。令我再一次对李老师的课堂教学神往不已。会上，我做的"开放式作文"观摩课结束后，李老师非常诚恳地给我提出了许多宝贵意见，对我课堂教学方面进行了全方位的指导。在送李老师返城的路上，他深情地对我说："教什么书，育什么人，必须有一种境界，自己必须先有一种'为天地立心、为生民立命、为万事开太平'的强烈使命感，然后你才能培养出优秀的、有社会责任感、有世界眼光的人，也只有这样，才能称得上落实了'为社会负责，为学生终身发展负责'的教学理念……"李老师的教育思想深深地影响了我的语文教学，提升了我的教学理念，拓展了我的教学思路，开展了更多更有效的语文学习活动。如"探究椅子山""我和玉米共成长"等，引导学生参与当地的农业生产实践，让学生掌握劳动技能，培养学生热爱家乡、建设家乡的思想感情。调动学生学习语文的积极性，并由语文带动其他科目的学习，培养学生的综合技能。在开放式作文教学的基础上，我又进行了开放式读书，开放式课前 10 分钟，开放式评价、开放式批改的实践，经过 3 年的探索，初步形成了系统的"开放式语文教学"。在教研过程中，构建了以"人人都是第一名"为核心内涵的教学理念。在以后的三年中，李老师陆续给了我很多教导和帮助，让我坚持记好课改日记，撰写经验论文。初出茅庐的我居然有幸成了他的"门外弟子"，得其真传。几年来，我在语文课堂教学中的探索和成立"李元昌教育思想实验小组"的尝试，莫不与李老前辈的思想息息相关。

如今想来，一个青年教师，一个农村的青年教师，在他教研生涯的起点上，在现实中能够得到专家的言传身教，在思想上能够得到最适合自己的理论作为向导，这该是怎样的一件人生幸事。我以我难得的际遇而倍觉庆幸。

李老师不仅关心着我的成长，也关注我们"拓荒队"的发展。我们附近学校的 30 名老师联合起来，用业余的时间搞教研、科研，取名为"拓荒队"。2007 年 12 月 12 日，我们"拓荒队"在安石一中举办第三次教研活动，他和洪俊教授一起在百忙之中参加了这次活动，结合我们"拓荒队"成立两年来活动的情况和存在的问题，他提出了"主题教研活动"的设想。让我们把自己最急需解决的问题作为主题，把主题再分成几个小分题，"拓荒队"的成员每人承担一个小分题，集中力量，共同研究。

他深爱着脚下的这片沃土，深爱着每一个学生，他将一颗赤诚、火热的爱心无私地奉献给农村教育事业，在他羸弱的肩头上，托起的是数以千计的农村娃的灿烂前程。如今，在他火热的心头上，惦记的是成百上千的农村青年教师的茁壮成长。作为一名农村教师，我要以李老师为榜样，扎根于家乡的这片黑土地，脚踏实地、爱岗敬业、淡泊名利、无私奉献，为推动农村教育事业发展贡献出自己的青春和力量。

3."人，不能做金钱的奴隶"

2006年7月17日，我参加了在西安召开的全国首届"拓荒者"奖农村语文教师课堂教学风采展示活动。办完报到手续，我来到李老师的房间看望他，我向他汇报了近两年来搞教研的体会，并提到农村学校经济困难，略谈了自己在教研中的苦闷，还透露出几分退缩和无奈。生性实在的我，语无伦次地将这些年来积压在心中的感激之情和切身体会向李老师如实诉说出来。他尽力开导我，叮嘱我："人，不能做金钱的奴隶，你要克服一切困难，搞好教研。"说着，从自己兜里拿出600元钱塞到我的手里……考虑到我是农村教师，外出学习的经费紧张，参加培训的机会也不多。2006年12月9日，经李老师多方沟通，我免费参加了全国中语会在长春东北师大会馆举行的"语文学习策略研究"课题培训会。2008年1月26日，免费参加了东北师大举办的"支援社会主义新农村建设骨干教师培训会"。

2007年7月，李老师给通化市农村中小学骨干教师培训班做报告，并推荐我做一个专题讲座。我们遇到了一起。期间，李老师听说我得了美尼尔综合征，是长期使用电脑辐射造成的。于是，他给我拿了2000元钱，让我换一个液晶显示屏。还给我买了价值近300元的教育理论方面的书籍。为了表达对李老师的感激之情，我花了50元钱给他买了一条"长白山"烟。他看到我买的东西，严厉地对我说："永明，我家里啥也不缺，你条件不好，下不为例。"所有这些，让我从李老师的眼神中看到的是无法拒绝。

常言说"君子之交淡如水"，这是李老师的交友之道；"人，不能做金钱的奴隶"，这是他做人的原则。在物欲横流的今天，我越发感到了"君子之交"的难能可贵。时至今日，我仍然牢记李老师的叮咛。在世俗化、多元化已成为社会生活潮流的今天，当人们面临着不同的利益选择、不同的生活追求、不同的价值取向，在一片喧哗熙攘中，李元昌老师独守一方寂静的绿林，在金钱和物欲面前，表现出了一名人民教师高尚的师德。受他这种精神的影响，2006 年 9 月 10 日，我从自己两个月的工资中拿出 950 元钱，把学生的获奖作文集——《沃土飘香》自费印刷出来，赠给我的四个实验班的学生和支持我的专家及领导。2006 年 12 月，我组织部分语文老师，在全县自发成立了"李元昌教育思想实验小组"，并自费创办了刊物《拓荒者》。

五年来，在李老师及几位教育专家的教导下，在我们市县教育局进修校领导的大力扶持下，我在教研方面取得了较好的成绩。2006 年 12 月，被中国教育学会评为"全国优秀教师"，2007 年 6 月 15 日，现场优质课《热爱家乡，保护环境》评为吉林省实验区一等奖。2007 年 12 月，评为"辽源市农村中小学课改先进工作者"。在李老师的推荐下，荣幸地成为全国中语会理事。2008 年的《吉林课程改革》连载了我的《课改日记》。2006 年《视听导报——辽源专版》的"教育专栏"刊登了我的课改事迹。2007 年教师节，东辽新闻播发了以"荒原拓荒者——记东辽县安石中学王永明"为题的新闻。撰写的论文在国家省市级刊物发表 50 多篇，在各种报纸杂志和作文选上发表学生作文近百篇。

时光荏苒，岁月飞逝，回首来路，我首先想到的是李元昌老师，并有机会聆听他的三次教导，得到他美好人格的熏陶，常以此为荣，引以为平生幸事。从他身上，我学到了为人师者的优秀品质：博学、务实、仁爱、真挚，淡泊名利，执着事业，这种属于知识分子的良好素养和高洁的操守，以烛照心灵的宁静，慢慢渗透到我灵魂深处，给我以长久的精神润泽；他高尚的人格和渊博的学识折射出他灵魂深处的高贵和优雅，为人师长的严谨自律和为人朋友的平易真诚，昭示着骨子里纯粹的知识分子的本性和操守。

今天想来，在我的人生之路上如果没有幸遇李元昌老师，没有他给我的悉心指导，没有他在我选择方向时的正确引领，没有他对我做人方面的教导，我怎能会有今天的成绩？也许，尽我一生的努力也达不到李老师期望的境界，但我永远要朝着心中的目标奋斗下去，决不停息！

作者系吉林省东辽县安石一中语文教师
2014 年全国课改杰出教师

附　录

主要论著

1. 《简谈板书结构和设计》，《中学语文》1985.6
2. 《在语文教学中对学生进行爱农教育》，《中国教育报》1989.12.12
3. 《板书简论（上、下）》，《教学研究》1989.7～8
4. 《从作家创作的三个阶段到学生作文三步法》，《教学研究》1989.1～2
5. 《谈对差生的语文能力培养》，《教育科学研究通讯》1989.3
6. 《从改革教材入手改革教法》，《教学研究》1990.3
7. 《从实际情况出发，改革农村初中语文教学》，《吉林教育》1991.1～2
8. 《以大语文观为指导改革作文教学》，《教学研究》1991.3
9. 《引导学生从教材的"窗口"感受人生世界》，《教育实践与研究》1991.3
10. 《为农村两个文明建设改革语文教学》，《教学研究》1991.4
11. 《在改革教材教法中的探索》，《教学研究》1991.6
12. 《农村中学素质教育的现实途径》，《吉林省教育学院学报》1992.1～2
13. 《结合语文教学对学生进行热爱家乡教育》，《中学语文教学》1992.4
14. 《突出语文基础工具作用，为两个文明建设服务》，《教学研究》1993.5
15. 《点改法，提高语文教学效益的有效途径》，《教学研究》1994.1
16. 《用生产力的眼光去看农村初中语文教学》，《教学研究》1994.4
17. 《讲科学，认真干，提高学额巩固率》，《校长培训》1995.3
18. 《农村中学差生差因调查分析》，《现代中小学教育》1995.6
19. 《为提高未来农村劳动者素质改革农村中学语文教学》，《特级教师》1996.5
20. 《从发展生力的角度改革农村中学语文教学》，《人民教育》1996.12
21. 《乐在乡间小路行》，《中小学教师培训》1997.1～2
22. 《让学生自己寻找写好作文的途径》，《中学语文教学通讯》1997.1
23. 《让学生从盲目作文的状态中走出来》，《中学语文教学通讯》1997.2
24. 《让学生把读和写结合起来》，《中学语文教学通讯》1997.3
25. 《让学生的思路活跃起来》，《中学语文教学通讯》1997.4

26.《让学生修改作文时思想也受到教育》,《中学语文教学通讯》1997.5

27.《敢字当头,在教改中体现自己的人生价值》,《中小学教师培训》1997.3

28.《"放—收—放"作文训练法》,《语文教学通讯》1998.10

29.《作文示范课访谈录》,《语文教学通讯》1999.1

30.《试谈作文教育》,《吉林省教育学院学报》2000.3

31.《例谈农村中学生综合性学习》,《语文建设》2002.7

32.《关于农村中学教师培训问题的调查和建议》,《新教育》2003.3

33.《点改法简介》,《中学语文教学参考》2003.3

34.《着眼农村学生未来发展开展语文社会实践活动》,《中学语文教学》2004.11

35.《用一方水土育一方人——谈农村教育资源的利用》,《现代语文》2005.11

36.《教研教改基地让弱校变强校》,《中国教育报》2005.9.26

37.《城里学校成农村教师培训点》,《中国教育报》2005.10.30

38.《让明天的太阳更灿烂——转变差生的研究探索》,《语文教学研究》2006.3~6

39.《"放—收—放"作文训练法的提出及实践探索》,《中小学教学研究》2007.1

40.《李元昌教改思想与实践丛书》(共3册),吉林教育出版社2006

41.《从教研教改基地校到县城三级教研网络的报告》,《中小学教师培训》2009.5

42.《回首走过的几个脚印》,《人民教育》2009.8

43.《主题教研促进教师发展的实践探索》,《中小学教师培训》2009.8

44.《在对社会理想的追求中改革语文教学》,《课程·教材·教法》2009.12

45.《改革农村中学语文教学,为建设社会主义新农村服务》,《现代语文》2009.4

46.《在更新教育观的过程中探索教学方法改革的途径——与青年教师谈发展》,《中小学教师培训》2012.1

47.《每个教师都会成为优秀教师——对主题教研的几点思考》,《中小学教师培训》2012.7